Zu diesem Buch

«Nachdem ich erst einmal diesen Helm aufgesetzt hatte, war mir sofort klar: da ist was völlig Neues und Großes im Gange. Und dieser erste kurze Blick trieb mich die nächsten eineinhalb Jahre durch die Weltgeschichte nach immer noch größeren, immer noch wirklichkeitsgetreueren künstlichen Welten. Die Reisen führten mich in die großen Realitätslabors in den USA, in Japan und Europa. Im Informatik-Zentrum der Universität von North Carolina hantierte ich zum Beispiel mit virtuellen Molekülen einer Krebszelle. Bei der NASA lenkte ich simulierte Reparaturroboter in einer Weltraumstation. Im japanischen Forschungszentrum Tsukuba konnte ich mich selbst von oben durch die Augen eines Teleroboters beobachten. Ich ging durch virtuelle Häuser, die ich nach meinem Geschmack virtuell möblierte.»

Was kommt da auf uns zu? Der Mensch als Joystick, ein Wesen, das sich in perfekter Verdrahtung mit dem Computer in Software verwandelt? Eine neue wunderbare Phase der Menschheitsgeschichte, wie sie etwa Timothy Leary heraufziehen sieht? In *Virtuelle Welten* begegnen Menschen mit einer Vision dem Leser, Grafikspezialisten, Roboterexperten, Computer-Wizards, Pioniere, die mit ihren Gedanken im 21. Jahrhundert sind, in einer Welt, in der Konferenzen ohne die physische Anwesenheit der Teilnehmer stattfinden werden; einer Welt, in der der Arzt den Körper seines Patienten «begehen» kann; einer Welt, in der wir einen neuen Begriff von Wirklichkeit entwickeln werden.

Howard Rheingold, Ende Vierzig, Journalist, gibt die Zeitschrift *Whole Earth Review* heraus. Er hat mehrere Bücher veröffentlicht, zuletzt «Virtuelle Gemeinschaft». Rheingold lebt in Mill Valley/Kalifornien.

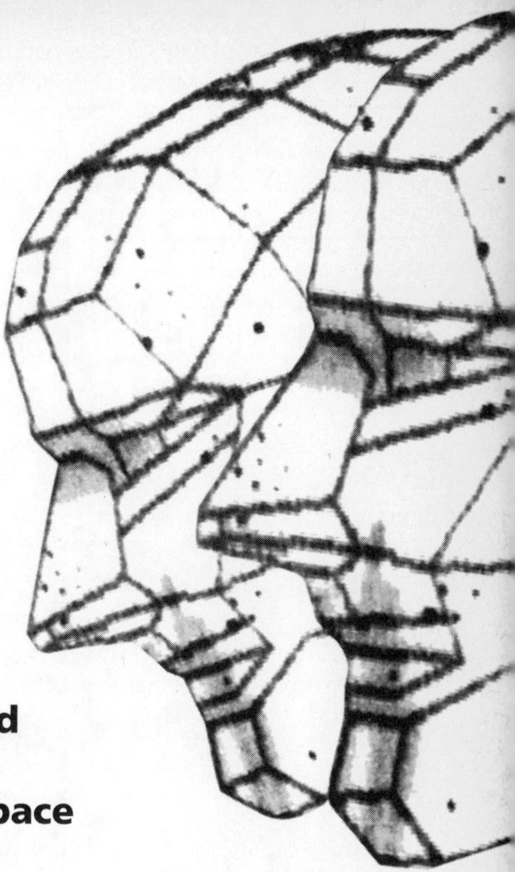

Howard Rheingold
Virtuelle Welten
Reisen im Cyberspace

Deutsch von Hainer Kober
Fachliche Beratung Dr. Bernd Willim

Rowohlt

rororo science
Lektorat Jens Petersen

In Abstimmung mit dem Autor gekürzte Ausgabe
Veröffentlicht im Rowohlt Taschenbuch Verlag GmbH,
Reinbek bei Hamburg, März 1995
Die Originalausgabe erschien 1991 unter dem Titel
«Virtual Reality» im Verlag Summit Books/Simon & Schuster, New York
Copyright © 1991 by Howard Rheingold
Die deutsche Erstausgabe erschien 1992 unter dem Titel
«Virtuelle Welten. Reisen im Cyberspace»
im Rowohlt Verlag GmbH, Reinbek bei Hamburg
Copyright © 1992 by Rowohlt Verlag GmbH
Umschlaggestaltung Barbara Hanke
Foto des Autors: Ed Kashi
Alle deutschen Rechte vorbehalten
Satz Sabon (Linotronic 500)
Gesamtherstellung Clausen & Bosse, Leck
Printed in Germany
1990-ISBN 3 499 19746 4

Für Mamie Rheingold, Blume meines Herzens,
meine Hoffnung für die Zukunft

Inhalt

Teil 4
Virtuelle Realität und die Zukunft

Dank

Mein besonderer Dank gilt meiner Frau Judy Rheingold und meiner Tochter Mamie Rheingold. 1989 und 1990 ertrugen sie immer wieder voller Geduld einen Ehemann und Vater, der entweder unterwegs oder in Gedanken war.

Sehr verbunden bin ich auch meinem Lektor Bob Asahina, der selbst unter größtem Druck freundlich und verständnisvoll blieb.

Den Kollegen vom *Whole Earth Review*, die dachten, sie würden im Sommer 1990 einen Vollzeit-Redakteur bekommen, danke ich für ihre Geduld.

Viele andere Menschen, an die ich mich wandte, haben mir geholfen, vor allem:

Izumi Aizu, ACROE (Claude Cadoz, Annie Luciani, Jean-Loup Florens), John Brockman, Frederick Brooks, Mary Clemmey, Steve Ditlea, Scott Fisher, Patrice Gelband, Tom Furness, Eric Gullichsen, Katsura Hattori, Bob Jacobson, Kevin Kelly, Myron Krueger, Jaron Lanier, Brenda Laurel, Margaret Minsky, Mike Naimark, Mike Miller, Warren Robinett, Robert Stone, Randal Walser.

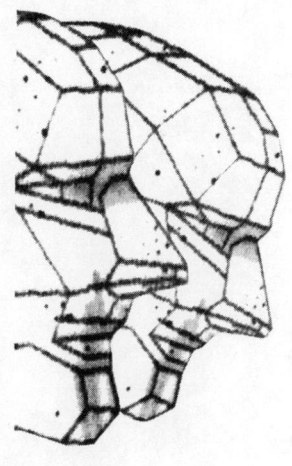

Teil 1
Ein Mikroskop für
den Geist

«Durch Illusion zur Realität»

Primäres Forschungsinstrument der komplexen Wissenschaften ist der Computer. Er verändert die Strukturen der Wissenschaft und das Bild, das wir uns von der materiellen Wirklichkeit machen. Seit der Entstehung der modernen Wissenschaft vor dreihundert Jahren waren die Forschungsinstrumente, etwa Fernrohre und Mikroskope, analytischer Natur und förderten eine reduktionistische Sicht der Dinge. Da die Physik die kleinsten und reduziertesten Einheiten behandelte, war sie die fundamentalste Wissenschaft. Aus den Gesetzen der Physik ließen sich die der Chemie ableiten, aus diesen die des Lebens und so fort, die Leiter hinauf. Dieses Naturverständnis ist nicht falsch, aber es ist nachhaltig geprägt von den zu Gebote stehenden Instrumenten und Technologien. Der Computer mit seiner Fähigkeit, riesige Datenmengen zu verwalten und Wirklichkeit zu simulieren, eröffnet einen neuen Blick auf die Natur. Vielleicht fangen wir an, Wirklichkeit einfach deshalb anders zu sehen, weil der Computer Erkenntnis und Wissen anders produziert als die traditionellen Analyseinstrumente.

HEINZ PAGELS
«The Dreams of Reason», 1988

Wir leben in einer materiellen Welt, deren Eigenschaften uns aus langer Erfahrung vertraut sind. Wir sind so eingebunden in diese materielle Welt, daß wir vorhersagen können... wohin Objekte fallen, wie bekannte Formen aus anderen Blickwinkeln aussehen und welche Kraft aufzuwenden ist, um Objekte gegen den Reibungswiderstand zu bewegen. Unvertraut sind uns dagegen die Kräfte, die auf geladene Teilchen einwirken, die Kräfte in nichtuniformen Feldern, die Effekte nichtprojektiver geometrischer Transformationen, Bewegungen mit großer Trägheit und geringer Reibung. Ein Display [Bildschirm], das mit einem Digitalrechner verbunden ist, bietet uns die Möglichkeit, mit Begriffen vertraut zu werden, die sich in der materiellen Welt nicht konkretisieren lassen. Es ist ein Zauberspiegel, der in ein mathematisches Wunderland führt.

Wenn das Display als Zauberspiegel für ein mathematisches Wunderland dient, das sich in einem Computerspeicher entfaltet, sollte es sich an möglichst viele Sinne wenden. Meines Wissens denkt niemand ernsthaft an Computer-Displays für den Geruchs- oder Tastsinn. Es gibt hervorragende Audio-Displays, doch leider sind unsere Möglichkeiten, dem Computer sinnvolle Töne zu entlocken, ziemlich beschränkt. Ich möchte hier ein kinästhetisches Display beschreiben.

Wie man den Widerstand der Steuerinstrumente eines Flugsimulators verändert, um dem Operator das Gefühl zu vermitteln, er säße in einem richtigen Flugzeug, könnte man auch die Kraft, die erforderlich ist, um einen Joystick zu bedienen, über den Computer steuern. Nehmen wir zum Beispiel ein Computermodell von Teilchen in einem elektrischen Feld. Durch ein solches Display könnten die Kräfte, die auf die Ladung einwirken, für unsere Sinne greifbar werden, und man könnte die manuelle Steuerung eines bewegten Teilchens mit einer visuellen Darstellung der Ladungspositionen verbinden... Eine solche Input-Output-Einheit würden die visuellen und akustischen Möglichkeiten durch ein Kraft-Display ergänzen.

IVAN SUTHERLAND
«The Ultimate Display», 1965

An der University of North Carolina hatte ich ein Schlüsselerlebnis, ähnlich der Erfahrung, die viele der PC-Pioniere in den sechziger und siebziger Jahren machten: Ich sah eine faszinierende Zukunftsvision vor mir. Allerdings überkam mich neben dem kreativen Impuls auch ein Gefühl der Unwirklichkeit, vielleicht sogar des Schreckens.

Ich stand in einem ganz normalen, mit Teppich ausgelegten Zimmer und hielt einen Griff, aber ich starrte auch in einen mikroskopischen Raum und bewegte mit meiner Hand zwei Moleküle. Den Menschen, die in früheren Jahrhunderten durch Leeuwenhoeks Mikroskop oder Galileis Fernrohr geblickt hatten, mochte es ähnlich ergangen sein. Ich hatte das Empfinden, durch ein Mikroskop für den Geist – nicht nur für die Augen – zu blicken.

Ich bin kein Chemiker und weiß nichts Näheres über die Regeln des «molekularen Andockens» – eines Verfahrens, das Chemikern hilft, Moleküle von bestimmter Form zu finden, die wie Schlüssel in bestimmte Proteine passen –, aber ich konnte sie durch den kraftreflektierenden Rückkopplungsmechanismus, der in den ARM, den Argonne Remote Manipulator, eingebaut war, in meiner Hand *spüren*. Der Metallhebel fühlte sich wie der Griff einer riesigen gutgeölten Harley an. Vor mir hatte ich Gelenkverbindungen im Wert von einer Million Dollar, umschlungen von einem Gewirr elektrischer Kabel. Der gesamte Apparat hing einen guten Meter von mir entfernt von der Decke herab. Ich trug eine federleichte Spezialbrille, die über einen Draht mit einem Computer verbunden war.

Ich blickte auf den Computerbildschirm, während ich mit Schulter, Ellenbogen, Handgelenk und Fingern die sechs Freiheitsgrade des

ARM erforschte. Ich zog ein bißchen, drückte, schob und drehte – und schon bald hatte ich ein Gefühl für die Bewegungsdimensionen des Manipulators. Ich konnte den Griff und den Rest des ARM in einem Umkreis mit einem Durchmesser von mindestens Armeslänge umherbewegen. Das Computerdisplay und die Brille, die ich trug, waren so synchronisiert, daß jedes Auge jede sechzigstel Sekunde mit einem Bild versorgt wurde. Da in jedem dieser winzigen Zeiträume eine etwas abgewandelte Perspektive desselben Bildes gezeigt wurde, erblickte jedes Auge das künstliche dreidimensionale Gesichtsfeld aus einem eigenen Blickwinkel. Die «Stereoskopie» – die Versorgung jedes Auges mit unterschiedlichen Bildern, wodurch die Illusion von drei Dimensionen entsteht – ist ein alter Trick. In diesem Fall lag die Besonderheit darin, daß die Vorlage für die Bilder der Moleküle nicht Paare von Fotos oder Zeichnungen waren, sondern elektronische Repräsentationen von computersimulierten Molekülen. Der ARM versetzte mich in die Lage, diese illusorischen 3D-Objekte zu manipulieren, und versetzte die Objekte in die Lage, meinen Versuchen, sie zu bewegen, Widerstand zu bieten.

Die simulierten molekularen Kräfte wurden in mechanische Kräfte übersetzt, die meinem Bemühen, die Position des Moleküls zu verändern, entgegenwirkten. Die Kraftreflexion fühlte sich an, als übten die Moleküle über den ARM einen Gegendruck auf mich aus, indem sie auf die Bewegungen meines Arms mit analoger Kraft einwirkten. Ich hatte den Eindruck, als spielte ich mit großen Magneten, die sich heftig abstießen, wenn ich gleiche Pole aufeinander zubewegte, und sich anzogen, wenn ich ungleiche Pole einander annäherte. Moleküle lassen sich auf viele Arten zusammenbringen, doch es gibt nur einige wenige Positionen, in denen sie sich so weit annähern, daß sie Bindungen eingehen. Natürlich ist es mühsam, die enorme Zahl möglicher Positionen durchzuprobieren, doch unter Umständen lohnt es sich – denn eine dieser unzählig vielen Möglichkeiten kann die Lösung sein, aus der sich eine wirkungsvolle Krebstherapie entwickeln läßt.

Ich war nach North Carolina gereist, weil ich gehört hatte, daß man dort neue Medikamente nicht mehr allein mit Hilfe des Denkvermögens entwickelte, sondern auch mit Augen, Ohren und Muskeln. Und ebenso wie ich am ARM in «Handarbeit» ein Problem des molekularen Andockens zu lösen versuchte, machten es in diesem Labor auch die Chemiker. Das Verfahren gehört zum Bereich der «Virtuellen Realität», kurz «VR» genannt. Obwohl ich, wie gesagt, über keine besonderen Kenntnisse in der Chemie verfüge, war ich doch in der Lage, mich ganz selbständig mit dem Problem auseinanderzusetzen. Da der Apparat Aspekte des chemischen Vorgangs für meine Augen, meine Ohren und meine Hand unmittelbar wahrnehmbar machte, konnte ich meine ganze Erfahrung mit der Schwerkraft und manipulierbaren Objekten, mein ganzes instinktives Wissen über diese konkrete Welt nutzbar machen, um das schwierige Problem näher an eine Lösung heranzuführen, als es die meisten Chemiker ohne Hilfe der Computermodellierung vermocht hätten. Für einen gelernten Chemiker mußte der ARM ein ungeheuer leistungsfähiges Forschungsinstrument sein. Ich begann zu verstehen, warum so viele Wissenschaftler ins Schwärmen kamen, wenn von den Möglichkeiten der VR die Rede war.

Zum erstenmal hatte ich das Reich der Virtuellen Realität im Dezember 1988 durch ein Portal des zur NASA gehörenden Ames Research Center im kalifornischen Mountain View betreten. Verkabelte Kleidungsstücke spielten dabei eine Rolle, desgleichen ein Computer, den die Mitarbeiter «Wirklichkeitssimulator» nannten. Mein Gesicht steckte unter einer Aluminiummaske, die aussah und sich anfühlte wie der Kopfteil eines Tauchgerätes, während ein dreidimensionales, binokulares Bildschirmsystem mein Gesichtsfeld mit elektronischen Bildern versorgte, ganz gleich, in welche Richtung ich den Kopf drehte. Zwar befand sich mein Körper nicht in der Computerwelt, die ich um mich herum wahrnahm, doch meine rechte Hand war als computererzeugtes Abbild mit in die riesige elektronische Ebene einbezogen, die mich zu umgeben schien. Diese Computerwelt hatte das überfüllte reale Labor ersetzt, in dem sich mein Körper noch immer bewegte. Vor mir erglänzte ein geisterhafter Lichtwürfel. Ich griff nach ihm und hob ihn auf. Der Handschuh, der mit Sensoren bestückt war, sorgte dafür, daß die Bewegungen meiner realen Hand auf die cartoonartige Hand im VR-Raum übertragen wurden. «Cyberspace» nennt man solche computergenerierten Welten. Zweifellos ein dreidimensionaler Raum. Aber was für einer?

Das Wort *Cyberspace* hat der Schriftsteller William Gibson 1984 in seinem Buch «Neuromancer» geprägt: «Cyberspace. Eine konsensuelle Halluzination, tagtäglich erlebt von Milliarden Berechtigten in allen Ländern, von Kindern zur Veranschaulichung mathematischer Begriffe… Grafische Wiedergabe abstrahierter Daten aus den Banken sämtlicher Computer im menschlichen System. Unvorstellbare Komplexität. Lichtzeilen in den Nicht-Raum des Verstandes gepackt, gruppierte Datenpakete. Wie die fliehenden Lichter einer Stadt…» In Gibsons Cyberspace gibt es «Cowboys», die die ungeheuren Datenwelten durchqueren, die «Matrix», in die sie ihr Nervensystem direkt «einklinken». Als Matrix bezeichnet Gibson die globale Infrastruktur für Datenkommunikation und -verarbeitung, die die Grundlage dieses neuen Universums bildet. Ich habe die Begriffe «Virtuelle Realität», «VR» und «Wirklichkeitsmaschine» zum erstenmal im Gespräch mit Jaron Lanier gehört, einem Computerwissenschaftler, der in diesem Buch eine wichtige Rolle spielen wird.

Stellen wir uns ein Bildsystem vor, das uns völlig umschließt und dreidimensionale Bilder erzeugt, mit scheinbar vorhandenen Objekten, die wir anfassen und manipulieren sowie mit Händen und Fingern spüren können. Stellen wir uns weiter vor, wir würden in diese künstliche Welt eintauchen und sie aktiv durchstreifen, statt sie nur von einem festen Standpunkt aus auf einer flachen Leinwand, einem Fernsehschirm oder einem Computerdisplay anzustarren. Denken wir uns, wir wären zugleich die Schöpfer und die Konsumenten unserer künstlichen Erfahrung. Wir selbst können die Welt, die wir sehen, hören und fühlen, mittels einer Geste oder eines Wortes umgestalten. Das ist keine Fiktion. Die *head-mounted displays* (HMDs), die dreidimensionalen Computerbilder, die Eingabe- und Ausgabe-Einheiten und die Computermodelle, aus denen ein VR-System besteht, ermöglichen es uns heute, in eine künstliche Welt einzutauchen, in sie einzugreifen und sie zu verändern.

Müßte man sich eines traditionellen Wortes bedienen, um dieses neue Phänomen allgemeiner einzuordnen, so würde ich mich für «Simulator» entscheiden. In der Tat ähnelt die VR-Technologie den Flugsimulatoren, an denen Piloten der Luftwaffe und ziviler Fluggesellschaften ausgebildet werden. Sie ist sogar teilweise für sie entwickelt worden. In herkömmlichen Flugsimulatoren lernen Piloten die Grundbegriffe des Fliegens, ohne den Erdboden zu verlassen, indem sie an Nachbildungen der Steuerinstrumente trainieren. Die «Windschutzscheibe» eines Flugsimulators ist der Bildschirm eines grafischen Datenverarbeitungssystems, auf dem sich die Landschaft unmittelbar zu den Kursänderungen des Piloten verändert. Das gesamte Cockpit des Simulators befindet sich auf einer beweglichen Plattform, die die Bewegungen des simulierten Flugzeugs nachvollzieht. Auch die Virtuelle

Realität ist eine Art Simulator. Doch der Mensch, der VR erlebt, blickt nicht auf einen flachen, zweidimensionalen Bildschirm und bedient keinen Joystick, sondern ist von einer dreidimensionalen, computergenerierten Repräsentation umgeben. Er kann sich in dieser Scheinwelt umherbewegen, sie aus verschiedenen Blickwinkeln betrachten, ihre Elemente anfassen und sie verändern.

Heute ist es noch notwendig, sich einen High-Tech-Helm über den Kopf zu stülpen oder sich eine elektronische Verschlußblenden-Brille aufzusetzen, wie ich es tat, um diese Welt zu sehen. Man muß sich einen Spezialhandschuh über die Hand ziehen oder ein mechanisches Eingabesystem ergreifen, um die Objekte zu manipulieren, die man dort erblickt. Ein optisches Linsensystem und zwei Flüssigkristall-Bildschirme im NASA-Helm, verdrahtet mit einer Vorrichtung, die meine Kopfposition aufzeichnete, riefen bei mir die Illusion hervor, der Schirm umgäbe mich von allen Seiten. Immer wenn ich die Blickrichtung veränderte, änderte die Wirklichkeitsmaschine auch die Perspektive, aus der ich die Welt sah. Ich konnte hinter computergenerierte Objekte blicken, sie aufheben und untersuchen, um sie herumgehen und Dinge aus verschiedenen Blickwinkeln betrachten. Das komplexe visuelle Modell der virtuellen Welt, das sich jedesmal veränderte, wenn ich mich bewegte, wurde durch ein Simulationsprogramm in einem leistungsfähigen Großrechner vermittelt, mit dem Helm und Handschuh über Kabel verbunden waren. In der Zukunft wird man solche Erlebnisse mit weniger aufwendigen Technologien erzeugen können. Die Computer werden immer leistungsfähiger und zugleich preiswerter, so daß die Erfahrungen noch wirklichkeitsgetreuer sein werden. Immer mehr Menschen werden dann in der Lage sein, in ihren Genuß zu kommen.

Obwohl ich nur ein paar Minuten im Cyberspace blieb, wurde dieser erste kurze Flug durch ein computergeneriertes Universum für mich zum Anlaß für eine eigene Odyssee zu den Vorposten dieses wissenschaftlichen Neulandes. Mein Buch ist eine Reportage über die Besichtigung dieser Außenposten und ein flüchtiger Blick in eine mögliche neue Welt, in der die Wirklichkeit eines Tages zur industriell gefertigten oder maßgeschneiderten Ware werden könnte. Obwohl Virtuelle Realität nach Science-fiction klingt und «Cyberspace» in der Tat eine Wortschöpfung der Science-fiction-Literatur ist, ist VR ein wissenschaftliches Forschungsgebiet, eine Technologie und ein Wirtschaftszweig, in den die Computer-, Nachrichten-, Planungs- und Unterhaltungsindustrie weltweit kräftig investiert.

Der kurze Einblick, den ich im Silicon Valley erhielt, wurde zum Ausgangspunkt einer Schatzsuche, die mich auf der Jagd nach immer größeren, schöneren, rasanteren und erscheinungsgetreueren Kunstwelten rund um den Erdball führte. Boeings, Mietautos, Hochgeschwindigkeitszüge, Schnellstraßen und U-Bahn-Schächte, Taxis, Limousinen und Nahverkehrsbusse beförderten mich von einem VR-Labor ins nächste, von Chapel Hill in North Carolina bis in die Vororte der japanischen Stadt Kioto, vom Herzen Texas' bis in den Süden Frankreichs. Diese «Wirklichkeitsindustrie» ist so jung, daß sie den meisten Menschen noch nicht ins Bewußtsein gedrungen ist, aber sie ist schon rund um die Welt und in allen wissenschaftlichen Disziplinen anzutreffen. Obwohl nur wenige von ihr wissen, scheint ihre Entwicklung unaufhaltsam voranzuschreiten.

Man kann VR als magisches Fenster verstehen, das den Blick auf andere Welten freigibt, von der Welt der Moleküle bis in unsere innersten Träume. Man kann VR aber auch im Zusammenhang mit einer Entwicklung sehen, die dazu führt, daß die Wirklichkeit am Ende des 20. Jahrhunderts hinter einem Bildschirm verschwindet. Wünschen wir uns für unsere Enkel eine Welt, in der künstliche Wirklichkeitserfahrungen die massenhaft vermarkteten Artikel einer blühenden Industrie sind? Wo liegen die größten, die problematischsten und die kaum vorhersehbaren Möglichkeiten der VR? Was können wir tun, um die Vorteile der VR zum Tragen zu bringen und ihre Nachteile zu vermeiden, vorausgesetzt, wir können die einen wie die anderen überhaupt in den Blick bekommen? Der Geist ist aus der Flasche entwichen: Die VR-Forschung läßt sich nicht mehr aufhalten, aber noch sind die Dschinns jung und hören auf uns. Wir können VR nicht mehr ungeschehen machen, selbst wenn sich herausstellen sollte, daß es das beste wäre, aber wir könnten sie vielleicht nach unserem Willen gestalten, wenn wir uns jetzt mit dem Problem auseinandersetzen.

Höchst unerfreuliche Konsequenzen der VR haben die Massenmedien bereits lautstark angeprangert, als sie berichtet haben, was die neue Technologie möglich machen könnte – etwa «Teledildonics», simulierte sexuelle «Fernbefriedigung», oder «elektronisches LSD» (Simulationen mit so unwiderstehlichem Suchtcharakter, daß sie die

Alltagswirklichkeit verdrängen). Viele Berichte in den Publikumszeitschriften vermitteln den Eindruck, VR sei wieder eine der «Verrücktheiten aus Kalifornien». Doch an Instituten wie jenem, das der University of North Carolina angeschlossen ist, betreibt man seit mehr als zwanzig Jahren ernsthafte wissenschaftliche Forschung und hat dabei möglicherweise lebensrettende Anwendungsmöglichkeiten im Blick: die Entwicklung von Krebsmitteln durch das molekulare VR-Andock-System, das ich ausprobiert hatte, und eine VR-gestützte Planung von Strahlenbehandlungen, durch die man bereits heute das Leiden realer Patienten lindern kann.

Meine eigene Odyssee durch die Gefilde der VR-Forschung und -Entwicklung begann Jahre zuvor, als ich mich dafür zu interessieren begann, wie Computer, ursprünglich Rechenmaschinen, allmählich zu Medien wurden, die die geistigen Fähigkeiten des Menschen erweitern. «Intelligenzverstärker» nannte ich sie. Bei der Materialsammlung für ein Buch, das ich vor einigen Jahren schrieb, traf ich eine Reihe von Menschen, die versuchten, mit Hilfe von PCs das Denken, die Kommunikation und die Vorstellungskraft zu erweitern. Die «Infonauten», die ich in dem Buch «Tools for Thought» schilderte, wollten Computer also nicht nur als zahlenordnende und datenverarbeitende Maschinen, sondern auch als Phantasieverstärker und Intelligenzstimulatoren verwenden.

Doch erst heute beginnen sich die PCs allmählich jener Schwelle der Denkpotenzierung zu nähern, die man schon vor Jahrzehnten anvisierte. Allerdings sind PCs in der uns bekannten Form nicht die einzigen Instrumente, die man bei computergestützter Denkpotenzierung im Auge hat. Schon zu Anfang der PC-Revolution in den siebziger und achtziger Jahren wollten einige Pioniere des neuen Industriezweigs die Entwicklung der PC-Technologie erheblich weiter vorantreiben. Sie hatten weit mehr im Sinn als die kleinen Kästen, die heute auf den Schreibtischen der Leute stehen – Anlagen, die sie als «Persönliche Simulatoren» bezeichneten.

Anfang der achtziger Jahre, als ich meine ersten Gespräche mit einigen der jungen Computer-Freaks führte, berichteten sie mir von ihrem Traum, sich in simulierten Wirklichkeiten zu bewegen. Damals ahnte ich nicht, daß sich da eine technologische und kulturelle Revolution der neunziger Jahre vorbereitete. Als ich Jahre später hörte, diese Leute hätten in gemeinsamer Anstrengung eine Wirklichkeitsmaschine für die NASA entwickelt, mußte ich diesen Apparat einfach ausprobieren. Ich wußte, daß einer von ihnen seit seiner Zeit am MIT von einer 3D-Brille träumte, daß ein anderer eine handschuhartige Computer-Eingabeeinheit perfektioniert hatte und daß ein dritter, ein legendärer Programmierer von Teachware und Adventure Games, den Auftrag hatte, die weltmodellierende Software für das NASA-System zu entwickeln. Als wir uns kennenlernten, waren sie zwischen zwanzig und fünfunddreißig – die neue Post-Apple-Generation der Computerkonstrukteure, aufgewachsen mit den PCs, die die Vorgängergeneration konstruiert hatte. Die Kunde von ihrem neuesten Projekt klang abenteuerlich, aber auch faszinierend.

Nach der ersten VR-Demonstration bei der NASA im Jahre 1988 vergrub ich mich einige Zeit in der Bibliothek. Eine der ersten großen Überraschungen bei meiner Beschäftigung mit dem Cyberspace war die Entdeckung, daß das geistige Zentrum der VR-Forschung weder Mountain View noch Tokio, Cambridge oder auch Salt Lake City war. Schon ein rascher Blick in die VR-Literatur zeigte mir, daß es ein ganz anderer Ort war, an dem die Grundlagen für die Anwendung Virtueller Realität als wissenschaftliche Visualisierungshilfe, als medizinische Bildverarbeitungstechnologie (*medical imaging*) und als spezielles Hilfsmittel der Architektur gelegt wurden. Nicht nur die praktischen Anwendungsmöglichkeiten wurden seit mehr als zwanzig Jahren in diesem Labor erprobt, sondern auch ihre technischen Voraussetzungen – *head-mounted displays*, Computerarchitekturen der Wirklichkeitsmaschine, 3D-Computergrafiken, Positionssensoren. Chapel Hill, Heimstatt des Fachbereichs Informatik an der University of North Carolina (UNC), erwies sich als der erste von vielen Orten, die zu besuchen mir niemals eingefallen wäre, hätte ich mich nicht auf die Suche nach den VR-Mysterien begeben.

In Chapel Hill hatte sich Ende der sechziger Jahre eine kleine Gruppe von Wissenschaftlern der Erforschung virtueller Welten verschrieben. Im Laufe der letzten zwanzig Jahre hat die Gruppe an Mitarbeitern, Prestige und Mitteln hinzugewonnen. Sie verfügt über eines der modernsten VR-Forschungszentren für pharmazeutische Chemie und medizinische Bildverarbeitung. Mit Sicherheit ist es das Institut mit der längsten Tradition auf diesem Gebiet, ein Institut, in dem es in erster Linie um die Entwicklung wissenschaftlicher und medizinischer Technologien geht, nicht um die Erfindung elektronischer Spielereien für die

Unterhaltungsindustrie. Nachdem ich die relativ unvollkommenen Erzeugnisse heutiger VR-Welten kennengelernt hatte, führte mich mein Weg an diesen Ort, weil ich neugierig war, was ein hochqualifiziertes Team von Spezialisten unter Einsatz modernster Technik und höchster Rechenkapazität zu leisten vermochte. Waren ihre Kunstwelten überzeugender als die synthetischen Wirklichkeiten, die ich bisher erlebt hatte?

Frederick Brooks hatte sich bereits einen fast mythischen Ruf in der Software-Welt erworben, bevor er von IBM zur UNC ging. Vor Jahren hatte ich Brooks' Buch über Software-Technologie gelesen. Obwohl ich von den praktischen Aspekten großer Programmobjekte keine Ahnung hatte, war ich auf diese Arbeit – «The Mythical Man-Month» – gestoßen, weil sie für viele Programmierer zu einer Art Bibel geworden war. Brooks hatte das IBM-Team geleitet, welches das bis dahin ehrgeizigste Software-Vorhaben realisiert hatte – das Betriebssystem für die 360er Serie von IBM. Das war ein wesentlicher Beitrag zu jener Revolution, die den Computer in Wirtschaft und Wissenschaft etabliert hatte. Dieser fiktive «Mann-Monat» ist ein technisch-bürokratisches Produktivitätsmaß und entspringt einer Geisteshaltung, die Brooks seit Jahren heftig kritisierte – der Vorstellung, daß sich die mühselige, auf Versuch und Irrtum beruhende Arbeit, die für die Entwicklung guter Software erforderlich ist, mit Hilfe institutioneller oder technischer Maßnahmen umgehen ließe. Wenn sich der Leiter eines Software-Projektes, das drei Monate hinter dem Zeitplan herhinkt, dazu entschließt, die «Mann-Monate» zu verdoppeln, indem er doppelt so viele Programmierer einstellt, so sorgt er im Grunde genommen nur dafür, wie Brooks in seinem Buch nachweist, daß das Projekt am Ende mindestens sechs Monate hinter dem Zeitplan zurückbleibt. Ich fand es sehr bemerkenswert, daß ausgerechnet Brooks der große alte Mann der VR ist, eines Forschungsgebietes also, auf dem die Verwirklichung der technischen Möglichkeiten von der Entwicklung bislang nicht existenter Software abhängt, denn er bezweifelt ja, daß sich bei komplexen Programmieraufgaben gute Arbeit in kurzer Zeit leisten läßt.

Brooks ist ein bescheidener Mann, nach dessen Auffassung das öffentliche Interesse an den spektakulären Aspekten der VR nur von der wichtigen Aufgabe ablenkt, Denkhilfen für Wissenschaftler, Ärzte und Architekten zu konstruieren. Er versichert, daß seinen Kollegen große Anerkennung für die Arbeit gebührt, die sie Ende der sechziger Jahre in

Chapel Hill vollbrachten. Im Gespräch mit diesen Kollegen erkannte ich, daß Brooks recht hat. Gleichzeitig erklärten sie mir, die gegenwärtigen Erfolge des UNC-Teams seien undenkbar gewesen, hätte Brooks damals nicht die Leitung übernommen. Unter ihm hat sich eine so leistungsfähige wie heterogene Gruppe zusammengefunden: Henry Fuchs, ein legendärer Mann auf dem Gebiet der Computergrafik, studierte bei Alan Kay an der University of Utah, als die *head-mounted displays* (HMD) des VR-Pioniers Ivan Sutherland noch im Einsatz waren. Mit anderen zusammen hatte Fuchs an der UNC eine neue VR-Architektur entwickelt, für die sie ihre eigenen Mikrochips fertigten und ein Netzwerk aus 250000 Prozessoren konstruierten. Stephen Pizer ist ein führender Spezialist für interaktive medizinische 3D-Bildverarbeitung. In Zusammenarbeit mit Julian Rosenman und anderen Medizinern hat er bahnbrechende VR-Bildverarbeitungstechniken entwickelt wie die «Röntgenbrille», die sich Diagnostiker seit den Tagen des Hippokrates wünschen. Der UNC-Forschung könnte es in den nächsten zehn Jahren durchaus gelingen, sie auf den Markt zu bringen. Andere Forscher des UNC-Teams sind Fachleute für Hardware, Software, Sensorik, Rückkopplungssysteme, Computerarchitektur, Grafikprogrammierung – alles Bausteine von VR-Systemen. Dann entdeckte ich, daß sich Warren Robinett, ein weiterer Infonaut, dem ich vor einem Silicon-Valley-Jahrhundert, vor sieben Jahren also, begegnet war, ein wichtiges Mitglied des ersten NASA-VR-Teams, der UNC-Gruppe angeschlossen hatte. Da überlegte ich nicht länger, sondern traf alle Vorbereitungen für einen Besuch in Chapel Hill.

Auf dem Nummernschild des Mietautos, das ich mir auf dem Flughafen Raleigh-Durham genommen hatte, prangte das Motto des Bundesstaates: «First in Flight». Und es ist wohl angebracht, die VR-Technologie zu Anfang der neunziger Jahre mit Kitty Hawk zu vergleichen, dem Ort, wo die Gebrüder Wright ihre ersten Flugversuche unternahmen. Meine Testflüge in den heutigen Cybermaschinen waren weit weniger sensationell, als ich sie mir vorgestellt hatte. Es wird wohl noch einige Jahre dauern, bis die Concordes und Boeings 747 des Cyberspace konstruiert sind. Allerdings werden die Fortschritte der VR-Technologie mindestens doppelt so rasch erfolgen wie die der Luftfahrt. Wir leben in einer Zeit, wo «Düsenantrieb» schon reichlich verstaubt klingt. Ich erinnere mich an Anzeigen für den «Personal Computer» Altair, die 1974 in wissenschaftlichen Zeitschriften erschienen. Das Eingabesystem des Altair war eine Anordnung von Schaltern, die Ausgabeeinheit eine Lampenreihe. Ich hatte keine Ahnung, was man mit dem Apparat anfangen konnte, fand ihn aber irgendwie interessant. Ein paar Jahre später brachten zwei Computer-Freaks, die genau wußten, was man mit solchen Apparaten anfangen kann, den Apple-Computer auf den Markt. Zehn Jahre nach dem Altair boten sie den Macintosh an. Heute hat die VR noch nicht ganz das Altair-Stadium erreicht. Das Apple-Unternehmen der VR-Industrie gibt es wahrscheinlich noch nicht. Doch die Forschungsarbeiten, die Brooks, Fuchs, Robinett und andere heute in North Carolina leisten, schaffen die Grundlagen für eine künftige Industrie. Und wie Stanford entscheidend für den Erfolg von Silicon Valley war, so könnten UNC und das angeschlossene Forschungszentrum die großen Gewinner sein, wenn der Boom der VR-Wirtschaft beginnt. Ich nenne das Szenario den «Aufstieg der Wirklichkeitsindustrie».

Das Laub fing gerade an, sich zu verfärben, als ich vom Flugplatz aus durch feuchte Wälder und flaches Land nach Chapel Hill fuhr. Es war ein warmer Herbst. Abends war die Luft erfüllt vom Duft des Geißblatts. Ich blieb fast eine Woche dort und fand Gefallen an Chapel Hill, einem freundlichen, ländlichen Universitätsstädtchen. Es gibt dort gute Buchhandlungen und guten Kaffee, zwei wichtige Anzeichen für ein gutes geistiges Klima. Als ich den Wagen parkte und zur Sitterson Hall ging, wurde mir ein «virtuel-vu-Erlebnis» zuteil. Auf der SIGGRAPH 1989, der jährlichen Konferenz für Computergrafik der Association for Computing Machinery (ACM), hatte Margaret Minsky ein Videoband gezeigt, auf dem eine «architektonische VR-Begehung» der UNC zu sehen war. Sie hatte eine vollkommen naturgetreue 3D-Wiedergabe eines Gebäudeinneren in eine virtuelle Welt verwandelt, die der Benutzer erkunden konnte. Dazu setzte er sich ein HMD auf und ging auf einem Laufband, das mit einem Computer verbunden war. Als ich jetzt zum erstenmal die echte Halle betrat, war mir, als tauchte ich wieder in die virtuelle Welt des Videobandes ein, das ich im Sommer gesehen hatte. Das Universum der VR war wahrhaft schwindelerregend: Ich suchte nach dem echten Zimmer, in dem man mir ein HMD aufsetzen und mich in das 3D-Modell des Gebäudes schicken würde, in dem ich mich bereits befand.

Ich betrat Warren Robinetts Büro – sein echtes Büro. Ich hatte ihn seit Jahren nicht gesehen. Noch immer lag in seiner freundlichen

Stimme die unbeirrbare Gewißheit, daß er wußte, was er tat, und noch immer bereitete es ihm grenzenloses Vergnügen, eine Welt aus einer Programmiersprache zu erschaffen. Solange ich Robinett kenne, ist er von dem Wunsch beseelt, eine Welt zu entwickeln, in der Menschen umherstreifen, Abenteuer erleben und Neues lernen können. Als ich 1983 einen Artikel über pädagogische Software schrieb, war ich auf «Rocky's Boots» aufmerksam geworden, ein von ihm konzipiertes Computerspiel, das Vorschulkindern die Grundbegriffe der Booleschen Algebra vermittelte. Seinen Namen hatte ich erstmals im Zusammenhang mit einer der großen Legenden aus der Welt der Videospiele gehört. Robinett war Spieleprogrammierer bei Atari in der großen Zeit des Unternehmens. Außerdem war er ein begeisterter Liebhaber des textorientierten Spiels «Adventure», das Computerforscher auf Großrechnern spielten. «Adventure» ist eine virtuelle Welt auf begrifflicher Basis: Das Spiel findet in einer imaginären Unterwelt von Höhlen und Kammern statt. Die Spieler dringen in diese Welt ein, lernen ihre Topographie kennen, sammeln Waffen und Reichtümer, überwinden Hindernisse, töten Drachen – und das alles, indem sie Befehle eintippen wie «Geh nach Norden» oder «Heb Schwert auf». Die räumliche Welt wird nicht gezeigt, sondern beschrieben. Das Geschehen findet nur vor dem geistigen Auge der Spieler statt. Aber der Computer registriert, wo sich der jeweilige Spieler befindet.

Robinett glaubte, «Adventure» sei wunderbar geeignet für ein grafisches Videospiel, und wollte die Begriffswelt des Textes in die Bildwelt der Computergrafik verwandeln. Dabei gab es jedoch ein technisches Problem. Die Videospielgeräte, die Atari damals anbot, besaßen eine extrem geringe Speicherkapazität. Das Programm für ein solches Spiel mußte außerordentlich knapp gehalten sein – «kompakt», wie es die Programmierer nennen. Die Originalversion des von Robinett vorgeschlagenen Spiels beanspruchte mehrere hundert Kilobyte (KB) im RAM-Speicher eines Großrechners am Institut für Künstliche Intelligenz der Stanford University. Auf einer Spielkassette von Atari waren lediglich 4 KB unterzubringen. Warrens Chef, davon überzeugt, daß es unmöglich sei, die Großrechnerversion von «Adventure» in ein Programm umzuwandeln, das kompakt genug für ein Atari-Spiel war, sprach sich gegen Robinetts Vorschlag aus. Robinett machte das Spiel trotzdem, gegen die ausdrückliche Anordnung seines Vorgesetzten, und es wurde zu einem der Renner von Atari.

Robinetts Missouri-Dialekt kam mir in North Carolina noch ein bißchen breiter und schleppender vor, als er mir in Silicon Valley erschienen war. Ende der siebziger Jahre, erinnerte er sich, sei er aus dem gleichen Grund in die Programmierung der florierenden Videospiele eingestiegen, der Halbwüchsige dazu bringe, ein Vermögen in den Münzschlitzen von «Pac Man» und «Space Invaders» verschwinden zu lassen. Er ist davon überzeugt, daß der Reiz des Cyberspace die gleichen Wurzeln hat wie die Faszination, die von gut gemachten Videospielen ausgeht.

«Die Videospiele waren ziemlich simpel im Vergleich zu den Sachen, die heute über die Bildschirme geistern», erklärte Robinett, «aber elfjährige Kids fühlten sich sofort und instinktiv von ihnen angezogen. Ich glaube, ihr Instinkt hatte recht. Einer solchen interaktiven Grafik auf einem Bildschirm kann man sich nur schwer entziehen. Ein Lernprozeß, der sehr günstig verläuft, löst meiner Meinung nach ein ähnliches Gefühl aus. Ich glaube, die Fähigkeit interaktiver Grafiken, Wissenschaftlern wichtige Zusammenhänge ihrer Daten bildlich vor Augen zu führen, hat etwas mit der instinktiven Reaktion zu tun, die Kinder im Umgang mit Videospielen erleben.»

Die UNC-Fakultät erkannte, wie wertvoll es war, ihrem VR-Forschungsteam einen Veteranen aus der Blütezeit der Videospiele und dem NASA-Ames-Projekt hinzufügen zu können. Brooks hat sein Handwerk an den Großrechnern von Informatikfachbereichen gelernt. Auch Henry Fuchs kommt aus der Universitätsforschung. Doch Warren Robinett entstammt jener Subkultur von Computer-Freaks, die sich an jede Software-Aufgabe wagen, mag sie auch noch so aussichtslos erscheinen, und ganz praktisch ausprobieren, ob sich nicht eine Lösung hinkriegen läßt, was dann auch oft genug der Fall ist. Die Begabtesten von ihnen haben einige Jahre lang phantastisch verdient. Robinett arbeitete Ende der siebziger Jahre für Atari, wurde gut bezahlt, kündigte, bereiste Europa als Rucksacktourist und dachte Anfang der achtziger Jahre gründlich darüber nach, was er auf dem Gebiet der interaktiven grafischen Simulation als nächstes zu tun gedachte.

Robinett war entschlossen, Software-Produkte zu entwickeln, die *zeigten*, wovon er so fasziniert war. Er hatte es satt, immer nur über die wundervollen Möglichkeiten des Computers zu theoretisieren. Es war herrlich, etwas zu programmieren, weil es Spaß machte, damit zu spielen, und es gleichzeitig so zu konzipieren, daß es bestimmte Lerneffekte hatte, das Leben anderer Menschen bereicherte und einem obendrein Geld einbrachte. Ich erinnerte ihn daran, daß er mir beim ersten Interview vor sieben Jahren gleich zu Anfang erklärt hatte: «Im Grunde möchte ich *interaktive grafische Simulationen* machen. Das sollten Sie sich aufschreiben, denn da ist jedes Wort und jeder Wortbestandteil wichtig.» Er erläuterte dann, daß jedes wirklich gute Videospiel eine Art Welt simuliert, die Schlüsselbegriffe grafisch darstellen und dem Spieler die Möglichkeit bieten muß, mit der Grafik auf dem Bildschirm und der simulierten Welt zu interagieren.

So war «Rocky's Boots» zum Beispiel ein grafisches Adventure Game, nur daß in diesem Falle das Abenteuer nicht darin bestand, einen Weg durch eine Höhle zu suchen, Schlangen zu killen und einen Schatz zu rauben. Warren programmierte ein Spiel, bei dem man mit Hilfe des Cursors verschiedene grafische Objekte berühren und in Positionen ziehen konnte, in denen sie sich verbanden. Auf diese Weise konnte man einfache «Maschinen» konstruieren, die eine Aufgabe verrichteten. Die Grundschulkinder fanden rasch heraus, daß sie es beim Zusammenbau dieser Videospiel-«Maschinen» zu ebenso großer Meisterschaft bringen konnten wie im Abschießen von Space Invaders oder in der Vernichtung von Energiepunkten. Die Symbole in «Rocky's Boots», die Robinett in Zusammenarbeit mit der Pädagogin Ann Piestrup, Inhaberin des Teachware-Unternehmens «The Learning Company», entwickelt hatte, waren nicht willkürlich gewählt. Sie hatten die gleiche Form und Funktion wie die Symbole in der algebraischen oder «Booleschen» Logik. Die «Maschinen», die diese jungen Spieler konstruierten, waren nämlich völlig funktionsfähige logische Schaltkreise. Diese Verbindung aus Mathematik und Logik wird gewöhnlich erst an der High-School oder am College gelehrt und ist eine der theoretischen Grundlagen der Computerkonstruktion und des Programmierens.

Nach «Adventure» und «Rocky's Boots» schien Robinett der Zeitpunkt gekommen, die Software für eine virtuelle Welt zu programmieren. 1986 lockte ihn Scott Fishers VR-Projekt zur NASA. Zwei Jahre später, als die NASA-Abteilung so angewachsen war, daß er seine Software-Arbeit nicht mehr selbst bestimmen konnte, sondern für seine Pläne werben und bitten mußte – statt sich einfach an ihre Verwirklichung zu setzen, wie er es gewohnt war –, verließ Robinett die NASA und ging auf einen Segeltörn in den Südpazifik. Nach seiner Rückkehr reiste er in den Vereinigten Staaten umher, bis er sich entschloß, sich mit dem Geschehen an der UNC vertraut zu machen. Als er Frederick Brooks, Henry Fuchs und Stephen Pizer kennengelernt hatte, beschloß er, nach Chapel Hill zu gehen und am VR-Institut mitzuarbeiten. Zum Teil ging sein Entschluß auf seine Abneigung gegen Hierarchien und Bürokratien zurück. Von allen Leuten, die in der VR-Forschung beschäftigt sind, weiß Frederick Brooks wahrscheinlich am besten, was einen Programmierer glücklich macht.

«Wenn Sie mit Fred Brooks sprechen», meinte Robinett zu mir, «müssen Sie ihn unbedingt nach IA – *Intelligence Amplification* (Intelligenzverstärkung) – fragen. Deshalb bin ich nämlich an die UNC gegangen. Sie paßt wunderbar zu meinen interaktiven grafischen Simulationen – man fühlt sich instinktiv zu dieser Technik hingezogen, weil sie sich einige unserer angeborenen Fähigkeiten zunutze macht. Wir sind von Natur aus mit der Fähigkeit zu bestimmten Sinneswahrnehmungen wie Sehen, Hören und Riechen ausgestattet, aber es gibt viele Phänomene, die wir überhaupt nicht wahrnehmen können. Das sind zum Beispiel Röntgenstrahlen, Radioaktivität, Elektrizität und das Innere von undurchsichtigen Gegenständen. Man könnte sagen, daß uns die Sinnesorgane fehlen, um diese Dinge wahrzunehmen. Doch unter Verwendung von elektrischen Sensoren und Computerbildschirmen können wir für uns nicht wahrnehmbare Phänomene sichtbar machen. Oder hörbar oder fühlbar. Ich nenne Apparate, die dies leisten können, sensorische Energiewandler.

Unter anderem versuchen wir hier an der UNC einen Ultraschall-Scanner mit einem *head-mounted display* zu verkabeln. Der Arzt würde dann nicht mehr das Ultraschallbild auf einem Monitor betrachten, sondern eine Kopfarmatur aufsetzen und direkt in das lebende Gewebe hineinsehen. Das wäre dann eine künstliche Sinneswahrnehmung wie der Röntgenblick von Superman. Hinterher ist mir klargeworden, daß ich in ‹Rocky's Boots› die Elektrizität in simulierten Schaltkreisen sichtbar gemacht habe. Das heißt, ich habe auch in meiner früheren Arbeit schon Computer dazu verwendet, die menschliche Wahrnehmungsfähigkeit zu erweitern.»

In der Ecke des Computergrafik-Labors, wo der ARM installiert war, machte mich Robinett mit Ming Ouh-Young bekannt, einem Studenten höheren Semesters, der dem Projekt zugeteilt war. Der Fachbereich Computerwissenschaften umfaßt mehrere Stockwerke, auf die sich Seminarräume, Büros, Vorlesungssäle und Labors für Hardware und Software verteilen. Das Computergrafik-Labor enthält einen großen Gemeinschaftsbereich, in dem Studenten und Dozenten an Schreibtischen mit modernsten Grafik-Workstations sitzen und mit jenem weltabgewandten Blick auf die Bildschirme starren, den man an Orten wie diesem immer wieder antrifft. Wie gewöhnlich spielten ein paar von ihnen «SpaceWar» – bei Programmierern von Computergrafik ein nach wie vor unverzichtbarer Zeitvertreib mit Tradition. In einer abgeteilten Ecke befanden sich der ARM und andere VR-Displays.

Zunächst ließen mich Robinett und Ouh-Young eine Vorübung ausführen. Bevor sie die Grafik einschalteten, mußte ich mit Hand, Arm und Schulter blind in der virtuellen Welt umhertasten.

«Der ARM ist mit einem virtuellen Fischbecken verbunden», erklärte mir Robinett.

«Wenn Sie zu heftig an der Angel reißen, verlieren Sie den Fisch; aber auch wenn Sie zu schwach ziehen, entwischt er Ihnen», fügte Ouh-Young hinzu.

Der ARM wurde eingeschaltet. Ich hatte haargenau das Empfinden, das sich einstellt, wenn sich etwas *Lebendiges* am anderen Ende der Leine befindet, eine kräftige Forelle zum Beispiel. Nachdem ich den virtuellen Fisch in einen virtuellen Wassereimer befördert und dann wieder in den virtuellen Fluß ausgesetzt hatte, durfte ich mich der Auseinandersetzung mit den Molekularkräften zuwenden.

Vor dem Bildschirm schwebte in Augenhöhe das computergenerierte visuelle Modell des Rezeptors, der das menschliche Protein Dihydrofolat-Reduktase besitzt. Das Protein sah wie eine klumpige, luftige Skulptur aus Wolken aus. Diese bestanden aus blauen und roten Punkten, die sich zu runden Formen in der Größe von Fuß- und Tennisbällen zusammenschlossen. Das ganze Gebilde hatte einen Durchmesser von gut einem halben Meter, sah aus, als befände es sich eine Armeslänge von mir entfernt, und schien in der Luft zu schweben. Die bunten kugelförmigen Wolken ballten, falteten und drehten sich zu einer komplizierten geometrischen Hohlform – dem Ort des Andockens. Man kann ihn mit dem Innenteil eines Schlosses vergleichen. Der passende Schlüssel öffnet die Tür, indem er dem Schloß die richtige «Lösung» präsentiert.

Zwischen dem Proteinmodell und meiner Hand schwebte ein kleineres Molekularmodell in Gestalt dünner gelber Linien, die wie glühende, steife Drähte aussahen. Sie stellten die Winkel zwischen den Atomen eines synthetischen Moleküls dar, des Methotrexats – des «Schlüsselkandidaten». Diese Gebilde waren nicht nur computergenerierte grafische Repräsentationen, sondern auch multidimensionale Simulationen dieser Moleküle, einschließlich aller Maße, mit deren Hilfe Chemiker molekulares Verhalten beschreiben. Der Dehnbarkeit sichtbarer Bindungen waren entsprechende Grenzen gesetzt, und wenn man zwei Moleküle aufeinander zubewegte, zogen sich benachbarte Atome an oder stießen sich ab, je nach den physikalischen Gesetzen, die die elektromagnetischen Kräfte auf molekularer Ebene bestimmen. Die Wolkenkörper und Stäbchenfiguren waren nur zwei der vielen Möglichkeiten, die modellierten Objekte darzustellen. Es gab auch unsichtbare, aber im wörtlichen Sinne greifbare Repräsentationen. Als ich versuchte, die Modelle aufeinander zuzubewegen, indem ich mit der Kraft meiner Muskeln auf den ARM einwirkte, entsprach die Gegenkraft, die ich spürte, dem Widerstand, den echte Moleküle leisten würden, wenn man in der Realität eine solche Annäherung erzwänge.

Dank des Griffes war es mir möglich, die Positionen der Modelle in ihrer Relation zueinander durch Arm- und Handbewegungen zu verändern. Je eifriger ich von dem Griff Gebrauch machte, um die in der Luft schwebenden Modelle hin und her zu drehen, desto deutlicher schien ihre Dreidimensionalität hervorzutreten. Meine Aufgabe bestand darin, die 3D-Puzzle-Teile mit Hilfe des ARM-Griffs so nahe zusammenzubringen – in eine ganz bestimmte räumliche Beziehung –, daß sie eine Bindung eingingen. Das wäre dann die Simulation eines erfolgreichen Andockvorganges gewesen. Wenn sich eine chemische Substanz finden läßt, die so in die Proteinform auf einer Tumorzelle oder einen pathogenen Mikroorganismus paßt, dann ist sie ein potentiell nützlicher medizinischer Wirkstoff. In der Tat gibt es eine Lösung für das Puzzle, an dem ich mich versuchte: Methotrexat wird gegenwärtig als Krebsmittel erprobt – das erste, das im Cyberspace entwickelt wurde.

Obwohl ich kein Chemiker bin, war ich rasch in der Lage, die ungefähre Position zu finden, in der sich die zwischenmolekularen Kräfte so anordnen, daß die beiden Moleküle andocken können. Ich spielte ein Molekularspiel nach bestimmten Regeln. Die Regeln wurden in sichtbare Veränderungen des grafischen Displays übersetzt, Farbe oder Form etwa, in hörbare Veränderungen – helle, metallische Geräusche, die ertönten, wenn zwei virtuelle Moleküle zusammenprallten – und «haptische» Ereignisse in Form eines Modells der elektromagnetischen Kräfte, das ich buchstäblich mit den Händen greifen konnte. Zur haptischen Wahrnehmung gehört jene Mischung aus Sinneseindrücken, die wir unter dem Begriff «Tastsinn» zusammenfassen. Doch haptisch bedeutet mehr als nur taktil, mehr als nur die Informationen, die uns unsere Fingerspitzen über die Außenwelt mitteilen. Wer haptische Aufgaben löst – einen Fisch an Land zieht oder ein Molekül andocken läßt –, der orientiert sich auch an seinen inneren Körperempfindungen, der *Propriozeption*, die uns Auskunft über die Lage unserer Gliedmaßen in Beziehung zueinander und zum umgebenden Raum gibt.

Zur Propriozeption gehört ein System von inneren Sensoren in Gelenken und Muskeln, die Druck- und Lageveränderungen registrieren. Ein höheres Verarbeitungssystem entdeckt signifikante Muster in den Nachrichten, die die Propriozeptoren des Körpers übermitteln (beispielsweise bedeutet *dieses* Nachrichtenmuster, wenn es von dieser bestimmten Sensorengruppe stammt, daß ich nach vorn falle, falls ich nichts dagegen unternehme; *jenes* Nachrichtenmuster dagegen besagt, daß ich einen schweren, glatten Gegenstand über eine Fläche mit wenig Reibungswiderstand schiebe). Das dritte Informationssystem der Propriozeption besteht aus den Effektoren, die die Befehle vom Wahrnehmungs- und Verarbeitungssystem an die Muskeln übermitteln – die winzigen Anpassungen, die uns aufrecht halten und unsere Bewegungen steuern. Die Fähigkeit zur Informationsverarbeitung und präzisen Muskelkoordination, die es Ihnen ermöglicht, Ihre Hand in die richtige Richtung auszustrecken, um ein Glas Wasser zu ergreifen, gehört so sehr zu den Selbstverständlichkeiten Ihres Lebens, daß Sie sie kaum noch bemerken. Ein Ballettänzer ist ein Virtuose der Propriozeption. Zur Haptik gehören sowohl die propriozeptiven wie die taktilen Empfindungen und ihre Abstimmung mit anderen Sinneswahrnehmungen.

Der ARM und das molekulare Manipulationssystem bedienten sich der hochentwickelten Fähigkeiten unseres haptischen Systems, um auf eine virtuelle Welt mit ganz eigenen Regeln einzuwirken. Auf diese Weise können wir unsere geistigen Potentiale erweitern, kann das Display auch einem Neuling die komplizierten Verhältnisse des Forschungsgebietes verständlich machen und dem Experten die entscheidenden Einsichten vermitteln. Man unterzieht sich der Mühe, Computermodelle für die Darstellung durch haptische Displays zu übersetzen, weil man weiß, daß die haptischen Systeme des Menschen besonders gut geeignet sind, die Regeln ihrer Umwelt von Augenblick zu Augenblick zu entschlüsseln. In einem haptischen Mensch-Computer-System ist der Mensch der Teil des Systems, der die signifikanten Muster entdeckt. Der haptische Teil des Systems übersetzt unsichtbare Kräfte in eine für den Menschen spürbare Form. Die Suche nach einer geeigneten dreidimensionalen Aufgabe, die sich mit einem computergestützten haptischen System lösen läßt, ist von entscheidender Bedeutung – das klingt fürchterlich abstrakt, solange man sich nicht ganz konkret mit der Entwicklung von Krebsmedikamenten, der medizinischen Bildverarbeitung und den Konstruktionshilfen für den Flugzeugbau befaßt. Tatsächlich erklärt sich der wissenschaftliche und technische Nutzen haptischer VR-Systeme größtenteils aus den Problemen, denen wir in der wirklichen Welt begegnen. Zu ihrer Lösung brauchen wir eben ein System mit haptischen und rechnerischen Fähigkeiten. Frederick Brooks bezeichnet Anwendungsweisen, die den Fortschritt in Wissenschaft und Technik vorantreiben, als «treibende Probleme».

Beim Ringen mit dem ARM mußte ich so viel Kraft aufwenden, daß ich nach einigen Minuten ermüdet war. Ich betrachtete die dreidimensionale Form der Puzzle-Teile und versuchte sie durch entsprechende Bewegungen meiner Hand zusammenzuschieben, zu drehen, zu pressen. Obwohl ich so gut wie nichts über die chemischen Gesetze wußte, die durch die bunten Wolken im virtuellen Raum und das Gerüst der in meiner Armmuskulatur spürbaren Bindungen symbolisiert wurden, vermochte ich doch herauszufinden, wo der ARM in allen seinen Freiheitsgraden nur einen geringen Widerstand leistete. Ich hatte eher das Gefühl, mich mit einem Videospiel zu beschäftigen oder Posaune zu spielen, als eines jener chemischen Probleme zu lösen, an die ich mich aus meiner High-School-Zeit erinnerte. In der Mitte der Puzzle-Wolke schien es ein Nest zu geben, wo ein Nachlassen der molekularen Kräfte spürbar war. Als ich dorthin gelangte, verstummten die enervierenden metallischen Geräusche, und mein Arm mußte nicht mehr so viel Kraft aufwenden.

Als ich das Molekül in eine relativ befriedigende haptisch-visuelle Zone manövrierte, schossen kleine weiße Vektoren aus den Ecken des Methotrexat-Gerüstes hervor. Ming Ouh-Young machte mich auf eine Reihe von Metallknöpfen am Griff aufmerksam. Mit meinem rechten Arm hielt ich das Molekül an seinem Platz, während ich das Molekül des Medikaments mit der linken Hand so lange hin- und herzerren konnte,

bis die weißen Linien verschwanden. Jedesmal wenn meine Manipula-
tionen zur Überschreitung eines Grenzwertes für molekulare «Kol-
lisionskräfte» führten, hörte ich ein scharfes «Ping». Die Verbindung
des Geräusches mit dem mechanischen Widerstand des ARM, die mir
den Eindruck vermittelte, daß ich «da draußen» tatsächlich mit einem
festen Gegenstand zusammengestoßen war, hätte mir sicherlich noch
viel mehr gesagt, wenn ich über chemische Kenntnisse verfügt hätte.

Nach der ARM-Demonstration vertauschte ich die durchsichtige Brille
des Andock-Displays mit einem HMD, ließ den ARM los und betrat
ein Laufband. So wurde wahr, was ich vorausgesehen hatte, als ich die
(echte) Sitterson Hall betreten hatte: Ich bekam Gelegenheit, im Cyber-
space-Gebäude umherzugehen.
    Die virtuelle Version der Sitterson Hall war eine der VR-Anwendun-
gen, die mich nach Chapel Hill gelockt hatten. Die architektonische
VR-Begehung erweist sich als eines der «treibenden Probleme» für die
Entwicklung des Forschungszweiges, weil es zu den Hauptaufgaben
der Architektur gehört, Modelle mit dreidimensionalen Strukturen zu
entwerfen. Die Aufgabe stellt große Anforderungen an Kognition und
Wahrnehmung und gehört damit zu jenen Dingen, die Menschen noch
immer besser als Computer zu leisten vermögen. Der Architekt entwikkelt mentale Modelle von Gebäuden, die vorerst nur in seiner Vorstellung existieren. Deshalb sind so viele Skizzen und Pläne erforderlich,
um den Kunden diese Vorstellungsmodelle zu verdeutlichen. Wenn der
Architekt dem Bauunternehmer die Einzelheiten zu erläutern hat, for-
malisiert er sein Modell. Doch nach wie vor wird es im allgemeinen
zweidimensional auf dem Papier oder einem Bildschirm abgebildet. Da
Architekten oft und lange über dreidimensionale Verhältnisse nachdenken, gelingt es ihnen besser als anderen Menschen, sich dreidimensionale Räume anhand zweidimensionaler Abbildungen vorzustellen.
Nun hat aber jeder Entwurf viele Aspekte, die die Vorstellungskraft
selbst erfahrener Architekten überfordern – zum Beispiel den Einfluß
verschiedener Lichtverhältnisse auf komplexe Räume, die Akustik
oder die seismische Belastbarkeit. Ein dreidimensionales Modell, groß
genug, um sich in ihm umherzubewegen, würde die Fähigkeit des Architekten, dreidimensionale Räume zu entwerfen, erheblich steigern
und dem Kunden gleichzeitig besser verständlich machen, was der Architekt in seiner Vorstellung vor sich sieht.

Ein großer Vorzug virtueller Objekte liegt darin, daß sich ihre Größe maßstabsgerecht verändern läßt. Man gibt ein Gebäude in den Computer ein, läßt es schrumpfen, bis man es aus der Vogelperspektive sieht, oder so anwachsen, daß man es durchstreifen kann. Ist der Computer leistungsfähig genug, kann man das Gebäude, in dem man sich befindet, so klein werden lassen, daß man es in seine virtuelle Tasche im Cyberspace stecken könnte. Man könnte es wieder herausnehmen und durch einen gesprochenen Befehl wieder zur ursprünglichen Gebäudegröße anschwellen lassen. Wenn Sie bereit sind, auf Einzelheiten zu verzichten, können Sie eine ganze Stadt modellieren. Als Sitterson Hall noch im Planungsstadium war, fertigten die VR-Forscher, die später einmal in dem viele Millionen Dollar teuren Gebäude arbeiten sollten, nach den Plänen des Architekten ein lebensgroßes 3D-Modell an – ein Gebäude, das es nur im Cyberspace gab. Als die Menschen, die in dem Gebäude arbeiten sollten, durch das Modell «gingen», hatten viele das Gefühl, ein bestimmter Raumteiler könnte stören, wenn viel Betrieb in der Halle wäre. Die Architekten glaubten den künftigen Benutzern des Gebäudes nicht, bis diese ihnen Gelegenheit zu einer Begehung des 3D-Modells gaben. Daraufhin wurde der Raumteiler entfernt und das echte Gebäude ohne ihn errichtet.

Monate später, nachdem ich ein Videoband mit dem virtuellen Gebäude gesehen hatte, betrat ich das echte Gebäude, fand das Zimmer, in dem ich die «Cyberbrille» aufsetzte, ging dann in das virtuelle Gebäude hinein und durchquerte die virtuelle Eingangshalle, vorbei an dem störenden Raumteiler, der in dem ursprünglichen Plan enthalten war. Als ich durch die virtuelle Halle ging, fühlte ich mich beengter als in der endgültigen Version. Ich konnte durch alle Flure des Gebäudes streifen, ohne in der realen Welt den kleinen Raum zu verlassen, in dem ich mich befand, denn ich bewegte meine Füße auf einem Laufband und hielt eine Lenkstange in den Händen. Wenn ich nach rechts steuerte, um festzustellen, wie die Eingangshalle dort beschaffen war, konnte ich in diese Richtung sehen. Drehte ich den Lenker wieder zurück, so ging ich weiter geradeaus. Die Bewegungen in der echten Welt auf die Erkundung einer großen virtuellen Welt abzustimmen ist eines der anspruchsvolleren technischen Probleme in diesem Anwendungsbereich. An der UNC hat man es mit einem Laufband gelöst. Sechs Monate später traf ich in Japan einen Mann, der dazu stationäre Gurte, ein Universalgelenk und Rollschuhe verwendete.

Als die architektonische Begehung 1989 in die Palette der VR-Produkte von Autodesk und Sense 8, einem großen und einem kleinen Software-Anbieter in Kalifornien, aufgenommen wurde, fand sie damit ihren Weg aus den Forschungslabors in die Entwicklungsabteilungen der Wirtschaftsunternehmen. Wenn die Verblüffung, die ich bei einer Tagung zum Thema computergestützte Konstruktion (CAD) in Anaheim beobachten konnte, oder das Interesse, dem ich in Kawasaki bei den Verantwortlichen der Forschungs- und Entwicklungsabteilung von Fujitsu begegnete, in irgendeiner Weise auf die künftige Entwicklung schließen lassen, dann dürfte die VR-gestützte Konstruktion in den nächsten Jahren zu einer Revolution führen, die sich im Laufe des kommenden Jahrzehnts auch auf andere Wirtschaftszweige nachhaltig auswirken wird. Die nächste Phase der Entwicklung wird also in den Wirtschaftsunternehmen stattfinden, die sich die VR-Möglichkeiten der computergestützten Konstruktion zunutze machen. Diese ist selbst ein blühender Industriezweig, der die Produktivität anderer Industrien kräftig ankurbelt. Der Einsatz solcher Intelligenzverstärker in der ersten Phase des Planungsprozesses kann für jede Industrie, die mit dreidimensionalen Objekten zu tun hat, wirtschaftliche Vorteile bringen. (Die Welt der Konstrukteure und den Einsatz architektonischer VR-Begehungen werde ich in einem späteren Kapitel ausführlich schildern.)

Als ich nach den HMD-Vorführungen wieder durch das Computergrafik-Labor ging, sah ich mir gegenüber im Raum ein flüchtiges Bild auf einem Monitor, das aus einem Horrorfilm hätte stammen können: als habe jemand ein Stück Fleisch von einem menschlichen Schädel gezogen. Ich trat näher heran, um es mir genauer anzusehen. Marc Levoy demonstrierte eine medizinische Bildverarbeitungstechnik, die man als «Volumen-Darstellung» (*volumetric rendering*) bezeichnet. Bei eingehender Betrachtung des Farbmonitors erkannte ich die verschiedenen weichen und harten Gewebeschichten des Schädels, die durch verschiedene Transparenzgrade wiedergegeben wurden. Levoy gab einen Befehl über die Tastatur ein, und auf dem Schirm erschienen die Knorpel- und Knochenschichten des Schädels, grau-undurchsichtig oder durchscheinend. Hier ging es nicht um eine vollständige dreidimensionale Wiedergabe, sondern um die Lösung des Visualisierungsproblems, das dem Versuch, durch ein bestimmtes Material auf ein anderes zu blicken, stets innewohnt: Welche Farben, Schattierungen, Transparenzgrade sind am besten geeignet, anatomische Strukturen sichtbar zu machen?

Alle Gebiete der Medizin, von der Geburtshilfe bis zur Orthopädie, haben von den gewaltigen technologischen Fortschritten der medizinischen Bildverarbeitung profitiert, die vor allem durch die Verwendung des Computers zur Verarbeitung digitaler Bildinformationen möglich wurden. Mit Hilfe einfacher Röntgenstrahlen kann der Arzt durch die Weichteile hindurchsehen, jedoch bekommt er nur einen einzigen «Schnitt» durch den Patienten. Bei der Computertomographie setzt der Elektronenrechner einen «Fächer» aufeinanderfolgender Schichtaufnahmen zusammen. Die dreidimensionale Rekonstruktion der Anatomie anhand dieses Fächers findet erst in der Vorstellung des Diagnostikers statt. Ein Ultraschallbild ist zwar sofort verfügbar, aber es liefert wiederum nur die zweidimensionale Wiedergabe einer dreidimensionalen Struktur. Daher ist die medizinische Bildverarbeitung ein Sonderfall der wissenschaftlichen Visualisierung und scheint von den Fortschritten auf dem Gebiet der Computergrafik in gleicher Weise zu profitieren wie die Visualisierung in der Physik. Levoys Arbeit war Teil koordinierter Bemühungen von zahlreichen Fachleuten aus verschiedenen Disziplinen, die sich damit beschäftigten, neue Techniken für die medizinische virtuelle Bildverarbeitung zu entwickeln. Ich ging wieder durch die Eingangshalle – wobei ich bemerkte, daß ich nicht umhinkonnte festzustellen, wie realistisch die Lichtverhältnisse im wirklichen Leben sein können – und verbrachte den Rest meines ersten Nachmittags in Chapel Hill damit, Stephen Pizer zu interviewen, den Leiter einer Arbeitsgruppe, zu der Informatiker, Radiologen, Radioonkologen, Chirurgen und Wahrnehmungspsychologen zählen.

«Wir möchten herausfinden, wie man bessere medizinische Bilder bekommen kann», erläuterte mir Pizer an diesem Nachmittag in seinem Büro. «Dazu gehört nicht nur, medizinische Bilder in 3D zu bringen, sondern auch ihre Anwendung in der medizinischen Praxis für Bestrahlungspläne, Operationspläne und Diagnosen.»

Es ist nicht schwer zu verstehen, warum dreidimensionale Bilder von bestimmten Patienten für einen Chirurgen sehr hilfreich wären, wenn sie ihm vorlägen, bevor er mit der Operation begänne. Bei der Bestrahlungsplanung war es mir nicht ganz so klar, und deshalb fragte ich Pizer danach.

«Der Bestrahlungsplan sucht nach einem Weg, eine möglichst große Strahlenmenge auf einen Tumor zu lenken und die Strahlenbelastung anderer Körperregionen möglichst gering zu halten», erklärte Pizer. Auf dem Weg zu ihrem Ziel müssen die Strahlen das gesunde Gewebe des Patienten durchqueren. Wenn die Strahlen jedoch von verschiedenen Punkten abgegeben werden und sich im Tumor treffen, so wird dieser weit stärker bestrahlt als das Gewebe in seiner Umgebung. Jeder Patient, jeder Tumor ist anders. Deshalb muß auch jeder Bestrahlungsplan individuell abgestimmt werden. Wie das molekulare Andocken und die architektonische Begehung ist auch die Bestrahlungsplanung stets ein dreidimensionales Problem.

«Ein Problem der externen Strahlentherapie», fuhr Pizer fort, «liegt darin, alle Möglichkeiten zu finden, die es gibt, einen Strahl auf einen Tumor abzuschießen, ohne ihn durch sehr strahlensensibles Gewebe zu schicken. Dazu müßte man den Strahl eigentlich in seiner räumlichen Beziehung zum gesunden Gewebe des Patienten und zum Tumor vor sich sehen. Außerdem müßte man das Gewebe auch noch im Zusammenhang mit visuellen Darstellungen der Dosierung sichtbar machen können.»

James Chung, einer der Studenten, die in Pizers Team arbeiten, zeigte mir später den Prototyp eines Systems zur Bestrahlungsplanung. Ausgangspunkt ist die Überlegung, daß der behandelnde Arzt mit Hilfe eines HMD oder 3D-Displays in Richtung des vorgeschlagenen Strahlenganges blicken kann. Der Planer könnte so den günstigsten Weg der Strahlung durch die anderen Gewebe bestimmen. Das setzt eine optimale Wiedergabetechnik voraus, die dreidimensional und selektiv transparent ist.

Wichtig sei nicht nur, erklärte Pizer, den Diagnostikern und Bestrahlungsplanern die Möglichkeit zu bieten, plastisch vor sich zu sehen, was sich im Körper des Patienten befindet, sondern sie auch in die Lage zu versetzen, die anatomischen Details aus allen Blickwinkeln zu betrachten: «Die Fähigkeit, Kopf und Augen zu bewegen und umherzublicken, ist ein wichtiger Bestandteil unseres Gesichtssinnes», erläuterte er. «Mit unseren natürlichen Bewegungen ist eine unentbehrliche Tiefensensibilität verknüpft. Deshalb ist es nicht nur für die Phantasie und Illusion erforderlich, daß der Benutzer einer virtuellen Welt seinen Blick auf die in ihr enthaltenen Dinge verändern und bewegen kann wie in der normalen Welt, sondern auch für eine angemessene Wahrnehmung. Wir haben einen Wahrnehmungspsychologen in unserem Team, der uns dabei hilft zu bestimmen, welche Aspekte eines Gegenstandes für einen Fachmann wie einen Diagnostiker oder Chirurgen wahrzunehmen wichtig sind. Wir arbeiten mit Chirurgen zusammen, um herauszufinden, was für Informationen visueller oder anderer Art sie brauchen, um Schnitte auszuführen, Bohrungen vorzunehmen, Sonden für Gewebeproben einzuführen und so fort.»

Irgendwann wird es möglich sein, schwierige Operationen mit Hilfe der aus der diagnostischen Bildverarbeitung gewonnenen Information über einen Patienten zu modellieren und zu üben. Dabei wird die Simulation nicht nur die Lage der Organe bezeichnen, sondern auch das Empfinden wiedergeben, das entsteht, wenn das Skalpell in das Gewebe schneidet. Solche Simulationen befinden sich sowohl an der Stanford University wie an der UNC bereits in frühen Erprobungsphasen, doch werden bis zu ihrer Anwendung noch Jahre, wenn nicht Jahrzehnte vergehen. Während also an den Einsatz solcher chirurgischen Simulationen noch nicht zu denken ist, verwendet das Bestrahlungsteam, wie Pizer mir erklärte, «die 3D-Bestrahlungsplanung bereits zur Behandlung von Patienten». Noch liegen keine definitiven Ergebnisse vor, doch die ersten Berichte der Bestrahlungsplaner sind enthusiastisch.

Medizinische Bildverarbeitung beruht auf zwei verschiedenen Systemen. Der «Transducer» (Meßwandler), ein Gerät, das eine physikalische Größe in eine andere umwandelt, entdeckt Informationen über normalerweise verborgene Strukturen unter der Haut. Röntgenapparate schicken dabei energiereiche Strahlung durch den Körper und belichten einen Film auf der anderen Seite. Ultraschallsonden hingegen verwenden hochfrequente Schallwellen für eine Art inneres «Sonar». Die unhörbaren Schallwellen werden vom Gewebe im Inneren des Körpers reflektiert und liefern auf diese Weise Informationen, die in Videobilder übersetzt werden. Da Röntgenverfahren schädlich für die Entwicklung eines Fötus sein können, bedient man sich in der Geburtshilfe weitgehend des Ultraschalls. Obwohl die Bilder oft verschwommen sind, sind die künftigen Eltern (und ihre Ärzte) immer wieder fasziniert von der Fähigkeit des Ultraschallgeräts, die Bewegungen des Fötus sichtbar zu machen. Wenn es den Ultraschall-Transducern irgendwie gelänge, präzisere Informationen über dreidimensionale Strukturen zu übermitteln, dann könnte VR vielleicht das andere System verbessern, das an der 3D-Bildgebung beteiligt ist – die visuelle Darstellung der von der Sensortechnologie gelieferten Informationen.

In Hinblick auf künftige Entwicklungen meinte Pizer: «Einer unserer Kollegen entwickelt einen Ultraschallsensor, der dreidimensionale Daten mit einer Rate von einigen Dutzend 3D-Bildern pro Sekunde auswirft. Stellen Sie sich das Ultraschallbild eines menschlichen Herzens, das in normalem Rhythmus schlägt, als eine Art virtuelle Welt vor. Unsere Aufgabe besteht darin, die dreidimensionalen Daten so rasch zu erfassen und zu einem sichtbaren Bild zu verarbeiten, daß der Mediziner damit etwas anfangen kann. Das ist nicht leicht, wenn der Transducer die Information mit einer Rate von zwei Milliarden Bytes pro Sekunde liefert. Es ist ein schwieriges Problem, die verschiedenen Gewebe mit ihren Bewegungen im Inneren des Herzens darzustellen. Die Datenfülle, die so rasch eintrifft, im Rechner zu verarbeiten ist ein weiteres schwieriges Problem. Die Zeitverzögerungen und Wahrnehmungsverzerrungen im HMD sind ebenfalls problematisch. Keines dieser Probleme ist prinzipiell unlösbar. Aber ich glaube, wir sind noch ein gutes Stück von der Röntgenbrille entfernt», dämpfte Pizer allzu hochgesteckte Erwartungen.

«Die Röntgenbrille entspricht eher den Erwartungen, die Henry Fuchs an diese Technologie stellt, als den meinen, obwohl mir diese Vorstellung auch gefällt», sagte Pizer. «Sobald man in der Lage ist, virtuelle 3D-Welten vor dem Chirurgen oder Diagnostiker auszubreiten, könnte man sie doch auch dorthin verlegen, wohin sie gehören, genauer gesagt, die Orte überlagern, an denen sich die Organe tatsächlich befinden. Dann könnte der Chirurg seine Instrumente sehen, das echte Gewebe des Patienten, den er operiert, und gleichzeitig ein verbessertes Bild, das ihm erlaubt, hinter das Blut und die undurchsichtigen Oberflächen zu blicken.» Ich wollte wissen, wie lange es dauern würde, bis aus diesen Plänen über erfolgreiche Pilotprojekte und funktionierende Prototypen allgemein zugängliche medizinische Geräte würden. «Ich wäre froh, wenn es innerhalb der nächsten zehn Jahre klappen würde. Auf jeden Fall wird es noch mindestens fünf Jahre dauern», antwortete er.

Am nächsten Morgen traf ich mich mit Henry Fuchs in einer der UNC-Cafeterias, die in einem restaurierten Kolonialbau untergebracht sind. Fuchs ist ein energischer Mann mit rotem Haar und Schnurrbart, der keine Zeit verschwendet und gleich auf den Kern der Dinge kommt. Er teilte mir sogleich mit, daß er das Interesse der Massenmedien an VR für bedauerlich halte. Zwar werde die VR-Technologie sicherlich halten, was so spektakuläre Vorhaben wie Röntgenbrille und wissenschaftliche Visualisierungshilfen versprächen, aber es seien noch viele Probleme zu lösen, bevor man irgendeine dieser Möglichkeiten praktisch anwenden könne. Die aufgeregten Spekulationen in Presse und Fernsehen weckten in den Menschen die Erwartung, man könne heute oder morgen mit technischen Glanzstücken rechnen, die jedoch noch Jahre, wenn nicht sogar Jahrzehnte der Entwicklung bräuchten.

Fuchs muß es wissen. Er arbeitet seit Anfang der siebziger Jahre an der Konstruktion funktionsfähiger VR-Systeme. Er hat seine Suche nach virtuellen Welten in dem Labor begonnen, wo der VR-Pionier Ivan Sutherland mit seinen Kollegen zu jener Zeit die ersten funktionierenden HMDs baute.

«Nehmen wir beispielsweise die Zeitverzögerung», führte Fuchs aus. «In populärwissenschaftlichen Artikeln wird der Eindruck erweckt, als handle es sich bei ihr um einen Kunstfehler heutiger Systeme, der in naher Zukunft durch irgendeinen neuen Chip beseitigt wird. So leicht ist das nicht.»

Fuchs bezog sich auf den Umstand, daß die visuelle Welt in eine winzige Zeitverzögerung zu geraten scheint, wenn man den Kopf wendet oder einen virtuellen Korridor entlanggeht. Die Zeit, die die Positionssensoren brauchen, dazu die Zeit, die für die Verarbeitung der von den Handschuhen und dem Kopftracker eintreffenden Signale erforderlich ist, und die Zeit, die die Rechenvorgänge in Anspruch nehmen, um das Weltmodell aufrechtzuerhalten, addieren sich zur Gesamtverzögerung. Je detaillierter, realistischer und bewegter man die Welt haben will, um so größer wird die Verzögerung. An der UNC hat man sich dazu entschlossen, das Detail vorübergehend der Bewegung zu opfern. Immer wenn sich der Standpunkt des Operators verändert, konzentriert sich das System auf die Bedingungen der natürlichen Bewegungen; sobald sich der Standpunkt des Operators stabilisiert, kümmert sich das System verstärkt um die Einzelheiten.

«Für mich und jeden anderen, der mit Sutherlands HMD arbeitete, war klar, daß ‹Tracking› [die elektronische ‹Verfolgung› beweglicher Objekte] das größte Problem darstellt. Man muß wirklich ein paar Jahre im ständigen Kampf gegen die Zeitverzögerung zugebracht haben, um ein Gefühl dafür zu bekommen, wie stark sich der Unterschied zwischen 100 und 200 Millisekunden bemerkbar macht», fügte er hinzu. In einem Spezialprojekt entwickelt man an der UNC einen neuartigen Positionstracker, der die Verzögerung bis zu einem gewissen Grad beseitigen soll. Mit Hilfe elektrooptischer Sensoren verfolgt man eine Anordnung von Lichtern an der Decke. Mit einem anderen Projekt, «Pixel-Planes» genannt, geht Fuchs das Rechenproblem an. Zwar ist er der Meinung, daß VR einen Ausbruch aus der flachen Welt des Bildschirms darstellt, doch schätzt er, daß sich die Entwicklung wirklich brauchbarer 3D-Systeme eher allmählich als abrupt vollziehen wird. Wenn man wie Henry Fuchs auf der Suche nach einem geeigneten Rechner in zehn Jahren vier Generationen von Mikroprozessor-Architekturen erlebt hat, dann neigt man wohl dazu, mit Skepsis zu reagieren, wenn die Presse irgendwelche Leute als «Erfinder der Virtuellen Realität» feiert und «das neueste Techno-Wunder aus Silicon Valley» anpreist, das die Welt noch vor der nächsten Fernsehsaison gründlich umkrempeln werde.

Doch bei aller Skepsis war auch Fuchs der Meinung, daß die Idee einer «Röntgenbrille» nicht nur zu verwirklichen, sondern auch ein lohnendes Ziel sei: «Ich glaube, daß in zwanzig oder dreißig, vielleicht auch erst in fünfzig Jahren das vorherrschende Gerät für die medizinische Bildverarbeitung durchaus ein hochauflösendes HMD sein könnte, mit dem man visuelle Darstellungen einzelner Organe an den entsprechenden Körperstellen eines Patienten projiziert. Man sieht auf diese Weise in den Körper und kann erkennen, wo die Rippen sind, erkennt die Lage eines Fötus und bewegt den Transducer wie eine Taschenlampe umher, um dem Verlauf eines komplexen Organs, etwa einer Nabelschnur, zu folgen», erklärte er mir.

Fuchs, John Poulton und andere arbeiten auch an dem heikelsten Problem der VR-Systeme – der Frage, wie sich die gewaltige Rechenleistung bereitstellen läßt, die für die erträumten VR-Anwendungssysteme erforderlich wäre. Wenn man mit computergenerierten 3D-Grafiken arbeitet, stößt man rasch an die Grenzen der vorhandenen Rechenleistung. Zwar geht jeder, der in der Computerindustrie arbeitet, davon aus, daß die heutige PC-Technologie in einigen Jahren durch zehn- bis hundertmal leistungsfähigere Systeme ersetzt sein wird, doch scheint die Wirklichkeit stets Aspekte aufzuweisen, die sich nicht im Computer unterbringen lassen. Deshalb hat man in der VR-Forschung nach völlig neuen Rechnerstrukturen gesucht. Fuchs, Poulton und ihre Kollegen haben in den letzten zehn Jahren spezielle Chips für Bildverarbeitung entwickelt und in einem Netzwerk zusammengeschlossen, das wie ein einziger Computer arbeitet. Die Riesenrecheneinheit der UNC (im wissenschaftlichen Sprachgebrauch: die «massiv-parallele Rechnerarchitektur») bezeichnet man als «Pixel-Planes». Als ich die UNC im letzten Sommer besuchte, setzte sich «Pixel-Planes 4» aus 250 000 Prozessoren zusammen. Das heißt im Prinzip, daß jedes Pixel, jedes winzige Teilchen des Weltmodells, seinen eigenen Computer hat.

Selbst die schnellsten Computer erledigen ihre Aufgaben Schritt für Schritt. Die ersten Computer konnten einige hundert Operationen pro Sekunde ausführen. Heute mißt man die Rechengeschwindigkeit in MIPS (Millionen Instruktionen pro Sekunde) beziehungsweise in MFLOPS (Millionen Fließkomma-Operationen pro Sekunde). Die Geschwindigkeit von superschnellen Rechnern wird bereits in GFLOPS (Giga = Milliarde) gemessen. Leider verschlingen VR-Systeme MIPS mit unersättlicher Gier. Jeder, der sich auf dem Gebiet dreidimensionaler Echtzeit-Simulationen versucht hat, weiß, daß VR-Systeme mit einer Mischung aus unspezifischen und speziellen Prozessoren ausgerüstet sein müssen, um sich auch nur grob der Wirklichkeit annähern zu können. Eine Möglichkeit, die dafür erforderliche außerordentlich hohe Verarbeitungsgeschwindigkeit zu erreichen, ist der «massive Parallelismus». Bei dieser Architektur sind anstelle eines einzigen Computerchips viele mit einer bestimmten Aufgabe beschäftigt, die in ihre logischen Bestandteile zerlegt wird. Da Computerchips trotz steigender Leistung immer preiswerter werden, kann man in Spezialsystemen Hunderte oder gar Tausende von ihnen miteinander verknüpfen. Hinter dem Namen Pixel-Planes verbergen sich mehrere Generationen von Parallelrechnern, die man an der UNC von den einzelnen Chips bis hin zu der komplexen parallelen Architektur speziell für die eigenen Bedürfnisse konstruiert hat. Pixel-Planes 4 ermöglichte es mir, einen virtuellen Korridor entlangzugehen, in dem ich die Oberflächenbeschaffenheit der Decke erkennen konnte und Licht aus einer offenen Bürotür fallen sah. Von Pixel-Planes 5, dessen Erprobungsphase gegenwärtig abgeschlossen wird, erwartet man, daß es zwanzigmal so schnell sein wird wie Pixel-Planes 4.

Frederick Brooks traf ich am ersten Tag meines Aufenthaltes an der UNC in der Eingangshalle. Wir tauschten Höflichkeiten aus. Am nächsten Abend begegneten wir uns auf einer Party des VR-Teams bei Warren Robinett. Bei dieser Gelegenheit unterhielten wir uns über einen gemeinsamen Bekannten, Douglas Engelbart, dessen Bemühen um Intelligenzerweiterung große Ähnlichkeit mit Brooks' Arbeiten zur «Intelligenzverstärkung» hatte. Bevor wir uns zu einem ernsthaften Gespräch über VR zusammensetzten, nahm ich mir noch einmal die brillant geschriebenen wissenschaftlichen Artikel vor, die Brooks in den letzten Jahrzehnten über seine Arbeit veröffentlicht hat. Wissenschaftliche Prosa kann von tödlicher Langeweile sein, doch Brooks hat zweifellos literarisches Talent und weiß Logik, Rhetorik und einen Anflug von dichterischer Anschaulichkeit miteinander zu vereinen: «Wir Grafikspezialisten entwerfen Choreographien für bunte Tupfer auf einer Glasflasche, die das Auge foppen, so daß es meint, Computer, Raumschiffe, Moleküle und Welten zu erblicken, die es nicht gibt und niemals geben kann», schreibt er in einem Artikel mit dem griffigen Titel «Durch Illusion zur Realität: Interaktive Grafik im Dienst der Wissenschaft». Er vergleicht dort die Aufgabe von Informatikern mit der von Werkzeugmachern und führt dann aus: «Wenn wir unsere Rolle richtig verstehen, können wir auch deutlicher sehen, nach welchem Kriterium der Erfolg zu bewerten ist: Ein Werkzeugmacher hat nur dann Erfolg, wenn die *Benutzer* seiner Werkzeuge dank seiner Hilfe Erfolg haben. Mag die Klinge noch so glänzen, der Griff noch so prächtig mit Juwelen geschmückt sein, die Waffe noch so gut in der Hand liegen, ein Schwert bewährt sich nur im Kampf. Erfolgreich ist der Waffenschmied, dessen Kunden in hohem Alter sterben.»

Frederick Brooks ist ein Gentleman, ein liebenswürdiger Südstaatler, der sich sehr elegant und formvollendet äußert. Neben seinen stilistischen Qualitäten besitzt er die Gaben des geborenen Erzählers. Manchmal mag einem die VR-Welt fern und unwirklich erscheinen, wenn er sie beschreibt, doch vergleicht man ihn mit einem der neuen Sterne am VR-Himmel, etwa Jaron Lanier, so zeigt sich, wie sachlich und realistisch Brooks in seinem Urteil ist. Es würde mir großes Vergnügen machen, Frederick Brooks und Timothy Leary in einer gemeinsamen Podiumsdiskussion zu erleben. Sicherlich wird mancher die Erforschung virtueller Welten als etwas unorthodox und esoterisch empfinden, doch Brooks' wissenschaftlicher Ruf straft solche Annahmen

Lügen. Er weiß seit geraumer Zeit, was er tut, und weiß auch, warum er es tut. Ich folgte Warren Robinetts Rat und bat Brooks, mir die Bedeutung von «IA», von «Intelligenzverstärkung», zu erläutern. Er lehnte sich in seinem Stuhl zurück, verschränkte die Hände im Nakken und lächelte. Er wußte, daß man mich präpariert hatte, nahm es mir aber nicht übel.

«Ich glaube, daß man Computersysteme heute und zu irgendeinem Zeitpunkt in der Zukunft sehr viel wirkungsvoller für Intelligenzverstärkung einsetzen kann als für Künstliche Intelligenz (KI)», erläuterte Brooks. «In der KI-Forschung möchte man den menschlichen Geist durch die Maschine, ihr Programm und ihre Datei ersetzen. In der IA-Forschung ist man bestrebt, Systeme zu entwickeln, die die Möglichkeiten des menschlichen Geistes verstärken, indem sie ihm computergestützte Hilfsmittel zur Verfügung stellen, die ihm Dinge abnehmen, mit denen er Schwierigkeiten hat.»

Brooks sieht drei Bereiche, in denen die menschliche Intelligenz mehr zu leisten vermag als alle bisher entwickelten Computer-Algorithmen. «Der erste ist die *Mustererkennung* visueller oder akustischer Natur», sagte er. «Informatiker sind noch nicht mal in der Lage, mit ihren Maschinen die Mustererkennung eines eine Woche alten Babys nachzuahmen, das das Gesicht seiner Mutter selbst aus einem unvertrauten Blickwinkel und bei ungewohnten Lichtverhältnissen erkennen kann.» Diese Fähigkeit läßt sich aber nach Brooks' Auffassung mit Hilfe des Computers steigern, indem man ihn dazu benutzt, Menschen Muster auf eine Weise zu zeigen, die ohne ihn nicht realisierbar wäre, wobei man die menschliche Seite des Systems entscheiden läßt, welche Muster sinnvoll sind.

Den zweiten großen Bereich menschlicher Überlegenheit nennt Brooks *Bewertung*: «Jedesmal wenn Sie in den Supermarkt gehen, nehmen Sie Bewertungen vor, die die heutigen Computer-Algorithmen nur in grober Annäherung zu leisten vermögen.» Der dritte Bereich ist «ein allgemeines Gefühl für den *Kontext*. Es versetzt uns in die Lage, uns zum rechten Zeitpunkt an etwas zu erinnern, was wir in einer längst vergessenen Zeitschrift vor zwanzig Jahren im Zusammenhang mit einem ganz anderen Thema gelesen haben und was nun plötzlich einen Sinn ergibt…»

Nach Brooks sind die drei Bereiche, in denen der Computer befähigter ist als der menschliche Geist, «Bewertung von Rechenvorgängen, Speicherung großer Datenmengen und die Erinnerung von Daten ohne Vergessen».

Ich fragte Brooks, wie er sich den Aufbau eines solchen kooperativen Mensch-Computer-Systems vorstelle, und er erwiderte: «Ich glaube, in einem System, das für die Lösung sehr schwieriger Probleme ideal ist, übernimmt die Maschine das Rechnen, die Gedächtnisarbeit und die Suche in den Dateien, wobei ich unter Rechnen die Bewertung sehr komplizierter Funktionen verstehe, während der Mensch sich um die Strategie, Bewertung, Mustererkennung, Planung und Einordnung der Information in den Kontext kümmert.» Wenn man versucht, die Schnittstelle eines solchen Systems zu definieren, gerät man automatisch an die Schwelle der VR. Für Brooks jedenfalls liegt es zwangsläufig in der Logik der Sache, der gleichen Logik, der der Computergrafik-Pionier Ivan Sutherland 1965 folgte, als er das erste *head-mounted display* konstruierte und damit die Richtung für alle Nachfolger vorgab, die in Zukunft versuchen sollten, den Anwender in eine computergenerierte Welt zu versetzen, statt sie seinem Blick in einem schmalen Fenster zu präsentieren.

«Die Frage lautete stets: Wie können wir den menschlichen und den maschinellen Teil des Systems miteinander verknüpfen?» fuhr Brooks fort. «Ich erinnere mich an eine Anzeige in einer Zeitschrift – es ist Jahre her –, die einen menschlichen Kopf von oben zeigte. Der Text lautete: ‹Der schwierigste Teil der Kommunikation sind die letzten zehn Zentimeter.› Da ist die ganze Geschichte auf den Punkt gebracht: Wie bekommen wir die Information aus der Maschine in den Kopf, und wie bekommen wir die Information aus dem Kopf in die Maschine? Und damit kommt man unvermeidlich zur Computergrafik, weil das Auge ein Informationsmedium von großer Bandbreite ist, das bereits so konstruiert ist, daß es alle Arten von spezieller Informationsverarbeitung und Echtzeit-Mustererkennung aufnehmen kann. Die Entwicklung von Systemen zur Intelligenzverstärkung hat sich von Anfang an bei dem Bemühen, einen Weg von der Maschine zum Geist zu finden, auf die Computergrafik konzentriert.

Bereits 1965 hat Ivan Sutherland in einer Grundsatzrede auf einem Kongreß des IFIP [International Federation of Information Processing] ein detailliertes Programm für die Entwicklung der Computergrafik vorgegeben, den Begriff der virtuellen Welt definiert und erläutert, daß wir nicht nur mit den Augen in sie eindringen wollen, sondern auch mit den Ohren und dem Tastsinn. Wir sollten uns bei der Kommunikation mit dem Menschen aller Nachrichtenkanäle bedienen, die der menschliche Geist interpretieren kann. Sutherland meinte weiter, zunächst entwickle man das mathematische Modell der virtuellen Welt im Computer, und dann müsse man dafür sorgen, daß die VR-Welt sich für den menschlichen Geist, der mit ihr verknüpft ist, möglichst echt anfühlt und anhört.

Umgekehrt gilt das gleiche – für die Art, wie Menschen sich mit Hilfe physischer Objekte ausdrücken, indem sie sie schieben, ziehen und manipulieren. Deshalb haben wir bei der Erforschung virtueller Welten größten Wert auf vielfältige manuelle Schnittstellen gelegt: Joysticks, Schieber, Knöpfe, Manipulatorarme, Rollkugeln und ähnliche Dinge, mit denen der Anwender direkt im dreidimensionalen Raum interagieren kann, mit denen er also virtuelle Objekte genauso bewegen kann, wie er mit *realen* Objekten verfahren würde.

Daraus folgt, daß die Spracherkennung wichtig ist, daß es von Bedeutung ist, etwas mit den Händen und Füßen zu tun und etwas durch Kopf- und Augenbewegungen zu bewirken. So stehen wir mit der echten Welt in Verbindung, und so müssen wir auch mit der virtuellen Welt verzahnt sein.»

Wie einige andere Wissenschaftler, die genügend Voraussicht besaßen, sich dem Problem der Intelligenzverstärkung zuzuwenden, bevor die Computer-Hardware leistungsfähig genug war, begann Brooks mit allen Anlagen zu arbeiten, die er auftreiben konnte und die seinen Ansprüchen einigermaßen genügten. 1969 erhielt er ein spezielles Grafiksystem von IBM, die Serienversion der Hochleistungssysteme, die IBM für die automatische Konstruktion bei General Motors entworfen hatte. Das war kümmerliche Hardware im Vergleich zu den Computern, die man heute auf dem Arbeitsplatz jedes Studienanfängers antrifft, aber es war immerhin ein erster Schritt. Und Brooks fand jemanden, der ihm half.

«Ich hatte einen sehr begabten, erfahrenen Studenten», erinnerte sich Brooks, «deshalb wandte ich mich an den Rektor der UNC und sagte: ‹Ich würde gern an einem System zur Intelligenzverstärkung arbeiten. Die beiden Dinge, die ich brauche, habe ich – eine Grafikmaschine und einen intelligenten Studenten höheren Semesters. Welcher Kollege an dieser Fakultät kann eine Intelligenzverstärkung am ehesten vertragen?›» Brooks lächelte. Es war eine herrliche Geschichte. Er hatte sie zwar schon viele Male erzählt, aber das tat ihr keinen Abbruch. Er fuhr fort. Manchmal hob er seine Worte durch den Tonfall hervor, manchmal durch zusätzliches Heben der Augenbrauen.

«Ich erklärte, daß ich nach einem Kollegen suchte, der vor einem Problem vorwiegend geometrischer Natur stand, denn wenn man beabsichtigt, im dreidimensionalen Raum zu arbeiten, dann kann man ebensogut mit den leichten Problemen beginnen, bei denen es direkt um die Arbeit im 3D-Raum geht und nicht in abstrakten Räumen. Ich suchte nach einem Problem, das nicht durch Maschinen-Algorithmen allein zu lösen war, sondern auf menschliche Erkenntnisfähigkeit angewiesen war, ein Problem, das sich aber andererseits auch nicht durch die menschliche Erkenntnisfähigkeit allein lösen ließ und bei dem eine Vielzahl von Berechnungen vorzunehmen war. Nach meiner festen Überzeugung lassen sich Computerwissenschaft und -technologie nur voranbringen, indem man Prototypen für *echte* Anwendungssituationen entwickelt, in denen man gezwungen ist, *alle* Probleme zu lösen und nicht nur diejenigen, die sich leicht und elegant in den Griff bekommen lassen. Das sind für mich ‹treibende Probleme›. Die technologische Entwicklung wird am ehesten vorankommen, wenn man *mit Sorgfalt* ein geeignetes Problem auswählt. Dazu braucht man Mitarbeiter, die ehrlich zu einem sind und dafür sorgen, daß man auf dem Boden der Tatsachen bleibt. Und dann muß man sich natürlich nach der Decke strecken. Wir wußten, daß sich die Probleme der virtuellen Welt nur mit einer interaktiven, dreidimensionalen Echtzeit-Computeranimation lösen ließen. Die wollte uns 1969 noch nicht so recht gelingen. Es hatte ganz den Anschein, als würden diese Anforderungen die damaligen Computersysteme reichlich auslasten.

Der Rektor meinte: ‹Also, das hat mich noch niemand gefragt. Ich muß darüber nachdenken.› Am folgenden Tag legte er mir eine erstaunlich lange Liste möglicher Kandidaten vor. Unter anderem enthielt sie Molekularchemiker, Astronomen, die sich mit galaktischen Strukturen beschäftigten, Geologen, die nach Ölvorkommen in unterirdischen Hohlräumen suchten, Architekten, die preiswerte Häuser entwarfen und interaktive Echtzeit-Kostenkalkulationen brauchten, denn jeden Ziegelstein, den sie bewegten, mußten sie mit 100 multiplizieren, da sie hundert Einheiten bauten. Dann standen auf der Liste Verkehrsplaner, die an guten Fahrsimulatoren interessiert waren, Geographen, die sich die Sorgen der Städteplaner von Greensboro zu eigen machten, wo man sich fragte, was mit dem Regenwasser passieren würde, wenn man die Stadt immer weiter einbetonierte. Es war eine höchst interessante Zusammenstellung.»

Brooks und seine Studenten kannten einen der Proteinchemiker näher, weil sie bei der Entwicklung wissenschaftlicher Computerprogramme mit ihm zusammengearbeitet hatten. Dieser Jan Hermans vom Fachbereich Biochemie war auch bereit, sich an dem Projekt zu beteiligen. So kam es, daß Brooks und sein Team die Struktur der «Lebensmoleküle» in Nukleinsäuren als das erste ihrer treibenden Probleme auswählten. Einer vollständigen haptischen Simulation konnte man sich nur schrittweise nähern. Das zweidimensionale Pilotsystem, das J. J. Batters, ein Student von Brooks, Ende der sechziger Jahre entwickelt hatte, bestand aus einem kleinen Knopf, den man über ein Quadrat von zehn Zentimeter Seitenlänge bewegen konnte. Servomotoren erzeugten Widerstand und simulierten auf diese Weise ein sehr einfaches Kraftfeld. 1971 entwickelte W. V. Wright, auch ein Student von Brooks, mit dem Biochemiker Hermans ein System zur Darstellung und Untersuchung von Proteinen – das GRIP-71-System.

«Da wir eigentlich nicht mit den Proteinstrukturen verheiratet sind», meinte Brooks, «sondern an problemlösenden Mensch-Maschine-Systemen interessiert sind, fragen wir uns etwa alle fünf Jahre: Haben wir dieses treibende Problem gründlich bearbeitet? Sollten wir uns jetzt einem anderen zuwenden? Und immer lautet die Antwort: Das Problem hat noch viel zu bieten. Deshalb sind wir heute, zwanzig Jahre danach, noch immer damit beschäftigt, Geräte zu bauen, die Biochemikern bei der Untersuchung von Protein- und Nukleinsäurestrukturen helfen sollen. Diese Arbeit für Biochemiker hat uns in der Informatik erheblich vorangebracht.»

Die Wahl des molekularen Andockens als treibendes Problem fiel mit der rasanten Entwicklung einer anderen Technologie zusammen – der Verwendung von Computermodellen zur Erforschung chemischer Strukturen, vor allem der komplexen geometrischen Strukturen wichtiger biologischer Moleküle. Das erste Gerät mit einer interaktiven zweidimensionalen Computergrafik als Hilfe für das molekulare Andocken wurde 1966 von C. Levinthal am MIT konstruiert und vorgeführt. Weltweit setzt etwa ein Dutzend Forschungsgruppen diese Arbeit mit der interaktiven Computergrafik und dem molekularen Andocken fort. Da sich das UNC-Team jedoch an Sutherlands Programm hielt, gelangte es zwangsläufig zum ARM und der Idee der haptischen Visualisierung.

«Das Kraftdisplay war eine der Ideen, die Ivan Sutherland in seinem Vortrag von 1965 skizzierte, und ich fand immer, daß sie zu gut ist, um sie einfach zu ignorieren», berichtete Brooks. «Wenn die Beobachtung imaginärer Objekte, die sich bewegen und verändern, während man sie manipuliert, diese Gegenstände mit einer Art realer Existenz ausstattet und wenn dieser Prozeß uns befähigt, imaginäre Objekte besser zu verstehen und zu entwerfen, können wir dann nicht noch leistungsfähigere Geräte konstruieren, indem wir mehr Sinne nutzen?» schrieb Brooks 1977.

Brooks und seine Studenten begannen 1972 mit dem Versuch, einen kraftreflektierenden Rückkopplungsmechanismus mit der interaktiven Computergrafik zu verknüpfen. Nachdem sich das Team entschlossen hatte, die Experimente von Batters und Wright mit einem 6D-System (drei Kräfte, drei Drehmomente) fortzusetzen, hatte es eine «schicksalhafte Begegnung» mit Raymond Goertz. Der hatte an den Argonne National Laboratories einen ferngesteuerten Manipulatorarm konstruiert – einen Parallelmanipulator, mit dessen Hilfe Menschen, abgeschirmt von Bleiplatten, mit Hilfe eines mechanischen Geräts, das ihre Handbewegungen nachahmt, radioaktive Substanzen manipulieren können. Goertz ließ ihnen einen verwaisten Argonne Remote Manipulator (ARM) zukommen. Das UNC-Team ersetzte das mechanische Ausführgerät des Parallelmanipulators durch den Computer und sein Weltmodell – in diesem Falle Proteinstrukturen – und verwendete die Eingabeeinheit als haptischen Transducer. Das Problem lag in der Rechenkapazität. Die Gruppe hatte dem Computer eine Aufgabe vorgegeben, die damals die technischen Möglichkeiten weit überstieg.

«Die komplizierteste physikalische Welt, die wir erzeugen konnten, bestand aus sieben Bauklötzen auf einem Tisch. Mehr war unter Echtzeit-Bedingungen nicht zu schaffen. Als P. J. Kilpatrick, ein Student aus unserem Team, diese Welt in seiner Doktorarbeit untersuchte, wurde uns klar, daß wir zu einer entsprechenden Simulation des molekularen Andockens eine hundertmal größere Rechenkapazität brauchten. Also legten wir unseren Plan erst mal auf Eis. 1986 holten wir ihn wieder hervor und sagten: Jetzt haben wir die Rechenkapazität, also los! Ming hat das Projekt in die Wege geleitet, und es läuft sehr gut. Es ist ein gutes Beispiel für die Schubkraft treibender Probleme.»

In Ming Ouh-Youngs Forschungsarbeit ging es, wie ich selbst ausprobiert hatte, darum, die Brauchbarkeit von VR-Andockhilfen anhand konkreter Andockprobleme zu überprüfen. Die Ergebnisse dieser
Arbeit, ein Jahr nach meinem Besuch veröffentlicht, bestätigten die begeisterten Berichte der Biochemiker, die seit zwei Jahrzehnten mit
Brooks' Team zusammenarbeiten und von der Methode schwärmen:
Mit haptischer VR lassen sich nach objektiven Beurteilungskriterien
fast doppelt so gute Ergebnisse erzielen wie mit der nächstbesten Methode. Zwar glaubt Brooks, daß selbst bei allen Verbesserungen des
Systems, die zu erwarten sind, eine zehnfache Leistungssteigerung
nicht erreicht werden kann, doch erinnert er seine Forschungskollegen
daran, «daß es bei maschinellen Rechenvorgängen um Einsichten,
nicht um Zahlen geht». Wenn man die Zeit halbieren kann, die zur
Lösung eines komplizierten Problems erforderlich ist, so ist man möglicherweise auch in der Lage, Probleme zu lösen, die bisher zu schwierig
waren. Das GROPE-III-System (so heißt die neueste Version des An-
dockgerätes an der UNC) hat seine Nützlichkeit in den Händen jener
Biochemiker erwiesen, die es im Rahmen eines Computer-Forschungs-
programmes erprobt haben. Das nächste Ziel an der UNC ist die Entwicklung des VIEW-Systems, eines 3D-Visualisierungsgerätes, an dem
Biochemiker und Vertreter anderer Disziplinen zwischen vielen Visua-
lisierungsarten wählen können.

Im Laufe der Jahre haben sich Brooks und die wachsende Zahl von
Informatikern, die sich dem VR-zentrierten Forschungsprogramm der
UNC angeschlossen haben, weitere treibende Probleme entdeckt. Die
medizinische Bildverarbeitung hat sich als ein ergiebiges Terrain erwiesen, das die Entwicklung von VR-Systemen auch in den kommenden
Jahren vorantreiben wird. Zur architektonischen Begehung schrieb
Brooks: «Wir sind zu dem Schluß gekommen, daß es im Vergleich zum
molekularen Andocken und zur medizinischen Bildverarbeitung ein
gutes treibendes Problem ist. Es besitzt den ungeheuren Vorteil, daß
das fragliche Gebäude über kurz oder lang gebaut wird, so daß man die
echte und die virtuelle Welt vergleichen und feststellen kann, wie weit
sie voneinander entfernt sind. Moleküle hingegen sind zu klein, als daß
man sie sehen könnte. In der Arbeit mit Molekularmodellen geht es
darum, den Leuten zu helfen, Unbekanntes zu entdecken und die Struktur zu verstehen. In der architektonischen Arbeit geht es darum, dem
Architekten und seinem Kunden die Konsequenzen der Planung vor

Augen zu führen, während sich das Projekt noch im Planungsstadium befindet.»

Ich fragte Brooks, inwiefern seine Erfahrungen als Leiter eines großen Software-Teams seine Einstellung zur VR-Forschung geprägt hätten, und er erläuterte mir die Geräte, die er entwickeln wollte, am Beispiel der architektonischen Begehung: «Nach meiner Erfahrung bei der Entwicklung von Computern und Software ist der schwierigste Teil jeder Konstruktionsplanung die Definition dessen, was man zu entwikkeln gedenkt, die Festlegung der Ziele und technischen Einzelheiten. Ich bin fest davon überzeugt, daß dies nicht in einem Anlauf geschehen kann. Man *muß* immer wieder von vorn anfangen. Virtuelle Gebäude bieten künftigen Benutzern die Möglichkeit, sich einen ganzen Tag lang mit den Grundrissen zu beschäftigen, wenn sie die Zeit haben. Sie können sich mit den Verhältnissen vertraut machen, können feststellen, wo es Probleme gibt, wo Speicherraum ist, wo Engpässe sind und so weiter. Sie können die wichtigsten Ereignisse des Jahresablaufs durchspielen und vieles mehr. Architekten erklären, sie hätten keine Schwierigkeit, sich dreidimensionale Gebäude anhand von Grund- und Aufrissen bildlich vorzustellen. Doch ihren *Kunden* geht es sicherlich anders. Wenn also Kunde und Architekt die Fehler des Gebäudes beseitigen könnten, noch bevor die endgültigen Pläne erstellt sind, würden sie sich für die restliche Planungs- und Bauzeit eine Menge Ärger ersparen. Ich glaube aber nicht, daß dieses Feld für die Gesellschaft so wichtig ist wie die biochemische Arbeit. Trotzdem ist es dank seiner Überprüfbarkeit sehr gut als treibendes Problem geeignet.»

Neben molekularem Andocken, architektonischer Begehung und medizinischer Bildverarbeitung zeichnet sich jetzt ein viertes und absolut neues treibendes Problem ab. In einem Gespräch mit mir hatte Michael McGreevy von der NASA erklärt, er würde gern mit Hilfe von VR durch planetarische Bildverarbeitungsdaten fliegen. James Coggin beschränkt sich in seiner Arbeit an der UNC auf unseren Heimatplaneten. Landsat und andere Satelliten liefern weltweit und rund um die Uhr eine Fülle von Daten. Aufgabe des «Remote-sensing» (der Fernerkundung) ist es, aus dieser Flut von Bilddaten sinnvolle meteorologische, geologische, ökologische und energiewirtschaftliche Daten herauszufiltern. Auch bei dem Versuch, sich vom Standpunkt des Betrachters aus buchstäblich durch ein 3D-Szenario der Erde zu bewegen, wie es von einem Satelliten aus gesehen wird, geht es darum, *Erkennt-*

nisse zu vermitteln. Die Erkenntnis, welchen Weg ein Hurrikan nehmen wird oder wo ein Erdölvorkommen zu suchen ist, läßt sich sowohl nach Menschenleben als auch mit Dollars bewerten. Und das großräumige Muster lebenswichtiger Prozesse auf dem Planeten Erde wird die Industrienationen noch jahrzehntelang beschäftigen. Jede wichtige Erkenntnis auf dem Gebiet so umfassender und komplexer Probleme dürfte weit wertvoller sein als die technische Ausrüstung, die erforderlich ist, um zu diesen Erkenntnissen zu gelangen.

Ein weiteres Steckenpferd von Frederick Brooks ist die wissenschaftliche Visualisierung. Wenn Intelligenzverstärkung das Ziel ist, die Vision, der sich die UNC-Forscher verschrieben haben, dann ist die wissenschaftliche Visualisierung das Werkzeug, das Brooks und seine Kollegen jenen Wissenschaftlern an die Hand geben können, die ihr intellektuelles Leistungsvermögen erweitern möchten. Nachdem Brooks jahrzehntelang auf eine ausreichende Rechenkapazität gewartet hat, ist er heute davon überzeugt, daß sich mit den jetzigen Computern «ausgeklügelte Modelle komplexer Naturerscheinungen entwickeln lassen, mit deren Hilfe wir neue Erkenntnisse über die Modelle und Erscheinungen gewinnen können». Mit dem Hinweis darauf, daß die großen wissenschaftlichen Umwälzungen zu Newtons Zeiten durch die neuen mathematischen Werkzeuge der Differentialrechnung und anderer analytischer Gleichungen vorangetrieben wurden, vertritt Brooks die Auffassung, daß die Fähigkeit moderner Computer, komplexe mathematische Modelle in Echtzeit und in einer für die Sinne greifbaren Form darzustellen, den Horizont wissenschaftlicher Erkenntnis noch weiter hinausschieben kann. Man braucht sich nur anzusehen, was für Modelle Computer liefern können und welche komplexen Naturerscheinungen Wissenschaftler gern verstünden, um zu begreifen, wie breit das Anwendungsfeld ist, das sich der interaktiven Haptik bietet. Ein Beispiel für ein umfangreiches mathematisches Modell ist die Populationsdynamik von Arten. Ein überaus detailreiches mathematisches Modell ist notwendig, um eine Proteinstruktur zu beschreiben. Ein dreidimensionales Modell ist beispielsweise eine magnetohydrodynamische Simulation. Die Plattentektonik ist ein geographisches Beispiel für ein nichtlineares Modell. Die Ausbreitung von Schockwellen ist ein diskontinuierliches Modell. Quasare, Pulsare und schwarze Löcher sind diskrete Modelle, Elementarteilchen und Quarks unbestimmte. Weitere Naturerscheinungen, die sich nach Brooks für

eine komplexe mathematische Modellbildung eignen, sind etwa Erd-
ölgeologie und der Blutkreislauf. Entscheidendes Hilfsmittel bei dem
Versuch, die Stärke des Computers mit den besonderen Fähigkeiten des
menschlichen Partners zu verschränken, ist die interaktive Computergrafik. Brooks: «Wenn die Mathematik die Königin der Wissenschaften ist, so ist die Computergrafik die königliche Dolmetscherin.»

Die Möglichkeit, mittels Computergrafik komplexe Informationen
zu vermitteln, hat sich sicherlich bei Nichtwissenschaftlern als veri-
tabler Intelligenzverstärker erwiesen, vergleicht man die heutige Situation mit den Tagen der Schreibmaschine. Die Entwicklung der PCs zu
intellektuellen Werkzeugen ist nach Brooks der Infrastruktur jener Art
wissenschaftlicher Visualisierung zuzurechnen, die sich gerade heraus-
bildet. «Alle Formen wissenschaftlicher Visualisierung haben ihre Voraussetzung in den kommerziellen interaktiven Grafiken, wie sie für
Textverarbeitung, Tabellenkalkulation, Desktop Publishing, computergestützte Konstruktion und Fertigung, Flugsimulatoren und Videospiele benutzt werden. Tatsächlich hat sich die technische Entwicklung
der Computergrafik fast vollständig im kommerziellen Rahmen des
Fernsehens vollzogen», hat Brooks in einem Referat auf der SIG-
GRAPH 1990 erklärt und hinzugefügt: «Wir erwarten, daß der gleiche
Prozeß für Entwicklung und Kosten der Hardware des haptischen Displays bestimmend sein wird. In den Unternehmen, die Fertigungsrobo-
ter, Videospiele sowie Fahr- und Flugsimulatoren herstellen, wird man
die Technologien entwickeln, die wir für die Teleoperation und die
wissenschaftliche Visualisierung übernehmen können.» Mit anderen
Worten, die Fortschritte in der pharmazeutischen Forschung und in der
medizinischen Bildverarbeitung werden indirekt vom wirtschaftlichen
Erfolg der künftigen VR-Giganten profitieren – die mit größerer Wahrscheinlichkeit unter Videospielherstellern zu suchen sind als bei Unternehmen, die wissenschaftliche Geräte produzieren.

Brooks nennt mehrere Bereiche, auf die sich die Entwicklung haptischer Displays für wissenschaftliche Visualisierung wahrscheinlich
konzentrieren wird. An erster Stelle steht die Molekularforschung:
«Wir glauben, daß die pharmazeutische Industrie viele wichtige Anwendungsmöglichkeiten für haptische Displays hat, daß sich solche
Geräte aber nur langsam im Laufe der nächsten zehn Jahre entwickeln
lassen. Neben den Andockprozessen zwischen Medikament und En-
zym lassen sich Anwendungen bei DNA-Interkalatoren [computerge-

stützte Kartierung unseres genetischen Codes], in der Proteinforschung und bei der Untersuchung von Proteinfaltung und -strukturbildung vorstellen. Für Forscher, die solche Vorgänge verstehen wollen und nach neuen Hypothesen suchen, könnte es sehr hilfreich sein, diese verborgenen Kraftfelder zu spüren», prophezeite er im August 1990 in Dallas. Frühe Ausprägungen haptischer Displays in der Unterhaltungsindustrie sind für ihn die bewegliche Plattform des Spiels «Star Tours» von Disney-Lucasfilm, das dem Anwender das Gefühl gibt, von der Spielwelt völlig umfangen zu sein, und das Videospiel «Hard Drivin'» von Atari, das mit einem kraftreflektierenden Rückkopplungsmechanismus versehen ist. Die Spiele-Industrie wird nach Brooks' Einschätzung in den neunziger Jahren das größte Anwendungsgebiet für haptische Displays bieten.

Trotz aller Begeisterung für künftige Anwendungsmöglichkeiten haptischer Displays im Rahmen wissenschaftlicher Forschung sieht Brooks zwei ernste Gefahren: Erstens, ungeachtet der beträchtlichen Lerneffekte von Simulationen – schließlich seien sie eine Form von «learning by doing» –, seien bei vielen Phänomenen Erfahrungen aus erster Hand erforderlich, um den Unterschied zwischen Theorie und Praxis zu erkennen. Zweitens befürchtet er, daß VR-Simulationen zu gefährlichen Fehleinschätzungen führen können, und zwar um so gefährlicher, je erscheinungsgetreuer sie werden. Kein Modell wird jemals so komplex sein können wie die Erscheinung, die es modelliert, keine Karte kann so detailliert sein wie das Gelände, das sie beschreibt, und, noch wichtiger, «die Karte ist nicht das Gelände», wie der Semantiker Korzybski feststellt.

Zu den Grenzen, die der VR als didaktischem Instrument gesetzt sind, erklärte Brooks mir: «Ich kann mir sehr gut vorstellen, daß der Mechaniker eines Tages eine Art Bifokalbrille trägt, wobei ihm die obere Hälfte der Gläser ein computeranimiertes ‹Handbuch› zeigt. In vollbeweglichen 3D-Bildern wird ihm vor Augen geführt, wie er etwas überprüfen, auseinanderbauen oder diagnostizieren kann, während er durch die untere Hälfte der Gläser auf das Etwas schaut und mit den Händen ausführt, was ihm oben gezeigt wird. Das Handbuch würde seine Bilder und gesprochenen Kommentare auf vokalisierte Befehle hin liefern. Auf diese Weise könnte jeder Mechaniker auch Autos reparieren, die er zum erstenmal sieht. Das wird aber kein ausreichender Ersatz für die praktische Erfahrung an vielen Autos sein. Der Unterschied zwischen Theorie und Praxis muß sich so tief einschleifen, daß er uns nicht mehr bewußt ist.»

Bestimmte Formen extrem wirklichkeitsgetreuer Simulationen können zu gefährlichen Fehleinschätzungen führen. Als Beispiel nannte Brooks die Gewohnheit, mit mathematischen Modellen, die auf Fraktalen beruhen, die natürlichen Unregelmäßigkeiten von Gebirgen zu simulieren. Die herkömmliche Art computergenerierter Berge ist zu regelmäßig, um natürlich auszusehen. Doch durch Fraktale lassen sich die Formen von Gebirgen oder auch Küstenlinien und Schneeflocken sehr gut beschreiben. Man nimmt beispielsweise ein Computermodell der Rocky Mountains und verleiht ihm einen wesentlich wirklichkeitsgetreueren Anstrich, indem man ein fraktales Element hinzufügt. Das Fraktal wäre kein direktes Maß für die Unregelmäßigkeit der echten Rocky Mountains, aber mathematisch charakteristisch für sie, soweit das menschliche Auge sie wahrnimmt. Es wäre aber kein guter Gedanke, so Brooks, eine Armee, die nur an einem fraktalen Landschaftsmodell ausgebildet worden ist, durch eine echte Landschaft zu führen.

«Die Möglichkeiten, in die Irre geleitet zu werden, sind in diesem Beispiel sehr groß», hob Brooks gegen Ende unseres Gesprächs hervor. «Die fraktalen Berge sind ein anschauliches Beispiel für einen wichtigen Unterschied zwischen *Realismus* und *Echtheit*. Die Gefahr eines immer größer werdenden Realismus ohne die entsprechende Echtheit liegt darin, daß man die Menschen etwas lehrt, was es so nicht gibt. In Geschäftsszenarien oder Kriegsspielen, die auf unechten Modellen der Geschäfts- oder Kriegswelt beruhen, kann man den Fehler begehen, Menschen höchst effektiv Taktiken und Strategien zu vermitteln, die in der wirklichen Welt nicht funktionieren.»

Brooks' Hoffnung auf eine wissenschaftliche Lösung wichtiger Probleme und seine Warnung vor den Grenzen von Simulationen, mögen sie auch noch so lebensecht sein, zeigen, wie vielfältig VR ist. Menschen des 22. Jahrhunderts werden sich vielleicht kaum vorstellen können, wie frühere Jahrhunderte ohne VR-Systeme auskommen konnten, so wie wir die Vorteile von Antibiotika, sanitären Einrichtungen, Kühlschränken, Lesen und Schreiben heute für selbstverständlich halten. Bessere Medikamente, neue Denkhilfen, intelligentere Roboter, sicherere Gebäude, bessere Kommunikationssysteme, außerordentlich effektive Unterrichtsmedien und nie dagewesener Wohlstand könnten aus einer intelligenten Anwendung von VR resultieren, andererseits aber auch eine Reihe von sozialen Effekten, die für das allgemeine Empfinden am Ausgang des 20. Jahrhunderts kaum angenehm sein können.

Die persönlichen Merkmale, die am tiefsten in uns verwurzelt und deshalb auch am beständigsten sind – das Empfinden dafür, wo wir uns im Raum befinden, wer wir persönlich sind und wie wir «menschliche» Attribute definieren –, sind jetzt offen für Neudefinitionen. Die Technologie, die das unglaublichste Kunststück des menschlichen Geistes lernt – die von den Sinnen vermittelten Signalströme zu jenem feingewobenen, dreidimensionalen, farbigen, mehr oder weniger schlüssigen Modell zu verarbeiten, das wir «Wirklichkeit» nennen –, steckt heute noch in ihren Kinderschuhen. Doch Technologien entwickeln sich in diesen Jahren schneller als jemals zuvor. Was werden wir voneinander und von uns selbst halten, wenn wir beginnen, einen Großteil unserer Wachzeit in computergenerierten Welten zu verbringen?

Die Anfänge jeder technischen Revolution sind von Ungewißheit überschattet. Für einen kurzen Zeitraum, bevor Industrien, Infrastrukturen und Glaubenssysteme aus einer Kommunikationstechnologie und ihrem Umkreis erwachsen, ist unbekannt, welchen Verlauf die Entwicklung nehmen wird. VR bedeutet eine einmalige historische Chance. In der Rückschau verstehen wir heute einigermaßen, wie es kam, daß Telefone, Fernsehen und Computer unser Leben weit nachhaltiger beeinflußt haben, als ihre Erfinder es sich träumen ließen. Angesichts dessen, was wir heute über die gesellschaftlichen Auswirkungen neuer Technologien wissen, erkennen wir allmählich, welche Entscheidungen vor zwanzig oder fünfzig Jahren besser getroffen worden wären. Die zehn oder zwanzig Jahre, die uns noch bleiben, bevor sich die Auswirkungen der VR-Technologie richtig bemerkbar zu machen beginnen, bieten uns die Möglichkeit, größere Voraussicht walten zu lassen – die einzige Möglichkeit, Technologien, die sich zu verselbständigen drohen, in den Griff zu bekommen.

Im Zentrum der VR steht eine *Erfahrung* – die Erfahrung, in einer virtuellen Welt oder an einem fernen Ort zu sein –, und die Probleme, die der Versuch heraufbeschwört, künstliche Erfahrungen zu schaffen, sind älter als Computer. Während das MIT und das Verteidigungsministerium sicherlich einiges darüber wissen, wie man neue Computertechnologien anregt, liegt das Zentrum der Illusionsindustrie zwei-

fellos näher an Hollywood, Kalifornien. Wenn es nicht die Unwägbar-
keiten der Forschungsgelder gäbe, würde heute wohl Morton Heilig
und nicht Ivan Sutherland als Gründer der Virtuellen Realität gelten.
Heilig, der schon vor dreißig Jahren von «Erfahrungskinos» und Spiel-
hallen-Simulatoren träumte, versuchte Hollywood in eben jene Welt
der 3D-Illusionen zu lenken, die Informatiker heute zu erobern beginnen. Ironischerweise könnte gerade die Unterhaltungsindustrie eine
Generation nach Heiligs Initiative die größte Triebkraft für die künftige VR-Entwicklung werden.

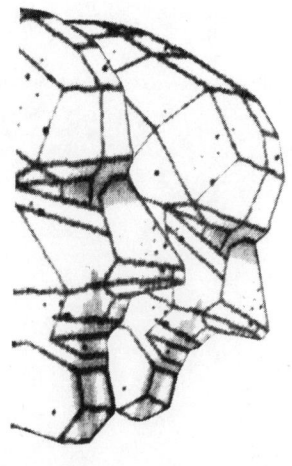

**Teil 2
Jenseits der
Wirklichkeitsbarriere**

Erfahrungskino und die Kunst binokularer Illusion

Die vorliegende Erfindung gehört zur großen Gruppe der Simulatoren, mit der Besonderheit, daß dieses Gerät die Sinne des Benutzers stimuliert, um eine konkrete Erfahrung realistisch zu simulieren.

Es wird heute immer wichtiger, die Menschen unterweisen und ausbilden zu können, ohne sie den Gefahren bestimmter Situationen tatsächlich auszusetzen…

Das oben geschilderte Problem stellt sich auch in Institutionen des Bildungssystems, weil dort immer weniger Lehrer immer größeren Schülergruppen immer schwierigere Sachverhalte vermitteln müssen. Infolgedessen gibt es eine verstärkte Nachfrage nach Unterrichtshilfen, die dem Lehrer seine Bürde erleichtern, wenn nicht gar abnehmen können.

Mit der vorliegenden Erfindung soll ein Gerät zur Verfügung gestellt werden, das eine gewünschte Erfahrung simuliert, indem es Empfindungen in einer Vielzahl von Sinnesmodalitäten hervorruft.

Weiterhin soll die Erfindung einem oder mehreren Benutzern ermöglichen, eine simulierte Situation zu erleben.

Schließlich soll mit der Erfindung ein neues und verbessertes Gerät zur Verfügung gestellt werden, mit dessen Hilfe eine simulierte Situation erscheinungsgetreuer gestaltet werden kann.

MORTON HEILIG
«Sensorama Simulator»
US-Patent Nr. 3 050 870, 1962

Das Gerät sah eher nach einem altmodischen Flipperautomaten als nach einem prähistorischen VR-Prototyp aus, aber es funktionierte noch immer, trotz seines Alters. Es war eines der originalen «Sensorama-Spiele», und neben mir stand der Erfinder, Morton Heilig, im Garten seines Hauses im Westen von Los Angeles. Als ich Kopf und Hände in das Gerät steckte, da war das, bezogen auf die VR-Geschichte, etwa so, als hätte ich die Gebrüder Wright aufgesucht und würde mit ihrem ersten Flugapparat eine Spritztour machen.

Das Sensorama ist ein Knotenpunkt, an dem eine alternative Wahrscheinlichkeitswelt hätte abzweigen können, an dem nicht die Computer-, sondern die Unterhaltungsindustrie die Wirklichkeitsbarriere mit prädigitaler Technologie hätte überwinden können. Anfang der sechziger Jahre, als ganz Amerika auf die flimmernde Mattscheibe starrte, entwickelte Heilig eine Spielhallenversion der Virtuellen Realität, ließ sie patentieren und versuchte, sie zu vermarkten. 1955 veröffentlichte er auch detaillierte Pläne für ein «Erfahrungskino», 1960 ließ er ein stereoskopisches Gerät, bestehend aus zwei Bildröhren, patentieren. Wäre da nicht der Umstand gewesen, daß sein Apparat der Behandlung durch das Spielhallenpublikum am Times Square hätte standhalten müssen, daß es den Leuten, die die Unterhaltungsindustrie finanzierten, immer wieder an der erforderlichen Weitsicht fehlte, daß ihm selbst sein unwiderstehlicher Drang zur Bilderstürmerei in die Quere kam und daß er eine Reihe von wirtschaftlichen Rückschlägen hinnehmen mußte – Heilig hätte die Cyberspace-Ära schon vor dreißig Jahren eingeläutet.

Er hat die «Wirklichkeit für 'n Groschen» vor so langer Zeit erfunden, daß seine Patentrechte bereits in den siebziger Jahren erloschen. Doch noch immer reizt es ihn, eine neue digital-elektronische Version seines Jugendtraums zu konstruieren. Sein Sohn, ein Informatikstudent, hilft ihm, dieses Vorhaben in die Tat umzusetzen. In den fünfziger Jahren, als er seine Pläne zu zeichnen begann, war das multisensorische 3D-Kino, das er in einem Spielautomaten unterbrachte, nur die verrückte Idee eines Bastlers, der in seiner Garage herumwerkelte.

Von Sensorama hörte ich erstmals 1988, an dem Tag, als ich meinen ersten Testflug im Cyberspace unternahm. In Scott Fishers Büro bei NASA/Ames, ein paar Schritte von dem VR-Labor entfernt, in dem ich kurz zuvor meinen ersten Ausflug in die virtuelle Welt unternommen hatte, bemerkte ich die Reproduktion einer alten Sensorama-Werbung an seiner Pinwand. Sie sah aus wie das Plakat für einen Science-fiction-Film über eine Zeitreise: Ein Mann saß in einer großen Holzkabine, die ihn halb umschloß. Er beugte sich in einem Winkel von 45 Grad nach vorn. Sein Gesicht steckte in der Sichtvorrichtung des Automaten, während seine Hände eine Lenkstange umklammerten. Der Mann war nach der Mode der frühen sechziger Jahre gekleidet, doch das Bild zeigte eine Art prädigitaler VR. Kaum ein Jahr später nahm ich in der Kabine Platz, die auf dem alten Plakat abgebildet war, und absolvierte meine erste Sensorama-Testfahrt.

Die verschlungenen Pfade meiner Cyberspace-Recherchen führten mich an Morton Heiligs Swimmingpool. Anfang 1990 wollte ich eine

VR-Tagung in Santa Barbara besuchen, und in meinem Reisebüro sagte man mir, es wäre billiger, über Los Angeles zu fliegen und dort zu übernachten. Eine Woche bevor ich flog, zeigte mir Eric Gullichsen, ein VR-Programmierer und Unternehmer, den ich bei der VR-Software-Firma Autodesk kennengelernt hatte, zwei Patente von Morton Heilig. Ein Blick auf die Beschreibungen seiner Erfindungen, die detaillierten Zeichnungen und die Daten überzeugten mich, daß Heilig tatsächlich der VR-Pionier war, für den Scott Fisher ihn hielt. Obwohl das letzte Patent (in dem seine Adresse stand) fast dreißig Jahre alt war, stellte sich heraus, daß er noch immer am selben Ort wohnte, und als ich ihn anrief, versprach er, das Gerät für mich wieder in Betrieb zu setzen.

Als ich vor Heiligs Haus hielt, mußte ich an den Mittelschichtvorort von Phoenix denken, in dem ich aufgewachsen bin – Schlafzimmer, ein oder zwei Kinderzimmer, «Ranchstil», Rasenfläche vor dem Haus, Auffahrt, Garage. Heilig, ein drahtiger Mann mit grauem Ziegenbart, irgendwo zwischen sechzig und siebzig, empfing mich an der Tür. Er liebt das Gespräch, und so saßen wir den größten Teil des Nachmittags bei ihm im Wohnzimmer und unterhielten uns. Er wollte alles über die «neue» VR-Welt wissen. Müßte ich Morton Heilig mit einem einzigen Wort beschreiben, so würde ich mich für «begeistert» entscheiden – er ist begeistert, wenn er sich an die Träume erinnert, die er hatte, bitter, wenn er an die Gründe denkt, warum sie sich nicht so verwirklichen ließen, wie er sich das vorgestellt hatte, dann wieder begeistert, wenn er davon spricht, daß das «Erfahrungskino», das er sich auszumalen begann, als er zum erstenmal Cinerama sah, mit Hilfe heutiger Technik doch noch Wirklichkeit werden könnte.

Heilig war kein Programmierer oder Elektroingenieur. Er war Filmemacher, Fotograf, Erfinder von Projektoren und Kameras – ein Hollywood-Visionär. Je mehr ich ihm zuhörte, die Veröffentlichungen durchblätterte, die er seit 1955 sammelte, und seine handgefertigten Prototypen ausprobierte, desto klarer wurde mir, daß Hollywood und nicht das Verteidigungsministerium oder die NASA die ursprüngliche VR-Entwicklung beflügelt hatte. Inzwischen habe ich noch mit anderen Wissenschaftlern und Erfindern gesprochen, deren Ideen zum Cyberspace hätten führen können. Einige schafften es, ihre Träume zu verwirklichen, andere nicht. Technische Revolutionen scheinen nicht einfach deshalb stattzufinden, weil der Fortschritt unvermeidlich ist. Richtige technologische Paradigmenwechsel brauchen ein, zwei Visionäre vom Schlage Heiligs, Zugang zu ein, zwei Schlüsseltechnologien, mit deren Hilfe sich die Visionen in Prototypen verwandeln lassen, und vor allem einen Menschen, der genügend Einfluß und Überzeugungskraft hat, um die neue Idee den Entscheidungsträgern schmackhaft zu machen, die ihre Verwirklichung finanzieren können. Der Richtige muß die richtige Vision zur richtigen Zeit haben – und die richtigen Leute als Investoren gewinnen.

Heiligs Patente und die wenigen Artikel, die er veröffentlichen konnte, lassen viele Fragen offen. Wo und warum kamen Heilig die Ideen, die zu Sensorama führten? Was hatte er für Ziele? Warum gelang es ihm nicht, die Unterhaltungsindustrie und das Bildungssystem zu revolutionieren? Was würde er heute tun, wenn er ausreichende finanzielle Unterstützung bekäme? Die Antworten auf diese Fragen zeigten mir, daß nicht selten eine besondere Wendung des Schicksals eine Rolle gespielt hatte. Bevor wir uns setzten, um über sein Leben zu sprechen, bat ich ihn, einen Blick auf Sensorama werfen zu dürfen. Durch die Küchentür traten wir in das helle Sonnenlicht hinter dem Haus. Für sein Alter und seinen Aufbewahrungsort sah das Gerät noch ziemlich gut aus. Heilig bewahrte es neben dem Swimmingpool unter einer Plane in der überdachten Ecke einer weinumrankten Laube auf, die nach drei Seiten hin offen war. Er öffnete eine Klappe an der Seite des Gerätes, blickte hinein, zeigte mir den Filmprojektor und erklärte mir entschuldigend, das System, das meiner Nase Gerüche zufächeln und sie wieder absaugen sollte, bedürfe einiger kleinerer Reparaturen. Ich müsse mich mit der stereophonen audio-video-taktilen Version der Sensorama-Welterfahrung zufriedengeben und auf die Geruchserfahrung verzichten.

Ich legte meine Hände auf den Lenker und lehnte mein Gesicht gegen ein Sichtgerät, das wie ein Feldstecher mit abgeflachter Gesichtsplatte aussah. Direkt unter den Okularen, nahe meiner Nase, befand sich ein kleines Gitter, wo die Duftstoffe in meinen Geruchsbereich herein- und wieder hinausbefördert worden wären. Aus anderen Gittern zu beiden Seiten meines Gesichts kamen zu festgelegten Zeitpunkten geruchsneutrale Luftströme. Kleine Lautsprecher waren zu beiden Seiten an meinen Ohren angebracht. Das Gerät begann zu arbeiten. Ich hörte einen Automotor, offenbar ohne Schalldämpfer, sah eine weite Dünenlandschaft, fühlte, wie mein Sitz rüttelte, und stellte fest, daß mir das stereoskopische Erlebnis einer Strandbuggyfahrt zuteil wurde, vom Fahrerplatz aus gesehen. Der Film war schon gelblichbraun verfärbt. Ich schien mich auf dem Vordersitz zu befinden und den Lenker zu halten, doch ich konnte keines der Fahrzeuge steuern, in die ich versetzt wurde. Ich war ein völlig passiver Mitfahrer. Ein paar ohrenbetäubende Augenblicke verbrachte ich damit, kreuz und quer über haushohe Sanddünen zu jagen, dann befand ich mich plötzlich auf einem Motorrad, das durch die Straßen von Brooklyn fuhr, einem Brooklyn, das es seit mehr als dreißig Jahren nicht mehr gab.

Nach Brooklyn und einem Hubschrauberflug über Kalifornien fand ich mich in einem Cabriolet an der Seite einer jungen blonden Frau wieder, die mich anlächelte, während aus dem Autoradio ein alter Schlager ertönte – «Riding with Sabina» –, der mir irgendwie bekannt vorkam. Ich machte eine Fahrradtour mit Sabina und tollte mit ihr am Strand herum. Dann kam das große Finale, eine Bauchtänzerin mit einladendem Blick. Heilig erklärte mir, das Programm sehe vor, daß jedesmal der Geruch billigen Parfüms aus den Nasengittern dringe, wenn die Bauchtänzerin näher komme. «Bei den Geschäftsleuten, die sich die Vorführungen als potentielle Förderer ansahen, war die Bauchtänzerin immer sehr beliebt», sagte er, den blechernen Lärm einer arabischen Kapelle übertönend, die mir stereophon entgegenkam, während die Tänzerin ihre Fingerzimbeln erst an meinem rechten, dann an meinem linken Ohr schlug. Der stereoskopische Effekt hielt natürlich keinem Vergleich mit den hochmodernen teuren Displays stand, die ich ein paar Monate zuvor auf einer Ausstellung im Disneyland von Lucasfilm gesehen hatte, aber es gab doch ein wahrnehmbares Gefühl von Tiefe, der Strandbuggy rüttelte, der Motorradlenker vibrierte und meine Schläfe umspielte eine kühle Brise. Der Motorradfahrer war leichtsinnig, was mir – sehr zu meinem Entzücken – ein leichtes Unbehagen einflößte.

Verglichen mit der armseligen Bilderwelt der üblichen Spielautomaten in den sechziger Jahren hielt Sensorama, was seine Anzeige versprach. Es war zwar nicht das vollkommene «wunderbar singende, synthetisch sprechende, Farben erzeugende, stereoskopische» Illusionsgerät, das Aldous Huxley in «Schöne neue Welt» vorhergesagt hatte, doch ich fragte mich, was aus dieser Maschine geworden wäre, wenn ihre Erforschung und Entwicklung nicht vor drei Jahrzehnten eingestellt worden wäre. Etwas war geschehen, oder vielmehr: war nicht geschehen, seit Heilig seine selbstgebastelte stereoskopische Filmkamera auf einem Motorrad befestigt hatte und durch Brooklyn gefahren war. Nach der kurzen Vorführung schaltete er Sensorama aus, zog den Stecker heraus und breitete die Plane wieder über das Gerät. Wir kehrten in die kühle Dunkelheit seines Wohnzimmers zurück, um uns darüber zu unterhalten, was hätte geschehen können und ob er seine Träume nicht doch noch verwirklichen könnte – mit Hilfe dieser phantastischen neuen VR-Technologie, von der er gehört hatte.

«Ich bin als junger Mann zum Filmemachen gekommen, und schon bald darauf begann ich, von den Möglichkeiten multisensorischer Erfahrungen zu träumen», erinnerte sich Heilig. Am Tag vor Hiroshima zum Militärdienst eingezogen, wurde er im Nachkriegseuropa stationiert. Nach dem Ende seiner Militärzeit verwendete er die Abfindung und etliche Fulbright-Stipendien, um ein Filmstudium in Rom zu finanzieren. Daraufhin arbeitete er als selbständiger Dokumentarfilmer. Anfang der fünfziger Jahre las er in der amerikanischen Presse von einem neuen Verfahren zur Herstellung von Filmen – «Cinerama». Das Verfahren faszinierte ihn auf Anhieb – weniger durch das, was es tatsächlich leistete, als wegen der Möglichkeiten, die es eröffnete.

«Cinerama wurde von Fred Waller erfunden», erklärte Heilig. Waller wollte ein erweitertes Gesichtsfeld statt des schmalen Rechtecks, das selbst die größten Bildwände der Zeit nur bieten konnten. Der Mensch hat in der Senkrechten eine visuelle Wahrnehmung von 155 Grad, in der Waagerechten sind es 185 Grad. Eine Filmbildwand füllt nur einen kleinen Teil dieses Gesichtsfeldes aus. Waller begann Ende der dreißiger Jahre, mit mehreren Projektoren und mehreren Bildwänden zu experimentieren, um für den Film ein breiteres Gesichtsfeld zu erschließen.

«Schließlich bekam er einen Vertrag von der Air Force», erzählte Heilig. «Für die ersten Flugsimulatoren baute Waller ein Filmvorführgerät, das aus fünf Kameras und fünf Projektoren bestand, drei unten und zwei oben. Er wollte die Randzonen des menschlichen Gesichtsfeldes mit möglichst vielen Bildern füllen. Ihm standen weder großformatige Kameras noch Weitwinkelobjektive zur Verfügung, deshalb mußte er mit mehreren Kameras arbeiten.» Nach dem Krieg verzichtete Waller auf die beiden oberen Kameras und versuchte Hollywood für ein System mit drei Kameras und drei Projektoren zu interessieren. Jede Szene eines Cineramafilms wurde von drei synchronen Kameras aus leicht verschiedenen Blickwinkeln aufgenommen und dann synchron auf drei Bildwände projiziert, die sich leicht nach innen wölbten, um das periphere Gesichtsfeld der Zuschauer zu umschließen. Waller gelang es, den Produzenten Mike Todd auf einen stillgelegten Tennisplatz auf Long Island zu locken, wo er ihm das System vorführte. Todd stellte 10 Millionen Dollar zur Verfügung, woraufhin Waller zusammen mit Todd die Cinerama Company gründete und mit dem ersten Produkt der Firma, «This Is Cinerama», im Cinerama-Kino am Broadway einen Riesenerfolg hatte. Die gewölbte Panorama-Projektionswand verstärkte das Gefühl der Zuschauer immens, am dargestellten Geschehen teilzuhaben. Jedenfalls war Heilig schwer beeindruckt – er spricht von einer Art Erweckungserlebnis –, als er Anfang der fünfziger Jahre in diesem Kino am Broadway saß.

«Cinerama war eine Revolution, weil es das Filmerlebnis ausweitete – etwas, was auch dringend erforderlich war, als das Fernsehen an Boden gewann», fuhr Heilig fort. «Ich habe davon in Italien gelesen, und es hat mich so fasziniert, daß ich nach New York zurückkehrte und schnurstracks zum Broadway fuhr, um es mir anzusehen. Mir war klar, daß ich etwas von ungeheurer Bedeutung sah. Ich fing an, alles darüber zu lesen, was ich in die Finger bekam.» Anfang der fünfziger Jahre herrschte Aufruhr in Hollywood, weil die Filmindustrie vom Fernsehen bedroht war und Hollywood nach Dingen zu suchen begann, die man im Kino bieten konnte, im Fernsehen aber nicht. Mit einem Male wurden 3 D-Filme, dröhnender stereophoner Ton, Breitwand und andere technische Neuerungen, gegen die man sich jahrelang gesträubt hatte, sehr interessant für die Leute, die über die Gelder für Forschung und Entwicklung bestimmten. Für Hollywood war der Vertrieb von Filmen wichtiger als die Entwicklungsabteilungen. Der Film selbst war aber eine technische Neuerung, und schon einmal war die Filmindustrie vor einem katastrophalen wirtschaftlichen Einbruch durch die Einführung einer neuen Kinotechnik bewahrt worden – die Erfindung der «Talkies», der Tonfilme.

«Ich erkannte sofort, warum Cinerama und 3 D wichtig waren», erzählte Heilig. «Wenn man fernsieht oder sich einen Film im Kino anschaut, sitzt man in einer Wirklichkeit und betrachtet gleichzeitig eine andere Wirklichkeit durch eine imaginäre transparente Wand. Doch wenn man dieses Fenster hinreichend vergrößert, bekommt man instinktiv das Gefühl, persönlich beteiligt zu sein. Man *fühlt* das Geschehen und *sieht* es nicht bloß. Ich hatte das Gefühl, ich wäre durch das Fenster getreten und säße nun selbst in der Achterbahn, statt nur jemand anders zu beobachten. Mir wurde schwindelig. Das empfand ich als höchst bedeutsam. Ich fragte mich, welche Entwicklung die Technik in Zukunft nehmen werde, und war, während ich in diesem Cinerama-Kino am Broadway saß, auf Anhieb davon überzeugt, daß die Zukunft des Kinos in Filmen liege, die eine totale Wirklichkeitsillusion schaffen, so wie Sie mir in diesem Zimmer gegenübersitzen, ohne daß ein Rahmen zwischen uns ist.»

Heilig begann über die Frage nachzudenken, was geschehen mußte, um eine künstliche Erfahrung hervorzurufen, die den Menschen vorgaukelte, daß sie an einer Filmszene unmittelbar beteiligt seien. «Woher weiß ich, daß ich in einer bestimmten Umgebung bin?» fragte sich Heilig 1954. Er machte sich ein Schema von Gehirn, sensorischen Bahnen, für die Motorik zuständigen neuronalen Netzen – die Grundelemente der Wahrnehmung, die für unser Wirklichkeitsempfinden verantwortlich sind. Nach seiner Einschätzung brauchte man nur ein Team von Ingenieuren damit zu beschäftigen, die sensorischen Informationen, die unser Wirklichkeitsgefühl speisen, auf mechanische, elektrische oder optische Weise nachzuahmen, eine Möglichkeit zu finden, sie aufzuzeichnen, und sie dann in einem speziell ausgerüsteten Kino abzuspielen.

Heilig erklärte mir, für ihn sei diese erste Skizze gewissermaßen ein «Periodensystem» des «Erfahrungskinos» gewesen, wie er es später nannte. Das war eine treffende Metapher, denn das ursprüngliche Periodensystem war eine Karte der im 19. Jahrhundert bekannten chemischen Elemente, eine Zusammenstellung der Grundformen der Materie nach ihren Eigenschaften. Das Periodensystem machte aber auch deutlich, welche Lücken die damalige Kenntnis der Elemente aufwies, und sagte voraus, daß man weitere Elemente mit bestimmten Eigenschaften finden würde, die in diese Lücken paßten. Das Periodensystem diente also einerseits dazu, das Wissen der Zeit über die Materie zu strukturieren, und hatte andererseits die Funktion, einem Forschungsprogramm Orientierung zu geben, das weitere Erkenntnisse ermöglichte.

Heilig verglich den Entwicklungsstand der VR im Jahre 1955 – und in vieler Hinsicht auch im Jahre 1990 – mit dem Stand der Chemie im 19. Jahrhundert: «Bislang können wir einen kleinen Bruchteil der Wahrnehmungselemente nachahmen, die uns davon überzeugen, daß wir Wirklichkeit erleben. Man kennt einige Elemente der stereophonen Lauteingabe und der stereoskopischen Informationseingabe, aber in bezug auf den Geruch und den Tastsinn gibt es noch große Fragezeichen. ‹Wozu noch länger warten?› dachte ich. ‹Packen wir's an!› Also schrieben wir ein Manifest, in dem wir die Hollywoodstudios und den Staat aufforderten, großzügige Forschungsgelder für die Erkundung und Entwicklung dieser Elemente bereitzustellen – des Tons, des peripheren Sehens, der Vibrationen, des Geruchs, des Windes.» Er hatte keinen Namen, und natürlich hörte niemand auf ihn. Doch das hinderte ihn nicht daran, an seinen Überzeugungen festzuhalten und seine Pläne zu Papier zu bringen.

Als Heilig niemanden fand, der sein Manifest veröffentlichen wollte, ging er, 26 Jahre alt, nach Mexiko und drehte dort Dokumentarfilme. Unterwegs traf er den berühmten mexikanischen Wandmaler Siqueiros, der ihn in einen Kreis von Intellektuellen, Ingenieuren, Malern und Architekten einführte. Bei Treffen dieses Kreises in Siqueiros' Haus hielt der junge Heilig Vorträge über seine Ideen. Daraufhin forderte die Gruppe ihn auf, seine Vorstellungen niederzuschreiben. 1955 erschien der Artikel in der zweisprachigen mexikanischen Zeitschrift *Espacios*. Dort beschrieb er ausführlich, mit Skizzen und schematischen Abbildungen, wie er sich das «Kino der Zukunft» vorstellte. Jedem heutigen Cybernauten dürften seine Ausführungen im Kern, wenn nicht sogar in den technischen Details, höchst vertraut vorkommen:

Der Zelluloidfilm ist ein sehr grobes und primitives Mittel zur Aufzeichnung des Lichtes und wird heute bereits durch eine Kombination aus Fernsehkamera und magnetischem Bandaufzeichnungsgerät verdrängt. In ähnlicher Weise tritt heute bei Tonaufzeichnungen das Magnetband an die Stelle des Films oder der Plastikplatte... Die Filmrolle des künftigen Kinos könnte ein Magnetband mit einer eigenen Spur für jede Sinnesmodalität sein. Sobald diese Probleme gelöst sind, läßt sich das Kino der Zukunft leicht vorstellen. Öffnet eure Augen, lauscht, riecht und fühlt – laßt die Welt in der herrlichen Vielfalt ihrer Farben, Tiefenwirkungen, Geräusche, Gerüche und Texturen auf euch einwirken! Das ist das Kino der Zukunft!

Die Bildwand wird nicht nur fünf Prozent eures Gesichtsfeldes ausfüllen wie die Filmbildwand des Kinos um die Ecke, die kümmerlichen 7,5 Prozent der Breitwand, die 18 Prozent der Cinemascope-

Bildwand oder die 25 Prozent des Cinerama – sondern 100 Prozent. Die Bildwand wird zu beiden Seiten um die Ohren des Zuschauers herumführen und oben und unten die Grenzen seines Gesichtsfeldes überschreiten. In all den Hymnen auf die Wunder des «peripheren Sehens» ist man nicht müde geworden, darauf hinzuweisen, daß der menschliche Gesichtssinn senkrecht 150 Grad, waagerecht 180 Grad erfaßt. Es dürfte schwer, aber keineswegs unmöglich sein, das vertikale Gesichtsfeld zu versorgen… Dieses Oval von 150 mal 180 Grad wird nicht mit illusorischen, sondern echten Tiefeneindrücken gefüllt sein. Warum? Weil sie, wie oben gezeigt, ein weiteres wichtiges Element unseres Bewußtseins sind. Man wird jedoch keine Brille brauchen, sondern elektronische und optische Geräte entwickeln, die Tiefenillusion auch ohne Hilfe einer Brille hervorrufen.

Im selben Artikel weist Heilig darauf hin, daß das menschliche Auge im Zentrum des Sehfeldes schärfer wahrnimmt als am Rand. An diese Feststellung in einer mexikanischen Zeitschrift des Jahres 1955 fühlte ich mich einige Wochen nach meinem Besuch bei Heilig erinnert, als ich mich in einem Forschungsinstitut vor den Toren der japanischen Stadt Kioto aufhielt und ein neues Projektionssystem im Wert von einer Million Dollar betrachtete, das dem Blick des Benutzers folgt, wobei es ein scharfes Bild ins Zentrum des Gesichtsfeldes und an seine Ränder ein weniger scharfes Bild projiziert.

Es war abzusehen, daß Jahre der Forschung und Entwicklung erforderlich waren, um die technischen Elemente zu konstruieren, aus denen sich das Gesamtsystem zusammensetzte. Doch Heiligs Artikel erregte in Mexiko so viel Aufsehen, daß der Erziehungsminister beschloß, die vorgeschlagenen Forschungsarbeiten zu finanzieren.

«Wir bauten eine riesige halbkugelförmige Bildwand. Ich machte mich selbst mit den Grundbegriffen der Optik vertraut, entwarf und baute eines der ersten Weitwinkelobjektive. Dann machte ich einige Testaufnahmen und projizierte sie auf die Bildwand», erinnerte sich Heilig, während ein bitteres kleines Lächeln den Schluß dieser Geschichte vorwegnahm. «Und dann geschah etwas, was sich später mehrfach wiederholt zu haben scheint.» An der Art, wie er es sagte, erkannte ich, daß er schon oft darüber gesprochen hatte und sich noch immer keinen Reim darauf machen konnte. «Der Erziehungsminister, der mich und mein Projekt unterstützte, ein Mann, der entschlossen schien, Präsident von Mexiko zu werden, kam bei einem Flugzeugunglück ums Leben. Als ich Jahre später versuchte, das Projekt Erfahrungskino in den Vereinigten Staaten wiederaufzunehmen, starb merkwürdigerweise der Mann, der als leitender Direktor eines großen Projektorenunternehmens kurz zuvor beschlossen hatte, mir zu helfen, ebenfalls bei einem Flugzeugunglück. Auf die gleiche Weise verlor dann auch Mike Todd, der Mann, der Cinerama ermöglicht hatte, sein Leben.» Nachdem in Mexiko keine Hilfe mehr zu erwarten war, ging Heilig nach New York, mietete ein Hotelzimmer, lud potentielle Investoren ein und zeigte ihnen Bilder von der Großbildwand und den Projektoren, die er entwickelt hatte.

«Die Cinerama-Leute suchten mich auf», erinnerte er sich etwas wehmütig. «Sie schickten zuerst ein paar Ingenieure und kamen dann mit der ganzen Organisation. Ich trug ihnen alle meine Ideen vor, hatte aber nichts davon. Ich wollte nie den Ruhm einheimsen. Das war mir alles ganz egal. Ich wollte es nur *machen*. Doch ich hatte nur noch Fotos und Werbematerial. Und immer wenn ich das Material einem Unternehmer oder einer Institution präsentierte, landete es irgendwann bei einem Burschen, der die Macht hatte zu entscheiden. Wenn er nicht die Phantasie hatte, sich anhand meiner Fotos, meines Artikels, meiner Zeichnungen und meiner Erläuterungen vorzustellen, was mir vorschwebte, konnte ich ihn natürlich nicht dazu bewegen, das Geld lockerzumachen, das erforderlich war, um ein solches Kino zu entwikkeln. Ich mußte eine Ein-Mann-Version konstruieren, um den einen Mann zu überzeugen, der die Entscheidung über die Kinoversion zu treffen hatte – und die blieb mein endgültiges Ziel. So entwarf ich eine Kabine, eine Version in der Größe eines Spielautomaten. Für mich war klar, daß sie mit 3 D, Ton, Wind und sogar Geruch ausgestattet sein müßte. Ich beschloß, sie selbst zu bauen, Stück für Stück.»

Ende der fünfziger Jahre führte Heilig Kurse für Filmkritik durch. Er kaufte sich zwei Filmkameras und zwei Projektoren und bastelte daraus ein stereooptisches System. Schließlich fand er einen Partner, der bereit war, etwas Geld für die Vervollkommnung des Prototyps auszugeben. Sie gründeten eine Gesellschaft, nannten sie *Sensorama*, bauten das erste funktionsfähige Modell und installierten es in Heiligs Wohnung in Greenwich Village. Damals, auf dem Höhepunkt der Beatnik-Zeit, war das Village ein brodelndes Zentrum des künstlerischen Lebens, und Heilig, der ziegenbärtige Filmemacher, war mittendrin. Sein

Partner ließ einen Prospekt drucken und verschickte ihn an große Unternehmen, unter anderem Ford und International Harvester. Sie priesen ihr Produkt als Vorführgerät für Ausstellungsräume. So könne man, hieß es in der Broschüre, potentiellen Käufern das Gefühl vermitteln, einen Mähdrescher zu fahren, das Heu zu riechen und eine frische Brise zu spüren – oder eine Fahrt in einem Cabriolet zu unternehmen. Die großen Gesellschaften zeigten kein Interesse.

Die Sensorama-Partner verglichen die Beziehung zwischen dem Erfahrungskino und Sensorama mit dem Verhältnis zwischen einem Restaurant und einem Automatenimbiß. Das Restaurant und das Erfahrungskino befriedigten gleichzeitig die Bedürfnisse von Hunderten von Menschen, seien aber teuer in der Herstellung und brauchten viel Platz. Dagegen versorgten ein Verkaufsautomat und Sensorama nur eine Person zur Zeit, seien aber günstiger in den Herstellungskosten und platzsparender. Im Gaststättengewerbe hätten sowohl Restaurants wie auch Verkaufsautomaten ihre Existenzberechtigung, und das gleiche gelte für Erfahrungskino und Sensorama auf dem Unterhaltungssektor.

Als Heilig die Idee eines auf den einzelnen Benutzer zugeschnittenen Erfahrungskinos konsequent zu Ende dachte, gelangte er zu einem *head-mounted display*, das der Benutzer wie eine überdimensionale Sonnenbrille tragen konnte. Das Patent, das Heilig unter der Nummer 2 955 156 am 4. Oktober 1960 bescheinigt wurde, trug die Bezeichnung «Stereoskopischer Fernsehapparat zum individuellen Gebrauch», während das Patent Nr. 3 050 870 vom 28. August 1962 für einen «Sensorama-Simulator» galt. Als ich Heilig nach dem HMD fragte, verschwand er im hinteren Teil seines Hauses und erschien mit einem sperrigen Prototyp aus Aluminium. Er streifte mir die dreißig Jahre alte «Telesphärenmaske» über. Es gab zwar keinen stereoskopischen Fernsehprojektor, der die Maske mit bewegten Bildern belebt hätte, doch es handelte sich zweifellos um ein *head-mounted display*, gebaut und patentiert mehr als fünf Jahre bevor Ivan Sutherland sein HM-Computergrafik-Display am MIT entwickelte – den Prototyp, der heute allgemein als historischer Vorläufer der modernen VR-Helme gilt.

Obwohl Heilig und sein Partner beschlossen, ihren Prototyp als münzbetriebenen Spielautomaten herauszubringen, vergaßen sie keineswegs, welche didaktischen und industriellen Möglichkeiten in ihm schlummerten. Das Sensorama-Patent nahm viele Aspekte der psychologischen Lernforschung voraus, die für die heutigen Unterrichtstechnologien maßgebend sind. Wie Heilig in seiner Patentschrift zu Sensorama feststellte: «Eine Grundidee jeglichen Unterrichts ist, daß die Lerneffizienz größer ist, wenn der Lernende eine Situation tatsächlich erleben kann, statt nur über sie zu lesen oder von ihr zu hören.» Die Pädagogen zeigten sich jedoch nicht interessiert, und selbst wenn sie verstanden hätten, was Heilig vorschlug, wären sie wohl kaum in der Lage gewesen, Millionen von Dollar für Forschung und Entwicklung bereitzustellen. Auch die Industrie war nicht interessiert. Doch den unermüdlichen Sensorama-Partnern gelang es, einen Spielhallenbesitzer zu überreden, den Automaten in einer Spielhalle Ecke 52. Straße und Broadway in New York aufzustellen. Nach wenigen Stunden war er kaputt. Sie holten ihn ab und reparierten ihn. Doch obwohl sie sich monatelang bemühten, die Widerstandsfähigkeit von Sensorama zu verbessern, war das Gerät einfach zu kompliziert, um der Behandlung durch das Spielhallenpublikum gewachsen zu sein.

Heiligs Partner verlor das Interesse. Heilig setzte seine Tätigkeit als Dokumentarfilmer fort. Eines Abends erhielt er einen Anruf von einem Mann, der den Sensorama-Automaten am Broadway gesehen hatte und sich mit ihm über die Möglichkeit unterhalten wollte, das Miniatur-Erfahrungskino serienmäßig herzustellen. Er lebte jedoch in der Gegend von San Francisco, während Heilig noch immer in New York wohnte.

«Ein paar Monate später mußte ich zu Filmarbeiten nach San Francisco», erinnerte sich Heilig. «Ziemlich spät am Vorabend des Tages, an dem wir Kalifornien wieder verlassen wollten, drängte meine Frau mich, den Typen anzurufen. Obwohl es schon Mitternacht war, forderte er mich auf zu kommen. Er beschrieb mir den Weg zu einem Ort, wo er mich erwarten wollte – etwa eine Autostunde von der Stadt entfernt. Es war eine neblige Nacht. Ich folgte seiner Beschreibung und landete auf einem gottverlassenen Parkplatz. Dort wartete ein bärtiger Mann in einem schmutzigen Anzug, der in einem klapprigen Auto saß. Er forderte mich auf, ihm zu folgen, und so fuhr ich mitten in finsterer Nacht eine kurvenreiche Landstraße entlang. Es war wie eine Szene aus einem Dracula-Film. Dann hielt er vor einem riesigen Haus, einem verwunschenen Schloß mit einem großen Tor.» Der Interessent erwies sich dann doch als vertrauenswürdig, wenn auch exzentrisch, und brachte die 50000 Dollar auf, die erforderlich waren, um den Prototyp eines marktfähigen Sensorama-Gerätes zu bauen. Sie arbeiteten mit einem

Unternehmen zusammen, das Verkaufsautomaten herstellte, und fanden einen geeigneten Ingenieur. Heilig kehrte an die Ostküste zurück. Ein paar Monate später wurde er aufgefordert, an einem Spielfilm mitzuarbeiten. Heilig zog mit Frau und Babys nach Hollywood. Jedes Wochenende flog er nach Fresno, wo sich das Automatenunternehmen befand. Dann wurde Heiligs Mentor in Hollywood, der Filmproduzent, entlassen. Die Leute, die das Projekt übernahmen, feuerten auch Heilig. Inzwischen näherte man sich dem Ende der sechziger Jahre, und Heilig hatte längst gelernt, wie schwierig es war, ein erfolgreicher Unternehmer in der Unterhaltungsindustrie zu werden.

Ohne Lohn und Brot in Hollywood, schloß sich Heilig einer Gewerkschaft für Kameraleute an und verdiente sich seinen Lebensunterhalt mit verschiedenen Projekten. Der neue Sensorama-Prototyp – jenes Modell, das heute in seiner weinumrankten Laube steht – fand wiederum keine Geldgeber, die seine serienmäßige Produktion finanziert hätten. Auch der neue Partner verlor das Interesse. Heilig zweifelte keinen Augenblick daran, daß die Probleme, die ihm zu schaffen machten, der mangelnden Weitsicht seiner Mitmenschen und nicht etwa der eigenen Vision zuzuschreiben waren. Er verfaßte ein weiteres Manifest und gab es im Selbstverlag heraus: «Blueprint for a New Hollywood» (Entwurf für ein neues Hollywood). Darin schlug er vor, daß die Studios mit den Produktionskosten zweier durchschnittlicher Spielfilme ein Forschungsinstitut gründen sollten, in dem die Filmtechnologien der Zukunft entwickelt werden könnten. Zu ihrem eigenen Nachteil haben sie es damals vor zwanzig Jahren nicht getan, wie es Heilig ihnen vorgeschlagen hat.

«Für den Preis zweier Spielfilme hätten wir schon vor Jahrzehnten die Virtuelle Realität schaffen können», seufzte Heilig, als er über diesen «Entwurf» aus dem Jahre 1971 sprach. «Für weit weniger Geld, als damals ein Bomber kostete, hätten wir die großen Universitäten des Landes mit wunderbaren Lern-Environments ausstatten können. Hätte ich in meinem Entwurf ein Kino vorgeschlagen, das Menschen umbringt, dann hätte ich wahrscheinlich mehr Mittel flüssigmachen können.» Heilig würzte seinen Bericht, der leicht zu einer langen, traurigen Geschichte hätte werden können, mit bissigen Kommentaren, die zeigten, daß er trotz aller Höhen und Tiefen seiner Bemühungen weder seinen Optimismus noch seine Respektlosigkeit eingebüßt hatte.

Heiligs Traum von einem Medium, das künstliche multisensorische

Erfahrungen vermittelt, scheint in den neunziger Jahren Wirklichkeit zu werden, doch ist der Ursprung der heutigen VR-Technologien nicht die Filmindustrie. Vielmehr treibt die Entwicklung der Maschinen zum Denken, der computergestützten Geräte, die unsere Wahrnehmungs- und Erkenntnisfähigkeit verstärken, die Entstehung dieses Erfahrungs- kinos an. Allerdings entstammt es einem völlig kinofremden Bereich – der Informatik. Auf diesem Gebiet gab es Leute, die, wie Heilig, den Wert unmittelbarer sinnlicher Erfahrung für Lernprozesse erkannten. Sie träumten von künftigen technischen Entwicklungen, die das menschliche Denken auf eine höhere Ebene heben könnten. Wie Heilig arbeiteten viele dieser Visionäre der Computerrevolution jahrelang ganz auf sich gestellt, unfähig, ihre Kollegen vom Sinn ihrer Ideen zu überzeugen. Doch im Unterschied zu Heilig gelang es einigen dieser Visionäre schließlich, einflußreiche Förderer für ihre Pläne zu finden – und zwar im US-Verteidigungsministerium.

Das Bemühen, den menschlichen Geist enger mit Digitalrechnern zu verknüpfen, geriet nach Jahrzehnten in die gleichen Bahnen wie der ältere Versuch, 3 D-Illusionen hervorzurufen. Aus solchen Konvergen- zen entstand VR, und auch der Verlauf künftiger VR-Entwicklungen dürfte sich für uns aus solchen potentiellen Konvergenzen ergeben. Ein besonderes Merkmal der VR-Forschung, an das ich mich erst gewöh- nen mußte, ist der Umstand, daß wissenschaftliche Fragestellungen und Technologien, die nichts miteinander zu tun haben, sich plötzlich in einem neuen und völlig anderen Kontext zusammenfinden. Je ge- nauer ich hinsah, desto stärker gewann ich den Eindruck, daß die «neue» Technologie viel eher eine sich rasch entwickelnde Kombina- tion aus einer Reihe älterer Technologien war, von denen niemand ge- dacht hatte, daß man sie eines Tages unter dem Dach eines gemeinsa- men Forschungsgebietes zusammenfassen würde.

Die Stereoskopie war die erste Technologie zur Verpackung visueller Information, die sich den binokularen Aspekt des visuellen «Auspak- kens» zunutze machte. Es bedurfte einer bestimmten Erfindung, eines (wenn man erst mal weiß, wie's geht) bemerkenswert einfachen Gerä- tes und der Aufmerksamkeit einer Königin, um das allgemeine Inter- esse an der Stereoskopie zu wecken. Der erste wichtige Schritt war das Stereoskop des englischen Physikers und Erfinders Sir Charles Wheat- stone aus dem Jahr 1833. Ihm folgte eine Kette von Erfindungen, die direkt zu den *head-mounted displays* von heute führt.

Stellen Sie sich Ihr Gesichtsfeld als Überschneidung zweier breiter Wahrnehmungskegel vor, jeder einem Auge zugeordnet und jeder eine etwas andere Perspektive repräsentierend. Wenn Sie zwei Zeichnungen anfertigen (Wheatstone arbeitete damit bereits vor der Erfindung der Fotografie und darf daher auch als Großvater der 3 D-Comics gelten), von denen jede dieselbe Vorlage aus einer etwas anderen Perspektive zeigt – ein Unterschied, der dem Augenabstand beim Menschen entspricht –, und wenn Sie dann jedes Bild einem Auge darbieten, dann wird der menschliche Gesichtssinn die beiden Perspektiven zur bruchlosen Illusion eines dreidimensionalen Wirklichkeitsausschnitts verschmelzen. Wheatstone machte sich diesen Effekt auf geniale Weise zunutze. Das Spiegelstereoskop bestand aus zwei Spiegeln, die einen Winkel von 45 Grad bildeten und zwei Bilder in das rechte und das linke Auge des Betrachters warfen. Stellen Sie sich vor, Sie blickten durch die Okulare eines Feldstechers. Durch das linke Okular blicken Sie in einen Spiegel, der in einem Winkel von Ihrer Nase fortführt und auf diese Weise eine Karte in einer Haltevorrichtung links von Ihnen reflektiert. Das rechte Auge sieht die andere Karte. Sie sehen ein einziges Bild mit einem deutlichen Eindruck von Tiefe. Das Spiegelstereoskop war der Vorläufer des Postkartenstereoskops, das sich Ende des 19. und Anfang des 20. Jahrhunderts großer Beliebtheit erfreute.

Das moderne Stereoskop in seiner üblichen Form wurde 1844 von David Brewster erfunden. Er fügte zwei Halblinsen hinzu, die jedes der beiden Augen dabei unterstützten, in bestimmter Weise voneinander abweichende Figuren auf den Stereopaaren zu erkennen. Brewsters Erfindung, bei der beide Bilder auf einer einzigen Karte untergebracht werden, überlebte in verschiedenen Spielarten, wobei ihre moderne Version 1940 der «ViewMaster» war. Die ersten Stereofotografien wurden mit einer einzigen Kamera aufgenommen, die bei einer Belichtungszeit von einer Sekunde um 65 Millimeter seitlich bewegt wurde. Die Erfindung der Stereokamera im Jahre 1949 ermöglichte auch interessierten Amateuren, 35-Millimeter-Stereofotografien aufzunehmen. Bis auf den heutigen Tag baut Kodak Stereokameras, die mit zwei Objektiven ausgerüstet sind.

1851 äußerte Queen Victoria ihre Begeisterung über die Stereokarten, die sie auf der Weltausstellung im Londoner Kristallpalast sah. Die Aufmerksamkeit der Königin, publik gemacht durch die Presse ihrer Zeit, konnte über das Schicksal von Produkten und Politikern entscheiden. Ihre königliche Begeisterung sorgte dafür, daß die Stereokarten zu einer überaus beliebten Form häuslichen Amüsements wurden. 1891 entwickelte ein Mann namens Duhauron das erste fotografische Anaglyphensystem. Die 3 D-Horrorfilme der fünfziger Jahre, bei denen man einen grünen Farbfilter über dem einen und einen roten Farbfilter über dem anderen Auge trug, sind Massenprodukte zur Ausnutzung des anaglyphischen Effektes, der ursprünglich von einem gewissen Dalinrida entwickelt wurde. Dieser hatte 1858 erstmals Farbfilter über der linken und rechten Linse so miteinander kombiniert, daß er auf der Leinwand einander überlagernde Bilder erzeugte. Das Bild für das linke Auge wird beispielsweise durch einen roten Filter auf die Bildwand projiziert, und da das rechte Auge des Betrachters ebenfalls mit einem roten Filter bedeckt ist, bleibt das linke Bild für das rechte Auge unsichtbar. Das Bild für das rechte Auge wird gleichzeitig auf dieselbe Bildwand durch einen grünen Filter projiziert. Das linke Auge läßt nur die rot projizierten Bilder durch, da es mit einem grünen Filter bedeckt ist.

Dann entwickelte sich die Filmtechnik, und die Aufmerksamkeit der Welt wandte sich zunächst den virtuellen Welten zu, die mit Tausenden von Fotografien, vierundzwanzig pro Sekunde, auf die Bildwand gezaubert werden.

Wie die virtuellen Realitäten heutiger Zeit, riefen die Filme bei den Menschen zunächst Überraschungseffekte hervor: Die Zuschauer stürzten schreiend aus den Filmtheatern, als D. W. Griffith die extreme Nahaufnahme einführte. Wir können heute die körperlosen «talking heads» auf einer Leinwand einordnen, weil sie mittlerweile zu den Wirklichkeitsschablonen unserer Wahrnehmungsprozesse, zu unserer Sammlung erlernter Wahrnehmungsregeln gehören, die uns helfen, den Strom unserer Sinneswahrnehmungen zu interpretieren. Doch in den ersten Kinos mußten die Menschen noch lernen, die Virtualität des Films wahrzunehmen. Wahrscheinlich wird der gleiche Prozeß stattfinden, wenn VR-Displays massenhafte Anwendung finden.

Nachdem der Tonfilm den Stummfilm abgelöst hatte und die Filmindustrie boomte wie nie zuvor, rechnete man allgemein damit, daß Hollywood bald ein dreidimensionales Projektionssystem entwickeln werde. 1937 drehte MGM die Komödie «The Third Dimension Murder» mit Hilfe einer speziell konstruierten Kamera, die eine frühe Form des Zweifarbprozesses anwendete. Wesentlich besser gelang es, die Stereobilder miteinander zu verschmelzen, als man Polarisationsverfahren entdeckte. Nun konnte der Zuschauer auch normale Farbfilme in 3 D sehen. Die Polarität des Lichtes ist für das menschliche Auge im allgemeinen unsichtbar, doch man kann transparente Filter herstellen, die nur das Licht einer Polarität durchlassen. Statt die linken und rechten Bilder durch Rot- und Grünfilter zu projizieren, konnte man nun je eines der Stereobildpaare für eines der Augen unsichtbar machen, indem man Bildpaare von unterschiedlicher Polarität projizierte und entsprechende Polfilter über jedem Auge trug. Erste Polarisatoren gab es schon im 19. Jahrhundert, aber sie waren von sehr schlechter Qualität. 1928 entwickelte Edwin Land, bekannt als Erfinder des Polaroid-Sofortbildverfahrens, die ersten brauchbaren Materialien für Polarisatoren, aus denen er die Polaroidbrille anfertigte. Er verwendete Bilder, deren Polebenen um 120 bis 140 Grad gegeneinander gedreht waren (ein Maß für den Unterschied der Polaritäten), und erzeugte dergestalt Stereobilder auf der Bildwand. 1935 führte Land einen experimentellen stereoskopischen Film vor. Aufgrund dieser Demonstration ließ die Chrysler Corporation 1939 für ihren Stand auf der Weltausstellung in New York einen Stereofilm drehen.

Der große Boom der 3 D-Filme begann 1952 mit «Bwana Devil» («Bwana, der Teufel»), dem ersten amerikanischen Spielfilm in Farbe und 3 D. Ihm lag das sogenannte *Naturalvision*-Verfahren zugrunde. Jeder 3 D-Filmenthusiast, dem ich begegnet bin, scheint gequält zusammenzuzucken, wenn von «Bwana Devil» die Rede ist. Es handelt sich um einen jener unglaublich schlechten Filme, die ein merkwürdiges Licht auf den Geschmack ihrer Zeit werfen, wenn man sie sich dreißig oder vierzig Jahre später anschaut. Die Bruttoeinnahmen aus diesem Film betrugen jedoch mehr als 100000 Dollar, viel Geld für die damalige Zeit. Deshalb produzierten die Studios 1954 eine ganze Flut von 3 D-Filmen. «Bei Anruf Mord», «Das Kabinett des Professor Bondi», «Der Schrecken vom Amazonas», «Gefahr aus dem Weltall» hießen die besten. Daneben gab es noch Hunderte wahrhaft schrecklicher Machwerke. Nach 1954 wurde Cinemascope eingeführt. Die Filmindustrie verlor das Interesse an der 3 D-Technik und wandte sich statt dessen der Breitwand zu.

Das Erfahrungskino wurde nicht geschaffen, doch die alten Träume scheinen in der Computerwelt zu neuem Leben zu erwachen. Zwar hat die lange und ehrenwerte Tradition der Stereoskopie nicht direkt zu jenen synthetischen Erfahrungen geführt, die uns das vollständige Eintauchen in ihre Kunstwelten ermöglichten, aber sie hat eine Infrastruktur von Techniken geschaffen, die es erlauben, einem Betrachter 3 D-Informationen vorzuführen. Als es gelang, mit Computern dreidimensionale Informationen auszugeben, und die Menschen anfingen, sich in computersimulierten Welten zu bewegen, führte der Weg, den Heilig und die 3 D-Freaks vergangener Zeiten vorgezeichnet hatten, die Computertechnologie tief in die eigene Innenwelt. VR in seiner heutigen Gestalt kommt aus dem Computerland, nicht aus der Glitzerwelt des Kinos. Und die 3 D-Computer-Displays entstanden im Rahmen eines langfristigen Projekts, dessen Ziel es war, Computer zu entwikkeln, die man als Denkverstärker einsetzen konnte. Die Konstrukteure dieser Intelligenzverstärker wollten die Denkprozesse der Menschen möglichst eng mit der Informationsverarbeitung des Computers verknüpfen.

Genaugenommen ist VR weder ausschließlich als Kind der Informatik noch der Unterhaltungsindustrie zu betrachten, sondern profitiert, wie spätere Kapitel zeigen werden, von beiden Erbteilen. Zweifellos wäre die VR-Entwicklung der neunziger Jahre nicht möglich, wenn sich nicht in den sechziger Jahren eine kleine Gruppe von Idealisten zusammengefunden hätte, um Maschinen zum Denken zu bauen.

Maschinen zum Denken

Gegenwärtig nimmt die Summe menschlicher Erfahrung mit ungeheurem Tempo zu. Doch die Mittel, mit denen wir uns durch das entsprechend anwachsende Labyrinth unseres Wissens zum jeweiligen Gegenstand des Interesses tasten, haben sich seit den Tagen der Segelschiffe nicht verändert.

Allerdings gibt es Anzeichen der Veränderung, da wir uns neue und leistungsfähigere Geräte zunutze machen: Photozellen, die in der physikalischen Bedeutung des Wortes sehen können. Hochentwickelte fotografische Techniken, die nicht nur Sichtbares, sondern auch Unsichtbares aufzeichnen können. Elektronenröhren, die starke Kräfte mit einem geringeren Energieaufwand kontrollieren können, als ihn eine Stechmücke zur Bewegung ihrer Flügel braucht. Kathodenstrahlröhren, die Ereignisse von so kurzer Dauer sichtbar machen können, daß im Vergleich zu ihnen eine Mikrosekunde lang erscheint. Relais-Ketten, die Bewegungssequenzen zuverlässiger und tausendmal schneller ausführen als irgendeine menschliche Bedienungskraft. Es gibt eine Vielzahl mechanischer Hilfen, die einen Wandel wissenschaftlicher Aufzeichnungstechniken bewirken könnten... Für unser Denken in seiner reifsten Form gibt es keinen mechanischen Ersatz. Doch zwischen kreativem Denken und einem Denken, das im wesentlichen auf Wiederholungen beruht, besteht ein großer Unterschied. Für letzteres stehen heute – und künftig wohl in noch höherem Maße – leistungsfähige mechanische Hilfen zur Verfügung.

Vannevar Bush
«As We May Think», 1945

Unter «Erweiterung des menschlichen Intellekts» verstehen wir die wachsende Fähigkeit des Menschen, eine komplexe Problemsituation anzugehen, Einsicht zu gewinnen, die seinen besonderen Bedürfnissen gerecht wird, und Lösungen für Probleme zu entwickeln. Erweiterte Fähigkeit bedeutet in diesem Zusammenhang, ... daß sich Einsicht rascher gewinnen läßt, daß sich bessere Einsicht gewinnen läßt, daß sich in einer Situation, die vorher zu komplex war, ein ausreichendes Maß an Einsicht gewinnen läßt, daß Lösungen rascher gefunden werden können, daß bessere Lösungen gefunden werden können, daß Lösungen gefunden werden können, wo Menschen bisher keine finden konnten. Zu «komplexen Situationen» zählen wir die beruflichen Probleme von Diplomaten, leitenden Angestellten, Sozialwissenschaftlern, Biologen, Physikern, Anwälten, Konstrukteuren – wobei es keine Rolle spielt, ob die Problemsituation eine Dauer von zwanzig Minuten oder zwanzig

Jahren hat. Wir sprechen nicht von isolierten Kunstgriffen, die in bestimmten Situationen helfen. Wir meinen eine Lebensweise auf einem
ganzen Gebiet, wo Ahnungen, Routine, Intuition und das «Gefühl für
eine Situation» eine fruchtbare Verbindung mit strengen Begriffen,
straffer Terminologie und Schreibweise, mit ausgeklügelten Methoden
und leistungsfähigen elektronischen Hilfen eingehen.

Douglas Engelbart
«A Conceptual Framework for
Augmenting Man's Intellect», 1963

Obwohl ich es damals nicht wußte, tat ich 1982 meine ersten Schritte in
den Cyberspace. Der Gedanke, einen Computer als Denkverstärker zu
benutzen, faszinierte mich schon lange, doch ich konnte nie eines solchen Gerätes habhaft werden, bis ich angeworben wurde, einem Informatiker am Palo Alto Research Center der Xerox Corporation bei
einem Artikel für eine wissenschaftliche Zeitschrift zu helfen. Das Gerät hieß «Alto» und sah aus wie ein kleiner Schwarzweißfernseher auf
einer Kiste, halb so groß wie mein Küchenherd. Eine kleine Schachtel,
die durch ein Kabel mit dem Bildschirm verbunden war, befand sich
auf dem Schreibtisch neben der Tastatur: die «Maus». Mein Informa-
tik-Partner versicherte mir, der ich damals praktisch ein Computerlaie
war, daß mir die Maus nicht nur bei der Korrektur von Tippfehlern
helfen werde, sondern auch auf ganz neue Art und Weise beim Denken,
bei meinen Entscheidungen und Vorstellungen.

Ich mußte mich erst daran gewöhnen. Ich tippte auf einer Tastatur,
wie ich es von normalen Textverarbeitungsgeräten gewohnt war. Doch
statt mir bestimmte alphabetische Codes zu merken, um Textblöcke zu
markieren, zu kopieren, umzustellen und zu löschen, verschob ich die
Maus auf der Schreibtischplatte, während ich beobachtete, wie der
Cursor sich bewegte und wie Buchstaben, Wörter und Abschnitte auf
dem Bildschirm erschienen. Die «Desktop-Metapher», die Daten und
Dateien, elektronische Briefkästen und digitale Mülleimer in grafische
Symbole auf dem Computerschirm verwandelte, war eine primitive
«virtuelle Welt», die es mir erlaubte, die Werkzeuge meines Denkens
sichtbar vor mir auszubreiten. Wenn ich mit der Maus die richtigen
«Piktogramme» anklickte, konnte ich mein Dokument quer durch den
Arbeitsraum zur elektronischen Mailbox meines Partners und eine automatische Kopie über den halben Kontinent zum Redakteur der wis-

senschaftlichen Zeitschrift schicken. Der Bildschirm diente dabei als visuelle Ablage für mein Kurzzeitgedächtnis, so wie die Dokumente und die Aktenordner, die man sich auf den Schreibtisch legt, visuelle Gedächtnisstützen sind. Ich hatte Schwierigkeiten, mich nach Beendigung meines Xerox-Auftrags wieder an meinen altmodischen IBM-PC zu gewöhnen – damals der letzte Schrei der PC-Technologie.

Es stellte sich heraus, daß der «Alto», der speziell dazu entwickelt worden war, Xerox-Programmierern bei ihrer Arbeit zu helfen, ein Gerät von historischer Bedeutung war. Bei der Beschäftigung mit den Ursprüngen dieser faszinierenden neuen Art, Computer zu verwenden, stieß ich auf den alten Wunsch nach «Intelligenzpotenzierung»; er hatte die Entwicklung der denkverstärkenden Computertechnologie angeregt. Wie ich heute weiß, ist einer der Grundsätze dieser Auffassung – daß nämlich Geräte für visuelle Kommunikation und Bewegungseingaben erforderlich sind, um menschlichen Geist und Computerleistung möglichst eng zu verbinden – auch ein entscheidender Aspekt der VR. Dieser Gesichtspunkt ist von großer Bedeutung für die Werkzeuge, die wir zur Lösung komplexer Probleme herstellen.

Die menschliche Kultur – der Bestand an Sprachen, Methoden und Wissen, den wir bewahren und weitergeben, damit nicht jede Generation das Rad aufs neue erfinden muß – ist zu komplex geworden, um ihrer ohne Maschinen Herr zu werden. Ob es uns gefällt oder nicht, zur Erhaltung der menschlichen Zivilisation werden auf absehbare Zukunft Menschen *und* Computer erforderlich sein. Doch gegenwärtig klappt die Zusammenarbeit zwischen uns und unseren informationsverarbeitenden Technologien noch nicht so recht. Bei der Suche nach Lösungen für dieses Problem hat sich die Blickrichtung geändert – im Mittelpunkt des Interesses steht nicht mehr die Frage, wie Computer arbeiten, sondern die *Mensch-Maschine-Schnittstelle*, das Interface, die Art und Weise, wie Computer von Anwendern bedient werden können. Bei der Mensch-Maschine-Schnittstelle kreuzen sich die VR-Entwicklung und die Evolution des Computers.

Mensch-Maschine-Schnittstellen sind Werkzeuge, die dem menschlichen Verstand und der Maschine eine effektive Zusammenarbeit ermöglichen sollen. Insofern geht es bei ihnen nicht in erster Linie um Bits und Bytes, Hardware oder Software, wie die Architektur ja auch nicht vorrangig eine Frage von Ziegelsteinen und Balken ist. Eine virtuelle Welt ist ein Computer, den Sie mit natürlichen Bewegungen bedienen können. Sie brauchen keine Computerprogramme zu schreiben, sondern gehen umher, blicken sich um und manipulieren Gegenstände mit Ihren Händen. Für einige Aufgaben ist VR die optimale Schnittstelle zum Computer.

Jeder Gebrauchsgegenstand hat ein solches Interface für den Menschen: Die Klinken sind die Benutzerschnittstellen für Türen, Lenkrad und Tachometer das Interface für ein Auto. Eine sehr brauchbare vorgeschichtliche Schnittstelle war der handgerechte Griff der Steinaxt. Da unsere Werkzeuge im Laufe der Zeit immer komplizierter und leistungsfähiger wurden, haben sich auch die Benutzerschnittstellen weiterentwickelt. Manchmal läuft die Entwicklung eines Werkzeuges der Entwicklung seiner Schnittstelle davon. Viele der komplizierten Werkzeuge unserer jüngeren Geschichte wurden entwickelt, ohne daß man viel über ihre Schnittstellen nachdachte. Der Computer ist das beste Beispiel für ein Werkzeug, das sehr nützlich für Eingeweihte ist, den meisten Menschen aber wenig hilft.

Die inneren Prozesse der meisten Computer sind nur den Fachleuten zugänglich, die ihren Kommunikationscode, die sogenannten Programmiersprachen, kennen. Daraus ergab sich für einige Leute schon vor vierzig Jahren eine grundsätzliche Fragestellung: Warum entwikkeln wir nicht Rechner, mit denen sich ihre Benutzer verständigen können, ohne Geheimsprachen lernen zu müssen, statt daß wir ihnen diese Sprachen mühsam beibringen? «Personal Computer» und «Personal Simulators» sind mögliche Antworten auf diese Frage.

Hätte sich nicht eine kleine Zahl von Menschen in den Kopf gesetzt, dieser Frage gegen alle Trends nachzugehen, würde die Bezeichnung «Personal Computer» heute so fremdartig klingen, wie es der Fall war, als sie zum erstenmal vorgeschlagen wurde. Es gäbe heute keine PCs, wären nicht mindestens zwei technologische Propheten – J. C. R. Licklider und Douglas Engelbart – bereit gewesen, ihren Ruf und ihre Laufbahn aufs Spiel zu setzen, und wäre nicht eine Vielzahl brillanter Infonauten willens gewesen, außerhalb der Grenzen von Schulen und Lehrmeinungen zu arbeiten. Ohne «Personal Computer» hätte es niemals «Personal Simulators» gegeben. Vielleicht wäre es zur Entwicklung und Konvergenz von stereoskopischen Apparaten und Spielautomaten gekommen, doch es ist zweifelhaft, daß sich die rechenintensive Cyberspace-Technologie in ihrer heutigen Form ohne die Triebkraft der PC-Evolution entfaltet hätte.

Einen Computer für die Benutzung einer einzigen Person vorzusehen war eine revolutionäre Idee, die mit einer anderen revolutionären Idee konvergierte – der Vorstellung, daß die Benutzerschnittstellen von Computern den menschlichen Bedürfnissen und Fähigkeiten angepaßt sein müssen, statt das menschliche Verhalten von den Erfordernissen der Computertechnologie abhängig zu machen. Die Art, wie jemand Befehle oder Daten in einen Computer eingibt, bezeichnet man als *Input*-Schnittstelle, die Art, wie der Computer dem Benutzer die Ergebnisse seiner Rechenvorgänge zeigt, als *Output*-Schnittstelle. Die ersten Eingabe- und Ausgabegeräte richteten sich nach den Grenzen der Computer und nicht nach den Fähigkeiten des menschlichen Geistes. Ein Computer, der Eingaben nur in Form von Lochkarten akzeptiert und Antworten nur in Gestalt von Zahlenketten auf Papierrollen ausgibt, bietet eine Benutzerschnittstelle, die sich an den Bedürfnissen der Rechner der fünfziger Jahre orientiert. Ein Computer, der Eingaben annimmt, die man auf der Tastatur tippt, ist schon besser, ein Computer, der Eingaben durch Antippen von Piktogrammen (Icons) auf dem Bildschirm akzeptiert, ist noch besser.

Früher waren Computer teuer und groß. Deshalb ging man allgemein davon aus, daß man bei der Art der Verwendung den größtmöglichen Nutzen aus den teuren Rechengeräten ziehen müsse. Als in den sechziger Jahren Transistoren und integrierte Schaltkreise aufkamen, wurden die Computer kompakter, preiswerter und leistungsfähiger. Die Revolution der Miniaturisierung, die von Vakuumröhren über Transistoren zu integrierten Schaltkreisen führte, ist eine der stärksten technologischen Triebkräfte der Geschichte. Man konnte die Rechenkosten senken und gleichzeitig die Leistungsfähigkeit der Computer um viele Größenordnungen steigern, indem man die Schaltelemente der Geräte immer kleiner und kleiner machte. Dies hat zur Folge, daß heute die Mikroprozessoren im Spielzeug eines Fünfjährigen millionenmal leistungsfähiger, aber unendlich viel preiswerter sind als der erste elektronische Digitalrechner ENIAC, der 1946 seine ersten Zahlen verarbeitete.

Einerseits entscheidet das Tempo der Miniaturisierung über das Tempo der Fortschritte in der Computertechnik, andererseits lassen sich anhand der Geschwindigkeit, mit der man winzige Schaltungen auf Siliziumscheiben auftragen kann, auch künftige Computertechnologien vorhersagen. Der fundamentalste Baustein jedes Digitalrechners ist ein Schaltelement – ein Mechanismus, den man ein- oder ausschalten kann. Computer rechnen, indem sie Ein-Aus-Signale (Bits) zu komplexeren Symbolen verknüpfen. Die Zahl der Signale, die ein Computer in einem gegebenen Zeitraum miteinander verknüpfen kann, bestimmt, welche Leistungsfähigkeit der Computer für die Lösung von Problemen besitzt. Fortschritte in der elektronischen Miniaturisierung führen zwangsläufig ein paar Jahre später zu Fortschritten in der Computer-Hardware, so daß sich nach Einführung einer neuen Generation von elektronischen Bauteilen Verbesserungen im Preis-Leistungs-Verhältnis der Computer mit einer zeitlichen Verzögerung von fünf bis zehn Jahren vorhersagen lassen.

Die orthodoxen Computertheoretiker der fünfziger Jahre wollten diese Fortschritte auf dem Gebiet der Elektronik dazu nutzen, größere und leistungsfähigere Computer zu bauen. Nach wie vor waren diese nur mittels einer Geheimsprache zu bedienen und deshalb auf eine Priesterschaft qualifizierter Übersetzer angewiesen. Andere Informatiker verweigerten sich der herrschenden Meinung und sahen ganz neue Chancen in dem Trend zur Miniaturisierung, der die Entwicklung der Computertechnologie vorantrieb. Früher oder später, wahrscheinlich in den siebziger Jahren, so meinten sie, würde es durchaus wirtschaftlich sein, einen Computer von einer einzigen Person nutzen zu lassen.

Die Idee des persönlichen Computers, des PC, kommt uns heute nicht besonders kühn vor, doch in den sechziger und siebziger Jahren lagen die PCs keinesfalls im Trend der Entwicklung von Informatik und Computerindustrie, sondern waren das Projekt einer Gruppe von Außenseitern, die sich gegen die orthodoxe Meinung auflehnen mußten, um die Technologie verwirklichen zu können, die ihnen vorschwebte. Sie hatten nicht vor, die Schreibbüros abzuschaffen, aus Buchhaltern Finanzpropheten zu machen oder eine neue milliardenschwere Industrie aus der Taufe zu heben, obwohl sie das alles mit ihren Bemühungen bewirkten, vielmehr wollten sie sich mit den ersten PCs, die sie konstruierten, Denkverstärker für den eigenen Bedarf schaffen.

Tatsächlich brauchte der erste Mensch, der ernsthaft davon überzeugt war, es werde eines Tages möglich sein, Computer für mehr und nützlichere Aufgaben zu verwenden als nur für Lohnkalkulationen und wissenschaftliche Berechnungen, zehn Jahre, bis er jemanden fand, der ihm zuhörte. Eines Tages, fast genau zur Mitte des 20. Jahrhunderts, hatte ein junger Elektroingenieur auf der Fahrt zur Arbeit einen genialen Einfall. Douglas C. Engelbart dachte schon einige Zeit darüber nach, was er mit seinem Leben und seinem Talent anfangen sollte, als ihm klar wurde, daß die Menschheit in immer schnellerem Tempo eine Fülle komplexer Probleme schuf und deshalb neue Werkzeuge brauchte, um der Welt gewachsen zu sein, auf die sie zusteuerte. Wenn es uns gelänge, so überlegte er sich, dem Computer den mechanischen Teil des Denkens und die Verbreitung der Ideen zu übertragen, dann könnten wir uns gemeinsam auf den schwereren Teil des Denkens und die Lösung der anfallenden Probleme konzentrieren. Der Rest der Welt brauchte Jahrzehnte, um die Bedeutung von Engelbarts Ideen zu erkennen, und vieles von dem, was uns heute als PC-Technologie vertraut ist, erwuchs direkt aus Engelbarts Arbeit in seinem Augmentation Research Center (ARC) am Stanford Research Institute in den sechziger Jahren. Einige der wichtigsten Entwicklungslinien der VR lassen sich zum ARC zurückverfolgen.

Man muß kein Informatiker sein, um den entscheidenden Punkt in Engelbarts Überlegungen zu verstehen: Wir müssen audiovisuelle Medien entwickeln, die eine enge Verbindung zwischen den Wahrnehmungs- und Erkenntnisfähigkeiten des Menschen einerseits und den Wiedergabe- und Rechenfähigkeiten des Computers andererseits herstellen. Dadurch steigern wir die Leistung der wichtigsten Werkzeuge, die wir für die Auseinandersetzung mit der Welt mitbekommen haben – unsere Fähigkeit zum Wahrnehmen, Denken, Analysieren, Schlußfolgern und zur Kommunikation.

Der heute sechzigjährige Douglas Engelbart bezieht noch immer Ideen aus der Vision, die er 1950 hatte, obwohl die Computertechnik sich nicht genau so entwickelt hat, wie es ihm damals vorschwebte. An dem Morgen, an dem ich ihn anrief, war ihm die Freude über den Erfolg seines neuesten Projektes anzumerken, des Bootstrap Institute, das er gerade gegründet hatte. Das erste Mal war ich ihm sieben Jahre zuvor begegnet, und auch damals hatte er schon Geschichte gemacht. An einem Frühlingstag im Jahre 1983 hatte ich mich mit Engelbart in seinen Büros in Cupertino über die Ursprünge und die mögliche Zukunft von PCs unterhalten. Ich war auf ihn gestoßen, als ich untersuchte, wer ursprünglich die Idee gehabt hatte, Computer als Denkverstärker zu verwenden. Alle Bibliographien führten zu den Artikeln, die Engelbart vor Jahrzehnten geschrieben hatte. Dann berichtete mir jemand, daß er noch immer an seinen ursprünglichen Plänen arbeite. Deshalb rief ich ihn an, und er forderte mich auf, ihn in seinem Büro zu besuchen. Damals gehörten Engelbart und das System, an dem er seit mehr als zwanzig Jahren arbeitete, zu Tymshare, einem Datennetzunternehmen im Besitz von McDonnell-Douglas. Eine Ironie des Schicksals wollte es, daß der Mann, der die Schnittstelle des Macintosh-Computers von Apple möglich gemacht hatte, in dem Büroraum eines Gebäudes saß, das von den Bauten des «Apple-Campus» im Silicon Valley eingerahmt war.

Weißhaarig, liebenswürdig, den Blick seiner blauen Augen in die Ferne gerichtet, wirkte Engelbart schon 1983 wie der Patriarch dieses technischen Feldes auf mich. «Moses, der das Rote Meer teilt und den Weg ins Gelobte Land weist». So beschreibt Alan Kay, ein anderer Computerpionier, Douglas Engelbarts Charisma. Er besitzt nicht die Ausstrahlung, die von Rednertribünen übergreift. Man muß ihm schon direkt gegenübersitzen, um zu spüren, wie seine Überzeugung, der Glaube an die Gedanken, die er darlegt, seine Worte beflügeln.

Für Engelbart fing alles nach dem Zweiten Weltkrieg an. Er war Radartechniker bei der Marine gewesen. Als er auf seine Entlassung wartete, fiel ihm in einer Rot-Kreuz-Bücherei auf den Philippinen Vannevar Bushs Artikel «As We May Think» in die Hände, der 1945 in der Zeitschrift *Atlantic* erschienen war. Wieder in den Vereinigten Staaten, ergänzte er seine Radarerfahrungen durch ein Studium der Elektrotechnik. Die vielen Stunden, die er damit verbracht hatte, die echten Gefahren zu erkennen, die durch virtuelle Signale auf dem Radarschirm dargestellt wurden, zahlten sich Jahre später aus, als er darüber nachdachte, wie Computer ihre Informationen auf eine neue Weise vermitteln könnten. Er heiratete und fand eine Anstellung in einer kleinen Elektronikfirma im kalifornischen Mountain View. Im Laufe der nächsten drei Jahrzehnte mauserte sich Mountain View von einer riesigen Obstplantage zum Kerngebiet des Silicon Valley, und Ames, Engelbarts erster Arbeitgeber, sollte zum wichtigsten Forschungszentrum der NASA werden. Das Ames-Labor, in dem man sich mit den menschlichen Faktoren dieser Technik beschäftigte, trug wesentlich zur gegenwärtigen Revolution in der VR-Forschung bei. Doch zu der Zeit, als Engelbart seine Vision hatte, gab es nicht mehr als ein Dutzend Computer in den Vereinigten Staaten.

In seinem Büro bei Tymshare, inmitten von Regalen mit Aktenordnern, die dreißig Forschungsjahre dokumentieren, erinnerte sich Engelbart an jenen Tag im Dezember 1950, als er sich plötzlich über seine Zukunft klarwurde. Sein Blick richtete sich auf einen fernen Horizont, als könnte er irgendwo hinter mir und über meinem Kopf ein klares Bild wahrnehmen. «Mit fünfunddreißig Jahren erkannte ich», berichtete er, «daß ich alles erreicht hatte, was ich mir für mein Leben vorgenommen hatte. Ich hatte den Krieg überlebt, eine Frau gefunden, ein Heim gegründet, meine Ausbildung abgeschlossen und einen interessanten Beruf ergriffen. Mir wurde klar, daß die Antwort auf die Frage, was ich als nächstes zu tun gedachte, eine wichtige Entscheidung war.» Engelbart hat nie zu den Menschen gehört, die zufrieden leben können, ohne ein Ziel zu haben. Er brauchte einen Monat, um einen Plan zu entwickeln, der ihn für den Rest seiner Berufstätigkeit beschäftigen und die Zukunft der Computertechnologie entscheidend bestimmen sollte.

1950 führte ihn die tägliche Autofahrt zur Arbeitsstelle durch die sonnigen Obstplantagen des Santa Clara Valley, Zeit genug zum Nachdenken. Was er für sich selbst wollte, hatte er erreicht, was er nun noch plante, mußte also in irgendeiner Weise nützlich für die Welt sein. Als er in Gedanken verschiedene persönliche Zukunftsentwürfe durchspielte, die dazu angetan waren, die Welt etwas erträglicher zu machen, stellte Engelbart fest, daß er in jedem Szenario, das er sich vorstellte, auf das gleiche Problem stieß: Die Probleme der menschlichen Zivilisation wurden immer komplizierter und dringlicher, doch die Problemlösungswerkzeuge hatten sich nicht entsprechend mitentwickelt. Wie konnte man den Menschen also helfen, komplizierte Probleme anzugehen? Und wie konnte ein Elektroingenieur zu solchen Lösungen beitragen? Als er sich diese Fragen stellte, begann sich ein Bild des Systems, das er zu entwickeln gedachte, vor seinem geistigen Auge abzuzeichnen.

Zwar brauchte er Jahrzehnte, um die Einzelheiten auszuarbeiten, doch die großen Züge waren alle in dem Bild enthalten, das er an jenem Tag vor sich gesehen hatte: eine Gruppe von Menschen, die auf eine ganz neue Art zusammenarbeiteten. «Als ich zum erstenmal von Computern hörte», erzählte er, «wußte ich von meiner Tätigkeit an Radargeräten, daß man diese Maschinen, wenn sie ihre Informationen ausdruckten, auch dazu bringen konnte, sie auf einem Bildschirm zu zeigen. Ich stellte mir eine Art Fernsehapparat vor, ein Gerät zur Informationsverarbeitung und ein Medium, das einem Menschen Symbole präsentierte, und alles fügte sich ineinander. Ich fuhr nach Hause und fertigte eine Skizze von einem System an, in dem Computer Symbole auf einem Bildschirm präsentierten und in dem ich mich mit Tasten und Hebeln durch verschiedene Informationsbereiche bewege, hier einen Text, dort Daten und verschiedenartige Grafiken betrachten konnte. Ich malte mir die Möglichkeit aus, die Bildschirminformation zu Kinogröße anwachsen zu lassen, so daß man mit Kollegen davorsitzen und gleichzeitig auf vielen Ebenen Informationen austauschen konnte. Himmel, was ergaben sich da für Möglichkeiten!»

In den neunziger Jahren entführt die VR-Technologie die Menschen durch und hinter den Bildschirm in virtuelle Welten. Die VR-Forscher beginnen heute, durch das Fenster zu klettern, das Engelbart und seine Kollegen angelegt haben. 1950 schien Douglas Engelbart jedoch der einzige Mensch auf der Welt zu sein, der der Meinung war, Computer könnten oder sollten Informationen auf Bildschirmen präsentieren. Um zu verstehen, warum man diese Idee damals allgemein für abwegig hielt, müssen wir uns ins Gedächtnis rufen, daß es überhaupt nur eine Handvoll Computer gab und daß das Fernsehen noch in den Kinderschuhen steckte.

Engelbart blieb dem Gedanken, diese Technologien in einem Problemlösungsgerät zu kombinieren – und es auch Leuten zugänglich zu machen, die keine Programmierer waren –, mehr als ein Jahrzehnt treu, ohne seiner Verwirklichung wesentlich näher zu kommen. Er gab seine Stellung auf und ging an die University of California, wo sich einer der beiden kalifornischen Computer befand. Niemand an der Universität interessierte sich für sein abenteuerliches Vorhaben. Niemand wollte kostbare Computerzeit opfern, um ein Gerät zu entwickeln, das den Menschen beim Denken helfen sollte. Deshalb verließ Engelbart die Stätte von Wissenschaft und Forschung und gründete ein eigenes Unternehmen, gab es aber wieder auf, als ihm klarwurde, daß er keine Lust hatte, Unternehmer zu sein. Nachdem er weder Psychologen noch Bibliothekare, noch Elektronikunternehmen dazu hatte bewegen können, in das beabsichtigte Projekt zu investieren, nahm er 1957 eine Stellung als eher orthodoxer Computerforscher am Stanford Research Institute (SRI) in Menlo Park, Kalifornien, an.

Etwa zu der Zeit, als er ans SRI ging, beschloß er, den Menschen auf irgendeine Weise aus der Sicht der traditionellen Computertechnologie klarzumachen, wovon er sprach. Deshalb arbeitete er einige Jahre in der konventionellen Computerforschung, während er in seiner Freizeit die theoretischen Grundlagen für seine Pläne ausarbeitete.

Was Engelbart damals nicht wußte: Er befand sich auf dem Weg zu einer Konvergenz, die ihn, einen völlig Unbekannten, zu einem der wichtigsten Männer in der Computerbranche machen – und die Tür zur Virtuellen Realität aufstoßen – sollte. Die theoretischen Prinzipien, die er in seinen Schriften Ende der fünfziger und Anfang der sechziger Jahre formulierte, lesen sich heute noch wie ein Entwurf für die Technik des 21. Jahrhunderts. Und er hatte etwas zu tun, während er darauf wartete, daß sich seine Kollegen langsam an seine Gedanken gewöhnten. Wie die meisten Menschen, die an einer solchen umwälzenden technologischen Konvergenz beteiligt sind, wußte er nichts von den Menschen und Kräften, die bereits auf die Verwirklichung seines Traums hinwirkten. Bevor Engelbart das Forschungsinstitut bekam, das er seit zehn Jahren einzurichten versuchte, mußte sich ein zweiter Visionär auf der anderen Seite des Kontinents zu Wort melden, mußte im Oktober 1957 der Sputnik gestartet werden und brauchten die wichtigsten weiterführenden Technologien noch ein paar Jahre, um auszureifen.

Der Sputnik führte der amerikanischen Öffentlichkeit plötzlich und brutal vor Augen, daß die Sowjets in der Lage waren, Objekte von Bombengröße an jeden beliebigen Punkt der Welt zu befördern. Was die Experten längst wußten, wurde plötzlich der ganzen Bevölkerung klar: Die militärische Macht hatte sich von den Ländern mit den größten Streitkräften auf die Staaten mit der modernsten Waffentechnologie verlagert. Und den Vereinigten Staaten, die sich noch immer selbstgefällig in ihrer Nachkriegsüberlegenheit sonnten, war entgangen, daß zumindest auf einem entscheidenden Gebiet ihr Know-how hinter dem der anderen Supermacht hinterherhinkte. Eine der wirksamsten offiziellen Reaktionen auf den Sputnik war die Gründung der Advanced Research Projects Agency (ARPA). Die ARPA war berechtigt, die üblichen Prozeduren zur Vergabe von Forschungsmitteln zu umgehen und außergewöhnliche Projekte direkt zu finanzieren, die möglicherweise geeignet waren, den Vereinigten Staaten ihre technologische Überlegenheit zurückzuerobern. Zum Glück für Engelbart und das Schicksal der PC-Technologie stellte die ARPA mit J. C. R. Licklider einen Mann ein, der ebenfalls großen Weitblick besaß.

Auch Licklider wurde eine sein ganzes Leben verändernde Erkenntnis zuteil, ähnlich der Vision, die Engelbart hatte und die er später «eine Art Erweckungserlebnis» nannte. Kurz vor dem Sputnik-Start, etwa zu der Zeit, als der ihm damals nicht bekannte Douglas Engelbart am Stanford Research Institute anfing, war Licklider Professor am Massachusetts Institute of Technology. Als Psychoakustiker versuchte er, mit Hilfe mathematischer Modelle die Grundlagen des menschlichen Hörens zu verstehen. Dabei verheddterte er sich in den eigenen Daten. Die Modelle waren so komplex geworden, daß er weit mehr Zeit dafür aufwandte, die Daten darzustellen und die Modelle zu konstruieren, als darüber nachzudenken, was sie bedeuteten. Eines Tages saß er inmitten seiner Grafiken und Datenberge und beschloß, sich näher mit der Frage zu beschäftigen, wie Wissenschaftler ihre Zeit nutzen. Da es offenbar keine Zeitstudien über Forscher gab, die, wie er, mit einer Fülle von Informationen umzugehen hatten, faßte Licklider den Plan, sich selbst bei den Tätigkeiten eines normalen Arbeitstages zu beobachten.

Zu seinem Erstaunen zeigte sich, daß er 85 Prozent seiner «Denkzeit» dafür verwendete, «die Voraussetzungen des eigentlichen Denkprozesses zu schaffen, eine Entscheidung zu treffen, in Erfahrung zu bringen, was ich dazu brauchte. Ich wendete viel mehr Zeit dafür auf, mir Informationen zu verschaffen, als sie zu verdauen.» Damals wußte er noch nicht viel über die Computertechnik, aber er begann über sehr ähnliche Vorstellungen nachzudenken wie Engelbart. Vielleicht konnte man einen Teil der mechanischen Informationsbewältigung, die die Arbeit des Wissenschaftlers offenbar in weiten Bereichen bestimmt, speziell konstruierten Computern übertragen. Zwar gab es damals keinen Computer, der für eine solche Aufgabe geeignet gewesen wäre, doch die Fähigkeiten der Computer wandelten sich – im Gegensatz zu denen ihrer Benutzer – rascher, als irgend jemand erwartet hatte.

Computer wurden damals für jene ungeheuer umfangreichen Berechnungen eingesetzt, die in der Kernphysik erforderlich waren – «Zahlenfressen» (*number crunching*) nennt man diese Funktion noch heute. Auch mit dem anderen vorrangigen Bereich der Computernutzung, der Datenverarbeitung, konnten Licklider und Engelbart nichts anfangen. Wenn man im Statistischen Bundesamt arbeitete, in den Daten von mehreren hundert Millionen Menschen ertrank und aus irgendeinem Grund wissen wollte, wie viele geschiedene Menschen über sechzig auf Bauernhöfen lebten, dann konnte man dem UNIVAC die erforderliche Sichtung und Berechnung der Daten überlassen. Das war Datenverarbeitung.

Auch die Datenverarbeitung war bestimmten Einschränkungen unterworfen. Man konnte nicht alles mit dem Computer machen, und es konnte nicht auf beliebige Weise geschehen. Für Lohnkalkulationen, wissenschaftliche Berechnungen und statistische Probleme bediente man sich der «Stapelverarbeitung». Hatte man eine Aufgabe zu lösen, so verschlüsselte man das Problem und die Daten, die das Programm verarbeiten sollte, zunächst in einer der beiden gebräuchlichen Programmiersprachen – FORTRAN oder COBOL. Das verschlüsselte Programm und die Daten wurden in Schachteln voller Lochkarten verwandelt – jene Datenträger, die man überall als IBM-Karten bezeichnete und die man weder knicken noch beschädigen durfte. Dann lieferte man die Karten beim Systemverwalter im «Rechenzentrum» der Universität oder in der «EDV-Abteilung» der Firma ab. Dieser Spezialist – der Hohepriester, der zwischen den Benutzern und dem Großrechner vermittelte und in seinem vollklimatisierten Allerheiligsten weilte – durfte der Maschine als einziger ein Programm eingeben. Von ihm erhielt man auch Stunden oder Tage später den Ausdruck. Wenn das Programm einen Fehler hatte, der einfach in einem falsch gesetzten Interpunktionszeichen bestehen konnte, mußte man den ganzen Prozeß von vorn beginnen.

Wollte man eine Reihe von Zahlen, die sich aus aerodynamischen Gleichungen ergaben, in das grafische Modell der Luftströmungen über einer Tragfläche verwandeln, dann nutzten einem Daten- oder Stapelverarbeitung wenig. Dann hielt man sich an die *Modellbildung* – eine exotische neue Verwendungsweise für Computer, die damals von den Flugzeugkonstrukteuren eingeführt wurde. Die wissenschaftliche Visualisierung unserer Tage ist der hochentwickelte Nachkomme jener ersten aerodynamischen Modellsysteme. Licklider hatte anfangs nach einer Art mechanischem Registrator gesucht, der ihm bei der Entwicklung seiner wissenschaftlichen Modelle helfen könnte. Nicht lange nachdem er begonnen hatte, sich mit der existierenden Technologie zu beschäftigen, fragte er sich, ob Computer nicht über die Berechnung von Modellen hinaus auch bei deren Formulierung und neben der Sichtung von Daten auch bei der Suche nach deren Bedeutung helfen könnten. Noch im gleichen Jahr beschloß Licklider, in die Beratungsfirma Bolt, Beranek & Newman (BB & N) in Cambridge einzutreten. Die Firma bot ihm eine Gelegenheit, seine psychoakustischen Forschungsarbeiten fortzusetzen und sich gleichzeitig mit Digitalrechnern vertraut zu machen.

«BB & N hatte die erste Anlage der Digital Equipment Company, den PDP-1», erinnerte sich Licklider, als ich 1983 mit ihm sprach. Das Gerät, das immerhin eine Viertelmillion Dollar kostete, war die erste Anlage in einer langen Reihe von Maschinen, die man in den sechziger Jahren «Minicomputer» nannte. Sie kosteten nicht mehr Dollarmillionen und füllten kein großes Zimmer mehr aus, sondern waren schon für ein paar hunderttausend Dollar zu haben und etwa so groß wie ein Kühlschrank. Statt zum Programmieren tagelang mit Lochkarten gefüttert werden zu müssen, nahmen sie Programme und Daten über Hochgeschwindigkeits-Lochstreifen auf.

Zum erstenmal konnten die Programmierer mit der Anlage direkt interagieren – für die eingefleischten Programmierer der damaligen Zeit ein unvorstellbarer Luxus. Im Vergleich zu heutigen Rechnern war der PDP-1 zwar primitiv, doch damals bedeutete er einen Durchbruch. Er bot sich an als Kandidat für den Modellbildner, den sich Licklider vorstellte, und als das Echtzeit-Instrument, das leidenschaftliche Programmierer damals gar zu gern dem eifersüchtigen Zugriff der Hohepriester entzogen und auf ihren Schreibtisch gestellt hätten.

Wie Licklider erwartet hatte, erwies es sich tatsächlich als möglich, Computer einzusetzen, um aus Experimentaldaten Modelle zu bilden und in komplizierte Informationssammlungen Sinn zu bringen. Obwohl das «Schlüsselerlebnis» ihn unwiderruflich zum interaktiven Rechnersystem bekehrt hatte – ein Ausdruck, den ich immer wieder hörte, wenn ich mit Menschen sprach, die die folgenden Ereignisse miterlebt hatten –, wußte Licklider einfach noch nicht genug über die damalige Computertechnologie, um zu erkennen, daß man eines Tages PCs würde bauen können. Doch den entscheidenden Aspekt hatte er begriffen: Menschen und Computer würden auf neue Art zusammenarbeiten, wenn es gelänge, eine geeignete Schnittstelle, eine geeignete Benutzeroberfläche, zu entwickeln.

Drüben in Gebäude 26 des MIT arbeiteten die ersten KI-Forscher an einer Computertechnologie, die eines Tages die Menschen als einzige denkende Wesen auf unserem Planeten verdrängen könnte. Niemand wußte, wie lange das dauern würde. In der Zwischenzeit, die Jahrzehnte oder Jahrhunderte in Anspruch nehmen mochte, sah Licklider die Möglichkeit, eine «Kooperationsvereinbarung» zwischen menschlichem Nervensystem und der Hard- und Software des Computers zu treffen. Er benutzte eine biologische Metapher, um die Entwicklung zu beschreiben, die er im Auge hatte, indem er auf die Symbiosen bestimmter Organismen verwies, die zu ihrem wechselseitigen Vorteil kooperieren. 1960 schrieb Licklider den Artikel «Man-Computer-Symbiosis», in dem er prophezeite, «daß menschliche Gehirne und Rechenmaschinen in nicht allzu ferner Zeit auf das engste miteinander verbunden werden und daß die daraus resultierende Partnerschaft denken wird, wie noch kein Mensch gedacht hat, und Daten verarbeiten wird, wie es keine unserer heutigen informationsverarbeitenden Maschinen vermag.»

Die Mittel, die sich Computerkonstrukteure in den sechziger und siebziger Jahren einfallen ließen, um Gehirne und Computer «aufs engste» miteinander zu verbinden, schufen die Hardware-Grundlagen für spätere Entwicklungen der VR-Technologie. In der Tat kann man VR als eine Umwelt beschreiben, in der das Gehirn so eng mit dem Computer verknüpft ist, daß sich das Bewußtsein des Benutzers im Innern der computergenerierten Welt umherzubewegen scheint, wie sich Menschen in natürlichen Umgebungen bewegen.

Zum Glück für seinen Traum von einer Zukunft, die große Ähnlichkeit mit Engelbarts Entwurf hatte, fand Licklider Verbindung zu einer Institution, die die Mittel hatte, entscheidend zur Verwirklichung dieses Traums beizutragen – dem militärisch-industriellen Komplex. Wenn es stimmt, daß Not erfinderisch macht, so ist hinzuzufügen, daß das Verteidigungsministerium den technologischen Fortschritt macht. Vom ersten elektronischen Digitalrechner der Army in den vierziger Jahren bis zu den Experimenten der Air Force mit *head-mounted displays* in den achtziger Jahren ist das US-Militär stets der Schirmherr für die wichtigsten Innovationen auf dem Gebiet der Computertechnik gewesen. Ende der fünfziger und Anfang der sechziger Jahre hatten einige der fähigsten Köpfe am MIT den Auftrag, an der Entwicklung eines computerisierten Bodenverteidigungssystems mitzuwirken, das Amerika gegen nukleare Angriffe schützen sollte – «Semi-Automatic Ground Environment» (SAGE) hieß es. In einer streng geheimen Forschungseinrichtung, die dem MIT angeschlossen war, dem Lincoln Laboratory in Lexington, Massachusetts, waren Licklider und einige Kollegen damit beschäftigt, die «menschlichen Faktoren» des neuen computerisierten Radarnetzes zu untersuchen.

Eines der schwierigsten Probleme dieses Projektes lag darin, große Informationsmengen in eine Form umzusetzen, die Menschen schnell genug erkennen konnten, um rasche Entscheidungen zu treffen. Man

konnte den Computern und dem Bedienungspersonal schlecht drei
Tage Zeit lassen, alle Radardaten auszuwerten, bevor das zuständige
Kommando entscheiden konnte, ob ein feindlicher Luftangriff statt-
fand oder nicht.

Einige Lösungen für dieses Problem wurden im «Whirlwind-Pro-
jekt» im Rechenzentrum des MIT entwickelt. Dort hatten die Hochge-
schwindigkeitsrechner Bedienungselemente, die den Steuerinstrumen-
ten eines Flugzeugs ähnelten, und sogar ein primitives Grafik-Display.
Die auf dem Computerschirm abgebildeten aerodynamischen Prozesse
wurden mit der gleichen Geschwindigkeit berechnet und dargestellt,
wie sie unter natürlichen Bedingungen stattfanden – «Echtzeit» heißt
diese Form der Datenverarbeitung seither im Computerjargon. Whirlwind war ein direkter Vorfahr der Simulation sowie der grafischen Datenverarbeitung und damit ein entscheidender Vorläufer der VR-Technologien. Die Operatoren von Whirlwind und SAGE waren die ersten
Computeranwender, die Informationen auf Bildschirmen präsentiert
bekamen. Den SAGE-Operatoren stand darüber hinaus ein besonderes
Gerät zur Verfügung, der Lichtstift (*Lightpen*), mit dem sie die grafische Ausgabe verändern konnten, indem sie den Bildschirm einfach mit
ihm berührten.

Die Probleme des Bildschirms betrafen nicht nur die Elektronik, sondern auch die menschliche Wahrnehmung. Aus diesem Grund war
Licklider zu den Computerkonstrukteuren gestoßen. Für künftige Hi-
storiker wird dies vielleicht einmal der Wendepunkt sein – der Augenblick in der Geschichte dieser Technologie, in dem sich jemand, der mit
der Funktionsweise des menschlichen Geistes vertraut war, um die
Konstruktion der Computer zu kümmern begann.

Bei der Arbeit am SAGE-Projekt lernte Licklider den ARPA-Direk-
tor Jack Ruina kennen, der computerisierte Steuer- und Kontrollsy-
steme in allen militärischen Bereichen, nicht nur auf dem Verteidi-
gungssektor, einführen und deshalb innerhalb der ARPA einen Leiter
für die Entwicklung neuer informationsverarbeitender Techniken
einsetzen wollte. Lickliders Plan, einen Computer zu bauen, der über
Tastaturen und Sichtschirme direkt mit dem menschlichen Bedienungspersonal interagieren konnte, überzeugte Ruina davon, daß die
unorthodoxe Minderheit von Informatikern, die Licklider zu kennen
schien, durchaus in der Lage sein mochte, die entscheidenden Fortschritte zu erzielen.

Genau solche Fortschritte sollte die ARPA fördern. Außerdem waren die Systeme, die Licklider vorschwebten, offenkundig weit über den militärischen Bereich hinaus anwendbar. «Ich überzeugte Jack Ruina davon, daß interaktive Rechenanlagen nicht nur für militärische Zwecke in Frage kamen, sondern für alle Bereiche unserer alltäglichen Verrichtungen», erinnerte sich Licklider, als wir uns zwanzig Jahre später über seine berufliche Laufbahn unterhielten. Im Oktober 1962 wurde Licklider Direktor des Information Processing Techniques Office (IPTO). Dieses Ereignis markierte den Anfang vom Anfang des PC-Zeitalters und legte in mehr als einer Hinsicht die Basis für die VR-Technologie.

Die Computer, die Eingabegeräte und die Displays für VR-Systeme entwickelten sich direkt aus der Technologie, die IPTO in den sechziger Jahren finanzierte. Sutherland erfand die interaktive Computergrafik praktisch im Alleingang. Später trat er Lickliders Nachfolge als IPTO-Direktor an. 1965 konstruierte Sutherland das erste *head-mounted display*. Mit weitsichtiger Beharrlichkeit sorgten Licklider, Sutherland und Engelbart dafür, daß in der Computertechnologie Benutzeroberflächen, die den Möglichkeiten und Fähigkeiten des Menschen Rechnung trugen, eine immer stärkere Rolle spielten. Jeder von ihnen lieferte künftigen VR-Forschern viele Ansatzpunkte für ihre Arbeit, so daß aus den Geräten der drei Pioniere ein Vierteljahrhundert später die weiterführenden Technologien der «persönlichen Simulatoren» wurden.

Licklider bekam kein Institut, sondern ein Büro, ein Budget und den Auftrag, den technischen Stand der Informationsverarbeitung zu verbessern. Also suchte er nach kleinen, aufstrebenden Firmen und sah sich am MIT, an der University of California, der Rand Corporation, der University of Utah und einem Dutzend verschiedener Forschungsgruppen im ganzen Land nach jungen, ehrgeizigen Programmierern um. Auch Aussteiger und Leute mit abgebrochenem Studium verschmähte er nicht. Zu denen, die Licklider für seinen Kreuzzug gewann, gehörte auch ein junger Verwaltungsbeamter aus der Forschungsabteilung der NASA, Bob Taylor. Er hatte die theoretische Arbeit eines anderen jungen Mannes mit kühnen Ideen finanziert, eines gewissen Douglas Engelbart. Nachdem dessen Vorschläge jahrelang ein Mauerblümchendasein geführt hatten, erhielt er 1964 Besuch von einer Gruppe ARPA-Mitarbeitern, die ihm eine moderne Computerausrüstung und eine Million Dollar jährlich in Aussicht stellten und ihm den Auftrag gaben, die denkverstärkenden Computer zu entwickeln, die er seit Jahren in seinen Schriften beschrieb.

Als die ARPA-Leute Engelbart besuchten, hatte dieser seinen sorgfältig ausgearbeiteten theoretischen Entwurf bereitliegen, dazu einen fertigen Plan für ein Labor, in dem sich die Computertechnologie gewissermaßen aus eigener Kraft in eine völlig neue Dimension emporarbeiten sollte. Die Mitarbeiter sollten interaktive Computergeräte bauen – raffinierte Ein- und Ausgabe-Hardware, neuartige Software für Datenübertragung, hochentwickelte Texteditoren, Grafiksysteme – und dann mit Hilfe dieser Geräte noch bessere Geräte konstruieren. Auf diese Weise sollten sich die Systeme der Mainframe-Ära «aus eigener Kraft» zu den interaktiven Computern im Dienst der Intelligenzverstärkung (*augmentation*) weiterentwickeln. Engelbart entschloß sich, seinem Labor den Namen «Augmentation Research Center» (ARC) zu geben. Er entschied sich für das Wort «*augmentation*», im bewußten Gegensatz zu «Automation», dem Ausdruck, der meist benutzt wurde, um die Anwendung von Computern auf menschliche Arbeit zu beschreiben. Automation bedeutet, daß menschliche Arbeit durch Computer ersetzt wird. *Augmentation* heißt, die Effizienz geistiger Arbeit dadurch zu vergrößern, daß man auf den unteren Ebenen die Barrieren entfernt, die das Denken auf höheren Ebenen behindern.

1963 schlug Engelbart ein computerisiertes Schreibsystem vor, um deutlich zu machen, was er unter der geplanten Intelligenzverstärkung verstand. Mehr als ein Jahrzehnt bevor sich die ersten Textverarbeitungsgeräte wirtschaftlich realisieren ließen, erläuterte er in seiner Arbeit «A Conceptual Framework for Augmenting Man's Intellect», wie man mit Hilfe eines Computers und eines Videomonitors den Prozeß des Schreibens, des Abfassens von Manuskripten effizienter gestalten könnte: «Dieses hypothetische Schreibgerät erlaubt es Ihnen also, Texte auf ganz neue Weise zu verfassen... Wenn die Gedanken in Ihrem Manuskript zu kompliziert werden, können Sie die einzelnen Textteile rasch umordnen. Sie können eine Fassung wählen, die Ihren Bedürfnissen entspricht und die Komplexität Ihres Gedankenganges bewahrt... Entscheidend ist an diesem Beispiel, daß eine konkrete Innovation, die eine bestimmte Fähigkeit betrifft, weitreichende Folgen für die anderen Ebenen in der Hierarchie Ihrer Fähigkeiten haben kann.» Dieses Beispiel erwies sich als eine sehr hellsichtige Prophezeiung, griff aber der technischen Entwicklung weit voraus: Anfangs verwendeten die ARC-Forscher Konsolen, die wie riesige runde Radarschirme aussahen und ihre Signale von großen Videokameras erhielten.

Die Textverarbeitung war nur eine der Erfindungen, die sich in den zwölf Jahren, die das ARC am SRI bestand, aus seiner Arbeit ergaben. Die «Maus», ein Steuergerät, das heute bei den PCs aller Hersteller anzutreffen ist, wurde in den sechziger Jahren erfunden, kam aber erst in den achtziger Jahren in den Handel. «Hypertext», das dem Benutzer gestattet, durch Anklicken bestimmter Stellen auf dem Bildschirm von einem Dokument zum anderen zu springen, «Textfenster» unterschiedlicher Art auf dem Bildschirm, Computerkonferenzen, in denen verschiedene Benutzer Texte und Daten austauschen und gemeinsam verfolgen können, «Outline-Verarbeitung», mit deren Hilfe der Computeranwender verschiedene Textteile verkleinern und vergrößern kann, Informationsübermittlung durch Videobilder in Verbindung mit Computergrafik, die Verwendung von Text- und Grafikinformation innerhalb desselben Computerdokuments – alle diese Vorzüge, die heute zum PC-Alltag gehören, wurden am ARC erfunden.

Die Einführung der Maus als Steuergerät bedeutete einen entscheidenden Fortschritt für die Mensch-Computer-Schnittstelle, einen Fortschritt, der direkt auf das Vorfeld von VR zusteuerte. Hier wurde eine dreidimensionale Eingabe mittels Bewegungen als Steuersprache benutzt. Statt ein Dokument oder ein Programm aufzurufen, indem man einen komplizierten Steuercode eintippte, konnte man jetzt durch natürliche Bewegungen mit dem Computer interagieren. Wenn der Benutzer die Maus auf der Tischplatte neben der Tastatur hin- und herrollt, führt der Cursor auf dem Bildschirm entsprechende Bewegungen aus. So wurde es möglich, Befehle durch «Zeigen und Anklicken» zu geben. In den virtuellen Realitäten der Zukunft könnten Bewegungseingaben mit Hilfe von Datenhandschuhen und «drahtlosen» Bewegungssensoren diese Entwicklung vollenden, indem sie dem Menschen eines Tages ermöglicht, sein natürlichstes Zeigewerkzeug zu verwenden – die Finger. Zwanzig Jahre nachdem Engelbart es vorhergesagt hat, gibt es heute tatsächlich die Möglichkeit, Bewegungseingaben mit dreidimensionalen Grafikmodellen zu koppeln.

1968 entschlossen sich Engelbart und sein Team zu einem kühnen Schritt: Sie zeigten ihre völlig neuartigen Bedienungsgeräte für Computer auf einer der wichtigsten Tagungen der Computerszene, der Fall

Joint Computer Conference. Das erwies sich als höchst folgenreich für die Geschichte dieser Technologie. Engelbart saß mit Tastatur, Bildschirm, Maus und einer jener kombinierten Kopfhörer-Mikrofon-Ausrüstungen, die Piloten und Telefonistinnen tragen, auf dem Podium und inszenierte mit ihrer Hilfe eine Reise durch den Informationsraum, wie sie sich Vannevar Buch schon 1945 ausgemalt hatte. Mit Leib und Seele Infonaut, wußte Engelbart die Aufmerksamkeit seines Publikums sofort zu gewinnen und entführte es direkt in eine funktionsfähige Version jenes Verstärkungssystems, von dem er seit 1950 träumte. Er rief Dokumente aus dem Computerspeicher auf und zeigte sie seinen Zuhörern auf einem großen Bildschirm. Er komprimierte sie zu einer Reihe einzeiliger Kurzfassungen, drückte eine Taste auf seiner Maus und verwandelte eine der Kurzfassungen wieder in ein Dokument. Nun tippte er einen Befehl ein und ließ ein Videobild sowie eine Computergrafik auf dem Bildschirm erscheinen. Dann tippte er Wörter ein, löschte sie, schnitt einzelne Absätze und Dokumente heraus und fügte sie an anderer Stelle wieder ein. Computertagungen können langweilig sein, sogar für die meisten Leute, die sie besuchen, doch die Fall Joint Computer Conference von 1968 erwies sich für alle Anwesenden als höchst aufregend. Noch nie hatten die versammelten Ingenieure, Programmierer und Informatiker dergleichen gesehen. Es war, wie Wissenschaftler sagen, ein «Existenzbeweis» für Engelbarts und Lickliders Träume. Hier war ein funktionsfähiges Modell für die künftige Entwicklung des Computers.

Einer der Computer-Freaks im Publikum war Alan Kay, ein jüngerer Programmierer der ARPA-Generation, die die Entwicklung von Timesharing und interaktiver Rechnertechnologie vorantrieb. Kay wurde zu einem der wichtigsten Architekten des PC. Es war jedoch mehr als nur die nächste schrittweise Verbesserung anwenderfreundlicher Computer. 1990 erinnerte sich Kay, wie die Begeisterung über die PC-Revolution, die zwanzig Jahre zuvor begonnen hatte, nach zehn Jahren die ersten Nichtspezialisten ergriff. Doch erst jetzt habe sie eine große Allgemeinheit erfaßt. Kay: «Die Konstruktion moderner Benutzeroberflächen hat begonnen, als sich die Computeringenieure nicht nur endlich klarmachten, daß Computeranwender einen funktionierenden Verstand haben, sondern auch erkannten, daß die Einsicht in die Funktionen dieses Verstandes das Muster für die Interaktion mit ihm völlig verändern würde.»

Von nachhaltiger Wirkung war Alan Kays ständiges Bestreben, bei der Entwicklung von Benutzerschnittstellen psychologische Erkenntnisse zu berücksichtigen. Er hatte großes Interesse an den Theorien von Jean Piaget, Jerome Bruner und anderen Psychologen, die dem Lernprozeß den Begriff der *Exploration* zugrunde legten: Unser Verstand ist ein Wissenschaftler, unsere Sinne sind unsere Instrumente, und die Welt ist unser Experimentierfeld. Gemeinsam war diesen Psychologen die Hypothese, daß wir die Welt entdecken, indem wir sie mit allen unseren Sinnen erfassen, mit unseren Händen manipulieren, mit Augen und Ohren verfolgen. Kay und einer seiner Mentoren, Seymour Papert vom KI-Labor des MIT, übertrugen voller Begeisterung die Piagetschen Ideen auf die Computertechnologie. Der Anblick sechsjähriger Kinder, die mühelos die von Papert und seinen Kollegen erfundene Computersprache handhaben, war eines der Schlüsselerlebnisse, die für Alan Kays berufliche Laufbahn bestimmend wurden.

Kay studierte Ende der sechziger Jahre Informatik an der University of Utah, als Ivan Sutherland und David Evans im Rahmen des ARPA-Projekts die Entwicklung der grafischen Datenverarbeitung vorantrieben. Großen Einfluß auf Kay hatten Marshall McLuhan (der ihn dazu anregte, den Computer nicht als Werkzeug, sondern als Medium zu verstehen), Papert (der ihm zeigte, daß Computersprachen Denkhilfen sein können, daß grafische Kommunikation ein gutes Mittel für die Mensch-Computer-Interaktion ist und daß Kinder in der Lage sind und sein sollten, Computer zu benutzen) und Ivan Sutherland (dessen Dissertation, der Computercode für Sketchpad, die Möglichkeit schuf, den Computer als interaktiven Simulator zu nutzen). 1970 war Kay einer der begabtesten von Hunderten früherer ARPA-Stars, die ins Palo Alto Research Center (PARC) abwanderten, eine neue Informatik-Forschungsstätte der Xerox Corporation. Aus zahlreichen Gründen verlagerte sich der Schwerpunkt der PC-Revolution Anfang der siebziger Jahre vom ARC und anderen ARPA-Forschungseinrichtungen zum neuen Xerox-Institut.

Die Mansfield-Novelle, die auf dem Höhepunkt des Vietnamkriegs verabschiedet wurde, verbot der ARPA praktisch, irgendwelche Projekte zu finanzieren, die nicht direkt mit der Waffenproduktion zu tun hatten. Außerdem veränderte der Krieg die Einstellung der Verantwortlichen wie der Programmierer, von denen viele nicht mehr unter der Schirmherrschaft des Verteidigungsministeriums arbeiten mochten. Der Exodus von einigen der besten und talentiertesten Forscher aus den vom Verteidigungsministerium gesponserten Projekten Anfang der siebziger Jahre war vielleicht der entscheidende Anstoß für die PC-Revolution. Eine ähnliche Verlagerung von militärischen zu zivilen Anwendungsmöglichkeiten scheint sich Anfang der neunziger Jahre zu vollziehen, ein Vorgang, der zur treibenden Kraft für den nächsten Entwicklungsschub der Informationstechnologie werden könnte.

Bob Taylor, der junge Verwaltungsbeamte in der Forschungsabteilung der NASA, der Engelbart «entdeckt» hatte, war Licklider und Sutherland als Direktor des IPTO gefolgt. Etwa zur Zeit der Mansfield-Novelle ging er zum PARC und begann, die begabtesten Wissenschaftler um sich zu versammeln, die in den verschiedenen Computerforschungsprogrammen der ARPA beschäftigt gewesen waren. Die PARC-Forscher waren die besten aus der legendären jungen Programmierergarde, die die interaktive Rechnerrevolution der ARPA zum Erfolg geführt hatte. Die wichtigen PARC-Leute kannten sich von ARPA-Tagungen und durch das ARPA-Netz, das Datenübertragungsnetz, das sie selbst entwickelt hatten. Jetzt saßen sie alle zusammen in einem luxuriös ausgestatteten und herrlich gelegenen Labor auf dem Coyote Hill mit Blick auf Palo Alto. Die Leitung lag in den Händen ihrer ehemaligen ARPA-Chefs, es standen ausreichend Mittel zur Verfügung, und sie hatten den Auftrag, «die Architektur einer Information für die Zukunft» zu entwickeln, wie es der Xerox-Präsident formuliert hatte.

PARC ist wirklich ein glänzendes Beispiel für den Erfolg technologischer Weitsicht, denn die PARC-Forscher übernahmen Engelbarts Innovationen, fügten ihre eigenen hinzu und bauten mit Hilfe der immer leistungsfähigeren Basistechnologien, die Anfang der siebziger Jahre verfügbar wurden, ihre eigenen Prototypen. Die Bausteine dieser PCs stammten von anderen Infonauten. Sie hatten unabhängig von Xerox die Mikroschaltkreise und Bildschirmtechnologien entwickelt, auf die die PARC-Forscher jetzt zurückgriffen.

Zu der Zeit, da sich die Revolution der interaktiven Rechner als eindeutiger Erfolg herausstellte, machten die technischen Voraussetzungen verblüffende Fortschritte. Die Computer des ARC sollten die intellektuellen Fähigkeiten der Anwender erweitern, doch war es in den sechziger Jahren nicht möglich, die Geräte so preiswert herzustellen, daß man sie zur Verwendung durch einen einzigen Benutzer vorsehen konnte. Dazu mußte erst die Miniaturisierungsrevolution erfolgen, die mit dem Boom der Weltraumtechnik einsetzte. Anfang der siebziger Jahre bauten PARC-Konstrukteure, von denen viele schon in Engelbarts Labor gearbeitet hatten, den ersten PC, jenen «Alto», den ich zehn Jahre später ausprobieren sollte. Alan Kays Team war führend in dem Bemühen, mit Hilfe der neuen technischen Voraussetzungen eine ideale Benutzeroberfläche zu entwickeln. Die Erinnerung an das ARPA-Netz wurde zum Anlaß, das erste «lokale Netz» mit dem poetischen Namen «Ethernet» zu knüpfen. Dieses lokale Hochgeschwindigkeitsnetz war der bescheidene Vorläufer des Netzes aller Netze, das man heute Weltnetz nennt und das allmählich zur Infrastruktur der Gibsonschen Matrix mutiert. In den siebziger Jahren wurde PARC zum Utopia für das wachsende Heer der Infonauten, die sich der Suche nach computergestützten Denkwerkzeugen angeschlossen hatten. Anfang der achtziger Jahre interviewte ich mehrere der PARC-Veteranen, die an der Entwicklung der «Alto»-Benutzeroberfläche mitgewirkt hatten. Sie erinnerten sich, daß der Glaube an die Verwendung grafischer Elemente zur Vermittlung zwischen menschlichem Geist und Computer zu den Grundüberzeugungen ihrer Arbeit gehört hatte.

Die Computerkonstrukteure von PARC hatten etwas, was dem ARC-Team fehlte, eine neue Technologie: die Grafik mit zeilenweise gesteuertem Elektronenstrahl. Dabei wird jedes Bildelement, jeder Bildpunkt auf dem Monitor in der einfachsten Stellung durch ein Bit im Arbeitsspeicher des Computers repräsentiert. Der Speicher enthält also eine «Bit-Karte» (ein zweidimensionales Bildpunktraster), die dem Muster der Pixel (Bildpunkte) auf dem Schirm entspricht. Die Kommunikation zwischen Bit und Pixel ist in beide Richtungen möglich: Man kann die Position der Bits im Computer verändern und beobachten, wie die Pixel auf dem Schirm einen Sprung machen. Man kann aber auch die Pixel auf dem Schirm mit einem Steuergerät verändern und verfolgen, wie sich eine Veränderung im Computer vollzieht. Bildschirme mit einem Bildspeicher waren die technische Voraussetzung für eine Mensch-Computer-Beziehung, wie sie Ivan Sutherland ein Jahrzehnt vor PARC in Ansätzen an der anderen Küste des amerikanischen Kontinents entwickelt hatte. Eine Maus zu bedienen und einen Computer dazu zu bringen, daß er mit einem Elektronenstrahl und einem phosphoreszierenden Bildschirm Kunststücke ausführte, war ein erster wichtiger Schritt auf dem Weg zu virtuellen

Welten, wo der Bildschirm überall ist und die Bewegungen, Blicke und Äußerungen des Anwenders das Anklicken mittels der Maus ersetzen.

Die direkt manipulierbare Schnittstelle, die Engelbart vorbereitet hatte und die am PARC entwickelt wurde, war den Eingeweihten der Computerszene seit Jahren bekannt, doch die breite Öffentlichkeit erfuhr davon erst, nachdem jemand Steve Jobs von Apple Computer durch das PARC-Institut geführt hatte. Jobs und eine noch jüngere Generation von Freaks legten die Technologien zugrunde, die von den begabtesten und brillantesten Köpfen des Jahrzehnts vor ihnen entwickkelt worden waren, entwarfen eine neue Version für noch jüngere Generationen von weiterführenden Technologien und brachten den Denkverstärker in einem Apparat von der Größe eines Haushaltsgerätes unter – der erste Computer, den sich die Menschen bedenkenlos ins Büro und in die Wohnung stellten. Ab 1984 machte der Macintosh von Apple Millionen von Menschen mit der grafischen Schnittstelle vertraut. Interaktive grafische Schnittstellen begannen sich überall durchzusetzen, weil jeder diese Art der Verständigung mit dem Computer angenehmer fand als die alte. Im Jahre 1990 haben sogar die PCs vom Konkurrenzunternehmen IBM mausgesteuerte Interfaces.

Die Möglichkeiten interaktiver Computergrafik, der Umgestaltung von Bits und Pixeln zu visuellen Denkwerkzeugen, sind zu Beginn der sechziger Jahre auf eindrucksvolle Weise von Ivan Sutherland, einem Doktoranden von Anfang Zwanzig, durch ein technisches Kabinettstück besonderer Art unter Beweis gestellt worden. Die Informatiker mußten noch zehn Jahre mit den neuen Technologien und den aus ihnen konstruierten Geräten arbeiten, bevor sie die «Altos» und «Ethernets» bauen konnten, und noch einmal zehn Jahre dauerte es, bis sich Studienanfänger einen Macintosh leisten konnten. Die interaktive Computergrafik war eine der wichtigsten technischen Voraussetzungen für den PC. Die Entwicklung der Geräte für den Dialog mit der Computergrafik war ebenfalls ein bedeutender Meilenstein auf dem Weg zur dreidimensionalen Grafik und zu Wirklichkeitsmaschinen. Wird dieser Zehnjahresrhythmus beibehalten, so werden in zehn Jahren Millionen von PC-Liebhabern über ihre zu Wirklichkeitsmaschinen ausgebauten Arbeitsplatzrechner direkt mit virtuellen Welten interagieren.

Als ich 1983 mit Licklider sprach, erinnerte er sich noch immer lebhaft an jenen Tag zwanzig Jahre zuvor, als die Computergrafik praktisch aus dem Hut gezogen wurde. Die altgedienten Mitglieder der Gruppe vom Lincoln Laboratory und andere ARPA-Forscher an der University of Utah fingen gerade an, sich intensiv mit visuellen Displays auf der Grundlage der Kathodenstrahlröhre auseinanderzusetzen. Auf der ersten Tagung zum Thema interaktive Computergrafik wurden vorläufige Forschungsergebnisse vorgestellt und diskutiert, um die Kräfte für die Inangriffnahme des Hauptproblems zu sammeln: Wie ließ sich die Information aus dem Innern der neuen Computer an die Oberfläche der verschiedenen Sichtgeräte befördern? Für eine funktionale Verbindung von Bits und Pixeln mußte eine spezielle Hardware konstruiert werden, die die Information aus dem Rechner auf den Schirm transportierte. Schwieriger war es, eine geeignete Software zu entwickeln, die dem Operator gestattete, mit Hilfe der Bit-Werte das Erscheinungsbild der Pixel zu steuern. Ivan Sutherland schrieb ein Programm, das die größten Schwierigkeiten mit einem Schlage beseitigte. «Sketchpad» nannte er es. Immer wenn ich mit Leuten, die an der PC-Revolution beteiligt waren, über ihre erste Begegnung mit diesem Programm gesprochen habe, fiel der schon häufig genannte Begriff des «Schlüsselerlebnisses».

«Sutherland war damals Doktorand», erinnerte sich Licklider, «und man hatte ihn nicht aufgefordert, einen Vortrag zu halten.» Allerdings hatte man gute Gründe gehabt, ihn zur Tagung einzuladen. Sutherlands Doktorvater war Claude Shannon, der die Informationstheorie entwickelt hatte. Mit den Arbeiten gewöhnlicher Studenten pflegte Shannon sich nicht abzugeben. Ferner schrieb Sutherland im Rahmen seiner Dissertation ein Grafikprogramm. Schließlich erzählte man sich von ihm, er gehöre zu genau jener Art von Wunderkindern, nach denen man bei der ARPA suche.

«Gegen Ende einer der letzten Sitzungen», erzählte Licklider, «stand Sutherland auf und stellte einem der Redner eine Frage.» Die Frage ließ erkennen, daß dieser unbekannte Jüngling der Versammlung hochkarätiger Fachleute möglicherweise etwas Interessantes mitzuteilen hatte. Deshalb setzte Licklider für den folgenden Tag einen Vortrag Sutherlands an. «Natürlich brachte er ein paar Dias mit, und als wir sie sahen, war jedem im Saal klar, daß seine Arbeit weit besser war als alles, was im Rahmen der offiziellen Tagesordnung vorgestellt worden war.» Das Forschungsprojekt, das Sutherlands Doktorarbeit zugrunde lag, war ein Programm, das er für den TX-2 des Lincoln Laboratory geschrieben hatte. Es zeigte einen neuen Umgang mit der Computergrafik – und eine neue Art, die Operationen des Computers zu steuern. Sketchpad führte den versammelten Experten vor Augen, daß Sutherland sie weit überholt und etwas geschaffen hatte, was sie sich auch in ihren kühnsten Träumen nicht ausgemalt hatten.

Mit Hilfe von Sketchpad konnte ein Computeroperator komplizierte visuelle Modelle auf einem fernseherähnlichen Bildschirm erzeugen. Die visuellen Muster ließen sich wie normale Daten im Computerspeicher ablegen und mit seinem Prozessor bearbeiten. Der Mensch konnte Bilder auf die natürlichste Weise herstellen: indem er sich seiner Hände, seiner Augen und eines stiftartigen Gerätes bediente, um sie zu *zeichnen*. In gewisser Hinsicht war dies eine sensationelle Antwort auf Lickliders Forderung nach einem schnellen Modellbildner. Aber Sketchpad war weit mehr als nur ein Instrument zur visuellen Informationsdarstellung. Es war auch eine Art Simulationssprache, die Computern ermöglichte, Abstraktionen in konkret wahrnehmbare Formen zu übersetzen. Außerdem war Sketchpad ein überzeugendes Modell für eine völlig neue Art, Computer zu bedienen. Durch eine Veränderung auf dem Bildschirm konnte man etwas im Speicher des Rechners modifizieren. Es war zwar noch kein Schirm mit Bitkarte, doch Sutherland hatte eine Möglichkeit gefunden, mit Hilfe des TX-2, einer Kathodenstrahlröhre und dem Lichtstift (alles Erfindungen anderer) einen Computer durch Zeichnungen auf einem Monitor zu steuern.

Sogar die Halbgötter unter den Programmierern (nach Alan Kay Leute, «die es gewohnt waren, aus beiden Händen Blitze zu schleudern») waren beeindruckt. «Wenn ich gewußt hätte, wie schwer es ist, hätte ich es wahrscheinlich sein lassen», hat Sutherland laut Alan Kay zu seinem inzwischen legendär gewordenen Programm gesagt. Mit einem Lichtstift, einer Tastatur, einem Bildschirm, dem Sketchpad-Programm und einem der relativ primitiven Echtzeit-Computer, die es 1962 gab, konnte sich jeder selbst davon überzeugen, daß Computer zu mehr zu gebrauchen waren als nur zur Datenverarbeitung. Und im Falle von Sketchpad brauchte man wirklich nur hinzusehen, um überzeugt zu sein. Wie faszinierend dieser Fortschritt gewesen sein muß, wird noch heute jedem klar, der einen erfahrenen Operator mit dem Programm arbeiten sieht. Der ganze Bereich der computergestützten Konstruktion entwickelte sich aus dieser Doktorarbeit, und er ist heute einer der wichtigsten industriellen Faktoren für die VR-Entwicklung der neunziger Jahre.

Vor fast dreißig Jahren wurden die gleichen Träumer und Freaks, die die Prototypen für neue Nutzungsformen der Digitalrechner entwickelten, richtungweisend für die künftige Forschung. 1964 empfahl Licklider den sechsundzwanzigjährigen Sutherland als seinen Nachfolger für die Direktorenstelle am IPTO. Als Sutherland im folgenden Jahr nach Cambridge zurückging, um ein *head-mounted display* zu bauen, schlug er Robert Taylor, der ebenfalls noch keine dreißig war, als IPTO-Direktor vor. Die Stelle wurde jahrelang von einem Vertreter der interaktiven Computerszene an den nächsten weitergegeben. Es war so eine Art Good-old-boy-System, nur daß es nicht wie in England auf der Schichtzugehörigkeit oder alten College-Verbindungen beruhte, sondern auf einer bestimmten Vorstellung von der Zukunft der Mensch-Computer-Beziehung.

Alan Kay war von Sketchpad stark beeinflußt. Als Kay 1966 an die University of Utah ging, bestand eine seiner ersten Studienaufgaben darin, sich mit dem Sketchpad-Programm zu beschäftigen. Die Arbeit mit Sutherlands geistigem Kind war eines von Kays Schlüsselerlebnissen. Als er mir 1983 davon berichtete, war ihm die Begeisterung noch immer anzumerken: «Sketchpad war nicht einfach ein Mittel zum Zeichnen, sondern ein Programm, das Gesetzen gehorchte, von deren Gültigkeit man überzeugt war. Um ein Quadrat zu zeichnen, zog man mit Hilfe des Lichtstiftes eine Linie, gab dem Computer ein paar Befehle wie: ‹Kopiere-kopiere-kopiere, verbinde-verbinde-verbinde. Dieser Winkel hat 90 Grad, diese vier Elemente sind gleich.› Sketchpad nahm deine Linie und die Befehle, und zack! schon erschien ein Quadrat auf dem Schirm.»

Sutherland hat ein Fenster aufgestoßen und damit kundgetan, daß die Menschen eines Tages in der Lage sein würden, durch dieses Fenster zu klettern und sich in das abstrakte Gelände zu begeben, das aus Computersimulationen besteht. Doch die Idee, die menschliche Wahrnehmung mit den Fähigkeiten des Computers zu verknüpfen, ist ein großes Puzzle, das aus vielen Teilen besteht. Um es zusammenzusetzen, mußten viele Menschen an vielen Orten mithelfen. Sutherland hatte nicht als einziger den Weitblick zu erkennen, daß die Computertechnologie an eine entscheidende Schwelle gestoßen war.

Die Schwelle virtueller Exploration

Geht man den Wurzeln heutiger VR nach, so stößt man hier und da auf die Geschichte eines Gerätes (etwa des stereoskopischen Apparats), einer Disziplin (der Computergrafik) oder einer Idee (Exploration einer künstlichen Welt). Dergestalt überschreitet man die Grenzen wissenschaftlicher Disziplinen und akademischer Institutionen. Andere Wurzeln führen zu bestimmten Orten und Zeiten, zu Gruppen von Forschern, die von der gemeinsamen Arbeit profitierten und in verschiedenen Institutionen jahrelang zusammenarbeiteten. Ihren Projekten waren Ziele gesetzt, die große Ähnlichkeit mit heutiger VR hatten. Anfang der achtziger Jahre war Ataris Sunnyvale Laboratory ein solcher Ort. Ich habe ihn 1983 aufgesucht, weil ich dort mit einigen Infonauten zusammentreffen wollte, die sich später als Cybernauten erwiesen. Nach einiger Zeit bemerkte ich, daß sich diese Atari-Riege junger Medientechnologen von ganz bestimmten Orten und Zeiten kannten. Wie sich die Infonauten von ARC, ARPA und PARC aus gemeinsamen früheren Projekten kannten, die gelungen oder fehlgeschlagen waren, so hatte die große Gruppe heutiger Cybernauten, die Anfang der achtziger Jahre bei Atari gearbeitet haben, schon Kontakt untereinander, bevor Nolan Bushnell Atari gründete, «Pong» vertrieb und die Gesellschaft an Warner's verkaufte. Bei näherer Bekanntschaft bemerkte ich, daß in der Forschungsabteilung von Atari viele Leute beschäftigt waren, die in den siebziger Jahren am MIT Mitglieder der «Architecture Machine Group» gewesen waren, der «Arch-Mac» (wie «Ark-Mäk» ausgesprochen), die von Nicholas Negroponte und Richard Bolt geleitet wurde.

Das war ein merkwürdiger Name für eine Gruppe – was ist eine «Architekturmaschine»? –, und sie verwendete exotische Technologien, elektronische Blick-Tracker etwa und Bildplatten, die selbst Computerfachleuten kein Begriff waren. Negroponte war die treibende Kraft und der große Ideenlieferant von Arch-Mac und der Institution, die daraus hervorging – Media Lab. Obwohl sein Name nicht häufig genannt wird, wenn von den wichtigen Vertretern der VR-Forschung die Rede ist, waren es seine Vorstellungen von einer multisensorischen, menschgemäßen Computerumgebung, die anderen Forschern vor fünfzehn und zwanzig Jahren den Impuls gaben, sich über solche Systeme Gedanken zu machen und an ihnen zu arbeiten. «Wie kann man die Technik dazu bringen, sich den besonderen Merkmalen des Menschen anzupassen?» lautete die Frage, die sich Negroponte und seine Kollegen stellten. Fünfzehn Jahre bevor Stewart Brand in seinem Buch «Media Lab: Die Erfindung der Zukunft am MIT» die Bedeutung dieser Gruppe beleuchtete, war sie nur Eingeweihten der Media-Tech-Szene ein Begriff. Doch Arch-Mac fand große Unterstützung bei der ARPA.

1970 hatte Nicholas Negroponte zum erstenmal dargelegt, wie Computer seiner Meinung nach das Denken und die Vorstellungskraft des Menschen unterstützen könnten, indem man das Darstellungsvermögen des Films mit der informationsgestaltenden Fähigkeit des Computers verbände. Er prophezeite den Tag, da ein digital-optisch-audiovisuelles Fernseh- und Nachrichtennetz zu einer integrierten «Medientechnologie» verschmölze. Wenn alle Mittel zur Verschlüsselung von Information (Ton, Bild, Wort, Zahl, Computerdaten) digital werden und alle Mittel zur Übertragung von Information (Rundfunk und Telegrafie, Disketten und Fernsprechnetze) verbunden werden, dann wird die daraus resultierende Technologie, meint Negroponte, mehr als nur eine Überschneidung der verschiedenen Bereiche sein. Das neue «Metamedium», wie Alan Kay es genannt hat, wird eine eigene Welt konstituieren. Die Leute vom Media Lab wollten nicht nur die Möglichkeiten der weiterführenden Technologien untersuchen. Sie wollten herausfinden, was in Zukunft aus der Medientechnologie werden könnte, und diese Erkenntnisse in Gestalt von Prototypen realisieren. «Vorführen oder sterben» war das Motto der Gruppe, wie Stewart Brand in seinem Buch «Media Lab» schreibt.

Wie sich die Infonauten von ARPA, ARC und PARC über die damals existierende Computertechnologie hinwegsetzten, so hatte auch das Arch-Mac-Team die *nächsten* Durchbrüche im Blick, den sprachgesteuerten Computer etwa oder holografische Filme. Zusammen mit Richard Bolt und anderen Forschern, die sich mit Schnittstellen beschäftigten, gründete Negroponte ein Forschungsinstitut neuer Art. Dort verbanden sich die kognitiven Wissenschaften und die Informatik mit der Technologie des Kinos und der Fernmeldetechnik und entwickelten langfristige Zukunftsperspektiven. Schließlich wurde aus Arch-Mac das Media Lab, wo man sich laut Stewart Brand die «Erfindung der Zukunft» zum Ziel gesetzt hat.

Media Lab hat nie mit lästigen Accessoires wie «Datenbrillen und -handschuhen» geliebäugelt, wie die peripheren VR-Geräte manchmal genannt werden. Dennoch haben einige entscheidende Experimente Ende der siebziger und Anfang der achtziger Jahre die Grundlagen für die späteren VR-Systeme geschaffen. Christopher Schmandt und Eric Hulteen, die unter Bolt als Forschungsleiter (*principal investigator* genannt, abgekürzt PI) arbeiteten, kombinierten ein Display von der Größe einer Wand mit einer Gestik(Fingerzeige)-Eingabeeinheit und einem auf Spracherkennung beruhenden Steuersystem zu einer Demo-Anlage, die mit dem inzwischen klassisch gewordenen Befehl «Leg das dahin» arbeitete. Der Operator konnte sich auf einen Stuhl setzen, dem Schirm zugewandt, auf den man beispielsweise die computergenerierte Karte eines Weltmeers projizierte. Als ich von diesem Prototyp hörte, existierte er schon seit Jahren nicht mehr, doch 1983 sah ich mir ein Video an, das Hulteen bei der Arbeit im Media Room zeigte. Er wies mit dem Finger auf ein Schiff im Ozean und sagte mit lauter Stimme: «Leg das…» Daraufhin bewegte er seinen Finger an eine andere Stelle und fuhr fort: «…dahin!» Wie der gehorsame Dschinn aus «Tausendundeiner Nacht» führte der Computer den Befehl aus. Man konnte die Gegenstände auf dem Schirm durch gesprochene Befehle und Zeigen in ihrer Größe und Form verändern, manipulieren und bewegen.

Ein folgenreiches Konzept, das die Arch-Mac-Leute Ende der siebziger Jahre entwickelten und das lange auf seine praktische Anwendung warten mußte, war die Idee, daß sich die weitläufigen Datenwelten, die in Computern gespeichert sind, in sichtbarer Form darstellen («visualisieren», wie die Forscher heute sagen) und der Erkenntnis zugänglich machen lassen, indem man physische Navigationen im «Datenraum» unternimmt. Das Konzept führte zum Arch-Mac-Prototyp «Dataland». Mathematiker sprechen von «mehrdimensionalen Räumen» und Programmierer von «kombinatorischen Explosionen im Suchraum», womit abstrakte Orte gemeint sind, in denen bestimmte formale Operationen stattfinden. Was wäre, wenn man diese Räume sichtbar, erfahrbar, manipulierbar machen könnte? Könnten wir unsere angeborenen Raumerkundungssysteme auf die Datenwelten anwenden, die wir heute mehr oder weniger blind mit unserem Computer bearbeiten? «Dataland» war die Konkretisierung dieses Begriffs im Media Room (Medienraum).

Der ursprüngliche Medienraum war mit wandgroßen Bildschirmen, einzeln stehenden Farbmonitoren und Geräten zum Augen-Tracking, Bewegungs-Tracking sowie zur Spracheingabe ausgestattet. Doch der Medienraum war nur die Infrastruktur – ein Medium zum Nachdenken, zur Kommunikation und zur Vermittlung von Erfahrungen. Was für Geräte und Systeme ließen sich an einem solchen Ort entwickeln, deren Erfindung woanders nicht möglich gewesen wäre? Beispielsweise entstand im Media Room das «System zur räumlichen Datenverwaltung» (*Spacial Data Management System* – abgekürzt SDMS), ein System zur visuellen Navigation durch die Datenbanken. «Dataland» war ein Teil des SDMS – ein visuelles Fenster zur persönlichen Datei des Operators (die Sammlung von Programmen und Daten, die heutige PC-Benutzer ihr «elektronisches Desktop» nennen würden). Der Operator saß im Stuhl und konnte mit Hilfe einer Sensortastatur oder kleiner Joysticks buchstäblich durch die zweidimensionale Darstellung einer dreidimensionalen Datenstruktur fliegen.

Das Konzept der SDMS fiel zunächst in der Science-fiction-Literatur auf fruchtbaren Boden, bevor es in die VR-Forschung zurückkehrte: Als William Gibson in seinem Roman «Neuromancer» den Ausdruck «Cyberspace» prägte, beschrieb er gewaltige virtuelle Datenstrukturen in der «unwillkürlichen Halluzination», an der sich Millionen von Menschen direkt beteiligten, indem sie ihre Nervensysteme «einklinken». Diese blauen Pyramiden aus Finanzdaten und roten Halbkugeln aus Firmendokumenten sind vor unbefugtem Zugriff durch sichtbare Schutzwände gesichert, die Gibson «Eis» nennt. Als immer mehr VR-Systeme entstanden, faßte der Gedanke, durch Datenräume zu fliegen, in der Informatik wieder Fuß. Der ungeheuer beschleunigte Datenfluß, der durch die große Zahl existierender Informationsprozessoren erzeugt wird, stellt die Spezialisten, die die Datenbanken einrichten, vor große Probleme, denn sie müssen ja auch weiterhin den Wirtschaftsunternehmen, den wissenschaftlichen und staatlichen Institutionen und den Privatleuten den Zugang zu ihren Daten offenhalten. Wie Engelbart bereits 1950 feststellte, verheddern wir uns in der Komplexität unserer Hilfsmittel, und vielleicht ist unser einziger Ausweg, daß wir Hilfsmittel zur Bewältigung dieser Komplexität bauen. 1990 beschäftigten sich mehrere Forschungsgruppen weltweit mit verschiedenen

Versionen des SDMS-Systems. Durch Verwendung von *head-mounted displays* und Wirklichkeitsmaschinen versuchten sie eine Möglichkeit zu finden, außerordentlich umfangreiche oder komplexe Informationssammlungen in den Griff zu bekommen.

Ein anderes Media-Room-Experiment, das noch immer den Verlauf der VR-Forschung beeinflußt, war «World of Windows». Dort öffneten sich, gesteuert von einem Augen-Tracker, auf einem wandgroßen Bildschirm weite Informationsfenster. Ein Feld enthielt Text, ein anderes Standfotos, wieder ein anderes bewegte Videobilder und so fort. Jedes der Fenster wurde von einem Teil eines vielfältigen Informationsnetzes gespeist – Nachrichtenagenturen, Satellitendaten, Datenbanken in Computern und auf Bildplatten, Videokameras, die Live-Bilder überspielten. Wohin der Operator seinen Blick auch immer lenkte, es veränderte sich der Soundtrack, oder es erweiterte sich das Informationsfenster. So konnte man Ideen entwickeln und überprüfen, indem man sich durch strukturierte Informationsflüsse bewegte.

Von einigen kostspieligen militärischen Projekten abgesehen – unter anderem den SDMS und Multimedia-Systemen für die US Navy –, haben diese Demonstrationen von Informationsräumen, die der Navigation offenstehen, keine unmittelbaren Veränderungen in der Welt außerhalb von Arch-Mac und Media Room hervorgerufen. So versuchen Media-Lab-Spezialisten beispielsweise immer noch, holografische Bilder in Bewegung zu setzen. Bildplatten (CD-ROMs) verdrängten zunächst ältere Aufzeichnungstechniken in der Musikbranche (Schallplatten und analoge Tonbänder), bevor sie bei Computer-Anwendern Verbreitung fanden. Wie KI und VR gerieten auch die optischen Datenträger durch den Begeisterungssturm, der in den Massenmedien entfacht wurde, in ein schiefes Licht. Dazu hat Michael Naimark vor kurzem auf einer der vielen Tagungen über die Zukunft der VR festgestellt: «Als die Kunde von der interaktiven Bildplattentechnologie in die Öffentlichkeit drang, sprach man sogleich von ganzen ‹Büchereien auf einer Platte›, doch erst fünfzehn Jahre nach dieser Prophezeiung, im Jahre 1990, gelang es Sony, seinen DataDiscMan auf den Markt zu bringen.»

Als damals in Cambridge die ersten Teile und Bruchstücke dessen, was sich inzwischen zur VR-Technologie gemausert hat, vorgeführt wurden, war das nicht sogleich der Startschuß zu weltweiten Entwicklungs- und Forschungsanstrengungen der Industrie. Allerdings beeinflußten diese Experimente das Denken von ein paar entscheidenden Leuten, die einige Jahre später eigene Lawinen lostraten. Auch heute noch finden bei Media Lab einige VR-bezogene Forschungsarbeiten statt: In den neunziger Jahren beschäftigten sich David Zeltzer, Margaret Minsky und ihre Kollegen in der unterirdischen «Schlangengrube» des Media Lab mit zwei der wichtigsten VR-Forschungsbereiche – autonomen, von der Computergrafik erzeugten «Charakteren», die virtuelle Welten bewohnen können, und Geräten, die taktile und kinästhetische Sinneserfahrungen übermitteln können.

In dem eleganten Gebäude des Architekten I. M. Pei in Cambridge entstehen also immer noch Projekte, die mit VR zu tun haben. Trotzdem würde ich Media Lab heute nicht mehr als «VR-Zentrum» bezeichnen. Die Telepräsenz spielt keine zentrale Rolle im Forschungsprogramm von Media Lab. Als ich dem Institut 1989 einen Besuch abstattete und seinen Pressesprecher Tim Browne danach befragte, erklärte er mir mit einer Geduld, die erkennen ließ, daß er das schon sehr oft erzählt hatte: Man sei an dem Institut «nicht daran interessiert, irgend etwas zwischen den menschlichen Geist und den Computer treten zu lassen». Trotz dieses Dementis übt Cambridge einen starken Einfluß auf die VR-Leute sogar in Chapel Hill und Silicon Valley aus. Heute arbeitet an wichtigen Stellen der VR-Labors großer wissenschaftlicher Institute und Wirtschaftsunternehmen etwa ein Dutzend ehemaliger Mitarbeiter von Arch-Mac, Media Lab und Atari, Experten, die von ihrer Erfahrung mit Medienräumen und Augen-Tracking, Bildplatten, *head-mounted displays*, Positionssensoren, Surrogatreisen, Spracherkennung, Stereoskopie und Computergrafik profitieren. Darüber hinaus hat das gemeinsame Begriffssystem, das sie in ihren vielen erfolgreichen und mißlungenen Experimenten entwickelt haben, die ganze heutige Generation von VR-Forschern beeinflußt.

An einem Abend vor vielen Jahren, als ich die Atari-Cybernauten beobachtete, drückten sie ihre Vorstellungen über die Beschaffenheit des künftigen Mensch-Computer-Dialogs durch schauspielerische Improvisationen aus. Alle Teilnehmer ließen ihre Sketche im Rahmen des Medienraums spielen, nur Scott Fisher nicht. Als er an der Reihe war, eine Interaktion zu improvisieren, tat er nicht so, als beträte er einen imaginären Raum, sondern setzte sich ein imaginäres *head-mounted display* auf. Alle lachten. Seine Begeisterung für stereoskopische Displays schien bei den Kollegen so bekannt zu sein, daß diese wortlose

Andeutung genügte, um ihre Heiterkeit zu erregen. Zwar wies Scotts Interesse für HMDs einen der vielen Forschungswege, die die Atari-Forscher weiterzuverfolgen gedachten, doch hatte ich den Eindruck, daß die anderen Forscher den Weg über den Media Room für spannender hielten (eine Auffassung, die ich damals teilte). Michael Naimark hat einmal gesagt, sie hätten Fisher schon zu den Zeiten, als er noch nicht bei Arch-Mac war, sondern noch am Center for Advanced Visual Studies des MIT lehrte, «den 3D-Freak genannt».

Fisher zeigte lebhaftes Interesse an der Nutzung neuer Technologien für künstlerische Darstellungsformen. Deshalb ging er an dieses Center for Advanced Visual Studies des MIT, einer künstlerisch ausgerichteten, wenn auch technisch hochgerüsteten Enklave in einer technisch orientierten Umgebung, wo er Lehrveranstaltungen über dreidimensionale Bildverfahren abhielt und von 1974 bis 1976 ein Forschungsstipendium bekam. Als Arch-Mac 1978 mit «Reisen in virtuelle Räume» zu experimentieren begann, schloß sich Fisher der Gruppe an und half dem Forschungsleiter Andrew Lippman und anderen, ein neues Informationssystem zu entwickeln, das sie «Movie Map» (Filmkarte) nannten. Die «Aspen Map», wie man sie manchmal auch bezeichnet, war ein wichtiger Vorläufer der VR-Technologie. Aus dem «User» oder «Anwender» wurde der «Operator». Das Gefühl des Operators, sich in einem simulierten Raum zu befinden, hat zwei Aspekte: Erstens, die Wahrnehmungstechnik muß ihn davon überzeugen, daß die Simulation eine dreidimensionale künstliche Welt ist, die ihn umgibt. Später hat man diesen Aspekt als «Immersion» beschrieben. Es gibt jedoch noch einen zweiten Gesichtspunkt – die Frage, ob der Operator ein passiver Beobachter dieser Umgebung ist (wie bei Sensorama) oder ob er die Möglichkeit zu aktiver Navigation und Exploration in ihr hat. Gemeinsam bilden Immersion und Navigation eine neue Spezies, den «Personal Simulator». Arch-Mac war ein weiterer Wendepunkt – eigentlich repräsentierte sie sogar mehrere Wendepunkte – in der VR-Geschichte, ebenso bedeutsam wegen ihrer Wirkung auf das Denken der Gruppenmitglieder wie auf die Forschung selbst.

Wie Fisher Jahre später schrieb, besaß der Arch-Mac-Prototyp schon einige der Fähigkeiten, die in der VR-Technologie noch eine wichtige Rolle spielen sollten: «Die Technologie hat sich allmählich zu kostengünstigeren ‹persönlich simulierten› Welten verlagert, in denen der Betrachter in der Lage ist, seinen Standpunkt oder seine Bewegung durch die virtuelle Umgebung zu steuern – eine wichtige Fähigkeit, die dem Sensorama-Prototyp fehlte. Ein frühes Beispiel dafür ist die Aspen Movie Map... Bilder der Stadt Aspen in Colorado wurden mit einem speziellen Kamerasystem aufgenommen, das auf einem Autodach montiert war und jede Straße und jede Biegung in der Stadt festhielt. Hinzu kamen Aufnahmen aus der Vogelperspektive – von Kränen, Hubschraubern und Flugzeugen – sowie fotografische Innenansichten von Gebäuden. Bei Movie Map konnten die Operatoren vor einem Sensorbildschirm sitzen und bestimmen, mit welcher Geschwindigkeit sie durch Aspen fahren und welchen Weg sie nehmen wollten. Durch Berührung des Bildschirms gaben sie an, wo sie abbiegen und in welche Gebäude sie eintreten wollten.»

Bei einer bestimmten Versuchsanordnung war der Operator umgeben von Kamerabildern, die ihm Vorder-, Hinter- und Seitenansichten zeigten, so daß er völlig in eine virtuelle Darstellung der Stadt eingetaucht war. Obwohl es kein *head-mounted display*, keinen Datenhandschuh und keine 3D-Technik gab, war die Movie Map eine Art virtueller Welt.

Man konnte irgendwo in einem Zimmer sitzen und war von einer fotografischen Karte umfangen. Sah man geradeaus, so blickte man eine Straße in Aspen entlang. Auf eine Bewegung hin wanderte der Standpunkt die Straße hinunter. Beendete man die Bewegung, so erstarrte das Bild. Ein Blick nach rechts sowie die Entscheidung, diese Straße entlangzugehen, und schon veränderten sich die Blickwinkel auf den vier den Betrachter umgebenden Bildschirmen dergestalt, daß sie der von ihm eingeschlagenen Richtung entsprachen. Wenn einem ein Haus interessant erschien, dann konnte man es sich im Bild heranholen. Über dem Bild vor dem Betrachter erschien ein Text, der über die Geschichte des Hauses informierte. Es war möglich, in der Zeit vor- und zurückzuspringen und das Haus im Winter oder im Sommer zu betrachten. Wenn man wollte, konnte man das Haus auch betreten und einen Blick auf sein Inneres werfen. Es läßt sich unschwer vorstellen, daß das Militär an solchen Movie Maps sehr interessiert war und gern außerordentlich detaillierte Bildplattenkarten von bestimmten Schlüsselinstallationen gehabt hätte, um eine Operation unter realistischen Bedingungen üben zu können.

Die Technik war anders als in den meisten heutigen VR-Forschungsprojekten. Auf einer Bildplatte lassen sich Text- und visuelle Grafik-

informationen digital in Gestalt von (binären) «Ein-Aus-Bits» speichern. Dieses Informationsbits lassen sich mit einem Laserstrahl lesen,
wieder zu einem Bild zusammensetzen und auf einem Monitor darstellen. In einem Bildplattensystem kann man einen bestimmten Text-,
Ton- oder Bildausschnitt sehr rasch aus einer ziemlich großen Datensammlung heraussuchen, die auf einem kompakten, preiswerten
Medium gespeichert ist. Auf jeder Platte ist eine bestimmte Informa-
tionsmenge unterzubringen – 54 000 Standfotos oder dreißig Minuten
Video. Da es verschiedene Strategien gibt, um die Informationen zu
speichern und wiederzufinden, kann der menschliche Operator zwischen mehreren «Navigationspfaden» wählen, die ihn durch die Bilder
führen. Auf diese Weise entsteht ein «interaktives Bildplattensystem».
Die Information kann abstrakt und nichträumlich sein, etwa eine illustrierte Geschichte eines Landes oder einer Epoche. Sie kann aber auch
so konkret und räumlich sein wie die Aspen Map. Das Navigations-
konzept ist umfassender als eine bestimmte Technik zum Umgang mit
Information oder eine spezielle Art von Information – man kann durch
eine Text-Datenbank navigieren (woran Engelbart und Nelson dachten, als sie über den «Hypertext» spekulierten), durch eine Bibliothek
voller unbewegter oder bewegter Bilder, durch eine virtuelle Simulation der physischen Welt oder mittels eines Teleoperators durch einen
entlegenen Teil dieser physischen Welt. Die Anwender können mit
dem, was sie sehen, interagieren, indem sie wählen, wie sie es sehen,
statt einfach wahrzunehmen, was ihnen der Computer übermittelt.

Es gibt, wie Scott Fisher erleben mußte, einen unberechenbaren Abstand zwischen den Möglichkeiten einer Technologie und den Umständen, unter denen die Verwirklichung dieser Möglichkeiten praktikabel
wird. Anfang der achtziger Jahre war die Rechenkapazität, die erforderlich war, um eine vollständig computersimulierte virtuelle Welt zu
erzeugen, zu teuer für eine Magisterarbeit. Doch konnte man Immersion und Navigation erforschen, indem man ein stereoskopisches Display mit einem intelligent konstruierten interaktiven Bildplattensystem
kombinierte. Für das Forschungsprojekt seiner Magisterarbeit in Me-
dientechnik verband Fisher ein stereoskopisches 3D-Display-System
dergestalt mit einem optischen Datenträger für Bilder und einem Such-
system, daß der Operator eine dreidimensionale Umwelt erforschen
konnte. Zwei Bildplatten enthielten zwei in bestimmter Weise abgewandelte und genau aufeinander abgestimmte Bildmengen, die eine für

das rechte, die andere für das linke Auge. Die Bilder dieser Paare waren Fotografien desselben Motivs, in einem Abstand von 65 Millimetern aufgenommen – dem «interokularen Abstand», der die Augen des Menschen trennt. Die Bilder-Datenbank war so angelegt, daß sie eine Fülle von Wegen zur Exploration der abgebildeten Welt zuließ. Für jede wahrscheinliche Bewegung oder Blickrichtung des Operators gab es ein entsprechendes Bildpaar, das aus diesem Blickwinkel aufgenommen war.

Die Bilder in der Datenbank waren mit einem Computermodell der künstlichen Welt verknüpft, so daß das gezeigte Bild der Position des Operators innerhalb eines kleinen Aktionsradius entsprechen konnte. Die Position des Operators erfuhr die Datenbank des Computers von dem magnetischen Tracking-Gerät, das im Leg-das-dahin-System verwendet worden war – dem Sensor, den das Unternehmen Polhemus Navigational Systems an die Air Force und andere Abnehmer lieferte. Bis heute heißt das Gerät in VR-Kreisen inoffiziell «der Polhemus». Das Bildpaar, das der Position des Operators entsprach, wurde vom Computer ermittelt und auf der Bildplatte gesucht, dann dem Operator auf einem 3D-Display präsentiert, das PLZT-Display hieß, weil der Operator eine piezokeramische Brille trug.

Die PLZT-Brille war mit «elektronischen Verschlußblenden» ausgestattet, die den Blick auf den Schirm, abwechselnd für das rechte und das linke Auge, sehr rasch freigaben und blockierten. Die PLZT-Brille ist durch die LCD-Brille, eine Brille mit Flüssigkristall-Display, ersetzt worden. Sie gleichen sich insofern, als sie beide durch das Multiplexverfahren der «zeitlichen Verzahnung» einen 3D-Effekt hervorrufen. PLZT- und LCD-Brillen zeigen die rechten und linken Bilder nicht gleichzeitig. Sie unterteilen und mischen die Bilder in der Zeit und nicht im Raum. Die Bilder vom Datenträger werden für jeden Blickwinkel auf dem Monitor in alternierenden Einstellungen «verzahnt»: Jede sechzigstel Sekunde wird das Bild für das rechte Auge gezeigt und jede sechzigstel Sekunde das Bild für das linke Auge. Der Operator blickt auf das Display, und die Verschlußblenden nehmen seinen Augen abwechselnd die Sicht, so daß jedes nur das Bild sieht, das für dieses Auge bestimmt ist, und zwar in so rascher Folge, daß die Einzelbilder zu einer einzigen dreidimensionalen Darstellung verschmelzen. Man blickt auf einen Gegenstand, und er scheint sich in allen seinen räumlichen Dimensionen abzuzeichnen. Durch leichte Seitwärtsverschiebung der eigenen Position läßt sich die Wahrnehmung überprüfen. Der Polhemus-Sensor signalisiert dem Computer die Veränderung, der die geeigneten Bildpaare auf der Bildplatte sucht und sie über das 3D-Display präsentiert.

Dieses Verfahren, bei dem die Information in Fragmente aufgesplittert und dann in rascher Folge dargeboten wird, hat eine prinzipielle Grenze: Man kann einen Raum, der eine bestimmte Größe oder einen bestimmten Komplexitätsgrad überschreitet, nicht aus jedem möglichen Blickwinkel fotografieren und diese Bilder dann speichern. Doch Anfang der achtziger Jahre war Fisher an den Beschränkungen des Mediums noch nicht sonderlich interessiert. Er wollte herausfinden, ob man mit Hilfe der neuen Informationsmedien das authentische Empfinden hervorrufen konnte, daß man sich durch einen künstlichen Raum bewegte. Durch die Bildpaare erzeugte er den 3D-Effekt der «Stereoparallaxe». Er imitierte das Verfahren, durch das Menschen Dreidimensionalität erzeugen. Sie verknüpfen nämlich parallele 2D-Ansichten der Welt miteinander. Unsere Augen sehen jedes Motiv aus etwas verschiedenen Blickwinkeln, während unser Gehirn anhand dieser Perspektivendifferenz höchst komplizierte Tiefenberechnungen durchführt. Fisher erzeugte mit Hilfe des Polhemus-Sensors und des Datenbanksystems den 3D-Effekt der «Bewegungsparallaxe». Wie in Sutherlands erstem System verändert sich dabei der Anblick der Welt, wenn der Operator seinen Standpunkt verändert.

Scott Fisher und seine Kollegen lernten, die einzelnen Elemente des virtuellen Raums zu konstruieren. Stereoskopie, Parallaxe, Navigation, Positionserfassung mittels Sensoren erwiesen sich als fundamentale Bausteine von VR-Systemen. Das Leistungsvermögen der weiterführenden Technologien mußte allerdings noch um eine Größenordnung zunehmen, bevor die Experimentalgeräte der siebziger Jahre in ein Wirklichkeitssystem eingebaut werden konnten, mit dem sich sinnvoll arbeiten ließ. Computergrafik- und Modelltechniken, die sich die Leistung dieser künftigen Computer zunutze machten, mußten die Bildplatte als Datenträger zum Speichern und Wiederfinden der Bilder ersetzen. Ein anderes wichtiges Element – der mit Positionssensoren ausgestattete Datenhandschuh, der dem Operator ermöglichte, in die virtuelle Welt hineinzugreifen und sie zu manipulieren wie auch, sich in ihr zu bewegen – mußte erst erfunden werden. Selbst nachdem Hardware mit genügender Kapazität zur Verfügung stand und Software-

Algorithmen zum Umgang mit der 3D-Grafik von Hunderten von Programmierern an Universitäten und in Privatunternehmen ausgearbeitet worden waren, galt es noch die schwierige Aufgabe zu bewältigen, alle diese Geräte mit der richtigen·Art von Software in ein einziges System zu integrieren. Doch Scott Fisher und einige Kollegen, die er später bei der NASA wiedertreffen sollte, lernten damals bereits, was sie wissen mußten, um die erste Generation erschwinglicher VR-Systeme zu bauen.

Von Sensorama, ARC, PARC und Arch-Mac scheinen viele Wege auszugehen, die in der heutigen VR-Technologie zusammenlaufen. Der Moment, da die Idee der Virtuellen Realität, wie sie heute verstanden wird, erstmals sehr klar erkennbar wurde, lag überraschenderweise sehr früh. Er kam, als Ivan Sutherland mit Hilfe der Kombination aus *head-mounted displays*, Kopf-Tracker und interaktiver Echtzeit-Computergrafik zum erstenmal einen Menschen in eine computergenerierte Welt versetzte.

Ivan Sutherland gab sich beileibe nicht damit zufrieden, Dinge auf Computerschirmen umherbewegen zu können. Fast unmittelbar nachdem er den Grundstein zur Computergrafik gelegt hatte, begann er darüber nachzudenken, wie man ins *Innere* des Computerschirms gelangen könnte. Wie Theodor Nelson anmerkt, war Sutherland aufgegangen, wie wichtig es war, sich die Auge-Hand-Koordination des Menschen zunutze zu machen. Sketchpad erlaubte einem zwar, «die Dinge nach Belieben umherzuschieben», doch wieviel besser mußten den Computeranwendern ihre Formulierungen, Modelle, Entwürfe und Überlegungen gelingen, wenn sie im dreidimensionalen Raum um ein grafisches Objekt so herumgehen, es drehen, kneten und in jeder Hinsicht behandeln konnten, wie wir mit den Dingen in der echten Welt umgehen. Zwar haben bereits die Erfinder stereoskopischer Geräte, insbesondere Morton Heilig, mit verschiedenen Brillen und anderen *head-mounted displays* experimentiert, doch Sutherland hat als erster vorgeschlagen, kleine Computerschirme in einer binokularen Brille zu montieren – was Anfang der sechziger Jahre ziemliche technische Schwierigkeiten bereitete – und damit den Standpunkt des Benutzers in die Welt der Computergrafik zu verlegen.

Im Cyberspace

Dem dreidimensionalen Display liegt die Idee zugrunde, dem Benutzer
ein perspektivisches Bild zu präsentieren, das sich mit seinen Bewegungen verändert. Das Netzhautbild der realen Objekte, die wir sehen, ist
schließlich auch nur zweidimensional. Wenn es uns also gelingt, geeignete zweidimensionale Bilder auf die Netzhäute des Betrachters zu
bringen, können wir die Illusion schaffen, daß er einen dreidimensionalen Gegenstand sieht. Zwar ist die Stereodarbietung wichtig für die dreidimensionale Illusion, doch weniger wichtig als die Veränderung, die
mit dem Bild vor sich geht, wenn der Beobachter seinen Kopf bewegt.
Das Bild, das sich im dreidimensionalen Display darbietet, muß sich auf
genau die Weise verändern, wie sich das Bild eines realen Objektes verändern würde, wenn der Benutzer ähnliche Kopfbewegungen machte.

IVAN SUTHERLAND
«A Head-Mounted Three-Dimensional Display», 1968

Nachdem Ivan Sutherland ein interaktives System auf einem flachen
Bildschirm geschaffen hatte, gedachte er Licklider beim Wort zu nehmen und dessen Idee von einem «engen Kontakt» zwischen menschlichem Geist und Computer konsequent zu Ende zu führen, indem er
den Benutzer in eine computergenerierte, dreidimensionale Grafikwelt
versetzte. Die VR-Technologie hat viele Väter, vor allem Morton Heilig und Myron Krueger (von dem in diesem Kapitel noch die Rede sein
wird), doch Ivan Sutherlands Forschungsarbeit Ende der sechziger und
Anfang der siebziger Jahre erwies sich als ein Ereignis von grundsätzlicher Bedeutung für die Entstehung der VR-Technologie. Heilig, ein
Filmemacher und Fachmann für multisensorische Medien, vermochte
nicht die nötigen Finanzmittel für die Weiterentwicklung seines *head-
mounted display* (HMD) und seines audiovisuell-olfaktorisch-taktilen
Erlebnisautomaten aufzutreiben. Außerdem war er kein Computer-
fachmann. Krueger, ebensosehr Künstler wie Techniker, hatte ähnliche
finanzielle Probleme. Sie fielen in «Engelbarts Graben» – die Lücke
zwischen unterschiedlichen theoretischen Vorstellungen, den toten
Winkel im Gesichtsfeld derer, die die Zukunft auch dann nicht zu erkennen vermögen, wenn man sie ihnen zeigt.

Die finanzielle Unterstützung durch einsichtige Geldgeber war nicht das Problem des Ivan Sutherland. Schließlich war er noch vor kurzem Direktor des IPTO gewesen, der wichtigsten Institution im Lande für die Finanzierung fortschrittlicher Computerforschung. Ab 1966 führten Sutherland und einige Kollegen am Lincoln Laboratory des MIT die ersten Experimente mit HMDs verschiedener Art durch. Nur vier Jahre nach Sketchpad begannen Ivan Sutherlands Ideen erheblichen Einfluß auszuüben. Das galt für Harvard ebenso wie für das MIT. Die ARPA und das Office of Naval Research finanzierten gemeinsam die erste HMD-Forschung.

Sutherland ging das Problem in typischer ARPA-Manier an. Er begann mit dem, was er sich vorgenommen hatte – Menschen in grafische Computersimulationen zu versetzen –, stellte dann die Technologien zusammen, die er dazu brauchte, und wandte sich schließlich den Technologien zu, die er erfinden mußte. Eine stereoskopische Grafik beschloß er erst später einzubeziehen. Zwar waren die ersten HMDs binokular, doch jedes Auge erblickte dasselbe Bild. Die Illusion von Dreidimensionalität, die Sutherland mit seinem ersten Gerät schuf, machte sich den Umstand zunutze, daß wir daran gewöhnt sind, bestimmte Veränderungen unserer Welt wahrzunehmen, wenn wir den Kopf bewegen. Betrachten Sie einen Gegenstand, und bewegen Sie dann Ihren Kopf nach links. Sie werden feststellen, daß sich der Gegenstand in Ihrem Gesichtsfeld nach rechts verlagert. Will man das Erscheinungsbild der computergenerierten Grafik verändern, wenn der Benutzer sich bewegt, so braucht man irgendein Gerät zur Blickverfolgung. Da man damals die Blickrichtung des Benutzers mit dem geringsten Aufwand und am genauesten mittels eines mechanischen Apparates maß und da das HMD sehr schwer war, mußte der Benutzer der ersten HMD-Systeme von Sutherland seinen Kopf in eine Maschinerie zwängen, die von der Decke herabhing. Der Benutzer steckte den Kopf in einen monströsen Metallapparat, der an der Decke befestigt war und «Damoklesschwert» hieß. Aus jüngsten persönlichen Erfahrungen mit Teleoperatoren weiß ich, wie unbehaglich man sich fühlt, wenn einem ein solches ungefüges Experimentiergerät aus Metall über den Schädel gestülpt wird.

Auch an der University of Utah setzte Sutherland seine HMD-Arbeit fort. Die Experimente aus den Jahren 1966 und 67 betrafen Teilsysteme, die er konstruierte, um wichtige Probleme zu lösen und Konzepte zu überprüfen. Die Computer-Hardware entsprach dem neuesten Stand der Technik. In einem nächsten Schritt galt es, ein Laborsystem zu bauen, in das alle einsatzfähigen Einzelgeräte integriert waren. Das erste durchgetestete HMD-System wurde am 1. Januar 1970 in einem Labor in Salt Lake City in Betrieb genommen. Daniel Vickers, damals Student an der University of Utah, ging später ans Lawrence Livermore National Laboratory, wo er heute noch arbeitet. Er hatte die Aufgabe, für die reibungslose Verzahnung der Einzelsysteme zu sorgen und die Software für ihre Integration zu schreiben. Ich habe ihn in Livermore angerufen und gefragt, ob er sich an den Tag erinnern könne, an dem das erste funktionsfähige HMD-System mit der VR-Software in Gang gesetzt wurde. Er lachte und sagte: «Ich erinnere mich genau: Der erste erfolgreiche Test mit der Software war am 1. Januar 1970. Das System bestand nämlich aus mehreren Elementen, die ständig benutzt wurden. Es standen nicht allzu viele Zeiträume zur Verfügung, um die Software auszutesten. Nur Neujahrmorgen war es leicht, das ganze System zusammenzubekommen, weil alle Leute, die die Geräte sonst benutzten, in der Nacht vorher gefeiert hatten. Das erste Bild war das Drahtgerüst eines Würfels mit einer Kantenlänge von ungefähr fünf Zentimetern. Ich rief zu Hause an und erzählte es meiner Frau. Dann kam die ganze Familie, um es sich anzusehen. Wir empfanden es als Durchbruch.»

Das System, das Ende der sechziger und Anfang der siebziger Jahre in Utah arbeitete, bestand aus sechs miteinander verknüpften Teilsystemen, die überwiegend von Sutherland und seinen Kollegen zuvor in Massachusetts erfunden worden waren: Ein *Clipping Divider*, ein *Matrixmultiplikator*, ein *Vektorgenerator*, eine *Kopfarmatur*, ein *Kopfpositionssensor* und ein *Universalrechner* bildeten die erste Wirklichkeitsmaschine. Diese spezifischen Geräte erzeugten die erste virtuelle Realität. Sie waren die «Cyberdozer», die den Baugrund für die virtuelle Welt planierten. Das *System*, das den MIT-Utah-HMD bildete, war ein weiterer Wendepunkt in der VR-Geschichte. Entscheidende Merkmale der VR-Technologie sind: die Fähigkeit, mit Hilfe binokularer Displays eine dreidimensionale Perspektive zu erzeugen, eine Computergrafik, die dreidimensional wahrgenommen wird, und das Trakking der Blickrichtung, so daß der Benutzer von der virtuellen Welt umgeben ist. Die Zusammenfügung dieser Elemente zu einem integrierten System, das dem Benutzer ermöglichte, in einem Computer umherzugehen, war Sutherlands brillanter Beitrag zur Geburt der VR, und nicht sein einziger. Sehr wichtig war auch, daß er schon frühzeitig erkannte, wozu sich diese Geräte verwenden lassen und wie gründlich sie in das Leben von uns allen eingreifen können. In seinen ersten Artikeln vor mehr als zwanzig Jahren entwarf er ein genaues Bild der Entwicklung von seinem primitiven Prototyp bis zu den virtuellen Realitäten, denen die heutige Forschung auf der Spur ist.

In dem Bemühen, dreidimensionale Grafiken zu erzeugen und sie in Echtzeit zu verändern, während der Benutzer den Kopf bewegte, entwickelte Sutherland mit seinen Kollegen und Studenten den «Clipping Divider», einen Spezialrechner, mit dem man alle Linien des Weltmodells eliminieren konnte, die sich hinter dem Kopf des Benutzers oder außerhalb seines Gesichtsfeldes befanden. Das war das «Clipping», das «Ausschneiden». Die Aufgabe des «Dividers», des «Teilers», war es, die Datenbeschreibung eines dreidimensionalen Gegenstandes in eine zweidimensionale Beschreibung umzuwandeln, die sich für die Darstellung auf einem Grafikschirm eignete. Digitale Universalrechner sind außerordentlich flexibel, aber nicht so schnell wie Spezialcomputer, die so konstruiert sind, daß sie die Durchführung einer bestimmten Rechenart optimieren. Sutherlands Arbeitsgruppe, und jedes VR-Team nach ihr, entwickelte Systeme, in denen Spezial- und Universalrechner nebeneinander verwendet wurden.

Ein weiteres technisches Problem dreidimensionaler Grafikdisplays, mit dem sich Sutherlands Kollegen auseinandersetzten, war die «verdeckte Kante» – die Beseitigung aller Kanten und Linien im Gerüst eines dreidimensional dargestellten Gegenstandes, die durch Teile des Gegenstandes selbst oder einen anderen Gegenstand verdeckt sind. Wenn ich einen Stuhl von vorn sehe, ist seine Rückseite meinem Blick entzogen. Sitzt ein Mensch auf diesem Stuhl, kann ich nur einen Teil des Stuhls sehen. Wenn ein Rechner die Abbildung eines Stuhls auf seinem Schirm rekonstruiert, die dem Benutzer die Vorderansicht zeigt, muß das Computersystem eine Unzahl von Rechnungen ausführen, um ständig die Linien fortzulassen, die aus dem Blickwinkel des Benutzers nicht zu sehen sind. Noch als Student an der University of Utah entwickelte John Warnock einen Algorithmus (ein Programm zur Lösung des Problems), der sich wirksam mit Sutherlands Clipping Divider kombinieren ließ. Später war Warnock Forschungsleiter bei Xerox-PARC, bis er die Adobe Corporation gründete.

Der Clipping Divider berücksichtigt die «Raumkoordinaten», die den Benutzer und die virtuellen Objekte mit dem virtuellen Raum verbinden. Wenn man synthetische Objekte unter verschiedenen Blickwinkeln in einem virtuellen Raum erblickt, so ist eine sehr rechenintensive mathematische Verschiebung zwischen der Position des Benutzers und den Raumkoordinaten erforderlich. Wenn eine große Zahl von Punkten in jedem virtuellen Objekt und im virtuellen Raum für eine solche Rechnung herangezogen werden muß, dann sind möglicherweise Millionen mathematischer Einzeloperationen pro Sekunde notwendig. Das läßt sich heute ohne großen Aufwand durchführen, war aber in den sechziger Jahren, als die ersten HMDs gebaut wurden, völlig unmöglich. Mit dem «Matrixmultiplikator» entwickelten Sutherland und seine Gruppe ein System, das dieses Problem auf intelligente Weise löste.

Die Drahtmodelle auf Sutherlands Bildschirmen verdankten ihre Existenz einer Grafiktechnik, die man als «Vektorgrafik» bezeichnet. Das sichtbare Licht auf diesen Schirmen wird, wie das Licht auf Oszilloskopen oder Fernsehapparaten, durch bestimmte Substanzen hervorgerufen, die Licht emittieren, wenn sie von einem Elektronenstrahl angeregt werden. Für die Position des Elektronenstrahls in einer Kathodenstrahlröhre sind Elektromagneten verantwortlich, die den Elektronenstrahl zu bestimmten Orten an der Oberfläche einer gläsernen Vakuumröhre lenken. Diese ist mit einem Material beschichtet, das leuchtet (Photonen emittiert), wenn es von Elektronen aktiviert wird. Bei einem «Rasterbildschirm» wandert der Elektronenstrahl auf der Schirmfläche systematisch vor und zurück, nach oben und nach unten, wobei er bei jedem Durchlauf bestimmte Punkte reaktiviert. Ein handelsübliches Fernsehgerät hat unabhängig von der Bildgröße theoretisch 625 horizontale Zeilen mit 833 separaten Bildpunkten in jeder Zeile. Das Muster der aktivierten Punkte erzeugt das Mosaik, das der Zuschauer als Fernsehbild wahrnimmt. Veränderungen im Muster der aktivierten Leuchtstoffteilchen interpretiert das visuelle System des Menschen als Bewegungen des Bildes auf dem Schirm.

Allerdings ist ein solches Mosaik nicht die einzige Möglichkeit, durch Elektronen Bilder auf einer Leuchtstoffschicht zu erzeugen. Bei einer *Vektor*-Darstellung bewegt man den Elektronenstrahl direkt zwischen verschiedenen Punkten auf dem Schirm hin und her. Dadurch erzeugt man sichtbare «Vektoren», ähnlich den Linien, die man in der

Dunkelheit sieht, wenn man eine Taschenlampe rasch herumschwenkt. Der Matrixmultiplikator erfaßte die Endpunkte jedes 3D-Vektors, der die Kante eines virtuellen Gegenstandes bildete, und multiplizierte sie mit der Zahlenmenge, die der Kopfpositionssensor lieferte. Automatisch korrigierte nun der Matrixmultiplikator die Positionen der Vektorenendpunkte und paßte auf diese Weise den Anblick der dargestellten Gegenstände den Kopfbewegungen des Benutzers an. Robert Sproull, der damals noch sein Vorstudium in Harvard absolvierte, entwarf den größten Teil des Clipping Dividers. Sproull gehörte später zur Schar der Infonauten, die sich mit der interaktiven Grafik beschäftigten und ihren Teil dazu beitrugen, daß die Computerrevolution in das Zeitalter der PCs eintrat.

Der Clipping Divider und der Matrixmultiplikator empfingen Informationen vom Kopfpositionssensor, wandelten sie um und gaben diese Resultate an den Vektorgenerator weiter, der die Aufgabe hatte, die richtigen Vektoren auf den Bildschirm zu «zeichnen». Die Bildschirme gehörten zur Kopfarmatur, die der Benutzer trug. Die Monitore waren 15 Zentimeter lang und hatten einen Durchmesser von 2,1 Millimeter. Sie waren an den Schläfen befestigt und projizierten von den Ohren aus wie kleine Taschenlampen. Das von ihnen emittierte Licht wurde durch eine Reihe von Linsen gebrochen und von halbdurchlässig verspiegelten Glasplatten dergestalt reflektiert, daß ungefähr 35 Zentimeter vor dem Benutzer ein virtuelles Bild entstand. Es schien die physische Welt zu überlagern. («Das dargestellte Material kann also», schrieb Sutherland 1968, «entweder geisterhaft im Raum schweben oder mit Karten, Arbeitsplätzen, Wänden oder der Tastatur einer Schreibmaschine zur Deckung gebracht werden.») Die ersten Monitore konnten in der Sekunde dreißig Bilder mit dreitausend Zeilen zeigen – selbst nach heutigen Maßstäben eine beeindruckende Leistung. Die Benutzer des «Damoklesschwertes» hatten ein Gesichtsfeld von 40 Grad. Das war besser als das Gesichtsfeld von 4 bis 6 Grad, die der fernsehergroße Monitor eines Arbeitsplatzrechners bietet, aber lange nicht so gut wie die 120 Grad des NASA-HMD-Systems zwanzig Jahre später oder die 300 mal 150 Grad des F-15-Flugsimulators mit einem System aus mehreren Bildschirmen Mitte der achtziger Jahre.

Für seine Kopf-Tracking-Geräte experimentierte Sutherland von Anfang an sowohl mit Ultraschall- wie mit mechanischen Sensoren. Ultraschallsensoren beruhen auf dem Prinzip, daß die Ausbreitung von

Ultraschallsignalen gleichmäßig und meßbar erfolgt und daß sich die Wellenlänge der Signale von festliegenden Orten aus genau ermitteln läßt, so daß man auch winzige Positionsveränderungen einer beweglichen Schallquelle im dreidimensionalen Raum orten kann. Wenn der Benutzer eine Ultraschallquelle im HMD trägt und wenn man vier Ultraschallsensoren in den Ecken der Labordecke anbringt, dann lassen sich Veränderungen in der räumlichen Beziehung der Schallquellen feststellen, wenn der Benutzer den Kopf bewegt. Auch die Berechnungen können so rasch durchgeführt werden, daß sich die Signale in ein Echtzeit-Maß der Kopfposition umwandeln lassen. Allerdings ergeben sich bei Ultraschallsensoren einige Probleme. Unter anderem stört der Umstand, daß sie nicht arbeiten, wenn sich Gegenstände im Raum zwischen die Schallquelle und die Sensoren schieben.

Ein mechanisches System zur Positionserfassung ließ dem Benutzer zwar nur einen ziemlich kleinen Bewegungsspielraum, erleichterte aber die präzise Echtzeit-Bestimmung der Kopfposition erheblich. Ein Paar Teleskopstangen, die sich ungehindert entlang ihrer gemeinsamen Achse verschoben, waren mit Kardangelenken an der Kopfarmatur und an Schienen an der Decke befestigt – ein klassisches Analoggerät, das der digitalen Technik seiner Zeit bei weitem überlegen war. Der Kopf des Benutzers hatte einen Bewegungsspielraum von etwa zwei Metern im Durchmesser und einem Meter in der Höhe. Er durfte sich frei bewegen, umdrehen, seinen Blick um 40 Grad nach oben oder nach unten wenden. Den Umstand, daß dieses Arrangement den Benutzer in ganz konkretem Sinne zu einem Gefangenen der Maschine machte, verstand man als vorübergehendes Artefakt der primitiven technischen Voraussetzungen der Zeit. Anfang der siebziger Jahre gewöhnten sich die meisten Informatiker allmählich an den Gedanken, daß ihre technische Grundausstattung alle zwei Jahre ihre Leistung verdoppelte und ihren Preis halbierte.

Der Rechner des ersten HMD war der TX-2, der 1967 allerdings schon etwas überholt war. Das erste virtuelle Objekt war ein Würfel mit einer Kantenlänge von ungefähr fünf Zentimetern, der dem HMD-Träger als im Raum schwebendes Lichtobjekt erschien. Ein weiteres virtuelles Objekt aus der Frühzeit war ein Molekularmodell – das Gerüst der Verbindung Zyklohexan. (Als Frederick Brooks und seine Studenten an der University of North Carolina mit der jahrzehntelangen Arbeit an ihren Geräten zur Molekularkonstruktion anfingen, erkannten sie den zukunftsweisenden Charakter von Sutherlands Modell, nahmen es als Ausgangspunkt und entwickelten es zu jener technischen Vollkommenheit, die ihr Grope-System Ende der achtziger Jahre aufwies.) In späteren HMD-Experimenten in Utah fand der leistungsfähigere Rechner DEC PDP-10 Anwendung. Der Würfel, den man von allen Seiten betrachten konnte, blieb in Utah stets ein Teil des Repertoires. Außerdem konstruierte man noch ein sehr viel größeres «Zimmer» mit den vier Wänden N, S, E (für *east*, also Osten) und W, der Decke C (*ceiling*) und dem Boden F (*floor*). Der Beobachter sah die Wände des virtuellen Zimmers, aus Licht bestehend und im Raum schwebend, innerhalb des physischen Zimmers, das den HMD beherbergte. Das erste Cyberspace-Zimmer war eben, quadratisch und einfarbig.

Die Idee, Zimmer im Cyberspace zu bauen, hat VR-Forscher immer wieder beschäftigt. 1988 gab es im VR-Labor der NASA ein Modell des VR-Labors. Ich weiß noch, wie ich im virtuellen Raum meine virtuelle Hand ausstreckte und auf ein virtuelles Bücherregal legte, während ich gleichzeitig fühlte, wie meine physische Hand das physische Bücherregal berührte. Ich hatte das seltsame Empfinden, in zwei Welten gleichzeitig zu sein. Autodesk präsentierte bei einer Vorführung im Jahre 1989 unter anderem ein «Großraumbüro». 1990 begaben sich die Teilnehmer der Jahrestagung der Computing Machinery's Special Interest Group for Computer-Human Interfaces zum Human Interface Laboratory in Seattle, um durch ein virtuelles Seattle zu fliegen, ein bunt koloriertes, cartoonartiges, aber durchaus erkennbares und einigermaßen genaues Cyberspace-Abbild der Stadt. Heute gibt es Dutzende von Zimmern und Gebäuden, Stadtteilen und sogar groben Nachbildungen von Sonnensystemen in den Wirklichkeitssimulatoren von Redwood City bis Kawasaki. In Santa Barbara traf ich einen Mann, der die Karte des elektrischen Versorgungsnetzes von Tokio in einen virtuellen Raum umwandelt. Bis zum Jahre 2010 wird sich Sutherlands erstes Zimmer zu einem virtuellen Kosmos ausgewachsen haben. Wir haben heute keine Möglichkeit vorherzusagen, wie rasant die Entwicklung dieser künftigen Cyberwelt verlaufen wird.

Im letzten Satz seiner nur teilweise ironisch zu verstehenden Veröffentlichung «The Ultimate Display» entwarf Sutherland ein Zukunftsbild virtueller Umwelten, dem zu entnehmen ist, daß er sich über die «magischen» Implikationen der von ihm eingeleiteten Entwicklung durchaus im klaren war: «Mit entsprechenden Programmen könnte ein solches Display buchstäblich zu einem Wunderland werden wie jenem, in das Alice eintrat.» In einem Bericht über ein spezielles Eingabegerät, mit dem man Lichtlinien im Raum zeichnen konnte, läßt Sutherlands Student Daniel Vickers erkennen, daß selbst die ersten Cyberspaces eine magische Aura besaßen: «Dem Beobachter in der 3D-Umgebung des *head-mounted-display*-Systems steht ein Stab zur Verfügung, mit dem er die synthetischen Objekte, die er erblickt, ‹berühren› kann. Ein Stab, mit dessen Hilfe sich synthetische, nur für den Träger der Kopfarmatur sichtbare Objekte erschaffen und bewegen lassen, hat für Außenstehende etwas Magisches. Daher auch sein Name: Zauberlehrling.»

Der Zauberlehrling war ein Stab in Form eines Pistolengriffes, ausgerüstet mit vier Druckschaltern, einem Gleitregler und einem kleinen Potentiometer (ein Regler, der wie ein Dimmer funktionierte). «Zwei verschiedene, gegeneinander austauschbare Spitzen – die eine zu einem Ultraschall-, die andere zu einem mechanischen Positions-Tracker gehörend. Um die Möglichkeiten der dreidimensionalen Computergrafik mit nur vier Knöpfen ausschöpfen zu können, erweiterte man die Funktionsfähigkeit der Steuergeräte des Stabs durch eine Wandkarte, die sich im virtuellen Raum entrollte. Wenn man mit dem Stab auf einen Befehl zeigte, der auf der Wandkarte aufgeführt war, und eine der Tasten drückte, konnte man die Zuordnung von Befehlen und Knöpfen verändern. Daraufhin konnte der Benutzer den Stab auf verschiedene Objekte in der virtuellen Welt richten und diverse grafische Zauberkunststücke ausführen. Er konnte Objekte herbeizaubern, in die Länge ziehen, schrumpfen lassen, in Drehbewegung versetzen, verschwinden lassen, miteinander verschmelzen und auseinanderreißen. Die im Cyberspace entrollte Wandkarte, die die Leistungsfähigkeit der Befehlssprache erweiterte, war ein wichtiger Vorläufer der «Pull-down-Menüs», mit deren Hilfe heutige Computeranwender Befehle aus einer Art «Wandkarte» auf ihrem Bildschirm auswählen können.

Der Stab verstärkte das Präsenzgefühl des HMD-Benutzers erheblich. Als wir uns 1990 unterhielten, erinnerte sich Vickers: «Wir entdeckten, daß es zum Präsenzgefühl beitrug, wenn wir den Stab hinzufügten. Je mehr Sinne beteiligt sind, desto perfekter erscheint die Illusion.»

Heute können wir uns kaum noch vorstellen, daß es vor der Ära der computergestützten Konstruktion (*computer-aided design* – CAD)

Leute gab, denen es am erforderlichen Weitblick mangelte und die die Notwendigkeit, für solche Forschungsarbeiten Steuergelder auszugeben, bezweifelten. Von dem Augenblick an, da er Sketchpad zum erstenmal vorgeführt hatte, ließ Sutherland keinen Zweifel an seiner Überzeugung aufkommen, daß ein solches interaktives Gerät die Leistung der Konstrukteure dreidimensionaler Objekte, von mikroskopisch kleinen Gegenständen bis hin zu Städten, in gleicher Weise unterstützen mußte, wie andere Computerfähigkeiten die Leistung von Buchhaltern, Volkszählungsbeamten und Wissenschaftlern verstärkten. Wenn man Objekte entwerfen will, muß man sie möglichst klar vor Augen haben und dieses geistige Bild anderen Menschen in Form von Zeichnungen, Skizzen, Modellen und ähnlichen visuellen Darstellungen nahebringen. Wie das Textverarbeitungssystem die Energien des Autors für die geistig anspruchsvolleren Aufgaben des Schreibens freisetzt, weil es ihm einige der anspruchsloseren Aufgaben abnimmt, etwa die Veränderung von Wortstellungen und Textgefügen, so sollte das CAD-System nach dem Willen der Pioniere die anspruchsvolleren Fertigkeiten der Automobilkonstrukteure, Architekten, Industriedesigner und Städteplaner unterstützen, indem es ihnen die Aufgabe abnahm, Linien in einem bestimmten Bereich hin und her zu bewegen. Im Falle des CAD griff die Computerindustrie die Anregung der ARPA rasch auf (bei der interaktiven Technologie und beim Timesharing tat sie sich schwerer). Anfang der sechziger Jahre, nicht lange nach Sketchpad, entwickelte IBM eine Computergrafik als Konstruktionshilfe für General Motors. Die von IBM und GM benutzte Abkürzung war DAC (*design augmented by computer*); später setzte sich allerdings die Bezeichnung CAD durch.

Der Einfluß von 3D-Konstruktionshilfen muß sich jedoch nicht auf die Frage beschränken, welche Form die Autos im nächsten Jahr aufweisen werden. In verschiedenen Bereichen der medizinischen Forschung beginnt sich zu zeigen, daß der menschliche Körper alle Eigenschaften dreidimensional konstruierter Objekte aufweist – ein sehr bedeutsamer Umstand für Chirurgen und Diagnostiker, die physiologische Funktionsstörungen anhand zweidimensionaler Röntgenbilder zu bestimmen und zu beheben trachten. Eine der ersten experimentellen Anwendungsformen des Utah-HMD war medizinischer Natur. Bereits 1971 entwickelte ein Ärzteteam, das mit Sutherlands Forschungsgruppe zusammenarbeitete, eine Methode zur Operation eines simulierten Zusammenflusses zweier großer Arterien. Nicht lange danach griffen Frederick Brooks und seine Gruppe an der University of North Carolina (UNC) diese ersten Versuche von Sutherland zur medizinischen Bildverarbeitung auf und erweiterten sie, indem sie praktizierende Ärzte an den Entwicklungsarbeiten beteiligten. Sutherland baute in der Folgezeit ein Unternehmen auf, das Flugsimulatoren herstellte – Evans and Sutherland –, und arbeitete dann an Robotern, die sich auf Beinen fortbewegten. Seine Studenten hatten alle Hände voll mit der PC-Revolution zu tun. Die University of Utah ist noch heute ein Zentrum für die Forschung und Entwicklung der Computergrafik. Ein weiteres Projekt, das in Zusammenarbeit mit der medizinischen Fakultät betrieben wird, die Entwicklung der Mechanik und der Steuersysteme für die elektronische Prothese «Utah-Arm», traf sich mit einem anderen Aspekt der VR-Technologie – der Fernsteuerung von Robotern mit Hilfe von VR-Schnittstellen.

In den siebziger Jahren und Anfang der achtziger Jahre fand CAD in der Industrie Verbreitung als teure, leistungsfähige, aber ziemlich schwierige Befehlssprache für kostspielige Großrechner und bewirkte in dieser Rolle gewaltige Veränderungen in etlichen Industriezweigen. Doch wie viele der ersten Computer blieb es ein Hilfsmittel für die Leute, die es sich leisten konnten und die sich die Zeit nahmen, den Umgang mit Schnittstellen zu lernen, die Techniker entworfen hatten. Und es blieb ein zweidimensionales Gerät zur Visualisierung dreidimensionaler Gegenstände. Man sah einen Pfeiler oder einen Vergaser nicht in drei Dimensionen, sondern eine schematische oder pseudodreidimensionale Darstellung. Statt in das Bild zu greifen und das Objekt direkt zu verändern, mußte man auf der Tastatur einen Befehlscode eintippen. Weder vermittelte CAD das Gefühl der Immersion, noch bot es die Möglichkeit zur Navigation, aber es verwendete den Bildschirm und die Fähigkeiten des Computers zur Modellbildung sehr wirkungsvoll dazu, die Einsichtsfähigkeit des menschlichen Konstrukteurs zu verstärken. In den achtziger Jahren beteiligte sich der Programmierer John Walker an der Gründung des Unternehmens Autodesk. Ausgangspunkt war die Überlegung, daß kleine Unternehmen, die mit PCs ausgestattet waren, durchaus bereit sein würden, ein paar hundert Dollar für ein CAD auszugeben, das auf einem PC arbeitete, wenn es einen erheblichen Teil der Funktionen eines CAD-Programms für Großrechner aufwies, das Tausende von Dollars kostete. (Walker wird

uns an späterer Stelle wieder begegnen.) Keiner der großen CAD-An-
bieter traute sich an 3D-Bildtechniken heran, bis Autodesk 1988 sein
«Cyberia-Projekt» herausbrachte.

Die *Immersion* – mit Hilfe von Stereoskopie, Blick-Tracking und
anderen Techniken, die die Illusion hervorbringen, der Operator befinde sich innerhalb einer computergenerierten Welt – ist eine der beiden Grundlagen der VR-Technologie. Die andere ist die *Navigation* –
die Möglichkeit, sich im Computermodell eines Moleküls oder einer
Stadt umherzubewegen. Keines der beiden Schlüsselelemente setzte
voraus, daß es durch eine bestimmte Technologie realisiert werden
müßte. Bilder lassen sich optisch, elektronisch oder auf beiden Wegen
erzeugen. Bewegungseingabe kann durch Datenhandschuhe, Tastaturen und Lenkräder erfolgen. *Head-mounted displays*, Handschuhe,
die mit Sensoren die Position und Bewegung der Finger erfassen, und
magnetische Kopf-Tracker können das Gefühl der Immersion hervorrufen und die Möglichkeit zur Navigation durch simulierte Umwelten
bieten. Datenbrillen und -handschuhe sind nicht die einzigen Mittel,
die uns den Weg in den Computer eröffnen. Früher oder später mußten
sich auf diese Bestrebungen zur Erzeugung der Wirklichkeit auch Ein-
flüsse auswirken, die nicht aus dem engeren Bereich der Hardware-
und Software-Entwicklung stammten. Damit kommt Myron Krueger
ins Spiel, ein Künstler und Techniker, ein Träumer, der zwanzig Jahre
lang künstliche Wirklichkeiten geschaffen und im Medium der
Mensch-Computer-Interaktion nach künstlerischen Ausdrucksmög-
lichkeiten gesucht hat.

Das Anlegen von VR-Monturen ist keine alltägliche Erfahrung.
Wenn Sie heute einen Abstecher in den Cyberspace machen wollen,
müssen Sie sensorbestückte Handschuhe überziehen und Ihr Gesicht
mit einem *head-mounted display* bedecken, sich möglicherweise sogar
in einen den ganzen Körper umschließenden Overall zwängen. Das Tor
zum VR-Land besteht heute aus dem, was Jaron Lanier, der diese Geräte vermarktet, «computerisierte Kleidung» nennt. (Ich habe auf einer
VR-Software-Messe mit eigenen Ohren gehört, wie Cyberianer ein
HMD, das offenbar um eine Tauchmaske herumgebaut war, als *face-
sucker*, also Gesichtsschlucker, bezeichneten.) Doch wenn bestimmte
technische Probleme gelöst sind, könnte aus der Virtuellen Realität
etwas werden, was man nicht mehr *anzieht*, sondern was Bestandteil
der Umwelt ist, die man *bewohnt*. Denkt man bei dem Wort Cyber-

space nicht eher an einen Ort als an Kleidungsstücke? Wäre es nicht bequemer, den VR-Raum ringsum mit 3D-Schirmen auszustatten, statt eine Kopfarmatur mit kleinen Monitoren zu bestücken? Statt Handschuhe und Anzüge mit Sensoren zu versehen, könnte doch auch der Raum über hochentwickelte Sensoren verfügen, die automatisch den Aufenthaltsort, die Position, die Haltung des Benutzers registrieren, ja sogar seine Blickrichtung und sein Mienenspiel.

Wir sind nicht mit der Vorstellung vertraut, daß Orte mit uns interagieren, vielleicht sogar spielen können. Wozu soll ein Ort auch mit einem Menschen spielen, selbst wenn er es könnte? Welchen Nutzen hätte ein solches Ereignis? Diese Fragen könnten durchaus mehr als nur philosophische Spekulationen sein. Die etwas geisterhafte Vorstellung von einem intelligenten Raum, der mit uns interagiert, könnte auf einen Ort der Begegnung zwischen Menschen und intelligenten Maschinen verweisen. Wir sind bereits von Computernetzen umgeben und von ihnen abhängig. Doch die meisten von uns können sich nicht richtig mit ihnen verständigen, und diejenigen, die Computer bedienen, können nicht die vertrauten Verständigungsmittel der Sprache, der Bewegungen, des Mienenspiels und der Körperhaltung verwenden, sondern sind gezwungen, sich künstlicher Sprachen zu bedienen. Wenn wir in der Lage wären, auf natürlichere Weise mit Computern zu interagieren, dann wäre ein quasi-sensibler Raum sicherlich ein Ort, wo die Kommunikation zwischen uns und der von uns geschaffenen neuen globalen Elektronikkultur möglich sein könnte.

Myron Krueger, der Mann, der mich veranlaßte, über diese Fragen nachzudenken, sieht viel zu jung aus, um ihn als «Großvater» von irgend etwas zu bezeichnen – «jungenhaft» ist das Eigenschaftswort, das mir am ehesten in den Sinn kommt, wenn ich an ihn denke; trotzdem muß man ihn sicherlich zu den Gründervätern der VR-Technologie zählen. Er ist alt genug, um Kinder zu haben, die weit über zwanzig sind. Sein blondes Haar färbt sich an den Schläfen grau, doch es ist etwas in seinem Gesicht, das ihn nicht wie eine graue Eminenz erscheinen läßt. Ihm sitzt ein Schalk in den Augen, der sich hinter einer Fassade bürgerlicher Normalität zu verbergen scheint.

Krueger hat mich bei mir zu Hause in Kalifornien besucht, nicht lange nachdem ich mit der Arbeit an diesem Buch begonnen hatte. Nachdem ich heute weiß, wie übel es ihm früher mit Journalisten ergangen ist, kann ich mich des Verdachtes nicht ganz erwehren, daß er meine Einladung nur angenommen hat, um sicherzugehen, daß ich ihm einen gebührenden Platz in der VR-Geschichte einräumte. Jahrelang mußte er nach einem Verleger für sein Buch «Artificial Reality» suchen. Im April 1989, als die *New York Times* den ersten Artikel auf der Titelseite über Künstliche Wirklichkeit brachte – «What Is Artificial Reality?» –, wurde Krueger, der diesen Begriff immerhin geprägt hat, mit keinem Wort erwähnt. Als ich ihn anrief und mich vorstellte, deutete er an, daß er bereits von meinem Buch gehört hatte. Ein paar Wochen nach unserem ersten Gespräch hielt er sich in Kalifornien auf und erinnerte sich an meine Einladung. Mich interessierte, warum er trotz aller Rückschläge in den vielen Jahren die Arbeit mit der Künstlichen Wirklichkeit so hartnäckig fortgesetzt hatte.

Die wenigen Zeitungsartikel, die über Myron Krueger zu finden waren, zeigten mir, daß er von Journalisten und Historikern nicht gerade belagert wurde, obwohl er Jahre harter Arbeit in Dinge investiert hatte, die sich heute als entscheidende technische Fortschritte offenbaren.

Zwar konzentriert sich die VR-Forschung in Industrie und Wissenschaft heute vorwiegend auf computermodellierte Illusionen und dreidimensionale visuelle Darstellungen, doch gab es auch einen anderen Ansatz, der in Zukunft an Bedeutung gewinnen könnte: die Vorstellung nämlich, daß man den Wänden, die uns umgeben, die Fähigkeit vermitteln kann, unser Verhalten zu registrieren und darauf zu reagieren. Der Teil des Systems, der das Gefühl der Immersion und der interaktiven Verbundenheit fördert, das Gefühl, sich in einem Raum ganz neuer Art zu bewegen, könnte sich in eine ganz andere Richtung entwickeln, als sie gesichtsschluckende Masken und sensorbefrachtete Anzüge darstellen. Wenn die fernere – und technisch sicherlich nicht leicht zu realisierende – Zukunft der VR im «Medienraum» und nicht in den «Realitätshandschuhen und -brillen» zu sehen ist, dann kommt Myron Krueger sicherlich ein großes Verdienst für seine frühen Arbeiten auf jenem Gebiet zu, das er «Künstliche Wirklichkeit» genannt hat. Tatsächlich gibt es heute keinen VR-Forschungsbereich, den Krueger nicht schon vor Jahrzehnten (mit heute längst überholten Techniken) erkundet hat.

Doch es scheint Krueger genauso ergangen zu sein wie Morton Heilig und Doug Engelbart: Er fiel in die Lücke zwischen den Begriffswelten von Wissenschaftlern und Künstlern, Technologen und Gelehrten, Informatikern und Pädagogen, Machern und Visionären. Krueger und ich haben uns über seine merkwürdige Lebensgeschichte unterhalten, und er räumte ein: «Ich bin nie einen Schritt von meinem Weg abgewichen, um mich den allgemeinen Vorstellungen anzupassen.» Anfang der neunziger Jahre sieht es so aus, als würde er die Anerkennung ernten, die er schon vor zwanzig Jahren verdient gehabt hätte. Erst wenn die ganze Hardware und Software, die VR ermöglicht, so weit entwikkelt ist, daß wir sie nicht mehr bemerken, werden sich die Menschen darüber klarwerden können, was sie mit den Möglichkeiten des neuen Mediums anfangen wollen. Künftige VR-Forscher sind gut beraten, wenn sie sich eines Satzes entsinnen, den Krueger seit zwei Jahrzehnten predigt: «Die Reaktion ist das Medium.»

Seit Krueger mit seiner Arbeit begonnen hat, die inzwischen ganze Zimmerfluchten mit selbstgebastelter elektronischer Ausrüstung füllt und viele tausend Programmierstunden umfaßt, ist er davon überzeugt, daß die visuellen und akustischen Effekte, die Videobilder und Computergrafik, die Ein- und Ausgabegeräte sowie die Software, die alle diese Systeme steuert, als Mittel zu verstehen sind, die neuartiges menschliches Verhalten hervorrufen. Krueger gibt zu, es sei gut und notwendig, sich um diese Hilfsmittel zu kümmern, doch dürfe man darüber auf keinen Fall die verhaltensrelevanten psychologischen, sozialen und künstlerischen Aspekte der VR vergessen.

Im Mittelpunkt jedes VR-Systems steht die menschliche Erfahrung – die Erfahrung des Benutzers, sich in einer unnatürlichen oder fernen Welt zu befinden. Aufmerksamkeit ist ein entscheidendes Instrument im Cyberspace. Maler, Dichter, Lehrer, Schamanen und Dramatiker könnten unserem Wissen über die Erfahrungsseite der VR sicherlich auf die Sprünge helfen. Viele Erkenntnisse werden wir nur dadurch gewinnen, daß wir neue Kunstformen erfinden. Wie die Impressionisten auf dem Höhepunkt der Industriellen Revolution eine Wahrnehmungsrevolution im Medium der Ölmalerei entfesselten, zum Teil weil sie sich gegen die mechanische Sehweise auflehnten, die die Erfindung der Fotografie mit sich gebracht hatte, so werden die Künstler der Zukunft VR-Maschinen als Pinsel und Posaunen handhaben müssen und uns die Stille mit jenen Möglichkeiten vor Augen führen, über die nur Künstler gebieten. Wenn es in der Kunst darum geht, die Welt auf neue Arten zu sehen, und wenn VR ein Instrument zur Erschaffung von Welten ist, dann werden uns die Künstler vielleicht die Antwort auf eine der Schlüsselfragen liefern können: Was für eine Erfahrung sollen wir erschaffen, wenn uns die Technik einmal erlaubt, jede beliebige Erfahrung zu erzeugen?

Wie die anderen Protagonisten in der VR-Geschichte hatte auch Krueger sein Schlüsselerlebnis (eigentlich sogar mehrere), das ihn veranlaßte, sich während der folgenden zwei Jahrzehnte ganz seiner Vision der VR-Technik zu widmen. Ich traf ihn fast genau zwanzig Jahre nach dem Tag, an dem GLOWFLOW sich der Öffentlichkeit präsentiert hatte. Im April 1969 hatten die Besucher der Memorial Union Gallery der University of Wisconsin in Madison Gelegenheit, Zeuge eines Ereignisses zu werden und an ihm teilzunehmen, das in Krueger den Wunsch weckte, sich auf die Suche nach künstlicher Wirklichkeit zu machen. GLOWFLOW benutzte keine Computergrafik, sondern erzeugte visuelle Effekte durch andere Techniken. Verborgene Minicomputer, Synthesizer und ein Netz von Röhren, die mit farbigen phosphoreszierenden Flüssigkeiten gefüllt waren, verwandelten einen abgedunkelten Raum in etwas, was noch niemand vorher erlebt hatte. Krueger, der damals als Student am GLOWFLOW-Projekt mitarbeiten durfte, bemüht sich seither um die ideale reaktionsfähige Umwelt, eine «Künstliche Wirklichkeit», die die Benutzer einfach umgibt, ohne ihre Hände und Köpfe mit Handschuhen und Datenbrillen zu belästigen.

GLOWFLOW versuchte mit Hilfe einer Licht-Ton-Umgebung den Teilnehmern das Gefühl zu vermitteln, sich in einem Raum aufzuhalten, der auf die Aufmerksamkeit und das Verhalten des Menschen reagiert. Die Wände der GLOWFLOW-Welt waren mit senkrechten undurchsichtigen Säulen und mit waagerechten durchsichtigen Glasröhren ausgekleidet. Phosphoreszierende Teilchen schwebten im Wasser und wurden in Zeitabständen durch die Röhren gepumpt. Wenn sie durch die Säulen trieben, wurden sie gelegentlich von aufblitzenden Lichtern aktiviert, wodurch plötzliche Strahlen durch den Raum schossen, bevor sie wieder in Dunkelheit zerfielen. Den Rhythmus dieser Lichtmuster bestimmten Minicomputer, die hinter einer Trennwand verborgen waren. Die Light-Show wurde von den Tönen elektronischer Synthesizer untermalt. Die reaktionsfähigen Teilsysteme dieser Umwelt waren in den Fußboden eingelassen, wo das Publikum durch druckempfindliche Fliesen die Licht- und Tonmuster beeinflußte, ohne zu merken, welche Rolle es in der Darbietung spielte. Im Gegensatz zur heutigen VR-Technologie waren die Geräte von GLOWFLOW größtenteils unsichtbar. Die Wirkung auf die Besucher der Galerien war jedoch außerordentlich stark.

1983 schrieb Myron Krueger über GLOWFLOW: «Die Menschen reagierten ziemlich verblüffend auf die Umgebung. Völlig fremde Menschen knüpften Verbindungen an. Spontan kam es zu Spielen, Händeklatschen und Singen. Der Raum schien Stimmungen unterworfen zu sein. Manchmal herrschte Totenstille, manchmal lärmende Ausgelassenheit. Manche Besucher dachten sich Rollen aus. Eine Frau stand am Eingang und küßte jeden Mann, der hereinkam und sich in der Dunkelheit noch nicht gleich zurechtfand. Andere boten sich als Führer an und erklärten, wozu die Leuchtstoffe da waren und was die Computer bewirkten. Die Menschen in diesem Raum glichen in vieler Hinsicht Primitiven. Sie erkundeten eine Umgebung, die sie nicht verstanden, und versuchten, sie mit den Dingen zur Deckung zu bringen, die sie kannten und erwarteten. Da in der GLOWFLOW-Werbung die besondere Reaktionsfähigkeit erwähnt wurde, waren viele Besucher darauf gefaßt, sie zu erleben, und verließen den Raum in der Überzeugung, sie in einer Weise erlebt zu haben, die nicht der Wirklichkeit entsprach. Obwohl es sich bei dem Publikum um hochintelligente Akademiker handelte, konnte man die Entstehung solcher abergläubischen Vorstellungen immer wieder beobachten.»

Nach GLOWFLOW ersann Krueger eine andere Form der reaktionsfähigen Umgebung. METAPLAY wurde im Mai 1970, etwas mehr als ein Jahr nach GLOWFLOW, eröffnet. Wieder fand das Ereignis in der Memorial Union Gallery in Madison statt. (Ein Kruegerismus, der sich die letzten zwanzig Jahre hartnäckig gehalten zu haben scheint, sind die großen Buchstaben aus der Zeit, als Computer nur solche Lettern drucken konnten.) Zu METAPLAY erklärte Krueger: «Traditionelle Kunstkriterien, Schönheit und Details der Reaktionen fanden keine Berücksichtigung. Es ging um die Interaktion selbst und um das Bewußtsein der Teilnehmer von Interaktion.» Bei META-PLAY, das von der National Science Foundation und vom Fachbereich Informatik der University of Wisconsin finanziert wurde, begnügte Krueger sich nicht mehr mit einfachen Lichtlinien und Synthesizerklängen, sondern bezog Videokameras, Projektionswände für Videobilder, Computergrafik-Systeme und achthundert druckempfindliche Schalter ein. Krueger überredete die Digital Equipment Corporation (DEC) dazu, ihm einen PDP-12 zu vermieten (Nachfolger des PDP-1, der zehn

Jahre zuvor das Licklidersche Schlüsselerlebnis ausgelöst hatte, und Vorgänger jener DEC-Computer, die heute in zahlreichen Forschungsstätten als Wirklichkeitsmaschinen eingesetzt werden).

Eine Wand des METAPLAY-Raumes wurde durch eine Projektionsfläche von zweieinhalb mal drei Metern ersetzt, auf die ein dahinter versteckter Projektor Videobilder warf. Ebenfalls versteckt war eine auf den Teilnehmerbereich gerichtete Videokamera. Die Teilnehmer konnten ihre eigenen Videobilder auf der Leinwand betrachten. Manchmal wurde das Videobild mit Computergrafiken überlagert. Die druckempfindlichen Schalter auf dem Fußboden waren unter einem schwarzen Polyäthylenteppich verborgen. Die Interaktion zwischen den Teilnehmern und der künstlichen Umgebung vermittelte ein menschlicher «Facilitator» (facilitate = erleichtern, fördern; also jemand, der Prozesse anbahnt oder fördert). Er verfolgte das Geschehen über Videomonitore in einem Kontrollzentrum, das in einem anderen Gebäude untergebracht war.

Sein nächstes Environment schuf Krueger 1971 mit PSYCHIC SPACE, einer «komponierten Umgebung». Wände und Decken waren mit schwarzem Polyäthylen verkleidet, der Fußboden enthielt sechs Reihen mit acht druckempfindlichen Sensoren, während eine falsche Wand gegenüber der phosphoreszierenden Wand eine riesige Rückenprojektionsfläche verbarg. Abermals trafen in einer Kontrollkabine im Rechenzentrum am anderen Ende des Campus die Bilder einer Videokamera und die Signale der Fußbodensensoren ein. Computerprogramme verarbeiteten diese Informationen. Dann wurden die gemischten Bilder von Videokamera und Computergrafik-System in Echtzeit zu den Teilnehmern übertragen. Auf diese Weise war durch die Komposition der künstlichen Umgebung für eine enge Beziehung zwischen den Bewegungen der Teilnehmer innerhalb des physischen Raumes und der Reaktion der audiovisuellen Displays gesorgt.

Zwischen 1972 und 1974 probierte Krueger verschiedene Systeme aus, die mit Positionssensoren ausgestattet waren und Reaktionen durch Videobilder provozierten. So entstand das Universalgerät für ein Laboratorium künstlicher Wirklichkeit. Nach PSYCHIC SPACE begann Krueger mit der Arbeit an VIDEOPLACE. Obwohl er im Oktober 1975 eine vorläufige Version im Milwaukee Art Center ausstellte, hatte er dieses Environment als zeitlich offenes Laboratorium entworfen, das sich über einen Zeitraum von mehreren Jahren entwickeln sollte. Nachdem Krueger einen ersten Eindruck von den Möglichkeiten gewonnen hatte, die sich aus der Mischung von Video, Computergrafik und Bewegungs- beziehungsweise Positionssensoren ergaben, machte er sich begründete Hoffnung, daß die rasante Entwicklung auf dem Gebiet der Rechnerleistung die Wirkung seiner Techniken erheblich steigern könnte. An Rechenleistungen wie etwa die Mustererkennung auf Videobildern – ein Computerprogramm, das ein Videobild von dem Spieler analysieren und bestimmen kann, ob er mit seiner Hand auf einen Gegenstand auf dem Schirm zeigt oder nicht – hätte Krueger in den sechziger Jahren nicht denken können. Doch die Computer Ende der siebziger Jahre erlaubten es ihm, von einem System zu träumen, das die Positionen und Bewegungen von Teilnehmern einer reaktionsfähigen künstlichen Umgebung nicht nur zu registrieren, sondern auch zu erkennen vermochte.

Mitte der siebziger Jahre war VIDEOPLACE, inzwischen ein voll entwickeltes Labor für künstliche Wirklichkeit, an die University of Connecticut abgewandert. Die Idee einer neuen Umgebung, die durch menschliche Wahrnehmungsprozesse entstand und durch Video- sowie Computertechnik vermittelt wurde, blieb ein wichtiger Gesichtspunkt seiner Experimente. 1977 offenbarte Krueger in einem Bericht an die National Computer Conference, in dem er sich auf VIDEO-PLACE bezog, einiges von seiner Auffassung über das Wesen der «künstlichen Wirklichkeiten», die er konstruierte: «VIDEOPLACE ist eine begriffliche Scheinwelt ohne physische Existenz. Es vereinigt Menschen mit verschiedenen Aufenthaltsorten in einer gemeinsamen visuellen Erfahrung und gestattet ihnen, mittels des Mediums Video in unerwarteter Weise zu interagieren. Der Name VIDEOPLACE beruht auf der Voraussetzung, daß der Kommunikationsakt einen Ort schafft, der aus all der von den Teilnehmern gemeinsam aufgenommenen Information besteht. Wenn sich Menschen in einem Zimmer aufhalten, sind auch die physischen Kommunikationsorte identisch. Sind die Kommunikationsteilnehmer durch eine räumliche Distanz getrennt, wie bei einem Telefongespräch, so bleibt ein Gefühl des Zusammenseins, obwohl sie sich weder sehen noch fühlen können. Durch Verwendung der Fernseh- anstelle der Fernsprechtechnik versucht VIDEOPLACE, dieses Gefühl des gemeinsamen Ortes dadurch zu verstärken, daß es den Gesichtssinn, die physische Dimension und ein neues Verständnis des Tastsinns einbezieht.»

Die ersten Versionen von VIDEOPLACE bestanden aus zwei oder mehr Räumen, die durch unterschiedliche Entfernungen voneinander getrennt waren. Videokameras, Mischpulte und Projektoren versetzten die Menschen in allen Räumen in die Lage, mit den Videobildern von Besuchern in anderen Räumen zu interagieren. Krueger hatte inzwischen herausgefunden, daß sich Menschen sehr nachdrücklich, fast körperlich mit den Videobildern von ihrer Person identifizieren, selbst wenn diese nur Silhouettenform haben. In einem früheren Experiment hielten sich Krueger und ein Assistent an verschiedenen Orten auf und zeigten mit den Video-Silhouetten ihrer Hände auf Gegenstände in einem gemeinsamen Videoraum. Zufällig bewegte Krueger das Videobild seiner Hand so, daß es sich mit dem der Hand seines Assistenten überschnitt. Der Assistent zog seine Hand fort, als sei er berührt worden. Wenn man die Videobilder so mischte, daß die Teilnehmer sich sehen konnten, erlebten sie diesen Vorgang instinktiv als die Entstehung eines neuen Kommunikationsraumes, in dem sie sogar die Grenzen ihres virtuellen Körpers empfanden.

Was ließ sich mit einem solch seltsamen Zwittermedium anfangen? Kruegers Devise lautete stets: «Laß die Menschen damit spielen und es selbst herausfinden.» Später schrieb er in *Leonardo*, einer Zeitschrift für Kunst und Technik: «In VIDEOPLACE gehen zwei Kulturkräfte von grundsätzlicher Bedeutung – das Fernsehen, ein Lieferant passiver Erfahrung, und der Computer, ein Symbol abschreckender Technik – eine Verbindung ein, aus der ein ausdrucksstarkes Medium entsteht, das eine spielerische Grundhaltung vermittelt und zur Teilnahme animiert.»

Die Idee des «Bildtelefons» beschäftigt seit Jahrzehnten die Sonntagsbeilagen der Tageszeitungen, doch Versuche mit Videokonferenzen sind nie besonders erfolgreich gewesen. Bildtelefone zeigen allerdings nur die Videobilder der Teilnehmer in ihren separaten physischen Räumen. Krueger nahm eine entscheidende Änderung vor, indem er die Videobilder aller Teilnehmer in einem gemeinsamen, für alle sichtbaren Videoraum zusammenbrachte. Bereits 1977 erklärte Krueger, er erprobe nicht nur eine neue Art der Interaktion mit Computern, sondern auch eine neue Form der Telekommunikation, eine Feststellung, die heute in einem neuen Licht erscheint, da japanische Fernsprechgesellschaften Zigmillionen Yen in die VR-Kommunikationsforschung stecken.

Als ich im Sommer 1989 in Connecticut war, befand sich VIDEO-PLACE auf dem Weg nach Japan, wo Krueger und die letzte Version seines Environments eine Woche bei den Eröffnungsfeierlichkeiten einer japanischen «Wissenschaftsstadt» verbringen sollten. Ich hatte beschlossen, Krueger aufzusuchen und mir sein Laboratorium anzusehen, obwohl dessen Ausrüstung unterwegs war, weil ich das Gespräch fortsetzen wollte, das wir an meinem Küchentisch begonnen hatten. Die Ausrüstung, die er verwendet, erscheint seltsam und archaisch im Vergleich zu den HMDs und der Cyberkleidung der anderen VR-Labors, doch Krueger hat schlicht und einfach mehr Stunden damit zugebracht, künstliche Räume zu bauen und sie auf Herz und Nieren zu prüfen, als irgend jemand anders in der VR-Welt.

Einer der Apparate, die Krueger auf den Weg nach Japan geschickt hatte, war die PC-Version einer künstlichen Wirklichkeit in der Art von VIDEOPLACE, VIDEODESK genannt. Eine Kamera über Ihrem Arbeitsplatz fängt das Bild Ihrer Hände als Silhouette ein. Ähnliche Kameras über den an anderen Orten befindlichen Arbeitsplätzen Ihrer Partner nehmen das Bild von deren Händen auf. In einem gemeinsamen Videoraum können Sie mit Ihren Händen Bewegungen ausführen und auf Text- und Grafikmaterial zeigen. «Ich kann Ihnen den Platz auf Ihrem Schreibtisch zurückgeben. Sie brauchen keine Maus und keine Tastatur mehr. Mit einer Bewegung können Sie bewirken, daß eine Tastatur auf den künstlichen Arbeitsplatz projiziert wird. Sie können mit Ihren Fingern zeichnen oder unter Zuhilfenahme eines dreidimensionalen Zeichensystems ‹grafischen Ton› mit Ihren Händen formen.» Immer noch auf der Suche nach der blauen Blume, immer noch der Entwicklung drei Schritte voraus, immer noch sehr eigenwillig und mit seinen Projekten wie stets in Geldnöten, steuert Myron Krueger die neunziger Jahre unter Volldampf an. Als ich das letzte Mal mit ihm sprach, verhandelte er mit einem internationalen Rockstar über den Bau eines Vergnügungsparks, entwarf ein Bewegungseingabesystem für einen großen PC-Hersteller und machte erste Pläne für eine Ausstellung in Spanien.

Ich besuchte Japan ungefähr sechs Monate nachdem Krueger dort gewesen war. VIDEOPLACE war Teil eines Ereignisses gewesen, das die Japaner in ihrem manchmal etwas gestelzten Stil «Wunderland von Wissenschaft und Kunst» genannt hatten. Gemeint waren die einwöchigen Eröffnungsfeierlichkeiten für den Wissenschaftskomplex Kanagawa, ein Areal für Forschung und Entwicklung, das unter der Schirmherrschaft einer Präfektur vor den Toren Tokios entstanden ist. VIDEOPLACE war in einem Labor der vier zwanzigstöckigen Gebäude untergebracht, aus dem dieser nagelneue Forschungskomplex besteht. Wie sich herausstellte, sind die Japaner nicht nur sehr an «Wissenschaft und Kunst» interessiert, sondern auch bestrebt, eben jene Kommunikationsmittel zu konstruieren, von denen Krueger seit Jahrzehnten träumt.

Im Laufe der Jahre haben ähnliche Experimente eigene Medienkulturen hervorgebracht, die eine Vorstufe der VR darstellten. In den siebziger Jahren führten Kit Galloway und Sherrie Rabinowitz ein geographisches Experiment durch, das auf dem Konzept des Videoraums beruhte. Sie nannten es «Loch im Raum». Dazu installierten sie einen großen Videoschirm und eine Kamera in New York City und ein gleiches Arrangement in Los Angeles. Weiter war in diesem Experiment nichts festgelegt. Die Menschen begannen aufeinander zu reagieren. Das Ereignis sprach sich herum, und die Leute fingen an, sich telefonisch am Loch im Raum zu verabreden, das tagelang aufgebaut blieb — ein Ort, von Elektronen und Gesten bestimmt, von Mensch und Technik geschaffen, der die Grenzen eines neuen Kommunikationsmediums erkundete. Ein ähnliches Experiment führte man Ende der achtziger Jahre am Xerox-PARC durch. Dort hieß es «elektronische Kopräsenz». Eine Wand in einem Zimmer bei PARC zeigte das Videobild eines Zimmers einer anderen Xerox-Forschungseinrichtung in Oregon. Die Xerox-Leute benutzten die Installation, um Verabredungen zu treffen, oder sie suchten den in beide Richtungen zu benutzenden gemeinsamen Videoraum lediglich auf, um irgendein belangloses Gespräch zu führen. Bei den Vorarbeiten zu diesem Buch konnte ich feststellen, daß es sowohl in Japan wie in den Niederlanden ernsthafte Versuche gibt, an Kruegers Arbeiten mit gemeinsamen Videoräumen und ähnliche Experimente anzuknüpfen.

Obwohl Krueger also als erster einige Forschungsgebiete betrat, die man heute von Kioto bis Eindhoven eingehend erkundet, kann man seine Arbeiten nicht der Hauptrichtung früher VR-Forschung zurechnen. VR in ihrer heute bekannten Form erwuchs nicht direkt aus den Bemühungen Heiligs oder Kruegers, sondern entstand im Schnittpunkt von Informatik, Stereoskopie und Simulation, ist ein Kind der wissenschaftlichen, militärischen und privatwirtschaftlichen Forschungslabors. Die wissenschaftlichen und technischen Grundlagen der VR, wie sie sich gegenwärtig darstellt, wurden Ende der siebziger und Anfang der achtziger Jahre an verschiedenen Orten entwickelt. Frederick Brooks, Stephen Pizer, Henry Fuchs und andere Informatiker haben die Technik seit Ende der sechziger Jahre an der University of North Carolina in Chapel Hill ständig verbessert – Brooks datiert den Anfang dieser Bemühungen auf 1967. Thomas Furness' «Supercockpit-Programm» in der US Air Force finanzierte zwei Jahrzehnte lang die ständige Weiterentwicklung von HMDs an der Luftwaffenbasis Wright-Patterson. Scott Fisher beschäftigte sich Ende der siebziger Jahre am MIT mit einem interaktiven stereoskopischen Display für, wie er es nannte, «virtuelle Exploration». Negroponte und andere setzten am MIT ihre Arbeiten mit der «Präsenzübertragung» fort. Doch die neuen «Schlüsselerlebnisse» ereigneten sich in Mountain View, Kalifornien.

Das Gebiet der Virtuellen Realität begann sich abzuzeichnen, als Mitte der achtziger Jahre am Ames Research Center der NASA in Mountain View die richtige Verbindung von Geldgebern, Visionären, Ingenieuren und weiterführenden Technologien zustande kam. Aus der Zusammenarbeit eines Spezialisten für Benutzeroberflächen, eines Kognitionspsychologen, eines Programmierers von Adventure Games und einer Reihe von Erfindern, die zu Hause in ihrer Garage bastelten, entstanden dort die ersten erschwinglichen VR-Prototypen. Dort setzte sich eine Generation von Cybernauten Display-Helme auf und zog Handschuhe an, die als Eingabesysteme dienten, zeigte mit Fingern und flog in Drahtkörper-Welten aus grünem Licht umher. Dann kehrte sie in ihre Labors zurück und träumte von den VR-Anwendungen der neunziger Jahre.

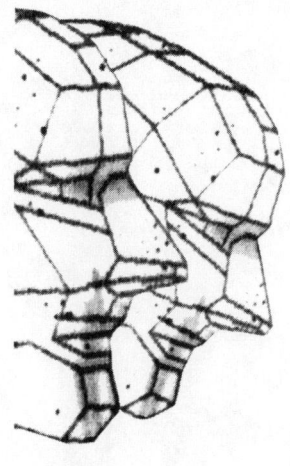

Teil 3
Der
wirklichkeitsindustrielle
Komplex

Start bei der NASA

Zwar ist der gegenwärtige Prototyp der Virtual Environment Workstation (Arbeitsplatzrechner für virtuelle Umwelt) hauptsächlich als Laborgerät gedacht, doch die Bausteine sind so konstruiert, daß sie sich mit relativ geringen Kosten umrüsten lassen. Da sich die Rechenleistung und die Bildfolgefrequenz der Grafik von Minicomputern rasch erhöht, wird es auch tragbare PC-Systeme für virtuelle Welten geben. Die Möglichkeiten virtueller Realitäten sind, so scheint es, ebenso unbegrenzt wie die Möglichkeiten unserer Wirklichkeit selbst. Sie können ein Interface schaffen, das in sich selbst versinkt – eine Tür zu anderen Welten.
SCOTT FISHER
«Wenn das Interface im Virtuellen verschwindet», 1990

Als ich das erste Mal Kopf und Hand in eine virtuelle Welt steckte, begann ich meine Reise damit, daß ich mir einen VPL-DataGlove über die rechte Hand streifte. Das enganliegende Kleidungsstück aus Lycra war mit Sensoren ausgekleidet, die an der Rückseite meiner Finger entlangliefen. Sie übersetzten die Bewegungen meiner Finger in einen Strom digitaler Momentaufnahmen und schickten diese Daten über ein Kabel an einen kühlschrankgroßen Computer in einer Ecke des Labors. Der Handschuh war so schmiegsam und das Kabel so leicht, daß ich darin mehr Bewegungsfreiheit hatte als in einem Ski-Handschuh, aber natürlich weniger als mit der bloßen Hand: Ich hätte wahrscheinlich Schwierigkeiten gehabt, Garn durch ein Nadelöhr zu fädeln, hätte aber mit Sicherheit eine Schachfigur aufheben oder einen Schraubenzieher handhaben können. Der NASA-Forscher Scott Fisher half mir, eine Kopfarmatur anzulegen, die zwei winzige, für meine Augen bestimmte Fernsehschirme und Optiken enthielt. Wie der Handschuh, war auch das *head-mounted display* mit einem Computer verkabelt. Auf ihm liefen die programmierten Modelle der künstlichen Welt, in die ich gleich eintreten sollte.

Zusammen bilden Rechner und spezielle Programme das, was in der VR-Szene als «Wirklichkeitsmaschine» bezeichnet wird. Der Speicher des Rechners enthält ein detailliertes dreidimensionales Modell einer virtuellen Welt, verschlüsselt in mikroskopisch kleinen Bit-Gittern.

Wenn ein Cybernaut seine Blickrichtung ändert oder mit der Hand winkt, so verknüpft die Wirklichkeitsmaschine den Datenstrom von den Sensoren des Cybernauten mit aktualisierten Darstellungen der virtuellen Welt zu einer dreidimensionalen Simulation. Die digitale Wirklichkeitsmaschine ist jedoch nur für einen Teil des VR-Systems verantwortlich. Cyberspace ist eine Gemeinschaftsproduktion der aus Mikrochips bestehenden Maschine auf dem Laborfußboden und der neural gesteuerten Wirklichkeitsmaschine in unserem Kopf. Der Computer verwandelt sein digitales Weltmodell in das richtige Muster aus Lichtpunkten, zeigt es uns aus angemessener Perspektive, fügt hörbare Schallwellen hinzu und mischt das Ganze so, daß der Benutzer mehr oder weniger davon überzeugt ist, eine virtuelle Welt zu sehen.

Als ich die Augen an das Okular preßte, löste sich mein gesamtes Gesichtsfeld von der Außenwelt. Irgendwo hörte ich das Klicken einer Tastatur. Plötzlich wurde die Welt um mich herum hell. Ich sah Grün auf Schwarz und schwebte in einer leuchtenden Drahtkörper-Darstellung eines Raumschiffs. In präziser Weise abgewandelte Bilder, die beiden Augen separat dargeboten wurden, ließen ein nahezu perfektes dreidimensionales Stereogramm entstehen, ein fast wirklichkeitsgetreues 3D-Bild. Die einschränkenden Adverbien sind für Stereoskopie-Liebhaber bestimmt: rechenintensive «schattierte Polygone» (die Bausteine von hochauflösenden Grafikmodellen) und andere Techniken, mit denen sich sekundäre Tiefenhinweise geben lassen, würden ein perfekteres dreidimensionales Bild liefern als das Drahtkörper-Verfahren. Das «Drahtgerüst» stellt einen massiven Gegenstand auf dem Computerschirm als Netz aus Umrißlinien dar, die dem Objekt wie ein enganliegendes, schraffiertes Kleidungsstück übergestülpt sind. Jedesmal, wenn man im Cyberspace den Kopf bewegt, muß der Computer die ganze Welt neu berechnen. Man braucht eine höhere Rechenleistung – und damit teurere Rechner –, um einen massiven, farbigen, realistisch beleuchteten und schattierten Gegenstand zu erzeugen.

Die erste Institution, die eine öffentliche Erkundung des Cyberspace unternahm, war die NASA. Bei ihr liefen alle Wege zusammen. Bei Scott Fisher, einem Studenten Negropontes am MIT, hing im Büro das Sensorama-Plakat an der Wand, das mich zu Morton Heilig führte. Fisher versteht sich als Wissenschaftler und Künstler, keineswegs aber als Missionar. Er hat sich damit begnügt, den Menschen Brillen und Handschuhe anzulegen. Das Urteil darüber hat er ihnen selbst überlassen. Von der NASA gingen die ersten Anfänge der Wirklichkeitsindustrie aus – das Netz aus wissenschaftlicher Forschung, kommerzieller Entwicklungsarbeit und unternehmerischen Initiativen, aus dem sich eines Tages eine neue High-Tech-Industrie entwickeln könnte. Die Arbeit an der UNC, die sich mit allen Aspekten der Virtuellen Realität befaßt, wird seit Jahren ruhig und kontinuierlich vorangetrieben. Doch viele Vorführungen gab es in Chapel Hill nicht, und verständlicherweise ist man dort immer weniger geneigt, kostbare Forschungszeit für Öffentlichkeitsarbeit zu opfern. Bei der NASA dagegen sind solche Vorführungen eine Selbstverständlichkeit – vor allem in dem Stadium, wo man das Konzept unter Beweis stellen möchte. Fisher und seine Kollegen waren bestrebt, Chirurgen, Pädagogen und Naturwissenschaftler in die Entwicklungsarbeit einzubeziehen.

Futurologen und intellektuellen Abenteurern von meinem Schlage gelang es immer wieder, sich in das Labor einzuschmuggeln und einen Blick auf die schöne neue Technik zu erhaschen – um ihr auf die eine oder andere Art selber zu verfallen. Ob wir dafür oder dagegen sind, ob wir sie preisen oder verdammen – alle, die wir die heutigen VR-Technologien am eigenen Leibe ausprobiert haben, scheinen unter dem Zwang zu stehen, uns immer wieder über ihre Bedeutung auszulassen. Als ich rund um die Welt reiste, um verschiedene VR-Forschungsstätten aufzusuchen, stellte ich fest, daß viele der Leute, die VR-Forschung in Manchester, Seattle oder Tsukuba heimisch machten, ihren ersten VR-Helm im kalifornischen Mountain View in der Human Factors Research Division von NASA/Ames übergestülpt bekamen. Demselben Ames, demselben Ort, an dem Engelbart arbeitete, als er 1960 seine Einfälle zur Denkverstärkung entwickelte. Wie das ARC ist das Human-Factors-Labor ein Ort der Schlüssel- und Initiationserlebnisse. Der Abstieg in die elektronische Höhle.

Meine erste Reise führte in eine Billigversion des Cyberspace, die aus Standardelementen konstruiert war. Das NASA-System, das ich 1988 ausprobierte, war zum Teil auch deshalb entstanden, um zu zeigen, daß sich ein solches Wirklichkeitssystem relativ preiswert bauen läßt. Die Air Force experimentierte seit Jahren mit Helmen im Wert von Millionen Dollar. Wenn man das Drahtkörperverfahren anstelle von schattierten Polygonen verwendet, kann man die Kosten um ein paar Stellen reduzieren – kein unwichtiger Gesichtspunkt für eine Behörde wie die NASA, die sorgsam haushalten muß. Als der NASA Ende der achtziger

Jahre der Nachweis gelang, daß man VR-Forschung auch in sehr kleinem Maßstab betreiben kann, ließ das Interesse in Wirtschaft und Wissenschaft nicht lange auf sich warten. Es entstanden die Voraussetzungen für die Gründung der VR-Unternehmen, die die Forschungs- und
Entwicklungsarbeit heute, in den neunziger Jahren, in noch kleinerem
Maßstab realisieren können.

Da sich die beiden wichtigsten Forscher aus ihrer gemeinsamen Zeit
am Atari Research Laboratory kannten, war der NASA-Prototyp ein
HMD, ergänzt durch einen DataGlove, einen Datenhandschuh. Zum
erstenmal habe ich diesen Handschuh 1985 in Jaron Laniers mit Musikinstrumenten vollgestopftem Bungalow in Palo Alto gesehen. Er
verwendete ihn in Verbindung mit einem preiswerten, herkömmlichen
2D-Bildschirm eines PC. Als ich 1988 in Mountain View die Kopfarmatur trug, schwebte eine 3D-Drahtkörperdarstellung einer behand-
schuhten Hand im virtuellen Raum und kopierte jede Bewegung meiner echten Hand im echten Raum. Ich winkte. Es gab eine merkliche
Verzögerung. Ein paar hundert Millisekunden später winkte die Hand.
Ich krümmte die Finger. Die Hand zeigte haargenau die gleiche Krüm-
mung. Ich tat einen Schritt vorwärts. Ein paar hundert Millisekunden
später bewegten sich die Hand und mein Standpunkt im virtuellen
Raum vorwärts. Der Cyberspace war überall, wohin ich blickte – über
mir, unter mir, hinter mir. Ich betrachtete ihn nicht nur, ich war *in* ihm.

«Weisen Sie mit Ihrem Zeigefinger in die Richtung, in die Sie fliegen
möchten!» hörte ich Fishers Stimme irgendwo dort draußen in der physischen Wirklichkeit. Ich zeigte. Mein Blickpunkt begann zu fliegen. *Ich*
begann zu fliegen. Obwohl meine echten Füße auf dem Boden in Kalifornien blieben, gewannen mein Blickpunkt und meine simulierte Hand
plötzlich die Fähigkeit, durch eine gezeichnete Version des Weltraums
zu fliegen. Ich konnte nach oben zeigen und in den Raum hinausschie-
ßen, um das Spaceshuttle-Modell von oben zu betrachten, oder nach
unten zeigen und wieder in das Raumschiff hineinsausen, um den
Frachtraum zu inspizieren. Meine Geschwindigkeit nahm zu, wenn ich
die Hand vom Körper entfernte, oder verringerte sich zu einem gemäch-
lichen Kriechen, wenn ich die Hand näher an den Körper heranzog. Ich
konnte meine echte Hand ausstrecken, und meine simulierte Hand ergriff simulierte Gegenstände im virtuellen Raum, veränderte ihre Lage
und Orientierung oder schleuderte sie weit weg. Während ich diesen
merkwürdigen synthetischen Raum erkundete, dem bisher nur wenige

Menschen einen Besuch abgestattet haben, stand, ging, hockte oder kauerte ich und nahm aberwitzige Haltungen an. Ich starrte in die seltsamsten Winkel des Raumes, streckte den Kopf zum Fußboden hinab und zur Decke empor und zeigte mit dem Finger auf Dinge, die außer mir niemand sehen konnte. Ich muß den anderen Leuten im Zimmer einen sehr komischen Anblick geboten haben. Das war mir zu diesem Zeitpunkt aber egal. Ich war in einer anderen Wirklichkeit.

Durch Verbindung des Computers mit elektronisch-akustischen Techniken haben die NASA-Forscher gelernt, eine dreidimensionale akustische Scheinwelt ebenso wirklichkeitsgetreu zu simulieren, wie sie mit HMDs und stereoskopischen Bildern eine dreidimensionale visuelle Umgebung simulieren. Im Verlauf späterer NASA-Demonstrationen sorgte 3D-Schall aus den Kopfhörern dafür, daß meine Verbindung mit der nichtvirtuellen Welt noch gründlicher abgeschnitten wurde. Doch bei diesem ersten virtuellen Ausflug stellte ich fest, daß sich mein Universum in der Regel veränderte, wenn ich hörte, daß Finger auf einer Tastatur klapperten. Freundlicherweise wies Scott Fisher mich immer vorher darauf hin, was als nächstes passieren würde. Er tippte einen neuen Befehl ein, und wie er versprochen hatte, befand ich mich gleich darauf in dem zwei Meter hohen Modell eines Hämoglobin-Moleküls. Das Molekül war ein verwirrendes Gebilde in den drei Dimensionen des Raumes, zu einer Form gefaltet, die es gestattet, Sauerstoff aus der Luft aufzunehmen und ihn über den Blutkreislauf zu den Energiefabriken in unserem Körper zu transportieren. Es war eine skizzenhafte Darstellung, sehr primitiv im Vergleich zu den hochauflösenden Molekularmodellen, die ich in anderen Labors noch erblicken sollte. Trotzdem war mein Interesse geweckt.

1983 hatte ich Fisher im Sunnyvale Research Laboratory von Atari kennengelernt, einem legendären, inzwischen nicht mehr existierenden Ort, an dem viele der heutigen Cybernauten zumindest eine Zeitlang gearbeitet haben.

Atari Research gab es zu einer ganz besonderen Zeit: Die Videospiele, die man erst seit ein paar Jahren kannte, brachten mehr Einnahmen als Hollywood und Las Vegas zusammen. Man brauchte nur einen Monitor, einen Mikroprozessor und einen halbwüchsigen Spieleprogrammierer in ein Zimmer zu stecken, und heraus kam ein Spiel, das eine geradezu schwindelerregende Fähigkeit entwickelte, den Leuten das Kleingeld aus der Tasche zu ziehen. So viel Erfolg bleibt natürlich

nicht unbemerkt. Kleine Gesellschaften in den Händen von begeisterten Amateuren wurden von Mediengiganten geschluckt oder wurden
selbst zu Riesenunternehmen. Die Warner-Manager, die Atari übernommen hatten, hatten Alan Kay eingestellt, damit er die besten und
intelligentesten Infonauten um sich scharte. Videospiele waren erst der
Anfang. In der Folgezeit trat der PC seinen Siegeszug an, und wer weiß,
was für sinnbetörendes und gewinnbringendes Elektronikspielzeug die
Zukunft noch für uns bereithält. Mit Ataris großzügiger Unterstützung
holte Alan Kay die Architekten der nächsten Computerrevolution zusammen, die Hypermedia-Konstrukteure und Robotiker, die KI-
Freaks und Hardware-Zauberer, die Miniaturisierungskünstler und
Bildschirm-Illusionisten, um die Unterhaltungstechnologien des
21. Jahrhunderts vorzubereiten. Im Forschungszentrum von Sunnyvale lag Elektrizität in der Luft – eine ganz besondere Atmosphäre, die
ich schon bei ARC und PARC angetroffen hatte.

Scott Fisher war einer von etlichen Arch-Mac-Veteranen, die Alan
Kay hatte gewinnen können – und die der Gedanke lockte, mit den
anderen Media-Tech-Spitzenleuten zusammenzuarbeiten, die Kay angeworben hatte. Bei Atari Research befand sich Fisher in Gesellschaft
einiger der brillantesten jungen Informatiker, die es Anfang der achtziger Jahre gab. Er durfte über die Unterhaltungs- und Unterrichtsmedien der Zukunft spekulieren und mit einem Budget von vielen Millionen Dollar rechnen. Es war ähnlich wie in der Frühzeit von PARC, nur
daß es hier um Unterhaltungs- und Spielgeräte ging, nicht um Büroma-
schinen. Während das Atari-Team sein Hardware- und Software-La-
bor aufbaute, beschloß es, sich die Zeit zu nehmen, ein theoretisches
Bezugssystem auszuarbeiten. Die Atari-Leute rechneten damit, daß es
einige Jahre dauern würde, bis das Projekt richtig lief. Sie hatten von
vornherein eine längerfristige Entwicklung im Auge. Schließlich hatten
sie erlebt, was Arch-Mac und PARC mit der Technik der siebziger
Jahre geleistet hatten. Was mußte dann mit der Technik des nächsten
Jahrhunderts möglich sein? Sie rechneten damit, daß sie mit dieser Fragestellung und den entsprechenden Antworten die technologische Entwicklung des 21. Jahrhunderts höchst nachhaltig beeinflussen konnten. Allerdings setzte die Strategie des Atari Research Laboratory auf
eine kontinuierliche finanzielle Unterstützung durch die Muttergesell-
schaft.

Ende 1988 kam ich wieder mit Scott Fisher zusammen. Diesmal ging es nicht um theoretische Vorüberlegungen oder nur um einen Prototyp. Fisher hatte etwas Konkretes vorzuweisen. Er arbeitete nämlich am NASA/Ames Research Center mit einem perfekten VR-Prüfstand. Zufälle verschiedener Art hatten ihn und die VR zur NASA geführt. Vor Fishers Eintritt hatten sich Wissenschaftler aus dem Bereich der optischen Physiologie – die sich mit den konkreten Grundlagen unseres Sehsystems beschäftigen – von der University of California in Zusammenarbeit mit dem Space and Aeronautical Human Factors Laboratory in Ames auf die wahrnehmungsrelevanten und technischen Aspekte visueller Instrumente konzentriert. Ein visuelles *Display*, bestehend aus Kathodenstrahlröhre oder Flüssigkristall-Anzeige, ist der Bildschirm oder die Datenbrille, auf denen Informationen dargestellt werden. Dagegen ist ein visuelles *Instrument* ein Display mit der besonderen Aufgabe, die menschliche Urteilsfähigkeit für eine bestimmte Aufgabe zu fördern. Diese Forscher bemühten sich, Computer-Displays zu entwickeln, die den Astronauten bei bestimmten Aufgaben helfen konnten. Die Planung und Entwicklung neuer Raumfahrzeuge spielte eine immer größere Rolle für die Konstruktion von Interfaces.

Stephen Ellis von der University of California in Berkeley, der auch für NASA/Ames arbeitete, interessierte sich speziell für die Art und Weise, wie Menschen die Information wahrnehmen und verarbeiten, die ihnen auf Monitoren und anderen visuellen Displays dargeboten wird. Er ist ein Sinnesphysiologe und Psychologe, der gründliche Kenntnisse in den Algorithmen der grafischen Datenverarbeitung besitzt, aber da ihn vor allem interessiert, wie Menschen ihren Gesichtssinn benutzen, um Erkenntnisse über die Welt zu gewinnen, erklärte er mir bei meinem ersten Besuch in seinem Büro in Berkeley, er verstehe sich selbst als «Experimental-Erkenntnistheoretiker». Er gehört im sozialen Spektrum der VR-Szene sicherlich zu den streng wissenschaftlich ausgerichteten Forschern. Ohne meine Aufzeichnungen zu Rate zu ziehen, erinnere ich mich an eine Besonderheit in Ellis' Büro, die mir auffiel, als ich vor über einem Jahr da war: die Diagramme an der Wand. Ich hatte schon über Forschungsarbeiten gelesen, in denen man Versuchspersonen verschiedene Bilder und Fotos zeigt und mit Hilfe von Augen-Trackern ermittelt, wohin sie ihren Blick gerichtet haben. Wenn man eine Karte der Augenbewegungen und ihrer Fixpunkte über das Experimentalbild legt, läßt sich nachvollziehen, wie unser visuelles System die Welt versteht. Man braucht kein Fachmann zu sein, um aus einem dieser Diagramme zu ersehen, daß Menschen ihre Augen unterschiedlich bewegen, je nachdem ob sie das Bild eines Gesichts, einer Landschaft oder eines nackten Körpers betrachten. Beispielsweise tastet niemand jeden Quadratzentimeter der Fotografie eines Gesichtes methodisch mit seinem Blick ab. Wir «konstruieren» ein Gesicht aus einer Reihe schneller Blicke, die zwischen den beiden Augen, zwischen Augen, Nase und Lippen hin- und herwandern, rasch Lippen und Kinn überfliegen, um schließlich wieder zu den Augen zurückzukehren. Obwohl wir immer das Gefühl haben, das Gesamtbild zu sehen, suchen wir uns in Wahrheit ein paar charakteristische Merkmale heraus, vergleichen sie mit Vorstellungsmodellen und simulieren das Bild!

Auf meine Frage, wann er sich erstmals mit VR befaßt hätte, meinte Ellis, es habe mit dem Forschungsprojekt eines Studenten begonnen. Im Rahmen einer Vereinbarung zur Zusammenarbeit zwischen dem Labor für physiologische Optik in Berkeley und der NASA schickten Ellis und sein Kollege Lawrence Stark einen ihrer Studenten nach Ames. Er sollte überprüfen, wie gut sich dreidimensionale Displays dazu eigneten, die Merkmale visueller Raumfahrtinstrumente zu untersuchen.

Ellis' Student Michael McGreevy interessierte sich sowohl für die psychologischen wie die technischen Aspekte künftiger Displays. McGreevy saß an einer Doktorarbeit auf dem neuen interdisziplinären Gebiet der «kognitiven Technik». Wie Fisher, dem er noch nicht begegnet war, dachte McGreevy schon lange über «immersive Displays» nach – Displays, die dem Benutzer das Erlebnis des Eintauchens vermitteln. Mit virtueller Exploration, Navigation, Manipulation und Interaktivität hatte er sich allerdings noch nicht befaßt. Wie Fisher kannte McGreevy die Arbeit von J. J. Gibson. Nach dessen Auffassung entwickelt sich die visuelle Wahrnehmung im Rahmen der Wahrnehmungs- und Bewegungssysteme, die fortlaufend dafür sorgen, daß wir uns aufrecht halten, im Raum orientieren, uns bewegen und auf die Welt einwirken können. In jüngeren Arbeiten über VR als Mittel zur wissenschaftlichen Visualisierung planetarischer Explorationen ist McGreevy eine elegante Verbindung gelungen zwischen der Gibsonschen Vorstellung, daß die Umwelt dem Menschen Gelegenheit zur Exploration bieten muß, damit er sie verstehen kann, und der Idee, wir könnten die Daten, die wir aus der Raumfahrt gewonnen haben, besser verstehen, wenn wir unseren Blickpunkt durch die Bilder selbst bewe-

gen. Anfang der achtziger Jahre forderte Ellis McGreevy auf, sich in
dem neuen Institut für räumliche Wahrnehmung und neuartige Displays mit den Einsatzmöglichkeiten für 3D-Displays zu beschäftigen.

McGreevy sagt heute, bereits die *Life*-Ausgabe vom 1.Juli 1966
habe ihn stark beeinflußt und noch nachgewirkt, als er sich mit dem
Problem von 3D-Displays auseinanderzusetzen begann. In diesem
Life-Heft war ein Artikel über den Surveyor, der die erste unbemannte
Mondlandung bewerkstelligt, eine Kamera herumgeschwenkt und die
Bilder zur Erde gefunkt hatte. In dem Bestreben, die Dinge so zu sehen,
wie der Surveyor sie erblickt hatte, klebten die Wissenschaftler Tausende von Teilbildern auf die Innenfläche einer großen Kugel. Durch
ein primitives Immersionsexperiment konnten die NASA-Wissen-
schaftler nun den Anblick nachempfinden, der sich dem Surveyor geboten hatte. Dazu steckten sie den Kopf durch ein Loch ins Innere der
Kugel.

McGreevy erinnerte mich ferner daran, daß neben Robert Heinlein
vor vierzig Jahren und William Gibson vor vier Jahren noch ein weiterer Science-fiction-Autor, Ray Bradbury, einige der Fragen aufgeworfen hatte, die heute die VR-Technologie beschäftigen. In der 1950 er-
schienenen Kurzgeschichte «Das Buschland» («The Veldt») beschreibt
Bradbury eine empfindungsfähige, hyperrealistische Simulation in Gestalt eines Zimmers, die als psychologisches Experiment beginnt. Sie
endet als Wesen, das die Gedanken von Kindern liest und sie zu ihrer
Unterhaltung mit einer lebensechten Illusion umgibt: «Das Zimmer
war zwölf Meter breit, zwölf Meter lang und neun Meter hoch. Die
Wände begannen zu summen und schienen in eine kristallklare Ferne
zurückzuweichen, und gleich darauf erschien ein dreidimensionales
afrikanisches Buschland, auf allen Seiten bis zum kleinsten Stein und
Strohhalm völlig naturgetreu in den Farben.» «Das Buschland» war
eines der Szenarien, die in den Improvisationen bei Atari Research immer wieder eine Rolle gespielt hatten. Eine andere Bradbury-Ge-
schichte, die McGreevy erwähnte, war die ebenfalls aus dem Jahre
1950 stammende «Glücksmaschine» («The Happiness Machine»).
Dort geht es um eine Technologie, mit deren Hilfe man jede Phantasie
ausleben kann, was dazu führt, daß die Menschen unglücklich sind,
wenn sie wieder in ihr tristes alltägliches Leben zurückkehren müssen.
Als McGreevy zur NASA ging, war er, von Wissenschaft und Science-
fiction motiviert, wie viele andere dort dazu entschlossen, Dinge zu

entwickeln, die es noch nie gegeben hatte. Er machte seinen Doktor und trat bei NASA/Ames ein.

In der Aerospace Human Factors Research Division bei NASA/ Ames waren es vor allem zwei Dinge, die McGreevys Aufmerksamkeit fesselten. 1984 lud sein Chef David Nagel Scott Fisher zu einem Vortrag bei der NASA ein. Er sprach über stereoskopische HMDs, über die spezielle Optik, die für die Bildwiedergabe im Weitwinkelformat erforderlich ist, und über die Möglichkeiten zur Exploration virtueller Welten. Stephen Ellis und Michael McGreevy saßen in der ersten Reihe. Das war die ideale Technologie für die Probleme der visuellen Wahrnehmung, die sie erforschen wollten. McGreevy begann sich mit den HMD-Systemen zu beschäftigen, die die US Air Force unter der Regie von Thomas Furness in der Luftwaffenbasis Wright-Patterson bei Dayton in Ohio entwickelt hatte. Das VCASS (gesprochen «Wikäß»)- System von Wright-Patterson sah wie Darth Vaders Helm aus und enthielt ein weit komplizierteres und viel teureres System als die *head-mounted displays*, die Ivan Sutherland bei Arch-Mac konstruiert hatte. Es war ein hervorragender Ansatz zur Entwicklung eines wissenschaftlichen Instrumentes, mit dem sich die menschliche Seite des VR-Systems untersuchen ließ. Die Air Force arbeitete mit speziell gefertigten winzigen, hochauflösenden Kathodenstrahlröhren, mit Glasfasertechnik und gewaltiger Rechenleistung. Sie geizte nicht mit Geld, ging es doch bei der geplanten Anwendung um das Leben der Piloten und um Flugzeuge im Wert von einer halben Milliarde Dollar. Nach einer Legende, die man je nach dem Erzähler in unterschiedlichen Versionen zu hören bekommt, hat McGreevy Furness gefragt, wieviel ein Helm für die Arbeit über menschliche Faktoren in Ames kosten würde. Furness soll eine Summe von einer Million Dollar genannt haben. Daraufhin hat ihm McGreevy erklärt, er habe bereits einen Polhemus-Tracker und ein Display-System von Evans and Sutherland. Furness erwiderte, der Helm allein koste eine Million Dollar. Daraufhin habe sich McGreevy, so die Legende, dazu entschlossen, den Helm selbst zu bauen.

In seinen Bemühungen um ein erschwingliches HMD suchte McGreevy Hilfe bei James Humphries, dem Besitzer der Hardware-Firma Sterling General. Es stellte sich heraus, daß die Flüssigkristall-Anzeigen (LCDs) aus tragbaren Fernsehgeräten eines der teuersten Elemente ersetzen konnten. McGreevy und Humphries gingen in ein nahe gelegenes Radiogeschäft, kauften zwei preiswerte LCD-Fernsehgeräte und bauten im Labor die LCDs aus. LCDs unterscheiden sich grundlegend von Kathodenstrahlröhren (CRTs). CRTs erzeugen dadurch ein Bild, daß sie einen Elektronenstrahl auf einen phosphoreszierenden Schirm lenken und Teilchen auf dem Schirm dazu anregen, Photonen zu emittieren. LCDs bestehen aus einem Material, das sein Aussehen verändert, wenn es von einem schwachen elektrischen Strom aktiviert wird. Man kann winzige separate Zellen dieses Materials zu Bildpunkten machen und sie durch einen extrem miniaturisierten Schaltkreis steuern. Es ist preiswerter, eine elektronische Matrixschaltung – nichts anderes sind letztlich integrierte Schaltkreise – als winzige Vakuumröhren zu bauen. Die Auflösung der ersten LCDs, die sie bei der NASA verwendeten, umfaßte nur 100 mal 100 Bildpunkte (das sind 10 000 Pixels im Vergleich zu den Millionen Pixels der speziell angefertigten hochauflösenden CRTs, die bei der Air Force verwendet werden). Dafür stimmte der Preis, und das zählte. Die zur VR-Ausrüstung gehörende «Brille» war damit erschwinglich geworden (obwohl sie noch immer mehr Ähnlichkeit mit einem Helm als mit einem Okular hatte). Nun fehlten nur noch die «Handschuhe».

Sie konstruierten also ein preiswertes, wenn auch etwas primitives HMD mit Standard-LCDs und einer Spezialoptik, die von einer Firma bei Boston hergestellt wurde – ein entscheidendes Ereignis für die Entstehung der VR-Forschung. Der nächste Schritt des NASA-Projektes bestand darin, ein System zu montieren, das sowohl dem Auftrag der NASA als auch den Forschungszielen des Human-Factors-Labors in Ames gerecht wurde. Das Programm für das Virtual Environment Display System war 1985 angelaufen, doch dauerte es noch eine ganze Zeit, bis es wirklich etwas Neues hervorbrachte. 1985 stellte die NASA Scott Fisher ein, während Michael McGreevy zu einem zweijährigen Ausbildungsprogramm nach Washington geschickt wurde. Fisher kaufte eine fertige Spracherkennungseinheit, hielt Ausschau nach einer Firma, die ihm ein dreidimensionales akustisches System einbauen konnte, und begann mit taktilen Ausgabe-Einheiten zu experimentieren. Fisher hatte vor, einen Prüfstand zu bauen, auf dem man alle Aspekte virtueller Workstations, der Telerobotik und sogar Anwendungsweisen wie chirurgische Simulatoren und Visualisierungsgeräte für die aerodynamische Forschung testen konnte. 1985 nahm Fisher Verhandlungen mit der Firma VPL Research auf, in denen es um ein

Handschuh-Eingabegerät für das VR-System ging. 1986 warb Fisher einen weiteren Programmierer an – Warren Robinett.

Das VR-Projekt der NASA ging aus der Arbeit eines Teams hervor, und es wird immer schwieriger und überflüssiger auseinanderzudividieren, wer was erfunden hat. Prinzipiell läßt sich feststellen: McGreevy hat das Projekt begonnen und die ersten hervorragenden Zulieferer entdeckt, McGreevy und Humphries konstruierten das grundlegende System aus LC-Displays, Weitwinkeloptik und Polhemus-Sensor. Fisher brachte aus seiner Arbeit bei Arch-Mac und Atari Research ein breitangelegtes theoretisches Grundkonzept mit, hatte eine Reihe genau definierter Zielsetzungen, um die Elemente des VR-Prüfstands zu konstruieren und zu bewerten, und verfügte über ein eigenes Netz von Spezialisten, die Geräte lieferten wie die dreidimensionalen akustischen Systeme und die Eingabe-Handschuhe. McGreevy machte das Projekt den einflußreichen NASA-Leuten schmackhaft, die für die Mittelvergabe zuständig waren, während Scott Fisher sich der Aufgabe widmete, die Bausteine und Teileelemente zu einem Gesamtsystem zusammenzufügen, und für eine anwendungsorientierte Forschung sorgte, die den Aufgaben der NASA Rechnung trug. Fisher begann, alles, was er über Stereoskopie und virtuelle Exploration wußte, auf das NASA-Projekt anzuwenden.

Robinett, der sich mit seinem einträglichen Atari-Spiel «Adventure» und seiner preisgekrönten Unterrichtssoftware «Rocky's Boots» in der Welt der PC-Programme einen Namen gemacht hatte, begann mit der Entwicklung von anwendungsorientierter Software – von Programmen, die den Operator unter Zuhilfenahme aller Hardware-Elemente ins Innere der vom Rest des Teams entwickelten Modelle versetzten. Dazu gehörten das Grafikmodell eines Hämoglobin-Moleküls, ein Modell des Spaceshuttle, ein architektonisches Modell des Labors selbst, mit allen vorhandenen Möbelstücken und Apparaten. Douglas Kerr, ein Software-Zulieferer, schloß sich später dem Team an und war dort für die Systemsoftware zuständig. Kerr blieb und übernahm nach Robinetts Fortgang im Jahr 1988 den Software-Teil des Projektes. Eric Howletts Firma Pop Optix in Waltham, Massachusetts, entwickelte Speziallinsen, um das visuelle Display mit einem möglichst weiten Gesichtsfeld auszustatten, ohne dafür zuviel Auflösung zu opfern. Howlett, eine Verkörperung des Garagenerfinders, erkannte die Notwendigkeit, eine Spezialoptik zu entwickeln, um ein Gesichtsfeld zu erschließen, das den breiten visuellen Wirklichkeitsausschnitt des menschlichen Auges ohne Verzerrung wiedergab. Der NASA-Prüfstand war ein System, das sorgfältig integriert werden mußte, ein Sammelsurium von Geräten verschiedener Lieferfirmen. Insofern war das Ganze nicht das Werk eines einzelnen, auch keiner hierarchisch gegliederten Gruppe. Vielmehr waren die Forschungsarbeiten zur virtuellen Workstation bei NASA/Ames zu einem Netzwerk von Wissenschaftlern und Zulieferern geworden. Steven Bryson begann als Programmierer für VPL. Heute ist er bei Sterling, noch immer eine der wichtigsten Lieferfirmen für das VR-Projekt der NASA.

Als McGreevy nach seinem zweijährigen Ausbildungsprogramm aus Washington zurückkehrte, schienen Fishers und McGreevys Zielsetzungen für das Projekt nicht recht zu harmonieren. Man konnte sich nicht einig werden, wer was wie tun sollte. Warren Robinett verließ das Institut im Februar 1988 und segelte in den Südpazifik. 1990 ging auch Fisher (um zusammen mit Brenda Laurel das kommerzielle VR-Unternehmen Telepresence Research zu gründen). Als ich David Nagel Anfang 1990 traf, arbeitete er an einem Projekt, das von Apple finanziert wurde. Nagel war der Vorgesetzte von Fisher und McGreevy gewesen. Deshalb fragte ich ihn, wer von den beiden mit seiner Geschichte der Wahrheit näher komme. Nagel lächelte und sagte: «Sie haben beide recht.»

Scott Fisher und die Leute, die mit ihm arbeiteten, setzten nach McGreevys Fortgang ihre VR-Forschung ganz normal fort. Das erste HMD war ein primitiver Prototyp zur Legitimierung des Konzepts. Das System der zweiten Generation hat als erstes deutlich gemacht, daß VR-Forschung erschwinglich, nützlich und legitim ist. Die NASA hat es hervorragend verstanden, die Ideen von Außenseitern aufzunehmen und offiziell zu fördern. Nachdem die Zeitschrift *Scientific American* das System des Human Factors Laboratory im Oktober 1987 besprochen hatte, machte sich ein wahrer Besucherstrom nach Mountain View auf. Ich erinnere mich an diese Ausgabe, weil mir die Computergrafik auf der Titelseite auffiel, die einen körperlosen Handschuh zeigte, und sofort an jenen frühen VPL-Handschuh denken mußte, den ich in Jaron Laniers Bungalow gesehen hatte.

Das Virtual Environment Display (VIVED) arbeitete mit einem verbesserten HMD, einer Weitwinkelspezialoptik von Pop Optix, einem Polhemus-Positionssensor, zwei fünfzehn Jahre alten Computer-

Workstations von Evans und Sutherland und einem ebenso alten DEC-Arbeitsrechner. Außerdem gab es ein Element, das bisher noch kein VR-System verwendet hatte – einen sogenannten Datenhandschuh. Wie der Handschuh zum VR-Eingabegerät wurde, ist ebenfalls eine Geschichte mit vielen Facetten. Im nächsten Kapitel werden wir uns etwas eingehender mit ihr beschäftigen. Der Vertrag zwischen NASA und VPL, in dem sich VPL bereit erklärte, ihren Handschuh nach den Wünschen der NASA weiterzuentwickeln, war der Wendepunkt. VPL verkaufte schon seit einiger Zeit Handschuhe, aber die NASA war der erste Abnehmer, der die Mittel und den Weitblick hatte, einen Handschuh und ein HMD miteinander zu kombinieren. Auf Scott Fishers Initiative ging ein Vertrag zurück, der festlegte, daß VPL 1985 einen speziell entwickelten Handschuh und Software für das VIVED-Projekt lieferte. Zu den VPL-Leuten, die in dem Vertrag eine Rolle spielten, gehörten Lanier, Zimmerman, Chuck Blanchard, Steve Bryson und Jean-Jacques Grimaud. Eine entscheidende Schwelle zur VR wurde überschritten, als Scott Fisher und seine Kollegen zum erstenmal die Hände in den Cyberspace steckten.

Der Handschuh und die Ganzkörper-Eingabegeräte, die ihm folgten, sind von grundsätzlicher Bedeutung. Sie bieten nicht nur die Möglichkeit, virtuelle Objekte zu manipulieren, das heißt, nach ihnen zu greifen und sie in die Hand zu nehmen. Fisher war wohlvertraut mit der Arbeit von J. J. Gibson, der sich mit der visuellen Wahrnehmung beschäftigte und behauptete, unsere Bewegung in einer dreidimensionalen Welt und die Handhabung der in ihr enthaltenen Objekte lehrten uns unsere besondere Art zu sehen. Außerdem wußte Fisher um die Möglichkeiten des Bewegungsinputs. Ein Handschuh, der ein virtuelles Objekt steuert, wäre das, was Gibson eine «Affordance» nannte, ein Mittel, um eine virtuelle Welt zu ergreifen und sie zu einem Teil unserer Erfahrung zu machen. Wenn Sie Ihre Hand in den Raum hinausstrecken und sehen, wie sich die Repräsentation der Hand im virtuellen Raum bewegt, wenn Sie die virtuelle Hand auf einen virtuellen Gegenstand zubewegen, dann legen Sie die Dimensionen der virtuellen Welt in Ihrem inneren System zur Strukturierung der Wahrnehmung fest. Das führt zu hochinteressanten philosophisch-wissenschaftlichen Fragestellungen, die jedoch eher von den pragmatischen Interessen einer Organisation wie der NASA ablenken. Sie muß mit hohen Risiken rechnen, höchste Anforderungen an die Technik stellen und mit einem bescheidenen Haushalt auskommen. Nur in einem Punkt ist auch das praktische Interesse der NASA im Spiel: VR-Schnittstellen mit halbautomatischen Robotern könnten die einzige Möglichkeit zum Bau einer Raumstation sein.

Die NASA interessierte sich also für die Telerobotik, weil sie darin eine Chance für Reparaturarbeiten im Weltraum sah. Präzise Endeffektoren (mechanische Hände, die menschliche Bewegungen nachahmen) hatte man in Stanford und am Jet Propulsion Laboratory, am MIT und an der University of Utah entwickelt. Der Handschuh mußte ein wunderbar präzises Steuerinstrument sein. Die Idee, einen Handschuh mit einem stereoskopischen Display und Positionssensoren zu verbinden, ließ sich sowohl auf virtuelle Welten wie auf Teleoperationen anwenden. Fisher beschrieb detailliert, wie er sich das Zusammenwirken eines solchen Gerätes mit VIVED vorstellte. Die von VPL entwickelte und patentierte Technik ermöglichte der NASA, Handbewegungen mit virtuellen Welten zu koppeln. 1986 versetzten sich Cybernauten dadurch in den Cyberspace, daß sie Hände und Köpfe hineinsteckten.

Fisher berichtete, Warren Robinett sei 1986 die ganze Nacht aufgeblieben, nachdem die erste funktionsfähige Version des VPL-Handschuhs eingetroffen war. Robinett erinnert sich, daß er eine einfache, aus groben rechteckigen Flächen bestehende 3D-Polygon-Version der virtuellen Hand programmiert hatte. Als die anderen morgens ins Laboratorium kamen, zeigte er sie ihnen. «Nacheinander legten wir HMD und Handschuh an und bewegten die Hand in einer virtuellen Welt umher. Wir waren sprachlos, so phantastisch war es», erzählte Fisher, als ich ihn fragte, was er gefühlt habe, als er zum erstenmal die Hand in den Cyberspace steckte.

Der Handschuh und die virtuelle Hand auf dem Schirm erwiesen sich als nützlich für viele Dinge. Erstens scheinen sie mir wesentlich in einem gibsonschen Sinne zu sein – wenn ich die Finger bewege und sehe, wie sich die Finger der computergenerierten Hand auf dem Schirm fast gleichzeitig bewegen, so ist das ein entscheidendes Element für das Präsenzgefühl, das ich zum erstenmal empfand, als ich das NASA-System ausprobierte. Als ich später mit Robinett an der University of North Carolina sprach, meinte er, VPL habe die Software geliefert, die dafür gesorgt habe, daß die vom Handschuh übermittelten Daten für den Computer lesbar gewesen seien. Bei der Entwicklung einer Software, die dafür sorgen soll, daß eine virtuelle Welt auch als virtuell empfunden wird, liegt das Problem in der Bewältigung der Information. Um eine Welt stets anhand der Daten von einem oder mehreren Sensoren zu aktualisieren, muß der Computer einige virtuose Kunststücke verrichten, damit nicht der ganze Prozeß ins Stocken gerät.

Wie die Information von Handschuhen, Positionssensoren und computergenerierten Objekten weitergegeben, verarbeitet und in Photonen auf einem Bildschirm umgewandelt wird, kann bei Systemen, die in Echtzeit reagieren sollen – beim Menschen sind das tausendstel Sekunden –, von entscheidender Bedeutung sein. Wenn Sie sich davon überzeugen wollen, daß Sie in der echten Welt sind, dann bewegen Sie Ihren Kopf sehr rasch von einer Seite zur anderen. Bewegt sich der Rest der Welt zweihundert Millisekunden lang nicht mit Ihrem Kopf mit, so befinden Sie sich im VR-Land. Die Zeitverzögerung ist immer eine Schwierigkeit bei der Konstruktion von VR-Systemen, wobei die extrem schnelle Durchführung komplizierter Rechnungen ein Aspekt dieser Schwierigkeit ist. Die Illusion der VR ergibt sich wie die des Films daraus, daß man kleine, aber generelle Veränderungen auf den sichtbaren «Informationsbildern» erscheinen läßt und diese Bilder dann dem menschlichen Betrachter so rasch darbietet, daß sie für ihn zur Illusion von Bewegung oder Wirklichkeit verschmelzen. Im Unterschied zum Film muß die Wirklichkeitsmaschine die Koordinaten und Lichtwerte der gesamten abgebildeten Welt jedesmal neu berechnen, wenn das VR-Äquivalent eines Filmbildes sich verändert (jede fünfundzwanzigstel Sekunde, bezogen auf die PAL-Fernsehnorm, wenn der Blick des rechten Auges auf den des linken Auges umspringt und umgekehrt).

Die Daten, die vom Handschuh eingingen und die Robinett bewältigen mußte, lieferten von Augenblick zu Augenblick wechselnde Informationen über fünfzehn verschiedene Gelenkwinkel im Handschuh. Die Daten der Winkelsensoren, die die Fingerpositionen jede fünfzigstel Sekunde bestimmten, gehörten zu dem gewaltigen Datenstrom, der ständig einging, verarbeitet und wieder in Form von Veränderungen des grafischen Weltmodells ausgeschickt wurde – in grober Nachbildung der Schleife von Hand, Auge, Finger und Arm, deren wir uns alle bei Gebrauch unserer biologischen Gliedmaßen in der physischen Welt bedienen. Die Entwicklung eines Hardware- und Software-Systems, das in allen Einzelheiten unserem echten Hand-Finger-System entspricht, wird auf absehbare Zukunft eine schier unlösbare Aufgabe für VR-Ingenieure darstellen. Da sich die Fähigkeit des menschlichen Hand-Auge-Gehirn-Systems, sehr feine Differenzen in Raum und Zeit zu berücksichtigen, nur schwer kopieren läßt, werden die VR-Systeme möglicherweise noch fünf oder zehn Jahre brauchen, um überzeugende Realitätsähnlichkeit herstellen zu können. Der Polhemus-Sensor lieferte einen weiteren Strom von Informationen über die Position des Handschuhs und seine Orientierung im Raum. So vergrößerte er die zeitliche Verzögerung noch um die eigene Konstante.

Zunächst entwickelte Robinett ein eigenes 3D-Modell der Hand, um es mit einer Darstellung auf dem Bildschirm zu verknüpfen. Dieses Modell ließ sich durch Veränderungen im Datenstrom modifizieren. Das war der Prototyp, an dem er die ganze Nacht gearbeitet und den er seinen Kollegen am Morgen gezeigt hatte. Die Nachbildung der realen Hand an sich war zunächst grob, doch reichte es, das System zum Funktionieren zu bringen. Die VPL- und NASA-Programmierer brauchten Monate, um es weiterzuentwickeln. Als ich Ende 1988 «EyePhone» und «DataGlove» selbst anlegte, meine Hand im Cyberspace bewegte und beobachtete, wie sich die zeichentrickartige Version meiner Hand und meiner Finger im Cyberspace bewegten, da war das wie der Haken, der Griff – die *Affordance* –, die das «Hier-drin» mit dem «Da-draußen» verbanden und mir das Gefühl einflößten, nicht mehr in dem echten Raum zu sein, der meinen physischen Körper beherbergte, sondern in dem Raum zu weilen, der durch das 3D-Computerobjekt definiert wurde. Die Hand, die im virtuellen Raum schwebte, war mehr als eine Hand – sie war ich.

Nützlich war die Hand auch für zwei andere wichtige Aspekte von VR-Welten – zur Manipulation der virtuellen Umgebung selbst und zur Navigation in ihr. Gleichgültig ob das Inputgerät ein Handschuh, ein Joystick, ein Trackball oder die Video-Silhouette einer beweglichen Hand ist, irgendeine direkte und bruchlose Verbindung zwischen den Händen des Operators und den Gegenständen in einer virtuellen Welt ist eine der grundlegenden Voraussetzungen von VR-Systemen. Eine Welt, durch die man sich hindurchbewegen, die man aber nicht manipulieren kann, ist im VR-Sinne nicht so «real» wie eine Welt, in die man mit einer virtuellen Hand hineingreifen, den Deckel einer virtuellen Teekanne abnehmen, sich vorbeugen und hineinsehen kann. Als «Surrogatreise» bezeichnete man bei Arch-Mac Welten, in denen man seinen Blickpunkt zwar frei wählen, aber Objekte weder berühren noch verändern konnte.

Douglas Kerr übernahm den Software-Bereich des VR-Projektes der NASA, als Robinett ging, und Steven Bryson und Richard Jacoby übernahmen ihn, als Kerr das Unternehmen verließ. Das erste System arbeitete mit sehr bescheidener Hardware und wahrhaft prähistorischen Rechnern. Kerr hatte die Aufgabe, ein neues Software-System für einen Computer des Typs «HP 9000» zu entwickeln. Dieser Rechner war leistungsfähig genug, um anstelle der Drahtkörper-Welt eine schattierte Echtzeit-Grafik zu liefern. Die Gleichmäßigkeit, Schattierung und Naturtreue sind offenkundig Anhaltspunkte für hohe Rechenleistung und folglich für die Höhe der Haushaltsmittel, die für computergenerierte Grafik aufgewendet werden. Auf der nächsten Stufe nach dem Drahtkörper bedeckt man das Skelett mit Flächen, glättet die Angrenzungen, so daß die Umrisse natürlicher und weniger wie Kanten eines geradlinigen Modells aussehen. Ferner verändert man die Helligkeitswerte verschiedener Teile der Darstellung, um den Eindruck einer gleichförmigen Lichtquelle hervorzurufen. Die Bedeutung der Schattierung und Glättung erklärt sich aus unserer Wahrnehmungsweise – aus der Art, wie wir eine Fülle aufschlußreicher Hinweise aus dem Strom der Sinnesdaten auswählen und sie an unseren Weltmodellen überprüfen. Die Schattierung ist einer unter mehreren Hinweisreizen, denen wir entnehmen, ob die Perspektive, die Beleuchtung, die Proportionen der Welt oder eines Bildes von ihr «stimmen». Ein notwendiger Schritt war auch, das Software-System mit einer angemessenen Hardware-Basis zu versehen, die für hinreichende Rechenleistung sorgen konnte. Sobald sich die Begeisterung darüber, daß ein solches System funktionierte, gelegt hatte, begann man darüber nachzudenken, wie man es so zuverlässig machen konnte, daß es sich als wissenschaftliches Instrument einsetzen ließ.

Als ich mit Douglas Kerr sprach, mehr als ein Jahr nachdem er aus dem Projekt ausgestiegen war, erinnerte er sich, daß bei dem Versuch, das System funktionsfähig zu erhalten, das größte Problem gewesen war, möglichst schwierige Aufgaben mit möglichst preiswerter Hardware zu leisten. «Wir waren führend in der Arbeit mit Billigtechnologien», meinte Kerr. «Und das galt für alle Bereiche – die Optik, die Sensoren, die Grafik, den Rechner. In einem solchen System ist immer etwas kaputt. Die Eichung wird zum Problem, wenn man das System für ernsthafte Human-Factor-Forschung verwenden will.»

Aus VIVED wurde die Virtual Interface Environment Workstation (VIEW), die Version, die ich im Dezember 1988 ausprobierte. Die Kopfarmatur mit stereoskopischem Display war kompakter geworden, ein schachtelförmiges Gerät, das nur noch so groß war wie eine Sporttauchermaske. Vorne stand in großen roten Buchstaben NASA zu lesen, so daß ich mir richtig abenteuerlich vorkam, als ich das HMD zum erstenmal aufsetzte. Der Handschuh war aus leichtem Material, mit Kabeln, die die Finger hinauf, den Handrücken entlang und dann zum Computer führten. Das Labor war so vollgestellt, daß die Menschen sich buchstäblich «hindurchschlängeln» mußten. Doch das hatte für die virtuellen Explorationen keine Bedeutung, weil die Bewegungen des Operators auf eine Halbkugel von anderthalb Metern Durchmesser beschränkt waren, in deren Mittelpunkt sich der Sensor am Kopfteil der Brille befand. Die Auflösung der beiden Bildschirme war beträchtlich höher als beim ersten Modell und entsprach etwa dreihundert Fernsehzeilen. Neben dem Handschuh und dem HMD gab es noch ein kleines Mikrofon, das mit einem Spracherkennungsapparat verbunden war. Durch den Befehl «Open Menus» konnte man Menüs aufrufen und durch den Befehl «Close Menus» wieder verschwinden lassen. Dieser Teil des Systems funktionierte noch nicht, als ich zum erstenmal durch den Cyberspace schwebte, weil man das System eine Zeitlang «trainieren» mußte, bis es die Stimme eines neuen Operators erkannte. Das akustische 3D-Display war ebenfalls noch nicht in diese Systemkonfiguration aufgenommen worden, als ich das erste Mal kam. Doch auch die Möglichkeit, Kopf und Hände in eine Welt zu stecken, in jede Richtung ein oder zwei Schritte zu machen, Objekte zu ergreifen und zu verändern, genügte, um mich auf Anhieb zu beeindrucken. Nicht die Kontinuität der Reise faszinierte mich, sondern die ungeheure Ausdehnung des neuen Raumes, den dieses Fortbewegungssystem für Explorationen erschloß.

Das System, das ich erlebte, bewies, daß es möglich ist, VR-Systeme in konkreten NASA-Missionen einzusetzen, vielleicht lassen sich auch zivile Anwendungsweisen im Bereich medizinischer und wissenschaftlicher Visualisierung finden. VIEW gehörte zu einem System, das Fisher und seine Kollegen ihren Geldgebern als sehr effektives Steuergerät für die Telerobotik vorstellten. Marvin Minskys Begriff der Telepräsenz (von der in einem späteren Kapitel die Rede sein wird) spukte jahrelang in den Köpfen der VR-Leute herum. Telerobotische Techniken wurden zunächst für Tauchfahrzeuge entwickelt und dann zu Prothesenarmen abgewandelt, während das VIEW-System als Schnittstelle galt, die sich ideal zur Verstärkung der Leistung existierender Geräte eignete. Neben dem Display für virtuelle Welten konstruierte Fishers Team eine Stereovideokamera auf einer ferngesteuerten Plattform mit kardanischer Aufhängung, die in der Lage war, Echtzeit-Stereobilder zu liefern. Langfristig ging es darum, eines Tages Stereobilder von Robotern in der echten Welt mit computergenerierten Bildern zu vermischen. Für die Wartung von Raumstationen, eines der Hauptanliegen der NASA, müßten weit mehr Techniker in eine Umlaufbahn geschickt werden, als sich die NASA leisten kann. Die einzige praktikable Lösung bestünde darin, Roboter-Reparaturfahrzeuge zu bauen, die ein einziger Operator innerhalb oder außerhalb des Fahrzeugs durch Telepräsenz steuern könnte. VIEW war ein Prüfstand zur Konstruktion solcher Systeme und zur Messung der menschlichen Faktoren, die bei der Steuerung dieser Systeme möglicherweise eine Rolle spielen. Eine andere mit dem NASA-Auftrag zusammenhängende Voraussetzung führte VIEW über den Bereich der Teleoperation hinaus in die virtuelle Welt hinein. Die Astronauten standen vor dem Problem, daß die Instrumentenanzeigen, die sie kontrollieren mußten, um die neuesten Raumfahrzeuge zu bedienen, immer komplizierter und zahlreicher wurden. In einer Verbindung von Knowltons Idee eines virtuellen Displays mit der Dataland-Arbeit von Arch-Mac enthielt der Datenraum des VIEW-Projektes vielfältige virtuelle Kontrollstationen, sprach- und bewegungsgesteuerte 3D-Menüs, 3D-Schallreize und die Möglichkeit, durch die Daten zu navigieren.

Stellen Sie sich vor, Sie wären einer von den wenigen menschlichen Operatoren einer Raumstation. In dieser Eigenschaft überwachen Sie die Tätigkeit einer großen Anzahl von ferngesteuerten Robotern, wozu Sie sich Ihrer Hände, Beine, Augen und Aufmerksamkeit bedienen. Sie möchten auf die Möglichkeit vorbereitet sein, einen Raumanzug anzulegen und selbst in den Weltraum auszusteigen. Und Sie möchten in der Lage sein, Roboter inner- und außerhalb des Raumschiffes zu reparieren. Sobald Sie sich mit Ihrem Raumanzug im Fast-Vakuum des Weltraums aufhalten, sind die Kontroll- und Steuerinstrumente, die Sie auf Ihrem Anzug erkennen, Ihre Lebensadern. Die Informationen, die Sie mühelos mit den Augen aufnehmen können, entscheiden möglicherweise über Ihr Leben und das der übrigen menschlichen Besatzung.

VIEW gelang dieser Eintritt in den Bereich virtueller Datenräume in seiner Eigenschaft als tragbare Informationswelt für Astronauten, die außerhalb ihrer Raumschiffe arbeiteten. Man konnte den Stand des Sauerstoffvorrats nicht nur sehen (oder hören), indem man sagte: «Kontrolliere Sauerstoff!», woraufhin ein Display im Raum auftauchte, sondern konnte auch detaillierte Reparaturdiagramme komplexer Maschinenteile aufrufen, das virtuelle Diagramm ergreifen und es direkt neben oder über das Gerät legen, das man in Ordnung zu bringen versuchte. Man konnte sich auch von einer Stimme daran erinnern lassen, daß man nur noch fünf Minuten hatte, um in die Luftschleuse zurückzugelangen. Auch eines akustischen Richtzeichens konnte man sich bedienen, um sich zum Ort einer Störung an der Außenseite des Raumschiffes oder zu einem Noteingang leiten zu lassen. Die visuelle Steuerung bei einem präzisen Kopplungsmanöver ließ sich durch zwei Schallquellen unterstützen, die sich je nach ihrer Nähe zueinander veränderten.

Mountain View war nur eine Autostunde von meiner Wohnung entfernt, deshalb kehrte ich 1989 mehrfach zur NASA/Ames zurück. Bei meinem zweiten Besuch *erlauschte* ich meinen Weg durch den Cyberspace. Wir leben nicht nur visuell, sondern auch akustisch in einer dreidimensionalen Welt, und Fishers ursprüngliche VIEW-Version sah auch ein akustisches 3D-Display vor. Als Elizabeth Wenzel und Scott Foster ihr «Convolvotron» zu funktionsfähiger Reife entwickelt hatten, besuchte ich sie in ihrem Labor, das auf demselben Flur lag wie Michael McGreevys Büro, setzte einen binauralen Kopfhörer auf und erlebte unmittelbar, was die beiden Wissenschaftler mit «virtuellem akustischem Raum» meinten. Fisher hatte von der Arbeit der Wahrnehmungspsychologin Wenzel gehört und sie angeregt, nach einer Möglichkeit zu suchen, das VIEW-System durch 3D-Schall zu ergänzen. Elizabeth Wenzel beteiligte Professor Frederick Wightman von der University of Wisconsin und Scott Fisher, den Präsidenten der Crystal River Engineering, an dem Projekt. Sie entwickelten die Voraussetzungen, um den Ort von bis zu vier Tonkanälen innerhalb einer imaginären Kugel zu simulieren, die den Hörer umgab. Das «Convolvotron» genannte Gerät war zunächst teuer, enthielt aber zwei mit Mikroprozessoren bestückte Module, die direkt in einen IBM-PC gesteckt werden konnten. Vor allem aber, das Gerät funktionierte.

Wenzel, die Forschungspsychologin an der Aerospace Human Factors Research Division ist, glaubt fest daran, daß sich 3D-Audio für die Raumfahrt und die wissenschaftliche Visualisierung überall dort als nützlich erweisen wird, wo 3D-Videoverfahren an ihre Grenzen stoßen. Bei der Konstruktion des Systems hat sie einige Aspekte des menschlichen Gehörsystems berücksichtigt. Dieses umgibt uns nämlich in seiner Gesamtheit, von den inneren signalverarbeitenden «Schaltkreisen» bis zu den Windungen unseres Außenohrs, und bildet eine unsichtbare Umgebung – eine Welt aus Tönen, auf die wir präzise eingestimmt sind, selbst wenn wir die Augen geschlossen haben. Wiederum spielt die bilaterale Symmetrie unserer biologischen Sensoren eine Schlüsselrolle. Menschen haben zwei Ohren. Wir können ihre Positionen verändern, indem wir den Kopf drehen, und die Unterschiede der Signale, die von diesen akustischen Sensoren wahrgenommen werden, spielen eine entscheidende Rolle für unsere Fähigkeit, Geräusche im Raum zu orten. Unsere Augen haben ihre spezifische Lage – hervorragend geeignet, potentielle Mahlzeiten auszumachen –, weil Raubtiere wie zum Beispiel Wölfe und Menschen den Blick nach vorn gerichtet halten. Beutetiere wie Rehe haben Augen zu beiden Seiten des Kopfes, damit sie potentielle Feinde entdecken können. Die Außenohren, lange von jenen Sinnesphysiologen vernachlässigt, die sich mit den Grundlagen des Hörens beschäftigten, sind, wie sich herausstellte, ein wesentlicher Teil des außerordentlich präzisen menschlichen Hörsystems. Das Convolvotron berücksichtigt die spezielle akustische Signalverarbeitung, die «personalisiert», was jeder Mensch hört, sowie die spezielle Form und Faltung des Außenohrs.

Bevor ich die Kopfhörer in Wenzels Büro anlegte, forderte sie mich auf, eine ganz normale Musikkassette auszuwählen. Ich suchte mir einen Reggae-Klassiker aus. So betrat ich den Cyberspace mit der musikalischen Begleitung von Bob Marley und den Wailers. Ich schloß die Augen. Da war die Band – dort, wo man Bands normalerweise hört – irgendwo vor mir, gelegentlich auch direkt rechts oder links von mir. Dann drückte mir Wenzel einen Polhemus-Sensor in die Hand und forderte mich auf, den Würfel umherzubewegen. Ich hielt ihn auf Armeslänge schräg nach oben, rechts von meinem Kopf. Und genau dorthin wanderten die Wailers: nach oben und ein kleines Stück nach rechts von meinem Kopf. Das Convolvotron vermochte einen akustischen Blickpunkt zu schaffen, eine spezifische Position im akustischen Raum, die der Position des Operators im visuellen Raum entspricht, und es konnte akustische Objekte an wechselnden Orten lokalisieren. Es war möglich, die Bewegung einer Schallquelle im Raum zu verfolgen und Vermutungen über die Größe des Zimmers oder die Entfernung von der Schallquelle anzustellen. Das Quietschen einer Tür sieben Meter hinter mir, das Spannen eines Gewehrhahns zwölf Meter rechts von mir, an der Peripherie meines Gesichtsfeldes, das Einschnappen eines Schlosses zehn Zentimeter links von meinem Ohr – all das wurde möglich.

Andere Methoden zur Konstruktion steuerbarer Räume werden von Leuten erprobt, die Konzerthallen bauen oder Audiosysteme herstellen. Wie in der visuellen 3D-Technik gibt es mehr als eine Methode, Wahrnehmungsillusionen zu erzeugen. Die 3D-Audiotechnologie des Convolvotrons funktioniert, weil eine spezifisch menschliche Signalverarbeitungsfunktion als Vorbild dient und die Konstrukteure versuchen, diese in Silizium nachzubilden. Schlüsselfunktion des Convolvotrons ist die sogenannte Head-Related Transfer Function (HRTF), eine Reihe mathematisch modellierbarer Reaktionen, mit denen unsere Ohren auf die aus der Luft aufgefangenen Signale antworten.

Schall breitet sich in einem Medium in Gestalt von kugelförmigen Störungsmustern aus. Das Medium, in dem wir die meisten Geräusche hören, ist jenes Gasgemisch, das wir Luft nennen. In den kugelförmigen Störungsmustern, die in der Wissenschaft «Schallwellen» heißen, mischen sich verschiedene Frequenzen. Sie breiten sich mit festgelegter Geschwindigkeit aus und werden von irgendwelchen Flächen geschluckt oder von anderen reflektiert. Die «akustischen Eigenschaften» eines Raums hängen davon ab, wie Schallwellen sich abstoßen, absorbieren oder überschneiden. Dabei handelt es sich um eines jener Systeme, die sich nur per Computer kontrollieren lassen und die eine gewisse Rechenleistung voraussetzen, weil die Aufgabe so komplex ist. Wie unser Gesichtssinn beruht auch unser Hörsystem auf einer aktiven und integrierten Beziehung zwischen unserem Gehirn und unseren Sensoren. Die Entfernung, Größe, Richtung und Bewegung einer Mücke oder eines Düsenflugzeugs orten wir mit Hilfe des Gehirns, das den von den Ohren eintreffenden Wahrnehmungsstrom in bestimmter Weise verarbeitet. Wir überprüfen diesen Strom akustischer Signale in ähnlicher Weise wie unsere visuellen Wahrnehmungen – wir drehen den Kopf, legen in extremen Situationen die Hände an die Ohren und führen automatisch eine Art innerer Auslese durch, die uns in die Lage versetzt, bestimmte Laute in geräuschvollen Umgebungen aufzunehmen (der «Cocktailparty-Effekt», der Menschen befähigt, bestimmte Dialoge in einem allgemeinen Gewirr von Unterhaltungen zu verfolgen). Jahrmillionen im Reich der Säugetiere haben uns mit einem akustischen Alarmsystem ausgestattet, das vorzüglich funktioniert und beweglich ist: Es geht nur darum, die Ansatzpunkte zu finden, um es mit dem geeigneten Aspekt einer virtuellen Welt zu verbinden.

Der Teil unseres Überlebenssystems, der über ein Körpermodell verfügt und weiß, wie weit unsere Ohren auseinanderliegen und wie weit vom Fußboden sie entfernt sein müssen, ist fortlaufend damit beschäftigt, die von den Ohren aufgefangenen Signale, die vom Trommelfell und den innersten Teilen des Ohres umgewandelt wurden, zu kontrollieren, zu prüfen, zu filtern, zu verstärken und abzugleichen. Sogar die Windungen des Ohres spielen eine gewisse Rolle bei der Umwandlung dessen, was unsere Ohren vernehmen, in ein akustisches Modell der Welt. Denn sie unterziehen alle Signale, die durch das Außenohr hereinkommen, einer Transformation. An diesem Punkt kommt die HRTF zum Tragen – laut Wenzel «die hörerspezifischen, richtungsabhängigen akustischen Effekte, die einem eintreffenden Signal vom Außenohr auferlegt werden». Wenzel und ihre Kollegen gingen vom menschlichen Teil des Systems, nicht von der verfügbaren Technologie aus und entwickelten das Computermodell einer spezifisch menschlichen HRTF. Sie setzten Versuchspersonen in einen schalldichten Raum, umgaben sie mit 144 verschiedenen Lautsprechern und maßen mit Hilfe winziger Mikrofonsonden, die sie nahe den Trommelfellen der Hörer anbrachten, welche Effekte es hatte, wenn man genau modulierte Geräusche aus allen Richtungen hörte. Die Art, wie die Mikrofone in den Ohren dieser Hörer den aus allen Richtungen kommenden Schall verzerren, ist ein spezifisches Modell der Art, wie die Ohren des Menschen die Umgebung kartieren, und ein allgemeines Modell der Art, wie die Ohren der meisten Menschen den eintreffenden Schallwellen ein komplexes Signal aufzwingen, um es räumlich zu verschlüsseln. Jeder «Lokalisierungsfilter», den man durch Sondierung eines der 144 Lautsprecher entdeckt, wird mit Hilfe dieser Funktion auf einer Karte verzeichnet. Die Karte dieser Signalfilter wird in Zahlen umgewandelt und von einem IBM-AT-Arbeitsplatzrechner an ein von Scott Foster entwickeltes System überspielt. Das Gerät verrichtet mit seinen festver-

drahteten Funktionen 300 Millionen «Multiplikations-Akkumula-
tions-Operationen» pro Sekunde und weist jede Schallquelle mit Hilfe
des auf der HRTF beruhenden numerischen Modells einem bestimmten Punkt oder verschiedenen Punkten in einer akustischen Sphäre zu.

Zum Teil liegt der Nutzen akustischer 3D-Rückkopplung darin, daß
sie die visuellen und taktilen Hinweisreize in einem VR-System unterstützt. Nichts vermag Sie so rasch und nachdrücklich davon zu überzeugen, daß Sie sich spät nachts in einer dunklen Gasse eines verrufenen
Stadtviertels befinden, wie der Klang von Schritten in Ihrem Rücken –
Geräusche haben die Fähigkeit, Ihnen das Blut in den Adern gefrieren zu
lassen. Ein zweiter Nutzen akustischer Displays könnte die Übermittlung und Erkennung komplexer und rasch veränderlicher Informationen in Situationen sein, in denen man nicht sehen kann. Vielleicht kann
man auch physikalische Effekte der akustischen Wahrnehmung auf die
gleiche Weise präsentieren, wie grafische Computersimulationen
wissenschaftliche Phänomene sichtbar machen können. Einige der Anwendungen, die Wenzel und andere erst einmal als «akustische Visualisierung» bezeichnet haben – eine Formulierung, die entweder als
Oxymoron weiterleben oder durch eine genauere Beschreibung der akustischen Intuitionsverstärker ersetzt werden wird –, sind für Menschen
bestimmt, die in besonderer Weise für Mustererkennung ausgebildet
sind. 1989 haben Wenzel, Foster, Wightman und Doris Kisler die Technologie und die ihr zugrundeliegende Theorie dargestellt. In ihren
Ausführungen heißt es: «Die Anwendung eines dreidimensionalen akustischen Displays ist immer dann angebracht, wenn das räumliche Bewußtsein des Benutzers eine besondere Rolle spielt, vor allem wenn
visuelle Hinweisreize eingeschränkt sind oder ganz fehlen. Beispiele sind
Überwachungsgeräte für den Luftverkehr im Tower oder Cockpit, technisch hochgerüstete Einrichtungen für Videokonferenzen, die Kontrolle
von Telerobotern in gefährlichen Situationen und die wissenschaftliche
Visualisierung von mehrdimensionalen Daten.»

Die «Szenarios», die Scott Fisher entwarf, um die Ziele eines VR-
Anwendungsprojektes zu erläutern, waren ein Schüsselelement des
VIEW-Projektes. Eines dieser Szenarien ging von der Voraussetzung
aus, daß sich auf der Grundlage von VIEW-Systemen ein Chirurgie-
Simulator für Medizinstudenten und Fachärzte, etwa für plastische
Chirurgen, entwickeln ließe, den «man ganz ähnlich verwenden
könnte, wie man Flugsimulatoren zur Ausbildung von Jetpiloten ein-

setzt. Während Piloten buchstäblich Situationen explorieren können, die in der Realität gefährlich werden, könnten Chirurgen mit Hilfe eines simulierten ‹elektronischen Leichnams› Operationen planen und Patienten analysieren. Das System bietet ferner Studenten die Möglichkeit, ein bestimmtes Verfahren mit den Augen eines erfahrenen Chirurgen zu sehen und unmittelbar mitzuerleben. Aus unserer Abbildung geht hervor, daß man den Chirurgen mit Informationsfenstern umgeben kann, etwa wie die Monitore im Operationssaal, die lebenswichtige Daten und Röntgenbilder zeigen.»

Die Möglichkeit, daß wir den Cyberspace eines Tages in einer Weise als Kommunikationsmedium verwenden werden, die wir uns heute noch kaum vorstellen können, erörterten Krueger und Negroponte in den siebziger Jahren. 1989, auf einer Messe für die Produkte von Pacific Bell, beobachtete ich Jaron Lanier inmitten einer Meute von Managern aus der Fernsprechbranche, die versuchten, unbedingt an einer Vorführung von «Reality Built for Two» teilzunehmen, einem gemeinsamen virtuellen Raum für zwei Operatoren, den VPL für Demonstrationszwecke entwickelt und der einen Wert von einer halben Million Dollar hatte. Später konnte ich mich davon überzeugen, daß die Forschungsleiter japanischer Fernsprechgesellschaften sehr ernsthaft daran arbeiten, Cyberspace als Mittel zur Nachrichtenübertragung und zur Zusammenarbeit über größere Entfernung nutzbar zu machen. 1990 beschrieb Fisher in der aktualisierten Fassung eines anderen Szenarios, das sich im Anschluß an die Experimente zur «Präsenzübertragung» bei Arch-Mac entwickelt hatte, die Möglichkeit einer «Telekooperation durch virtuelle Präsenz». Die ursprünglichen Gedanken hierzu kommen aus verschiedenen Quellen, unter anderem auch von Lanier. An der künftigen Entwicklung der Technologie wird eine Vielzahl von Forschern aus den verschiedensten Bereichen beteiligt sein. Fisher hat die Situation 1990 sehr knapp und treffend zusammengefaßt:

«Ein wichtiges kurzfristiges Ziel für das Projekt der Virtual Environment Workstation ist die Verbindung von zumindest zwei der gegenwärtig als Prototypen existierenden Schnittstellensysteme zu einer Datenbank für ein gemeinsames virtuelles Szenario. Die beiden Benutzer werden an einer gemeinsamen virtuellen Welt teilhaben und in ihr interagieren, aber jeder wird sie aus seinem eigenen Blickwinkel sehen, der sich von dem des anderen räumlich unterscheidet. Ziel ist es, einen zur Zusammenarbeit geeigneten Arbeitsraum zu schaffen, in dem weit voneinander entfernte Teilnehmer in einer Weise virtuell interagieren können, die einige Eigenschaften des unmittelbaren Zusammenseins aufweist, während ihnen gleichzeitig der Zugriff zu ihren persönlichen Dateneinrichtungen erhalten bleibt. So hätten Wissenschaftler an ganz verschiedenen Orten im Lande die Möglichkeit zu wertvoller Zusammenarbeit. Jeder Benutzer kann sich in diesem Raum auch durch eine lebensgroße virtuelle Repräsentation seiner selbst in beliebiger Gestalt verkörpern lassen – durch eine elektronische Person gewissermaßen. Für die Zwecke interaktiver Theater- oder Fantasy-Veranstaltungen können das Phantasiegestalten, tote Gegenstände, beliebige Figuren oder andere Menschen sein. Schließlich werden sich Telekommunikationsnetze entwickeln, an denen Anbieter virtueller Welten beteiligt sind. Die Benutzer können sich aus beliebiger Entfernung einschalten und mit anderen virtuell präsenten Benutzern interagieren.»

Fisher konnte seine Pläne jedoch nicht verwirklichen, solange er noch bei der NASA war. 1990 verließ er sie und gründete zusammen mit Brenda Laurel Telepresence Research, ein Unternehmen für VR-Forschung und -Entwicklung. Gegenwärtig bereiten sie ein VR-Projekt für den Unterhaltungs- und Unterrichtssektor vor. Sie waren beide in Japan, und ich glaube wohl sagen zu dürfen, daß aus dieser Ecke der VR-Welt noch große Innovationen zu erwarten sind. Wahrscheinlich handelt es sich um eine Verbindung aus Telekooperation und direkter Beteiligung an 3D-Theaterinteraktionen. Die Dinge beim VIEW-Projekt und der NASA selbst entwickelten sich nicht günstig für das weitere Schicksal der VR in Mountain View. Das VIEW-Projekt wurde gestrichen. Doch die Leute bei Sterling Software – unter ihnen auch die VR-Veteranen Steven Bryson und James Humphries – setzten ihre Arbeit an weiterführenden Technologien fort. Wenzel und andere erforschen weiterhin den dreidimensionalen akustischen Raum, und Stephen Ellis hat die Hoffnung nicht aufgegeben, daß er eines Tages ein VR-System vorweisen kann, das dem Standard von Laborinstrumenten entspricht. Michael McGreevy setzt sich nachdrücklich für die Entwicklung eines neuen VR-Bereichs bei der NASA ein: die virtuellen planetarischen Explorationen der umfangreichen visuellen Daten, die von Raumsonden übermittelt werden. Laut McGreevy werden «die Planeten digitalisiert» – und sind deshalb vom Sessel aus zu erforschen, wenn man die Daten zur Grundlage eines der Navigation offenstehenden Modells macht. Um mir zu verdeutlichen, was er meinte, zeigte mir

McGreevy das Video eines simulierten Flugs über das digitale, anhand von ferngemessenen Daten rekonstruierte Modell einer Planetenoberfläche. In «Mars the Movie» von Kevin Hussey und seinen Kollegen am Jet Propulsion Laboratory in Pasadena befindet sich der Blickpunkt des Betrachters direkt auf der Oberfläche des Mars. «LA the Movie» schildert einen digitalen Flug quer über Long Beach mit Richtung auf die virtuellen Hügel von Hollywood.

Altgediente NASA-Leute wie Stephen Ellis und Michael McGreevy haben eigene Methoden entwickelt, auf vorübergehende Engpässe der Forschungsmittel zu reagieren. Ich wäre nicht überrascht, wenn die VR bei der NASA in verschiedenen Formen überlebte und weiterhin wertvolle Erkenntnisse über die menschlichen Aspekte des Cyberspace beisteuerte. Aber sie ist kein VR-Mekka mehr, in das die Pilger aus den Forschungslabors der Welt herbeiströmen, um sich ihr Erweckungserlebnis zu holen. Sie ist auch kein Zentrum mehr für spezielle oder allgemeine Forschungsprojekte. Die Zulieferer, die gelernt haben, Bausteine für VR-Systeme nach den Angaben der NASA herzustellen, sorgen möglicherweise für einen neuen Anfang in der VR-Entwicklung. Sie sind die ersten kommerziellen Unternehmen, die für einen Cyberspace-Markt produzieren. An Universitäten und in den großen High-Tech-Unternehmen wird man die Forschungsarbeiten fortsetzen. Betrachtet man die Geschichte von Silicon Valley, so liegt die Vermutung nahe, daß irgendein kleines Unternehmen, ein Newcomer auftauchen wird, der ein völlig neues Verständnis von den Möglichkeiten der Technologie entwickelt und sie aus den Instituten in die Privatwohnungen und Büros holt. Mir sind heute mindestens ein Dutzend VR-Gesellschaften bekannt: Autodesk, Sense 8, Telepresence Research, Fake Space Labs, Pop Optix, Polhemus Navigation Systems, RPI, Enter, Division, Simmgraphics. Ich glaube, die meisten würden einräumen, daß der wichtigste Motor der kommerziellen VR-Entwicklung VPL Research mit ihrem unnachahmlichen Chef Jaron Lanier war.

Die Geburt der VR-Wirtschaft

> VR ist intersubjektiv und objektiv vorhanden wie die physische Welt, zu gestalten wie ein Kunstwerk und so grenzenlos und unschädlich wie ein Traum. Wenn VR um die Jahrhundertwende allgemein verfügbar ist, wird man sie nicht als ein Medium innerhalb der physischen Wirklichkeit verstehen, sondern als zusätzliche Wirklichkeit. VR erschließt einen neuen Erdteil von Ideen und Möglichkeiten. Bei der Texpo '89 haben wir zum erstenmal einen Fuß an die Küste dieses Erdteils gesetzt.
>
> VPL RESEARCH, INC.
> Virtual Reality at Texpo '89, 1989

Im Inneren von Jaron Lanier (Jahrgang 1960) lebt ein frühreifer Achtjähriger, der sich mit ein paar Freunden zusammengetan und ein Raumschiff gebaut hat. Nun möchte er, daß wir alle eine Spazierfahrt darin machen. Dies muß man wissen, um Zugang zu den vielen Identitätsschichten zu finden, von denen Jaron stündlich eine andere zu repräsentieren scheint. Er ist Leiter und Gründer der VPL, Inc., der Gesellschaft, die die DataGloves und EyePhones entwickelt hat und mit ihnen die meisten VR-Forscher beliefert. Auf dem Papier ist er ein Millionär, wenn VPL seinen Kurswert behält. Er entwickelt eine Methode zur Programmierung von Computern durch magische Bewegungen. Er ist sehr gebildet, obwohl er keinen High-School-Abschluß hat, wahrhaft eine Persönlichkeit – im Grunde sogar mehrere Persönlichkeiten auf einmal. Da ist der kindliche Idealist, der zu glauben scheint, VR sei eine lautere Kraft, die dem Guten in der Welt dient, «eine neue Wirklichkeitsebene, die jeden begeistern wird». Da ist aber auch der gerissene Geschäftsmann, der Risikokapital aufgetrieben, ein Unternehmen gegründet und bereits etliche von jenen Prozessen erfolgreich überstanden hat, wie sie im Dunstkreis zukunftsträchtiger und neuer Technologien in großer Zahl angestrengt werden. Da ist der Informatiker, der Musiker, der Philosoph, und da ist der Bursche mit der verblüffenden Haartracht, mit der ungewöhnlichen Biographie und dem unwiderstehlichen Hang zu Spekulationen über die surrealistische Ära, die sein Unternehmen einzuleiten versucht.

Laniers Persönlichkeit hat bereits viel Wirbel in den Massenmedien entfacht. Zum Teil ging es um seine ungewöhnliche Erscheinung und Geschichte, zum Teil um die Technologie, die seine Gesellschaft vertreibt. Ein exotisch aussehender Bursche mit exotischen Ideen – er ist für Journalisten ein gefundenes Fressen, an dem sich schon Kollegen vieler Zeitschriften gütlich getan haben, von der *New York Times* bis hin zum *National Enquire*. Wozu nach einem Aufhänger suchen, wenn man mit Jaron Lanier anfangen kann? Eine liebevolle Zeichnung seines Kopfes mit der anachronistischen Zottelmähne war auf der Titelseite des *Wall Street Journal* zu bewundern, dazu die ziemlich unfaire Überschrift «Elektronisches LSD?». (Unfair deshalb, weil Jaron Drogen in jeder Form ablehnt. Er trinkt noch nicht einmal Alkohol. In der Hippiezeit hat er den Kindergarten in einem entlegenen Fleck New Mexicos besucht.) Nach einem Blick auf ihn sucht jeder Fotograf nach der ausgefallensten und ungewöhnlichsten Perspektive, um ihn aufzunehmen.

Jaron Lanier zieht die allgemeine Aufmerksamkeit magisch an, doch das ist nur ein Nebeneffekt der rastlosen Energie, mit der er Theorien, Visionen, Projekte, Programme und Epigramme produziert («Information ist entfremdete Erfahrung», «VR ist das erste Medium, das den menschlichen Geist nicht einengt»). Viele Menschen, die in den Massenmedien über VR gelesen haben, setzen Lanier mit der Technologie gleich. Journalisten, die das Recherchieren lieber anderen überlassen, schreiben gern Sätze wie «Jaron Laniers virtuelle Realität», was natürlich ziemlich ärgerlich für Leute ist, die seit Jahren mit *head-mounted displays* und Immersionserfahrungen arbeiten. Lanier vereinigte Zimmerman und seine Hardware mit einem erstklassigen Software-Team, arbeitete jahrelang mit den Programmierern und der NASA zusammen und sorgte für die Finanzierung seiner Unternehmungen. VPL ist heute ein Team fröhlicher Enthusiasten. In ihren Büros wimmelt es vierundzwanzig Stunden am Tag von Programmierern, Kindern und Journalisten, und ihre Produkte sind in jedem VR-Labor der Welt anzutreffen.

Lanier macht alles anders als andere Menschen, in erster Linie, weil das so war, solange er sich erinnern kann. Als er klein war, zog sein Vater mit ihm in einen entlegenen Winkel New Mexicos, wo sie sich ein riesiges Haus mit vier geodätischen Kuppeln bauten. Heute meint Lanier, sein Nonkonformismus habe ihm früher sehr geschadet. Wie andere Menschen mit großen Zukunftsplänen hatte er gute Gründe, sich vor der Wirklichkeit, die ihn umgab, in seine Phantasien zu flüchten.

«Ich war sehr merkwürdig als Kind und wurde von den meisten Menschen abgelehnt», gibt er heute zu, aber es scheint ihm nichts auszumachen. Er hat sich damals sowenig wie heute bemüßigt gefühlt, seine anarchische Haartracht zu stutzen oder sich in konventionelle Kleidung zu zwängen. Er brach die High-School ab, um Musiker zu werden. Damals interessierte er sich nicht die Bohne für Computer. In jener Nacht entwickelte er auch die Auffassung, Information sei «entfremdete Erfahrung». Ihm ging es gegen den Strich, daß man das Leben in binäre Fragmente zerhacken mußte, um es vom Computer modellieren zu lassen. Er war jedoch von dem Gedanken fasziniert, Computer als Musikinstrumente zu benutzen, denn stets verstand er sich in erster Linie als Musiker. Er lernte genügend über Computer, um einen Programmiererjob an der nächstgelegenen Universität zu finden, wozu auch die Arbeit an pädagogischen Simulationen gehörte, die ihm die Augen für einige Möglichkeiten dieses Gebietes öffneten. Und er fand Gefallen an der grafischen Datenverarbeitung. In einem Interview aus dem Jahre 1988 erklärte er, als er die ersten Computer kennengelernt habe, habe er darüber nachgedacht, wie sich Welten mit einem Computer modellieren lassen: «Ich merkte, daß die Bilder auf dem Schirm aus kleinen Wirklichkeiten bestanden, die sich verändern ließen.»

Lanier hatte die High-School mit fünfzehn sausenlassen, war trotzdem zu Mathematikkursen an der New Mexico State University zugelassen worden, hatte dann sein Glück als Komponist in New York City versucht und war schließlich wieder nach New Mexico zurückgekehrt. 1981 fuhr er mit einem Auto, das von Drogenschmugglern im Stich gelassen worden war, nach Westen: «Es hatte keinen Boden, wurde mit einem Schraubenzieher gestartet und hatte Einschußlöcher in der Seite», erinnerte er sich voller Stolz. Als er nach Silicon Valley kam, begann er sich ernsthaft mit Computern zu beschäftigen. Der Boom der Videospiele und Personal Computer war auf seinem Höhepunkt angelangt, und Lanier verdiente mehr Geld damit, die Toneffekte für Computerspiele zu produzieren, als er mit der Musik verdient hatte. Rasch lernte Lanier zu programmieren und begann selbst Videospiele für Atari zu entwickeln. Eines von ihnen, «Moondust», wurde 1983 zum Hit und brachte ihm so reichliche Einkünfte, daß er den Job aufgeben und sein eigenes Unternehmen eröffnen konnte. Lanier hatte die Entdeckung gemacht, daß er zu den Leuten gehörte, die Computer durch symbolische Beschwörungsformeln dazu bringen konnten, wundervolle Kunststücke auf dem Monitor auszuführen und Unternehmen wie Atari mehr als eine halbe Milliarde Dollar pro Jahr einzuspielen. Frühreif, selbst an den Software-Wunderkindern gemessen, die Atari Anfang der achtziger Jahre bei sich versammelt hatte, entwickelte Lanier die Vorstellung, er könne eine völlig neue Computersprache kreieren, die auch von Laien zu verwenden war und die mit schönen Bildern und Tönen arbeitete statt mit trockenen alphanumerischen Codes.

Erstmals wurde ich 1984 auf Jaron Lanier aufmerksam, als der *Scientific American* Symbole dieser visuellen Programmiersprache auf seiner Titelseite brachte. Anstelle der üblichen unverständlichen Programmierzeilen (zum Beispiel «if x > 0, then goto 20») entwickelte er ein musikalisches System mit ebenso unverständlichen, aber weit ansprechenderen Piktogrammen – Känguruhs, schmelzenden Eiswürfeln und zwitschernden Vögeln. Laniers Entwurf wurde als Computerprogramm der Zukunft vorgestellt. Lanier nannte seine noch in der Entwicklung befindliche Sprache zunächst «Mandala». Dieser Titelgeschichte verdankt das Unternehmen auch seinen Namen – VPL-Research, Inc.: Als die Redakteure der Zeitschrift Lanier anriefen und nach dem Namen der Firma fragten, mochte er ihnen nicht sagen, daß sie keinen habe. Deshalb erwiderte er: «VPL, Inc.» Das Unternehmen ist heute in mehreren Stockwerken eines Bürokomplexes untergebracht, der eingekeilt ist zwischen dem Yachthafen von Redwood City an der Bucht von San Francisco und dem Highway 101, der Hauptzufahrtsstraße zum Silicon Valley. Das Unternehmen ist eine der typischen Newcomer-Firmen von Silicon Valley und verfügt über ein paar außergewöhnliche Sehenswürdigkeiten. Neben Jaron selbst gibt es die Datenhandschuhwand, an der zwanzig oder dreißig inzwischen veraltete Prototypen ausgestellt sind. Als ich das letzte Mal gezählt habe, hatte VPL ungefähr fünfunddreißig Angestellte. Der bescheidene Bestand von Datenanzügen, den sie gegenwärtig noch in Gebrauch haben, wird in zehn Jahren nur noch nostalgische Erinnerung sein, wenn die Entwicklung nach Plan verläuft. Und was sollte dem entgegenstehen? Schließlich passieren in dieser Gegend ständig die unglaublichsten Dinge: Von den VPL-Bürofenstern kann man das hypermoderne Verwaltungsgebäude von NeXT, Steve Jobs' Apple-Nachfolgeunternehmen, sehen.

Bei meinem ersten Besuch im Jahre 1985 war VPL eine Ecke in Laniers exotischem Landhaus in Palo Alto. Er lebt nach wie vor dort, obwohl er sich mittlerweile ein prächtigeres Grundstück leisten könnte. Haupteinrichtungsgegenstände sind nach wie vor die dreihundert seltsamen Musikinstrumente, mit denen das Haus schon vor fünf Jahren vollgestopft war. So anheimelnde Häuser sind in Palo Alto nicht leicht zu finden, aber er hat eine der wenigen ungepflasterten Straßen entdeckt, eine herrliche baumbeschattete, von üppigem Rasen umgebene Mittelstandsenklave. Ich habe ihn dort vor kurzem erneut aufgesucht, um ihn nach laufenden Projekten zu fragen. Noch immer liegt überall Computerzubehör herum, während Wände, Fußboden und sogar ein Teil der Decke mit exotischen Musikinstrumenten aus aller Welt bedeckt sind. Sackpfeifen aus der Türkei, Trommeln aus Gabun, Shakuhachis und Sitars. Das alles ohne erkennbare Ordnung, und mittendrin Jaron Lanier in seiner typischen Aufmachung.

Bei meinem ersten Besuch wollte ich etwas über «Mandala» erfahren. Bevor ich hinkam, wußte ich noch nicht, daß das Eingabegerät für die neue Sprache ein von Lanier und einem Kollegen entwickelter Handschuh war. Damals schrieb ich ein Buch über die Zukunft der Programmiersprachen, und Laniers prophetische Worte aus jener Zeit, so wie ich sie dort zitiere, sind von unserer heutigen Gegenwart bereits zur Hälfte eingeholt worden: «Ich glaube, daß heutige Programmiersprachen nur das Larvenstadium einer viel interessanteren Entwicklung darstellen, einer Entwicklung, die in den nächsten zehn Jahren zur Reife gelangen wird. Eine neue Kommunikationsform auf der gleichen Ebene wie sprechen und schreiben.» Ich denke, wir haben noch mehr als fünf Jahre vor uns, bevor seine immer noch unvollendete Programmiersprache (heute «Embrace» genannt) ebenso wichtig sein wird wie die symbolische Kommunikation. Hätte man mich vor fünf Jahren gefragt, ob nach meiner Meinung Jaron Laniers Unternehmen der technologische Spitzenreiter einer neuen Technologie der neunziger Jahre sein würde, hätte ich das vielleicht für denkbar gehalten, aber keinesfalls darauf gewettet.

Jaron Lanier hegt eine Fülle von Träumen für die technologische Zukunft der Menschheit, doch sein ältester Traum ist, daß die Menschen eines Tages dank der Computer in der Lage sein werden, Simulationen auszutauschen – Bilder, Laute und dynamische Modelle –, wie wir heute gesprochene und geschriebene Wörter austauschen. Diese computerverstärkte Metasprache der Zukunft nennt er «postsymbolische Kommunikation», und obwohl er bereits mit dem Handschuh arbeitete, hatte er die HM-Displays noch nicht entdeckt. «Wenn Sie

ein Programm schreiben und es an jemand anders schicken», erklärte
er mir vor fünf Jahren, «besonders wenn es sich bei dem Programm um
eine interaktive Simulation handelt, so ist das, als wenn Sie eine neue
Welt erschaffen, als wenn Sie den symbolischen mit dem natürlichen
Bereich verschmelzen. Statt Symbole auszutauschen wie Buchstaben,
Zahlen, Bilder oder Noten, erschaffen Sie Miniaturuniversen, die ihre
eigenen inneren Zustände und Geheimnisse haben.» Zwar hat er den
Ausdruck «virtuelle Welt» nicht verwendet, doch scheint er nichts anderes beschrieben zu haben.

«Gucken Sie sich das hier an», sagte er, als ich ihn das erste Mal
besuchte, Jahre bevor einer von uns das Wort «virtuell» überhaupt in
den Mund nahm, um etwas zu beschreiben, was ein Computer zu leisten vermag. Wir gingen durch sein Haus, wobei wir über umfangreiche Gegenstände von unbekanntem Bestimmungszweck hinwegsteigen
oder um sie herumgehen mußten, kamen durch viele Zimmer, in denen
es mehr Musikinstrumente als Möbelstücke gab, und landeten schließlich vor einem Computer. Es war wirklich und wahrhaftig der billigste
PC, den man damals für Geld haben konnte, ein Commodore 64, also
eines jener Geräte, die die Leute während des ersten PC-Booms Anfang
der achtziger Jahre für ihre Kinder kauften. Er erläuterte, daß die ganze
Idee einer bewegungsgesteuerten, auf Piktogrammen basierenden Programmiersprache seinem Wunsch entsprungen sei, neue Musikformen
durch Orchestrierung simulierter Instrumente zu entwickeln. Mitten in
diesem Kompositionsprojekt wurde ihm klar, daß sich seine Ideen auch
auf eine generalisierte Programmiersprache anwenden ließen, die sich
an einer rein ikonischen Schreibweise orientierte.

Damals schrieb ich dazu: «Lanier geht bei Mandala von der Vorstellung dynamischer Repräsentationen aus. Die Sprache selbst ist eine
grafische Simulation des Computerinneren. Der Programmierer kann
die Operationen des Computers auf einer entsprechend hohen Darstel-
lungsebene beobachten, während die Programme laufen. Auf diese
Weise ist der Anwender in ständiger Verbindung mit dem inneren Zustand der Maschine. Der Programmierer interagiert mit den Mandala-
Repräsentationen mittels eines einzigartigen Eingabegerätes – eines
Handschuhs.» Das, was ich damals in Laniers Werkstatt sah, habe ich
nicht mit dem in Verbindung gebracht, was ich ein paar Jahre zuvor in
Scott Fishers Pantomime bei Atari Research beobachtete, aber dieser
billige Bildschirm und der primitive Handschuh waren schon eine

halbe virtuelle Realität. Die andere Hälfte einer funktionsfähigen VR war jener Teil, der Benutzer davon überzeugt, daß sie in die Scheinwelt eingetaucht sind, die sie manipulieren. Für diesen Teil sorgte Scott Fisher, als er die Idee der Surrogatreise, des HMD und der Kopf-Tracking-Technologien entwickelte und als er Lieferverträge für eine Version des VPL-Handschuhs abschloß, die als Eingabegerät für virtuelle 3D-Welten dienen konnte. Die Verwendung des Handschuhs als Eingabegerät für einen Computer war jedoch lange zuvor aus einem ganz anderen Zusammentreffen erwachsen – Lanier und seine visuelle Programmiersprache trafen auf den Erfinder des Handschuhs, Thomas Zimmerman.

Jaron Lanier begegnete Thomas Zimmerman 1983 auf einer Tagung für Leute, die PCs in Verbindung mit elektronischen Musiksynthesizern benutzten. Zimmerman hatte den Handschuh für Zwecke entwickelt, die mit Jaron Laniers Zielen wenig zu tun hatten – er wollte eine echte «Luftgitarre» spielen und suchte nach einer Möglichkeit, den menschlichen Körper als Musikinstrument einzusetzen. Als ich Lanier 1985 das erste Mal besuchte, war Zimmerman nicht da. Doch kurz nachdem ich mit der Niederschrift dieses Buches begonnen hatte, stand eines Tages der Journalist Steve Ditlea mit Zimmerman vor meiner Haustür, deshalb kann ich diese Geschichte direkt aus seiner Sicht wiedergeben. Groß und schlaksig, einige Jahre älter als Lanier, mit sehr gemischten Gefühlen hinsichtlich der VR-Mode, ist er in vieler Hinsicht das genaue Gegenteil von Lanier. Im Jahre 1981, etwa zu der Zeit, da sein zukünftiger Partner in einer kugeldurchlöcherten Schrottkarre Richtung Kalifornien fuhr, befand Zimmerman sich auf der anderen Seite des Kontinents und führte seine ersten Experimente zum Bewegungs-Feedback durch. «Ich erinnere mich, daß ich im Haus meiner Eltern in Queens, New York, auf einem der ersten Atari-Computer ein Programm eintippte», berichtete er mir mit einem leisen Lächeln. «Ich saß vor meinem Computer und hatte meine Hosen fast bis zu den Füßen heruntergelassen, um mit Klebestreifen Sensoren an meinen Knien befestigen zu können, während von meinem Körper Drähte zu einem Kasten führten, der mit dem Computer verbunden war.»

Zimmerman erkannte, daß als Bewegungseingabegerät für einen Synthesizer die Hand natürlich der interessanteste Körperteil war. Das meinte er mit «Luftgitarre»: Halbwüchsige und auch nicht mehr ganz halbwüchsige Burschen tun gerne so, als würden sie mit ihren Fingern großartige Gitarrensoli spielen, während sie Rockmusik hören. Wenn man nun einen Handschuh mit Sensoren ausstattet, die die Position jedes Fingers und die Position der Hand im Raum bestimmen sowie die Positionsveränderungen in der Echtzeit verfolgen, wenn man diesen Handschuh mit einem Synthesizer verbindet und eine Software entwickelt, die Bewegungen in Musik verwandelt, dann kann man auf die echte Gitarre ganz verzichten. Als MIT-Absolvent und eingefleischter Bastler machte Zimmerman sich nach diesen Überlegungen auf und kaufte sich einen alten Arbeitshandschuh und ein paar elektronische Bauteile – das Ganze für weniger als zehn Dollar.

Entscheidend war, daß das Gerät nicht zu schwer wurde. Bereits in den fünfziger Jahren hatte man um die menschliche Hand die Exoskeletthand gebaut, eine die Hände umschließende Hülle, aber sie war viel zu klobig für Zimmermans Zwecke. Er verwendete dünne, biegsame und hohle Plastikschläuche, die das Licht leiteten – noch keine Glasfaserbündel, aber in ihrer Wirkung sehr ähnlich. Wenn man an einem Ende Lichtstrahlen hineinschickt, kommen sie am anderen Ende heraus, selbst wenn der Schlauch um Ecken oder über Gelenke geführt wird. Ein Schlauch lief an jedem Finger und am Handrücken entlang. An dem einen Ende jedes der lichtleitenden, flexiblen Schläuche befand sich eine simple elektronische Lichtquelle, am anderen Ende ein einfacher elektronischer Photosensor. Wenn die Schläuche geknickt wurden, verringerte sich die Lichtmenge, die zum Photosensor gelangte, in meßbarer Weise. Es ist nicht gerade das präziseste Verfahren, läßt sich aber durchaus dazu verwenden, ein fortlaufendes Signal von den Fingern und Knöcheln zu empfangen, so daß Veränderungen der Fingerpositionen in groben Zügen registriert werden. 1982 meldete Zimmerman seinen optischen Biegungssensoren-Handschuh zum Patent an und erhielt das US-Patent Nr. 4 542 291. Das Patent war nicht so umfassend, wie es hätte sein können, weil ein Forscher namens Gary Grimes, der an den Bell Laboratories arbeitete, bereits 1981 ein handschuhartiges Computer-Eingabegerät hatte patentieren lassen. Grimes' Handschuh war mit kleinen Schaltern an jedem Fingergelenk bestückt. Doch Bell verfolgte Grimes' Arbeit nicht weiter.

Während Zimmerman auf die Entscheidung über seinen Patentantrag wartete, fand er einen hochinteressanten neuen Arbeitsplatz – das Sunnyvale Research Laboratory von Atari. Dort traf er Scott Fisher, Jaron Lanier und andere Infonauten. Jaron Laniers visuelle Programmiersprache und Thomas Zimmermans optischer Handschuh trafen

zusammen, als Zimmerman eine Tagung für Computermusik besuchte, auf der Lanier einen Vortrag hielt. Lanier und Zimmerman kamen ins Geschäft. Zimmerman wurde einer der Gründer von VPL
Research, Inc., und überschrieb der Firma dafür sein Patent. Daraufhin nahm er die Entwicklung der nächsten Handschuhgeneration in
Angriff. Lanier hatte den Einfall, den Handschuh mit absoluten Positionssensoren zu bestücken. In der Forschung geht es darum, herauszufinden, *wie* man etwas machen kann, während es in der Entwicklungsphase gilt, den *besten* und kostensparendsten Weg zu finden. In dem
verbesserten Modell hatten die beiden die ursprünglichen Lichtleitun-
gen durch dünnere, leichtere und genauere Glasfasern ersetzt (die
Young Harvill erfunden hatte). Die Umhüllung jedes Faserbündels
wird auf jedes Gelenk aufgetragen (eingekratzt). Die Biegung an jedem
Gelenk bestimmt unmittelbar, wieviel Licht durch die genau geeichten
Durchgangsstellen der Glasfasern sickert, bevor es zum Photosensor
am Ende der optischen Faser gelangt.

Allerdings ist die Hardware nur das halbe System. Damit aus der
Hardware eine Wirklichkeitsmaschine wird, müssen ein oder, wahr-
scheinlicher, mehrere Fachleute eine Reihe von Computerprogrammen
schreiben und durchtesten. Charles Blanchard, später auch Young
Harvill und Steven Bryson, der heute bei Sterling Software ist, einem
weiteren Zulieferer von NASA/Ames, arbeiteten zwei Jahre mit Zimmerman und Lanier zusammen, um die Software zu vervollkommnen,
die die Signale vom Handschuh mit dem Weltmodell im Computer ver-
knüpfte. Ein VR-System umfaßt mehrere Software-Teilsysteme, die
eng miteinander verzahnt sein müssen. Zuerst müssen die analogen
elektrischen Signale der Biegungssensoren in einen Strom digitaler Informationen umgewandelt werden. Dann braucht man ein Computerprogramm, das die virtuelle Welt modelliert. In ihm enthalten oder mit
ihm verbunden muß die Rendering-Software sein – Programme, die
visuelle, akustische und andere Ausgabeformen so anordnen, daß dem
Operator die virtuelle Welt plastisch und real erscheint. Die Programmierer müssen das Weltmodell, die Wiedergabe- und die Eingabesysteme dergestalt entwerfen, daß keine kostbare Reaktionszeit mit dem
überflüssigen Hin- und Herschicken von Daten vergeudet wird. All das
liefert eine monotone, leere Welt. Um eine virtuelle Welt zu erzeugen,
die den Namen verdient, braucht man ein Instrument zur Entwicklung
von dreidimensionalen Computergrafik-Objekten.

Aus einem von Harvills Programmen entwickelte sich «RBZ Swivel», das VPL-System, das gegenwärtig für die plastische Gestalt der Modellwelten von VPL-Systemen sorgt. Mandala, Laniers visuelle Programmiersprache, hat ihren Namen gewechselt und hieß zwischenzeitlich «Grasp». Nach acht Jahren ist sie noch immer nicht fertig und heißt nach einem erneuten Namenswechsel «Embrace». Lanier ist bemüht, sie zu einem VR-Instrument auszubauen. Mehrere Teile des ursprünglichen Mandala-Projektes, dazu einige völlig neue Teile, die Laniers Programmierer erfanden, haben sich zu dem Software-System entwickelt, das VPL heute vermarktet. Das Dynamics-Programm * ist ein VPL-Produkt, das von Chuck Blanchard geschrieben wurde und den Namen «The Body Electric» erhielt. Der Programmteil, der die virtuelle Welt in Echtzeit darstellt, heißt «Isaac». Nur der primitivste Teil der Software-Infrastruktur für VIVED war bereits fertiggestellt, als VPL den Handschuh nach Vorgaben von NASA/Ames lieferte. So blieb es zunächst Warren Robinett und dann Douglas Kerr vorbehalten, ihre eigenen Systeme für die NASA-Computer zusammenzustellen. Die Zeit und die Mühe, die für die Programmierung von VR-Systemen aufgewandt werden müssen, sind bei der Entwicklung der Technologie Zeitfaktoren, die sich durch die Einführung eines neuen Mikrochips nicht wesentlich reduzieren lassen. VPL und NASA/Ames brauchten mehrere Jahre, um ihre Software zu vervollkommnen und sie für die leistungsfähigeren Computergenerationen umzuschreiben, die in den letzten fünf Jahren auf den Markt gekommen sind.

Eines Abends im Jahre 1984 schloß das junge VPL-Team die Arbeit an der Software-Schnittstelle ab und verband den Handschuh mit der Spielzeugversion der visuellen Programmiersprache. «Ich erinnere mich, daß ein Freund von mir hereinkam», erzählte Lanier, «und er sagte: ‹Das ist im Moment das wichtigste Zimmer auf der Welt.›»

«Das SRI (Stanford Research Institute) bot uns an, ein Labor zu mieten, aber sie schätzten, daß die Technologie fünfundzwanzig Jahre brauchen würde, um die Öffentlichkeit zu erreichen. Deshalb beschlossen wir, die Sache weiter in eigener Regie zu machen. Marvin und Margaret Minsky waren die ersten Investoren, die ich auftreiben konnte,

---

* Die Dynamik berücksichtigt bei der Bewegungssimulation neben den Kräften, die auf einen Körper einwirken, auch dessen Masse und innere Beschaffenheit. *Anm. d. Red.*

nachdem ich all das Geld, das ich mit ‹Moondust› verdient hatte, ausgegeben hatte.» (Von beiden Minskys wird in späteren Kapiteln noch die Rede sein.)

Aus der französischen Computerindustrie stieß Jean-Jacques Grimaud zu VPL, und gleiches gilt für einen der wichtigsten Geldgeber des Unternehmens, Thompson Avionics. Grimaud wurde VPL-Präsident, Lanier blieb leitender Direktor. Ihren ersten DataGlove verkauften sie laut Lanier an Thinking Machines Corporation, jenes Unternehmen in Cambridge, Massachusetts, das von einem anderen Wunderkind der Computerbranche, Daniel Hillis, gegründet worden war. Hillis war und ist ein Pionier auf dem Gebiet der Parallelrechner-Architekturen, in denen viele Einzelprozessoren zu einem Netzwerk von Rechnern verknüpft werden. «Es war der erste Kauf für Thinking Machines und der erste Verkauf für VPL», erinnerte sich Lanier. Dann kam der Vertrag mit der NASA. Der Vorschlag, sich an Scott Fisher von NASA/Ames zu wenden, kam von Margaret Minsky. Der NASA-Vertrag zwang die VPL-Leute, ihre Techniken zu verfeinern, und brachte VPL ins Spiel, als eine zweite Titelgeschichte im *Scientific American* vom Oktober 1987 den DataGlove als Illustration für einen Artikel über das VR-Institut von NASA/Ames abbildete.

Diese ersten Geschäftsbeziehungen von VPL spiegeln Laniers eklektisches Interessenspektrum wider, die prinzipiell universelle Natur der VR-Technologie und die Arbeitsstrategie von VPL, die darin besteht, ihren Markt phasenweise und an mehreren parallelen Fronten auszubauen. 1987 bot ein Unternehmen mit dem Namen Abrams-Gentile-Entertainment (AGE) VPL die Möglichkeit, sich Zugang zum Spielzeugmarkt zu verschaffen. VPL und AGE entwickelten nun eine Handschuhversion, die sich als Eingabegerät für die beliebten Nintendo-Videospiele eignete, die einen Marktanteil von Zigmillionen Dollar haben. An dem «PowerGlove» waren im übrigen auch Ingenieure von Mattel beteiligt. Im Verlauf dieses Prozesses veränderte sich die DataGlove-Technik grundsätzlich. Ein Prozeß über die Frage, wer was erfunden hatte, wurde einvernehmlich beigelegt, und nun teilt sich VPL die Patentgebühren von Mattel mit AGE. Ungefähr eine Million PowerGloves sind mittlerweile verkauft worden, und die Verkaufserwartungen belaufen sich bis zum Ende 1991 auf zwei Millionen. Der VPL-DataGlove kostet 8800 Dollar. Der Mattel-PowerGlove ist für weniger als 100 Dollar zu haben. Entscheidend für den Preisunterschied ist der Umstand, daß beim PowerGlove eine elektrisch leitende Tinte auf einen flexiblen Plastikstreifen gedruckt wird, der jedem Finger folgt. Dieses Verfahren ist wesentlich preiswerter (wenn auch ungenauer) als die Glasfaserbündel, die im DataGlove verwendet werden. Veränderungen der Fingerbeugung modifizieren die elektrische Leitfähigkeit der einzelnen Streifen.

Die absolute Position des PowerGlove – der Ort, an dem sich die Hand im Raum befindet – bestimmt man ebenfalls sehr viel kostengünstiger, wenn auch weniger genau, durch Ultraschalltechnik. Bereits Ivan Sutherland hatte mit Ultraschall experimentiert, und auch einige der ersten VPL-Prototypen hatten auf diesem Prinzip beruht. Unhörbare Impulse im Ultraschallbereich werden von drei Schallquellen ausgesandt. Diese sind im Rahmen des Fernsehschirms untergebracht, der als Sichtgerät des Nintendo-Systems dient. Ein Sensor am Handschuh und Berechnungen, die die Merkmale des Schalls zugrunde legen, liefern die absolute Position des Handschuhs. In der Regel wird der Schall von den Gegenständen in einem Raum auf charakteristische Weise reflektiert. Doch wenn die lineare Übertragung zwischen Handschuh und Sichtschirm durch Hindernisse beeinträchtigt wird, so werden die Ergebnisse ungenau. Bedenkt man aber, daß diese funktionsfähige Version des Handschuhs, bestehend aus aufgedruckten Leitungen und vakuumgeformtem Plastik, weniger als 100 Dollar kostet, so leisten das Ultraschall- und das elektrisch leitfähige System gute Arbeit. Ich wäre nicht überrascht, wenn in ein oder zwei Jahren eine Ganzkörper-Version für etwa den gleichen Preis zu haben wäre. Technisch gibt es jedenfalls keinen Grund, warum sich die Leistung von elektrisch leitfähiger Druckfarbe und Ultraschall-Positionssensoren nicht steigern und auch preiswerter anbieten lassen sollte. Wenn es gelingt, bessere Technologien zu entwickeln und auf diese Weise die Effizienz noch einmal erheblich zu steigern, wird die Massenproduktion von Datenhandschuhen beginnen.

Im Sommer 1989 habe ich eine vorläufige Fassung des PowerGlove und der Spiele, für die er gedacht ist, im New Yorker Büro von AGE ausprobiert. Er reichte über den Handrücken hinauf, hatte Fingerführungen, Haltebänder, die Handgelenk und Unterarm umschlangen, Knöpfe und andere Bedienungselemente. Als VR-Gerät war er allerdings kaum der Rede wert. Das tat seiner Attraktivität als Teil eines Spielsystems keinen Abbruch. Es machte mir mehr als nur ein bißchen

Spaß, mit seiner Hilfe einen Boxkampf gegen einen Videospiel-Schwergewichtler zu bestreiten. Völlig hingerissen war ich, als ich eine preiswerte Version der Verschlußblenden-Brille aufsetzte und versuchte, purpurrote, höhnisch grinsende Kobolde aus der Luft zu haschen und sie in eine Schatztruhe zu stopfen, die vor meinem Gesicht schwebte.

Heute läßt sich schwer vorhersagen, wie sich die Industrie für Handeingabegeräte entwickeln wird. Möglicherweise wird VPL seine marktbeherrschende Stellung behaupten.

Lanier und VPL haben ihre Arbeit jedenfalls nicht auf Datenhandschuhe beschränkt. Nach dem NASA-Handschuh und den anfänglichen Markterfolgen mit dem DataGlove begann VPL an einer kommerziellen Version des HMD zu arbeiten. Ausgangspunkt war eine spezielle Weitwinkeloptik mit geringer Verzerrung. Sie wurde von Eric Howlett konstruiert, der ebenfalls mit einer wilden Haarmähne ausgestattet ist. Er hatte schon die Optik für McGreevys und Fishers Systeme bei der NASA geliefert. Die Optik und die Farb-LCDs waren in einer Kopfarmatur untergebracht, die wie eine Sporttauchermaske aussah. Außerdem war sie noch mit einem Polhemus-Positions-Tracker bestückt. In der Zeit von 1988 bis 1990 war VPL der «Handschuh- und Brillenlieferant» für die Welt der Forschung – das erste Unternehmen, das fertige VR-Systeme verkaufte. Die Institute brauchten das virtuelle Rad nicht immer wieder neu zu erfinden, das heißt, ihre eigenen HMDs und Eingabegeräte zu konstruieren. Es war kein preiswerter Spaß, sich die Grundausstattung für die VR-Forschung zuzulegen. Nach den Preislisten vom Oktober 1990 kostete der Polhemus Navigation Systems Isotrak-Positionssensor 2500 Dollar, wenn man ihn von VPL bezog. Der DataGlove kostete weitere 6300 Dollar, das EyePhone 9400 Dollar und das Softwarepaket 7200 Dollar. Das belief sich auf 25 400 Dollar, nicht mitgerechnet der teure Computer, den man brauchte, um das ganze System zu betreiben. Ende 1990 arbeiteten die VPL-Systeme mit Grafik-Workstations von SiliconGraphics – man konnte zwischen drei Geräten im Werte von 95 000, 75 000 und 250 000 Dollar wählen. Für das RB2-System, das zwei Menschen gestattet, sich in einer gemeinsamen virtuellen Welt zu bewegen, sind zwei Rechner für je 250 000 Dollar erforderlich.

Wieviel Realität bekommt man für so viel Geld? Nach meinen ersten Erfahrungen mit den Drahtkörper-Welten der NASA im Dezember 1988 hatte ich meine nächsten VR-Erlebnisse im Frühjahr 1989. Ich lernte das erste System kennen, das im «Cyberia-Labor» von Autodesk konstruiert wurde, einer Gesellschaft, die ich von meinem Wohnort aus bequem mit dem Fahrrad erreichen kann. Die erste virtuelle Welt von Autodesk war eine computergenerierte Büroeinrichtung – langweilig, aber plastisch modelliert. Statt der Drahtkörper-Umrisse gab es massive, schattierte Flächen. Die Darstellung erreichte fast Cartoon-Qualität. Noch kein halbes Jahr nach meinen ersten Eindrücken bei der NASA erschien mir die Autodesk-Welt, so roh sie auch noch war, als erheblicher Fortschritt. Die Realitätsähnlichkeit der virtuellen Welten verbesserte sich so rasch, daß ich den Eindruck gewann, eine Geschichte des Kinos von Edisons Tagen über die «Talkies» (Tonfilme) bis zum Cinemascope im Zeitraffer zu sehen. Meine erste Begegnung mit den virtuellen Welten von VPL, im Frühsommer 1989, schien ein weiterer Ausschnitt aus diesem immer rascher ablaufenden Zeitraffer-film zu sein. Die erste VPL-Welt, in die ich an dem Tag nach dem «Virtual Reality Day» eintrat, war die «Day Care World», die dem Vergleich mit jedem Zeichentrickfilm standhielt und über den zusätzlichen Vorteil verfügte, daß sich noch eine zweite Person in ihr aufhalten konnte. Den Cyberspace mit einem anderen fühlenden Wesen zu teilen ist eine ganz besondere Erfahrung.

Als Jaron Lanier erfuhr, daß Autodesk die Resultate seiner VR-Forschung auf einer CAD-Tagung in Anaheim am gleichen Tag, nämlich am 7. Juni 1989, zu enthüllen gedachte, an dem sein eigenes Unternehmen VPL das System RB2 («Reality Built for Two») in San Francisco öffentlich vorführen wollte, kam er auf die nette Idee, den 7. Juni zu einem jährlichen «Reality Day» zu machen. VPL und Autodesk erörterten die Möglichkeit, eine Video-Live-Konferenz abzuhalten, vielleicht sogar eine gemeinsame VR-Demonstration zwischen Anaheim und San Francisco zu inszenieren. Lanier neigt dazu, mehr Projekte zu planen als durchzuführen. Die Konferenzschaltung zwischen den beiden Städten fand nicht statt. Der 7. Juni 1990 kam und verstrich, ohne daß irgendwelche weltbewegenden Ereignisse stattfanden. Doch der erste VR-Tag war ein Datum mit Signalcharakter. Ich beschloß, zunächst nach Anaheim zu fahren, weil die Autodesk-Präsentation nur am 7. Juni stattfinden sollte. Noch am gleichen Abend kehrte ich zurück, so daß ich am folgenden Tage das Civic Auditorium in San Francisco aufsuchen konnte, wo die VPL-Demonstrationen noch andauerten. Das Ereignis nannte sich «Texpo», eine Ausstellung, die von der

Pacific Bell finanziert wurde. Zu Laniers Talenten gehört die Fähigkeit, mit ungewöhnlichen Partnern ins Geschäft zu kommen. Irgendwie war es ihm gelungen, jemanden bei Pac Bell davon zu überzeugen, daß VR das Nachrichtensystem der Zukunft sei.

Für Leute, die wissen, in welche Richtung die Telekommunikations-technologie geht, ist die Möglichkeit der Televirtualität keineswegs eine abwegige Vorstellung. Trotzdem gehört schon einiges Geschick dazu, in einem so konservativen Unternehmen wie der Pacific Bell den Mann aufzutreiben, der solchen Vorstellungen zugänglich ist. Das Ergebnis von Laniers Bemühungen war die RB2-Demo. Man hatte je zwei Kopfarmaturen und Datenhandschuhe mit einer der teureren Maschinen von SiliconGraphics verbunden. Diese standen ihrerseits durch ein Kabel miteinander in Verbindung, das eine hohe Datenübertragungs-rate ermöglichte. Zwei Leute führten das System vor. Die zweidimensionalen Darstellungen der virtuellen Welt, die jeder Operator sah, waren auf riesigen Bildschirmen zu verfolgen. Beim Publikum kam unter anderem sehr gut an, wenn die beiden im virtuellen Raum Versteck spielten. Ein Operator entdeckte dabei, daß es möglich war, die virtuelle Repräsentation seines Körpers im Kopf des Partners zu verstecken!

Da es sich um eine kleine Vorführung im Rahmen einer größeren Ausstellung handelte, war der VPL-Stand hinter Trennwänden versteckt. Ausgewählte VIP-Gruppen wurden hinter die Trennwand geführt, wo sie die beiden VPL-Operatoren beobachten konnten. Sie saßen auf hohen Stühlen, hatten ihre Gesichter in EyePhones gesteckt und fuhren mit ihren datenbehandschuhten Händen durch die Luft, wenn sie in die Rolle von Innenarchitekten schlüpften oder einfach in ihrer virtuellen Welt spielten. Als ich hinkam, berichtete mir Lanier freudestrahlend, es hätten so viele Menschen von der Vorführung gehört und versucht, sich in die Gruppen der handverlesenen Gäste zu drängeln, daß es am Vortag fast einen Aufstand gegeben hätte. Er führte mich hinter die Trennwand, und ich beobachtete die Gruppe der Besucher, von denen vorher so gut wie niemand etwas von Virtueller Realität gehört hatte, wie sie der Vorführung mit höchster Verblüffung folgten. Nach Beendigung der Tagung fuhr ich zum VPL-Sitz in Redwood City und begab mich nun selbst in die Welt, die auf der Pacific-Bell-Ausstellung vorgeführt worden war. Die offizielle Bezeichnung des Projekts lautete «Day Care World» und war das Szenarium einer hypothetischen virtuellen Kommunikation der Zukunft. Man wollte zeigen, wie sich zwei Menschen, die sich an verschiedenen geographischen Orten aufhielten, in einem gemeinsamen virtuellen Raum begegnen und mit Hilfe ihres Körperempfindens und ihrer Phantasie beliebige Arbeiten verrichten konnten. In diesem Szenarium sollten die beiden Operatoren Innenarchitekten sein. Ihre Aufgabe bestand darin, Ideen für eine Tagesstätte auszuprobieren.

Die Tagesstätte selbst war ein kleiner Raum in einem Gebäude mit Fenstern und einer Tür. Die «Körnung» der künstlichen Welt war wesentlich feiner als die der NASA- oder Autodesk-Version. Die Gegenstände sahen runder, «massiver» aus. Eine der Möglichkeiten, diese Computeranimation zu erzeugen, besteht darin, komplexe Gegenstände in eine Reihe kleiner Flächen zu zerlegen, die man als «Polygone» bezeichnet. Diese fügen sich wiederum mosaikartig zum Abbild der Scheinwelt und der in ihr enthaltenen Objekte zusammen. Das Gouraud-Shading-Verfahren setzt gegenwärtig den Maßstab für das sogenannte Rendering von 3D-Objekten in Echtzeit, deren Darstellung auf dem Bildschirm als «2½D» bezeichnet wird. Je mehr Polygone ein Computer zu einem gegebenen Zeitpunkt auf dem Schirm wiedergeben kann, desto feiner und realer sieht die Darstellung aus. Die Zahl der Polygone, die die Wirklichkeitsmaschine pro Sekunde abbilden, und die Zahl, die sie von Sekunde zu Sekunde handhaben kann, sind ein Maß für die Leistungsfähigkeit des Rendering-Systems. Die Rechenleistung der teuren Workstations von Silicon Graphics reichte für zweitausend Polygone pro Sekunde, so daß die Welt einen ziemlich «glatten», bruchlosen Anblick bot. Doch trotz des Preises schien sie noch sehr weit von der Wirklichkeit entfernt zu sein. Laut Alvy Ray Smith von Pixar, einem der Gurus zeitgenössischer Computeranimation, hat die «Wirklichkeit 80 Millionen Polygone pro Sekunde».

Das Tagesstätten-Szenario war also glatter als die virtuellen Welten, die ich bislang kennengelernt hatte, ohne in seiner Technik besonders kompliziert oder avantgardistisch zu sein. Auf einer Wand befand sich das Firmenzeichen von Pacific Bell, ein Beweis für den Geschäftssinn Jaron Laniers. Ich stellte fest, daß man sich durch die Tür hinausbewegen und eine gewisse Entfernung auf einer gesichtslosen Ebene zurücklegen konnte, so daß man das Gebäude von fern sah. Man hatte die Möglichkeit, im Zimmer umherzuschweben und die Gegenstände darin zu manipulieren. Wenn eine andere Person sich zur gleichen Zeit in der Welt aufhielt, so erlebte man sie als abstrakte, aber körperlich

plastische 3D-Zeichentrickfigur. Nur die Hand eines jeden Weltbe-
wohners bewegte sich absolut synchron mit den Bewegungen des jeweiligen Operators. An einer Zimmerwand befand sich ein Hebel. Ich
faßte ihn an und betätigte ihn. Ein Deckenventilator begann sich zu
drehen und versetzte ein Mobile in Bewegung, das von der Decke herabhing. Auch das Mobile, eine Anordnung kleiner Dreiecke, konnte
man anfassen – und wenn man es losließ, flog es auf unerwartete Weise
davon. Es gab einen kleinen Tisch mit Bausteinen darauf. Ich konnte
die Bausteine aufheben und stapeln. Ferner gab es einen Wasserspender
und Stühle, die ich alle zu bewegen vermochte. Ich hatte die Möglichkeit, die Welt zu schrumpfen oder zu vergrößern, um zu sehen, wie
sie aus der Perspektive eines Kindes oder eines Erwachsenen wirkte.
(Um den Raum zu vergrößern, mußte ich mit dem kleinen Finger nach
unten zeigen, um ihn zu verkleinern, mit demselben Finger nach oben
weisen.)

1987 stellte VPL eine Ganzkörperversion des Datenhandschuhs vor,
den «DataSuit», einen Datenanzug, der mit einem Taucheranzug Ähnlichkeit hat (und auch aus einem solchen entwickelt worden ist). Ann
Lasco-Harvill und andere hatten sich dem Team angeschlossen, um
eine Handschuhversion zu entwickeln, die vom Hals bis zu den Knöcheln reichte. Ein ganzes Netz von Sensoren lieferte Daten über fünfzig
verschiedene Freiheitsgrade – Knie, Hals, Knöchel, Handgelenke. Der
Anzug ist teuer. Er kostet um die 50 000 Dollar, und es hat eine ganze
Zeit gedauert, bis man ein zuverlässiges Modell entwickelt hatte (bei so
vielen Sensoren können viele Funktionen des Anzugs ausfallen oder
falsche Daten liefern). Bei der ersten Präsentation des Anzugs durch
VPL tanzte ich mit einem virtuellen Hummer. Folgenden März in Tokio sah ich eine Vorführung, bei der ein Modell einen Datenanzug trug
und demonstrierte, wie das «interaktive Fernsehen der Zukunft» aussehen könnte. Auch die Idee, den ganzen Körper in virtuelle Welten zu
versetzen, hat frühe Ursprünge – in Stewart Brands Buch «Media Lab»
ist eine Fotografie, die Nicholas Negroponte in der frühen Version
eines Datenanzugs mit Positionssensoren zeigt. Die Versuche zur Eingabe mittels des ganzen Körpers werden intensiv fortgesetzt – von Myron Kruegers Labor in Connecticut bis zu den Forschungslabors eines
japanischen Konsortiums vor den Toren Kiotos.

Im Sommer 1990 begann für VPL die nächste Stufe der Marktent-
wicklung. VPL und die Elektroabteilung von Matsushita hatten sich,

so erklärte Lanier, auf ein Joint-venture geeinigt. In einer Datenbank von Matsushita befinden sich CAD-Modelle von dreißigtausend verschiedenen Haushaltsgeräten, die weitgehend in großen japanischen Kaufhäusern angeboten werden. Die Datenbank von Matsushita und das System von VPL sollen den Kunden in Zukunft ermöglichen, in einem der Kaufhäuser die Dimensionen ihrer Küche in einen der Computer einzugeben, der dann ein virtuelles Modell der Küche erzeugt. Die Kunden können nun verschiedene Geräte aus dem Katalog in das 3D-Modell ihrer Küche stellen und prüfen, wie die räumliche Anordnung ist, wie alles aussieht und wie man sich in dieser Küche bewegen kann. Man kann die Teller auf den Regalen hin und her schieben und die Kühlschranktür öffnen. Die Kunden werden sogar sehen können, wie die Kälteschwaden durch die offene Kühlschranktür in die Küche dringen. «Wir haben vor, in das System eine thermodynamische Simulation einzubeziehen», fügte Lanier hinzu, «um zu zeigen, wie sich die Warm- und Kaltluft durch das Modell bewegt.»

In einem weiteren Projekt beschäftigt sich VPL mit chirurgischer Simulation. Im ursprünglichen Projekt bei NASA/ Ames hatte man in Zusammenarbeit mit Joseph Rosen vom Stanford Medical Center versucht, einen «virtuellen Leichnam» zu entwickeln. Obwohl menschliche Leichname und lebende Patienten für die Ausbildung von Chirurgen notwendig sind, ist es von großem Vorteil, wenn man die Möglichkeit hat, bestimmte anatomische Probleme, die eine Operation erforderlich machen, in drei Dimensionen zu simulieren – vor allem wenn die Simulationen auf medizinischen 3D-Bilddaten echter Patienten beruhen. Bildverarbeitungssysteme für Diagnosezwecke, wie etwa die Anlagen, die in Stanford und an der UNC entwickelt werden, stehen vermutlich innerhalb der nächsten zehn Jahre zur Verfügung. Ein Vorgang, der so heikel und sensibel wie ein chirurgischer Eingriff ist, verlangt sehr perfekte Verfahren, damit die Simulation mehr ist als nur eine 3D-Abstraktion. Eine solche auf VR beruhende Operationsplanung könnte in der medizinischen Ausbildung Anwendung finden und chirurgischen Fachärzten dazu dienen, schwierige Operationen zu «üben».

Außerdem arbeiten die VPL-Leute mit den Konstrukteuren eines großen Flugzeugunternehmens zusammen – «eines nichtmilitärischen Flugzeugunternehmens», wie Lanier eilig hinzufügte, «weil wir kein Geld vom Verteidigungsministerium haben wollen und uns weigern, an militärischen Systemen zu arbeiten». Einer der neuesten Windkanäle dieses Unternehmens wurde mit Hilfe eines VPL-Systems entwickelt.

VPL versucht sich auch auf dem neuen und möglicherweise sehr einträglichen Gebiet der Visualisierung von Finanzsystemen. Schließlich besteht der Aktienmarkt schon lange nicht mehr aus einer Gruppe von Männern, die in einem Börsensaal herumschreien. Die meisten finanziellen Transaktionen werden heute über einen Datenstrom abgewickelt, der durch weltweite computerisierte Handelssysteme fließt. Wenn es eine Möglichkeit gibt, aufschlußreiche Muster in diesen umfangreichen Strömen von finanziellen Daten zu erkennen, indem man ihnen eine sichtbare und manipulierbare 3D-Gestalt verleiht, wären die Vorteile ungeheuer. VPL hat mit einer Versicherungsgesellschaft zusammengearbeitet, die ihre Datenbanken als Wälder und die einzelnen Dateien als Bäume dargestellt haben wollte. Dieses Experiment ermöglichte die totale Immersion in eine finanzielle Datenbank. Die Frage lautete, ob man einen besseren «Zahlensinn» entwickelt, wenn man durch diese Wälder fliegt oder streift. Dann könnte man beispielsweise Arbitrage-Geschäfte * abwickeln, indem man darauf achtete, welcher Baum aus einem Wald hervorragt, um ihn mit dem Datenhandschuh zu ergreifen.

Auf dem Unterhaltungssektor ging VPL eine Zusammenarbeit mit dem Regisseur Alex Singer ein, der den Film «Kalter Wind im August» sowie die Fernsehserien «Hill Street Blues» und «Cagney and Lacey» gemacht hat. Schon bevor ich Singer auf der Texpo traf, hatte ich vermutet, daß Hollywood versuchen würde, auf den VR-Zug aufzuspringen. Die Geschichte des Films, der Singer vorschwebt – vorläufiger Titel «A Man and a Woman and a Woman» –, schildert die Erlebnisse zweier Menschen, die sich im Innern einer VR-Vorführung kennen- und liebenlernen. Bedenkt man, welchen Namen Singer im Filmgeschäft hat, so ist durchaus möglich, daß VR durch einen Erfolgsfilm à la «Wargames» der breiten Öffentlichkeit ebenso ins Bewußtsein gebracht wird wie damals die halbwüchsigen Computerhacker. 1990 kam das RB2-System ins amerikanische Fernsehen, und zwar in Form eines Musikvideos, das Lanier und der Gitarrist Stanley Jordan ge-

---

* Ausnutzung von Preis- oder Kursunterschieden für das gleiche Handelsobjekt an verschiedenen Börsen. *Anm. d. Red.*

macht hatten, wobei sie VR als Echtzeit-Improvisationsinstrument benutzten. Das Video zeigt Jordan, wie er eine virtuelle Gitarre von der Größe eines Wolkenkratzers spielt. Auf einem Video der Gruppe Grateful Dead war die Animation einer Skeletthand zu sehen, die von einem DataGlove gesteuert wurde.

Einen seiner größten Pläne nennt Lanier «Realitätsnetz». Schon ein Jahr nach der RB2-Vorführung auf der Texpo hatte Lanier damit begonnen, einen Prüfstand für ein virtuelles Telekommunikationsnetz zu entwickeln. Die erste Verbindung sollte im Verlaufe des Jahres 1991 zwischen der VR-Gruppe an der UNC und VPL hergestellt werden. Auch das Human Interface Technology Laboratory in Seattle und das Media Laboratory waren zur Mitarbeit an dem Experiment bereit. Die VR-Forscher, denen ich in Kioto begegnete, zeigten ebenfalls Interesse daran, sich dem experimentellen Netz anzuschließen, sobald es in Betrieb genommen wird. Man möchte dadurch einen VR-Telekommunikationskanal schaffen, der es den Forschern erlaubt, Informationen auszutauschen und gemeinsam zu erkunden, welche Möglichkeiten VR als Telekommunikationsmedium bietet. Wenn man Welten dadurch teilen könnte, daß man einen Helm ans Fernsprechnetz anschließt, dann könnte Gibsons Cyberspace rascher Wirklichkeit werden, als wir denken. Zunächst könnte ein solches Netzwerk dergestalt organisiert sein, daß man Pakete von Computerdaten durch das vorhandene Telefonnetz schickt, so wie Computer heute Informationen mittels Modems austauschen. Später könnten die rechenintensiven VR-Systeme an die Breitband-Glasfasernetze der Zukunft angeschlossen werden.

Ob nun VPL die VR-Industrie auch weiterhin beherrschen wird oder nicht, fest steht jedenfalls, daß diese Industrie, sollte sie sich tatsächlich entwickeln, von einem eigenartigen kleinen Unternehmen auf den Weg gebracht wurde, das in einem Landhaus begann, heute in einem großen Industriekomplex residiert und sich zum Ziel gesetzt hat, das Wesen der Wirklichkeit, so wie wir sie kennen, zu verändern.

VPL ist möglicherweise das erste Unternehmen der VR-Wirtschaft gewesen, aber es ist längst nicht mehr das einzige. Jaron Lanier mag einer der auffälligsten Vordenker auf dem neuen Gebiet gewesen sein, aber er ist es nicht mehr allein. Zwar hat VPL die Finger in den meisten der erfolgversprechenden Anwendungsmöglichkeiten für die VR-Technologie, doch könnte sich auf diesem Gebiet schon in naher Zukunft ein Unternehmen durchsetzen, das eigentlich nur bei den Insidern der Software-Industrie bekannt ist. Vor knapp zehn Jahren wurde es von einer Gruppe von Programmierern gegründet und hat heute Jahreseinnahmen von mehr als hundert Millionen Dollar. Die Rede ist von Autodesk. John Walker, einer der Gründer, lebt sehr zurückgezogen und ist bei weitem keine so farbige Erscheinung wie Jaron Lanier. Auf lange Sicht könnten er und die Gesellschaft, die er gegründet hat, für die VR-Industrie genauso wichtig werden wie das Unternehmen, das Datenbrillen und Datenhandschuhe verkauft.

Cyberspace und dicke Geschäfte

Virtuelle Realität ist eine Universaltechnologie für die Interaktion mit Computern – sie ist ebensowenig zur alleinigen Anwendung für das 3D-Grafik-Design gedacht, wie sich die Schnittstellen der fünften Generation mit ihren Rasterbildschirmen nur für zweidimensionale Zeichnungen verwenden lassen. Allerdings neigen wir dazu, neue Technologien anfänglich in der naheliegendsten und konkretesten Weise anzuwenden. In der ersten Zeit benutzte man Grafik-Bildschirme für grafische Zwecke im engeren Sinne – wie etwa Zeichnungen und Bildverarbeitungen. Erst später, als Grafik-Bildschirme billiger und allgemein verfügbar wurden, erkannte man, daß die zweidimensionale Grafik bei angemessener Verwendung auch dazu dienen konnte, rein text- oder zahlenorientierte Aufgaben zu lösen.

Nicht anders wird es mit der VR sein. Sie repräsentiert die erste dreidimensionale Computerschnittstelle, die diesen Namen verdient. Anwender, die sich bemühen, dreidimensionale Entwürfe anhand verschiedener Perspektiven, schattierter Bilder oder Animation zu verstehen, werden ohne Schwierigkeiten oder Zögern eine Technologie übernehmen, die es ihnen gestattet, ein Objekt aufzuheben und es zu drehen, um seine Form zu verstehen. Wie Superman kann der Anwender durch einen komplexen Entwurf fliegen oder mit geeigneten Werkzeugen etwas konstruieren und das Ergebnis sofort in Augenschein nehmen.

JOHN WALKER
«Through the Looking Glass», 1988

VPL belieferte viele Leute in der Informatikforschung mit serienmäßigen VR-Modellen, doch die meisten Menschen außerhalb des Kreises der Eingeweihten, in dem man sich mit neuartigen Benutzeroberflächen beschäftigte, begannen von VR erst Notiz zu nehmen, als Autodesk in das Cyberspace-Geschäft einstieg. Als Autodesk im Frühjahr 1989 firmenintern sein «Cyberia-Projekt» erstmals vorstellte, war ich früh hingegangen und hatte mir einen Platz in der ersten Reihe gesichert. Es waren an diesem Nachmittag ungewöhnlich viele Menschen erschienen – Angestellte von Autodesk, ihre Gäste und eine ganze Reihe freiberuflicher Wissenschaftsjournalisten, die, wie ich, von dem Ereignis Wind bekommen und sich eine Einladung verschafft hatten.

Die meisten Menschen im Publikum hatten im Laufe der Vorwoche die ersten Blicke in den Cyberspace geworfen. Angesichts des technischen Informationsstandes der versammelten Besucher bestand keine Notwendigkeit zu erklären, daß die Geräte, die sie gesehen hatten, nur ein primitives Frühstadium darstellten und die Hardware-Basis nicht dem technischen Standard der Zeit entsprach. Die Menschen in dem großen Vorführraum von Autodesk brauchten keine Nachhilfe, um von der Vorführung, die sie miterlebt hatten, auf die künftigen Möglichkeiten zu schließen. Zur Sprache kamen Anwendungsgebiete wie Visualisierung, Spiele, Fitneßbereich, Sport, Unterricht, Ausbildung, Theater, Tanz, Physiotherapie, Telerobotik. Allen war klar, daß sich ein weiter Horizont von Möglichkeiten eröffnete. Die laufenden Vorführungen lagen in den Händen der demonstrationserfahrenen Cyberia-Mitarbeiter, die seit Wochen Tag und Nacht arbeiteten, zunächst um den Demonstrationsprototyp fertigzustellen, dann um ihn all den Leuten zugänglich zu machen, die selbst in die Scheinwelt eintauchen wollten. Den Kopf in die VR-Umgebung eines Büros zu stecken war fast wie ein Taufritual. Ich erinnere mich an eine tiefbewegte Rede von William Bricken (in der er nach meinen Aufzeichnungen erklärte: «Mir drängt sich die Metapher auf, daß man, wenn man virtuelle Realitäten erforscht, noch einmal lernt, ein Kind zu sein»). Dann zeigte Eric Gullichsen einen kurzen Film, in dem Timothy Leary auftrat. Nachdem die Vorführungen vorbei waren und die Verantwortlichen den anhaltenden Applaus mit feuchten Augen entgegengenommen hatten, meldete sich Esther Dyson als eine der ersten zu Wort: «Ich will kein Spielverderber sein. Die Sache könnte sich in einigen Bereichen durchaus vorteilhaft auswirken, aber in anderen nicht ganz so vorteilhaft. Beispielsweise können Sie mir die Tastatur nicht wegnehmen.» Mit diesem kurzen, anschaulichen Beispiel gelang es ihr, das Gefühl der Desillusionierung zu vermitteln, das man häufig in einer Gruppe von Menschen empfindet, an deren quasireligiösen Erweckungserlebnissen man nicht teilhat.

Woraufhin Randal Walser, der Cyberspace-Programmierer von Autodesk, in seiner typischen, freundlich-unnachgiebigen Art erklärte, Dyson könnte ihre Tastatur im Cyberspace zurückbekommen, sobald leistungsfähigere Geräte als dieses Spielzeugsystem zur Verfügung stünden. «Sie könnten dann eine simulierte Workstation haben, und das würde bedeuten, daß Sie einen virtuellen Arbeitsplatz hätten», fügte er mit knappem Lächeln hinzu.

Theodor Nelson erklärte in seiner etwas sprunghaften und provozierenden Art, der Cyberspace könnte die Menschen zu der Erkenntnis bringen, daß das «Computer-Programmieren in Wirklichkeit ein Zweig des Filmemachens» sei, wie er schon seit Jahren behaupte.

Nachdem Ted Nelson seine höchst bedenkenswerte Äußerung vorgebracht hatte, stand ein anderer Teilnehmer auf und meldete sich zu Wort. Als er zu sprechen begann, dämmerte mir, daß es John Walker war, der normalerweise höchst öffentlichkeitsscheue Präsident von Autodesk, der in puncto Charisma das genaue Gegenteil von Jaron Lanier ist. Als Programmierer mit legendären Fähigkeiten gründete er vor ein paar Jahren eine Gesellschaft, die heute Gewinne von mehreren hundert Millionen Dollar im Jahr einstreicht. Vor kurzem hat Walker sich auf eigenen Wunsch von der Präsidentschaft beurlauben lassen, um sich wieder dem Programmieren zu widmen. Für die Wallstreet ist VPL noch nicht einmal ein kleiner Punkt am Horizont, Autodesk dagegen ein Anwärter auf das ganz große Geschäft. Und John Walker ist der Ideenlieferant von Autodesk. Sein betont bescheidenes Auftreten entspricht einfach seinem Wesen. Er liebt es, Programme zu schreiben, und er haßt es, große Worte zu machen. Wenn es notwendig ist, ergreift er zwar das Wort, kann auch energisch werden, verläßt sich dann aber lieber auf seine Überzeugungskraft.

Seit Autodesk im Forschungs- und Entwicklungsbereich von VR tätig ist, haben sich die Anfänge einer ernstzunehmenden Industrie herausgebildet. John Walker genießt einen guten Ruf bei Programmierern, nicht seiner Finanzkraft wegen, sondern weil Autodesk als Programmierer-Unternehmen bekannt ist. Es wurde gegründet, weil Walker und andere davon überzeugt waren, daß Architekten und Konstrukteure, die PCs längst für andere Zwecke nutzten, gern ein paar hundert Dollar für eine etwas leistungsschwächere Version jener CAD-Software ausgeben würden, die mehrere tausend Dollar kostete und die große Architekten- und Konstruktionsbüros auf Mainframe-Rechnern benutzten. AutoCAD wurde zu einem der größten PC-Software-Bestseller aller Zeiten. Mit der Weiterentwicklung der Grafiktechniken und der Leistungsfähigkeit von Computer-Hardware gewann das Instrumentarium von Autodesk an Tiefe – das mechanische Zeichenprogramm auf flachem Schirm wurde zu 2½D-Abbildungen von Räumen und Objekten. 1990 verzeichnete Autodesk einen Gewinn von 117 Millionen Dollar und wurde an der Wallstreet auf 926 Millionen Dollar geschätzt. Der rasche Erfolg von Autodesk zeigt deutlich, daß

Architekten und Designer auch an relativ einfachen intelligenzverstärkenden Konstruktionswerkzeugen interessiert sind, wenn ihr eigener
Sachverstand durch sie die richtige Art von Unterstützung erfährt.
Walker ist der Überzeugung, daß dieselben Leute, die für die Wertstei-
gerung seines Unternehmens auf fast eine Milliarde Dollar verantwortlich sind – die AutoCAD-Anwender, deren tägliches Geschäft die visuelle Vergegenwärtigung von dreidimensionalen Objekten ist –, nur zu
gern bereit sind, ihren Blickpunkt durch das Fenster des Computerbild-
schirms in die virtuelle Welt hineinzuverlagern, die sie sich zu vergegenwärtigen suchen.

So prosaisch diese Beschreibung der CAD-Software auch klingen
mag, diese Programme sind eine leistungsfähige Verkörperung jener
intellektuellen Potenzierungswerkzeuge, von denen Douglas Engelbart
und Frederick Brooks jahrzehntelang geträumt haben. Daß Autodesk
sich bewußt dem Intelligenzverstärkungsbereich zurechnet, zeigen die
Projekte, mit denen sich die Firma gleichzeitig beschäftigt – Hypertext,
Online-communities, Multimedia und Virtuelle Realität: Autodesk
hat einen großen Anteil an dem legendären, unvollendeten Hypertext-
Projekt «Xanadu» von Ted Nelson und seinen Mitarbeitern erworben.
Hypertext ist ein Versuch, das Wissen der Welt in einem vollautomati-
schen Netz zusammenzufassen, in dem die Produktion, die Veröffentlichung und die Honorarabrechnung für geistiges Eigentum innerhalb
eines überall und jedem zugänglichen Systems stattfindet. Außerdem
stellte Autodesk für seine Tochtergesellschaft Amix Randy Farmer ein,
einen der Schöpfer der ersten grafisch dargestellten Online-communities («Habitat», ursprünglich ein Projekt der Spieleabteilung von Lucasfilm, heute im Besitz von Fujitsu). Farmer soll an der Entwicklung
eines für die Zukunft geplanten Marktplatzes für Informationsaus-
tausch mitwirken. Vor kurzem hat Autodesk auch eine Multimedia-
Abteilung gegründet, die die Möglichkeiten zum Einsatz von modernsten Techniken erkunden soll – unter anderem von Compact-Discs
(CD-ROM), Bildplatten und interaktivem Video auf digitaler Basis
(DVI = Digital Video Interactive). Die firmeninternen Donnerstags-
seminare von Autodesk in Sausalito erfreuten sich großer Beliebtheit.
Freunde, die bei Autodesk arbeiteten, standen hoch im Kurs.

In der Welt der Topprogrammierer gibt es die einsamen Wölfe und
die anderen, die bei einem bestimmten Unternehmen arbeiten, weil sie
dort die übrigen Spitzenkönner ihres Faches antreffen. Deshalb zeigt

das Gerücht, daß sich ein großer Teil der bekannten Spitzenprogram-
mierer bei der einen oder der anderen Gesellschaft versammelt hat, in
der Regel an, daß man sich dort mit einem interessanten Projekt beschäftigt, einem Projekt, das nicht nur neue Marktanteile hinzuge-
winnt, sondern auch dem technischen Fortschritt dient. Es gab einen
Zeitraum zu Anfang der siebziger Jahre, als alle Software-Superstars
bei PARC zu landen schienen. Anfang der achtziger Jahre fanden sich
alle Software-Experten, die auf neue Technologien setzten und die
Welt durch ausgeklügelte neue Programme retten wollten, bei Apple
ein. Ende der achtziger Jahre schien sich Autodesk zum Zielort für die
besten und klügsten Köpfe der Software-Branche herauszuschälen. In
seiner Einstellungspolitik schien Autodesk unkonventionelles Denken
zu begrüßen, solange die Programmierfähigkeiten des Bewerbers weit
über dem Durchschnitt lagen.

Die Leitung einer großen Gruppe von Programmierern stellt ganz
andere Anforderungen als die eigenhändige Entwicklung erstklassiger
Software. Walker hat eine besondere Art und Weise, den anderen Mitarbeitern des Unternehmens seine Vorstellungen zu vermitteln. Bekannt sind seine hochmotivierenden Aktennotizen und seine Software-
Entwürfe (eine Auswahl wurde unter dem Titel «The Autodesk File»
veröffentlicht). Im September 1988 katapultierte Walker das Unternehmen in das Cyberspace-Abenteuer – oder legte zumindest die ersten
ein oder zwei symbolträchtigen Schritte auf dem Weg zu diesem Ziel
zurück –, indem er ein firmeninternes Papier mit dem Titel «Through
the Looking Glass: Beyond User Interfaces» zirkulieren ließ. Es war
keinesfalls ein Geheimdokument, obwohl es erst ein paar Stunden lang
bei Autodesk die Runde machte, bevor Kopien auf elektronischen Arbeitsplätzen in aller Welt landeten, unter anderem auch auf meinem.
Die Lektüre dieses Manifests kurz nach meinem ersten Blick in den
Cyberspace gehörte zu den Schlüsselerlebnissen, die mich veranlaßten,
einige Jahre in der Welt umherzureisen und mich über die weltweiten
Fortschritte auf dem Gebiet der VR-Forschung zu informieren. John
Walker hatte die Bedeutung der historischen Stunde erkannt und
drängte sein Unternehmen, sich den Umstand zunutze zu machen, daß
es einen riesigen Markt, zumindest im Augenblick, ganz für sich allein
hatte. CAD bedeutete einen Fuß in der Tür, doch das Territorium, das
Walker hinter der Barriere des 2D-Bildschirms wahrnahm, war unendlich viel größer.

Walker hatte erkannt, daß die Produkte, die sein Unternehmen verkaufte, mehr als eine neue Methode zum Entwurf von Plänen waren. Die Erzeugnisse von Autodesk für die dreidimensionale Visualisierung und Manipulation von Objekten und Strukturen ließen sich als die Anfänge einer Entwicklung verstehen, die mindestens so bedeutsam wie die PC-Revolution war, die aber erst einen kleinen Teil ihres potentiellen Marktes erreichte. Walker schrieb: «Daß sich das Interesse gegenwärtig so sehr auf Schnittstellen konzentriert, ist ein Artefakt unseres gegenwärtigen Umgangs mit Computern – mittels Bildschirmen, Tastaturen und Mäusen –, genauso wie Aufgabensteuerungssprachen aus den Stapelverarbeitungssystemen mit Lochkarten erwuchsen. Die technische Entwicklung der nahen Zukunft verspricht, die heutigen Benutzeroberflächen durch etwas ganz anderes zu ersetzen.» Mit «etwas ganz anderes» meint Walker den totalen Immersionsbildschirm, den er allerdings lieber als «Cyberspace-System» bezeichnet.

In der Notiz, die Walker später zu einem Artikel ausarbeitete und in einem Buch veröffentlichte, entwarf er eine Art Stammbaum der Interfaces und zeigte, daß deren langfristige Entwicklung direkt zu jenem mehrdimensionalen Fenster führte, das Ivan Sutherland 1965 vorgeschlagen hatte. Walker wußte um die Entwicklung der Mikroprozessoren, und er wußte um die Entwicklung der 3D-Rendering*-Software. Er glaubte, bereits 1989 würden sich einfache VR-Systeme für weniger als eine halbe Million Dollar zusammenbauen lassen. 1988 hatte er zu der Gruppe derer gehört, die die Kitty-Hawk-Version der VR-Systeme ausprobiert und dabei eine Vorstellung davon gewonnen hatten, wie die Jumbo-Jet-Version der Virtuellen Realität irgendwann in den neunziger Jahren aussehen könnte. Ein weiterer Gläubiger hatte sein Schlüsselerlebnis in Sachen VR gehabt.

Walker machte einen feinen Unterschied, der auf lange Sicht eine große Rolle spielen könnte. Es ist allgemein üblich, Computergenerationen danach zu unterscheiden, ob sie Röhren, Transistoren, einfache integrierte Schaltkreise oder hochintegrierte Schaltkreise als grundlegende Schaltelemente verwenden. In seinem Papier schlägt Walker eine

---

* Rendering: abschließende Berechnungsstufe für 3D-Szenarien, die entsprechend der Kameraposition die sichtbaren Flächen der 3D-Modelle in zweidimensionale Bildpunkt-Muster für die Bildschirmausgabe berechnet bzw. umwandelt. *Anm. d. Red.*

historische Betrachtungsweise auf einer ganz anderen Grundlage vor. Entscheidend ist danach, wie Menschen und Computer *interagieren*, und nicht, auf welchen Schaltelementen die Arbeitsweise des Computers beruht. Dabei ist jede «Interaktionsgeneration» durch eine charakteristische Operationsweise definiert, weniger durch die Hardware oder Software. Die erste Generation der elektronischen Digitalrechner Ende der vierziger Jahre wurde mittels Stecktafeln bedient. Die Rechnungen programmierte man, indem man die Stecker auf einer riesigen Schalttafel umordnete. Die zweite Generation kam in den fünfziger Jahren auf, als man dank der Stapelverarbeitung die Schalttafel durch Lochkarten ersetzen konnte. Die sechziger Jahre sahen die dritte Generation, die auf dem Time-sharing beruhte und den Programmierern die direkte Interaktion mit dem Computer durch Tastatur und Bildschirm ermöglichte. Nach Walkers Taxonomie charakterisierte die Verwendung von Menüs, die die Anwender in die Lage versetzten, Befehle auszuwählen, statt sich komplizierte Befehl-Codes einprägen zu müssen, die vierte Generation. Die direkt manipulierbare Benutzeroberfläche, das Paradigma «Point and click» von ARC-PARC-Mac, ist die fünfte Generation in Walkers Schema.

Nachdem Walker diese historische Abfolge dargelegt hatte, zeigte er, daß es bei genauer Betrachtung dieses Prozesses eigentlich immer nur darum geht, die Barrieren zwischen Anwender und Rechner aufzuheben. Die Vorderseite des Computers war die Barriere, die bei dem Übergang von den Stecktafeln zu den Lochkarten entfernt wurde. Man brauchte die Wand nicht mehr zu entfernen, um ein neues Programm einzugeben. Die Barriere, die das Time-sharing beseitigte, war der Schalter, über den hinweg die Programmierer ihre Lochkartenstapel an die System-Operatoren aushändigten. Das Terminal, das von dem Programmierer unerbittlich bestimmte Befehl-Codes verlangte, war die Barriere, die durch die Entwicklung von Menüs entfernt wurde. Die Befehlshierarchie des Menüs, die den Prozeß der Computersteuerung teilweise vor dem Anwender verbirgt, entfiel, als die Steueroperationen mittels der Maus und ähnlicher Eingabegeräte den Bildschirm zur letzten Barriere machten. Nach Walkers Auffassung müssen wir also den Schirm als die gegenwärtige Barriere entfernen, um die nächste Stufe der Schnittstellen-Evolution zu erreichen. Damit steht nach Walkers Meinung eine Konvergenz der alten Forderung nach künstlichen Welten und der Entwicklung der Mensch-Maschine-Schnittstellen unmit-

telbar bevor. Die Mensch-Maschine-Schnittstelle und die Wirklichkeitsmaschine sind zwei Ansichten derselben Sache.

Folgt man Walkers Taxonomie, so tritt ein Aspekt deutlich hervor,
der bislang eher im Hintergrund gestanden hat: Wenn man anstrebt, *in
etwas einzutreten und sich in ihm umzusehen*, so hat man eine andere
Metapher für die Interaktion – und andere Barrieren zu entfernen –, als
wenn man sich darauf beschränkt, Befehle zu erteilen und die Antworten zu verfolgen. Unsere Interaktionen mit Computern haben die
Schwelle zur VR-Ära noch nicht überschritten – wir wandern noch
nicht in unseren Maschinen umher. Die heutigen Schnittstellen der
«fünften Generation» ermöglichen den Anwendern, eine zweidimensionale Grafik in einer «dialogfähigen» Weise zu manipulieren – mit
dem Computer Befehle und Antworten auszutauschen, so daß eine Art
Dialog entsteht. Hier liegt nach Walker der Kern des Problems – wir
müssen eine Barriere in unserem Denken entfernen, die wir nicht sehen
können, weil sie direkt vor uns liegt. In seiner ursprünglichen Notiz
erklärte Walker:

«Ich glaube, der Dialog ist das falsche Modell für den Umgang mit
einem Computer – ein Modell, das unerfahrene Anwender in die Irre
führt und selbst erfahrene Software-Schreiber dazu verleitet, schwer zu
nutzende Systeme zu entwickeln. Da der Computer ein gewisses Maß
an Autonomie besitzt und bestimmte intellektuelle Aufgaben, die uns
schwierig erscheinen, rasch ausführen kann, haben wir Computern
von Anfang an die Attribute menschlicher Intelligenz zugeschrieben
(‹Elektronengehirne›). Wir haben ihnen Merkmale unterstellt, die sie
gar nicht besitzen, und uns dann große Mühe gegeben, sie so zu programmieren, daß sie sich verhalten, wie sie es unserer Vorstellung nach
tun sollten.

Wenn Sie mit einem Computer interagieren, führen Sie keinen Dialog mit einem anderen Menschen. Sie erkunden eine andere Welt.»

Exploration, Erkundung, statt *Dialog* ist die beste Formel, um die
ideale Mensch-Maschine-Interaktion zu beschreiben. Es ist nur eine
kleine Verschiebung der Perspektive, aber plötzlich sieht alles ganz anders aus. Von dieser Einsicht ausgehend, hat John Walker eine klare
Vorstellung davon, in welche Richtung sich die Computerrevolution
entwickeln wird und wo das von ihm gegründete Unternehmen seine
Mittel einsetzen sollte. Er hat dies in «Through the Looking Glass»
dargelegt, einer Notiz, die sich eher wie ein Manifest liest: «Ich halte

die Virtuelle Realität für die einzige Technologie, von der ernsthaft zu erwarten ist, daß sie die nächste Generation der Mensch-Maschine-Interaktion bestimmen kann.» Das ganze Dokument ist eine faszinierende Lektüre. Hier gibt ein Vordenker Antwort auf die Frage: «Ist es vernünftig, ein Unternehmen an den Ideen eines Science-fiction-Buches auszurichten?» Walkers Antwort: «Warum nicht? Genau das habe ich getan.»

Walker gibt zu, daß er den Gedanken, Computerwelten zu betreten, aus der Science-fiction-Literatur hat, und nennt in diesem Zusammenhang William Gibson als sein jüngeres Vorbild und Frederik Pohl als ein älteres. Beiläufig erwähnt er, daß Pohls «Heechee-Bücher» von großer persönlicher Bedeutung für ihn gewesen sind – «das zweite von ihnen, ‹Beyond the Blue Event Horizon›, spielte eine wichtige Rolle bei der Gründung dieses Unternehmens». Walker erklärt: «‹Künstliche Wirklichkeit› und ‹virtuelle Realität› sind zwei sich widersprechende Bezeichnungen.» Deshalb hält er Cyberspace für einen treffenderen Ausdruck, der auf das griechische Wort *kybernetike* (Steuermannskunst) zurückgeht. (Einige Monate später, als irgendein übereifriger Anwalt das Autodesk-Team dazu überredete, das Wort «Cyberspace» rechtlich schützen zu lassen, und in den Gerüchten um dieses Ereignis der Name des Programmierers Eric Gullichsen erwähnt wurde, erhielt Autodesk einen Brief von William Gibsons Anwalt – und die Autodesk-Leute erfuhren über den gemeinsamen Freund Timothy Leary, Gibson prüfe, ob er den Namen «Eric Gullichsen» rechtlich schützen lassen könne.)

Wenn sich die nächste Computerrevolution tatsächlich im Bereich der VR-Technologie ereignen sollte, wenn die CAD-Software-Anwender die Vorhut des Cyberspace-Marktes sind und wenn Autodesk mit seinem Kundenkreis über ideale Voraussetzungen verfügt, diese Marktchance zu nutzen, dann sind zunächst, so Walker, die Kosten für ein VR-System, das bescheidenen Ansprüchen genügt, zu senken.

Walker schlägt allerdings nicht vor, daß Autodesk in das Hardware-Geschäft einsteigt, sondern plädiert für die Rolle des Software-Lieferanten, der die Konstruktionshilfen zur Verfügung stellt, sobald die Zahl der Interessenten zunimmt, weil die VR-Systeme das richtige Verhältnis von Preis und Leistung erreicht haben. Die vorhandenen Autodesk-Produkte und -Projekte für 3D-Grafikmodellierung könnten ohne Veränderungen sofort zur Herstellung virtueller Welten benutzt werden. Künftige Software könnte durch Modifikation vorhandener Produkte entwickelt werden. So könnte Autodesk zu dem Zeitpunkt, da die Hardware-Komponenten der VR-Systeme erschwinglich würden, den übrigen Software-Anbietern den Rang ablaufen. VPL laufe Gefahr, ihre Energien zu verstreuen, weil sie sich sowohl im Hardware- wie im Software-Geschäft versuche, überdies sei es zwar ein vielversprechendes Unternehmen, kämpfe aber immer noch darum, Fuß zu fassen. VPL bemühe sich um zehn verschiedene Märkte, von denen CAD nur einer sei. Mit seinen Dutzenden von Programmierern, die sich ausschließlich mit 3D-Rendering-Programmen beschäftigen und sie ständig ausbauen, habe Autodesk einen weiten Vorsprung vor jedem anderen Software-Unternehmen, das sich entschließen könnte, sich Zugang zum Cyberspace-Markt zu verschaffen.

Winter 1988 und Frühjahr 1989 waren aufregende Zeiten bei Autodesk. Man nahm das Projekt in Angriff, wies ihm Mitarbeiter zu, stellte neue ein und stattete Büros aus. Eine Reihe von Büros und ein großer Laborbereich wurden von den Autodesk-Cybernauten «Cyberia» getauft. Ursprünglich bestand die Mannschaft aus William und Meredith Bricken, einem Ehepaar, Eric Gullichsen und Patrice Gelband, einem weiteren Paar, sowie Randal Walser, Gary Wells und Christopher Allis.

Die erste Vorführung der Cyberianer von Autodesk, bei der sie ihre PC-Hardware testeten, war der «Büroplan». Heute bietet die CAD-Software von Autodesk eine Bibliothek verschiedener Environments, die die Anwender zur Grundlage ihrer eigenen Schöpfung machen können. Das bekannteste Programm dieser Bibliothek ist der Grundriß eines Büros mit Trennwänden, Schreibtischen, Bücherregalen und Türen. Vor der ersten öffentlichen Vorführung hatte das Team seinen Cyberspace-Prototyp wochenlang Tag für Tag demonstriert. Ich war eines Nachmittags im Frühjahr 1989 hingefahren und beobachtete andere Besucher bei ihrem ersten Cyberspace-Abenteuer, während ich wartete, bis ich an der Reihe war. Es ist eigenartig, jemand anders im Cyberspace zu beobachten, vor allem wenn man selbst nicht erblickt, was er sieht – fast hat man den Eindruck, man beobachte jemanden, der halluziniert. Es war leichter, als ich hinter die Programmierer trat und über ihre Schultern auf die Monitore sah, auf denen sie die Leistungen des Systems kontrollierten. Alles, was der Teilnehmer in 3D sah, erschien auf einem normalen Bildschirm. Deshalb wußte ich, wie der Raum beschaffen war, bevor ich ihn betrat.

Nach der außerordentlich einfachen einfarbigen Drahtkörper-Welt der NASA war die Wirklichkeitsnähe des farbigen, plastisch schattierten Autodesk-Systems beeindruckend. Weniger beeindruckend war die Geschwindigkeit. Die merkliche Verzögerung zwischen den Bewegungen und den Veränderungen auf den Monitoren der Video-Brille ist um so störender, je mehr man sich an das Erlebnis gewöhnt. Die i860-Grafikkarten können ungefähr hunderttausend Polygone pro Sekunde erzeugen. Das ist weniger, als man meint, weil es bedeutet, daß selbst eine einfache zeichentrickähnliche Szenerie nur mit einer Rate von fünf oder sechs Bildern pro Sekunde abgebildet werden kann. Nun scheinen aber achtzehn Bilder pro Sekunde die unterste Leistungsgrenze zu sein, die unsere visuelle Wahrnehmung verlangt, und 25 Bilder pro Sekunde wären notwendig, um eine gute Qualität zu erzielen. Wenn die Chips, die es heute schon in Santa Clara und Yokohama als Prototypen gibt, in einigen Jahren auf den Markt kommen, könnte diese Grenze unter erschwinglichen Bedingungen erreichbar werden. Hier könnte die Größenordnung der Produktion Ersparnisse bringen, die zur wirtschaftlichen Nutzung der Technologie führen. Wenn es wegen eines Spielzeugs, einer Anlage oder eines Konsumartikels wirtschaftlich erscheint, neue 3D-Grafik-Chips in Massenproduktion herzustellen, werden künftige VR-Systeme leistungsfähiger und preiswerter sein als heute. Das erste Autodesk-System war sicherlich noch primitiv, aber es war in der Tat ein «Cyberspace in der Aktentasche», kostete knapp unter 25 000 Dollar und lief auf PCs, die nicht mehr ein paar hunderttausend Dollar kosteten, sondern in jedem Fachgeschäft für ein paar tausend Dollar zu kaufen waren.

Ich kann nicht sagen, daß mich die Grenzen der Hardware sehr störten. Der «Büroplan» vermittelte etwas, was die Modelle der Moleküle, des Spaceshuttle oder der Drahtkörper-Version des NASA-Labors nicht suggeriert hatten – einen Raumsinn. Deshalb ging von dem Ort eine verblüffend realitätsähnliche Wirkung aus. Ich befand mich tatsächlich *dort*, zwischen lebensechten, schattenwerfenden, vollständig parallaktischen, schattierten Formen in Rot und Blau. Es gab Dinge zu entdecken, Aspekte der Welt zu begreifen. Ich ging zu ihnen hinüber, griff nach ihnen und betastete sie mit Händen und Fingern. Die Wiedergabe meiner Hand sah nicht so schematisch aus wie in Mountain View, obwohl ich sie auch noch nicht als anthropomorph bezeichnen würde. Sie sah wie ein gelber Roboterhandschuh aus. Ich entdeckte, daß ich durch Ausstrecken meiner Hand im Cyber-Handschuh die computer-generierte Hand zum Bücherregal führen und eines der Bücher ergreifen konnte. Indem ich eine Faust machte, konnte ich es zur näheren Betrachtung herunternehmen. Das VR-System, das die Größe eines Schrankkoffers hatte, wenn man alle Teilsysteme zusammenstellte, verfügte nicht über ausreichend Rechenleistung, um mir zu gestatten, das Buch zu öffnen und zu lesen. Doch es ist nur eine Frage der Zeit, bis die Hardware in der Lage ist, dynamische Bücher im Cyberspace darzustellen. Ich bemerkte, daß Autodesk die Konvention zur Navigation im Cyberspace von NASA/Ames übernommen hatte – das Paradigma «point your finger and fly». Die Umgebung des virtuellen Büros war nicht ganz so seriös wie die Büros, an die wir in der realen Welt gewöhnt sind. – Nachdem das virtuelle Büro fertig war, fügten die Mitarbeiter von Autodesk noch einen Ausgang hinzu, der in eine andere Dimension führte; so etwas erwartet man schließlich vom Cyberspace. Durch eine Tür gelangte ich an einen virtuellen Swimmingpool, wo ich mich unter einen Sonnenschirm stellen oder auch ins Wasser gehen konnte. Dort nahm dann alles eine blaue Färbung an.

Für alle Besucher, die, wie ich, ihr Initiationserlebnis bei der NASA hatten, als man dort noch die Drahtkörper-Grafik verwendete, war dies ein beeindruckender Meilenstein auf dem Weg zur künstlichen Wirklichkeit. Wer den Cyberspace erst bei Autodesk kennenlernte, schien seine Zweifel noch rascher zu verlieren als wir seinerzeit bei der NASA und schien zu abenteuerlichen Spekulationen über die Zukunft noch geneigter zu sein.

Die nächsten Cyberspaces des Autodesk-Teams waren Beispiele dafür, daß das neue Medium auf unerwartete Weise Einzug in die Wohnungen der Konsumenten finden könnte. Die «Hicycle-Vorführung» bediente sich eines Heimtrainers, eines jener stationären Fahrräder, auf denen Leute viele Scheinkilometer zurücklegen, während sie fernsehen. Als ich auf dem Fahrrad saß und ein HMD trug, befand ich mich auf dem Weg durch eine endlose dreidimensionale, zeichentrickähnliche Landschaft. Ich begann in die Pedale zu treten. Mein Blickpunkt bewegte sich die Straße entlang, während die Welt zu beiden Seiten vorbeiglitt. Die prosaische Nutzung dieses Programms als Trainingssimulator, der die Heimgymnastik erschlaffter Bürokraten angenehmer gestaltet, wird durch das besondere Cyberspace-Kunststück aufgewertet, daß man bei einer Geschwindigkeit von gut 32 Stundenkilometern in die Lage versetzt wird, über die Landschaft zu *fliegen*. Golf und Skifahren sind zwei weitere Sportarten, die sich zur Simulation im Cyberspace eignen, wenn man über entsprechende bewegliche Plattformen verfügt. Auch der nächste Autodesk-Cyberspace, in den ich eintrat, gehörte dem Sport an – das Squash-Spiel, das die Firma im Juni auf der SIGGRAPH 1989 in Boston vorführte.

Auf der SIGGRAPH-Ausstellung hatte ich eine halbe Stunde in der Schlange vor dem Autodesk-Stand gewartet und mich mit den Animationsenthusiasten über ihre Erwartungen hinsichtlich des Cyberspace unterhalten. Als ich an der Reihe war, gaben sie mir eine Art Squash-Ball mit einem Polhemus-Sensor in die Hand, statt sie in einen Handschuh zu stecken. Der «Ball» war eher ein Körper mit vielen Flächen als eine glatte Kugel, und ich brauchte einen Augenblick, um diesen Nachteil auszugleichen. Doch dann bewegte ich den echten Schläger auf dem abgesperrten Demonstrationsfeld des Autodesk-Standes und beobachtete, wie er den virtuellen Ball in dem Cyber-Spielfeld traf. Er prallte von den Wänden und der Decke in genau den Winkeln ab, die ich erwartete. Allerdings bewegte er sich ziemlich langsam. Den Augenblick des Kontaktes konnte ich nicht spüren, aber, wie Eric erläuterte, wäre es nicht weiter schwierig, mit einfachen technischen Mitteln den dumpfen «Schlag» hervorzurufen, den der Spieler im Schlägergriff spürt, wenn er den Ball trifft.

Kurz nach meinen Erfahrungen mit dem Fahrrad und dem Squash-Spiel machte ich eine Reihe von Interviews mit Randal Walser, dem Cyberspace-Architekten und Leiter des Sport- und Unterhaltungssektors von Autodesk. Wie viele Kollegen, die heute in der VR-Forschung sind, hat Walser Anfang der achtziger Jahre Programme für die Spiele-Industrie geschrieben. Einmal arbeitete er für eine Tochtergesellschaft von Bally/Midway an «Cyber Ridge», dem Prototyp eines Adventure-Spiels auf virtueller Erlebnisbasis, bei dem eine Bildplatte verwendet wurde. Walser und seine Kollegen fanden einen geeigneten Gebirgskamm (*ridge*) in Utah, fotografierten ihn sechs Wochen lang mit einer 360-Grad-Panoramakamera und arbeiteten eine Schlachtsimulation aus, die auf dem digitalen Modell dieses Gebirgskamms beruhte. Als das Unternehmen Pleite machte, das dieses Spiel produziert hatte, arbeitete er an KI- und Telerobotik-Projekten. Bei Autodesk will er offensichtlich bleiben, solange er sich in der VR-Forschung betätigen kann.

Obwohl man bei Autodesk noch im Frühjahr 1989 so optimistisch gewesen war, erlitt die Moral im Herbst desselben Jahres einen ziemlichen Einbruch. Zuerst kündigten William und Meredith Bricken nach einer Auseinandersetzung mit der Unternehmensleitung über die Ziele des Projektes. Dann verließen Eric Gullichsen und Patrice Gelband das Unternehmen, um ihre eigene VR-Gesellschaft zu gründen – Sense 8 Corporation. Eric Lyons übernahm die Leitung des Projektes. Carl Tolliver und Randy Walser setzten ihre Arbeit an der Software-Infrastruktur fort, die sie brauchten, um die großen neuen Räume zu erschaffen, die sie in ihren Grundsatzpapieren vorgeschlagen hatten. Doch die Cyberspace-Initiative von Autodesk schien an Dynamik einzubüßen, bis das Unternehmen im Spätsommer 1990 die Zahl der Programmierer, die es für das Projekt einsetzte, wieder auszubauen begann. Nachdem Walker den Stein ins Rollen gebracht hatte, nahm er Urlaub, um sich einer nicht näher bekannten Programmieraufgabe zu widmen. Ob es der Firma Autodesk gelingt, ihr manchmal etwas ziellos betriebenes Projekt so weit zu bringen, daß die dort entwickelten Programme in die Produktion gehen können, bleibt abzuwarten.

Fest steht jedenfalls, daß viele Software-Konstrukteure – Leute, die virtuelle Welten für verschiedene Zwecke entwickeln, verkaufen und verleihen würden – bereit wären, ein Produkt, das in wesentlichen Teilen von John Walker stammt, unbesehen zu kaufen. Und darauf baut Walker. Nach seinen Vorstellungen soll Autodesk der marktbeherrschende Anbieter für die Cyberspace-Entwickler sein. Gemeint sind die Software-Firmen, die die Infrastruktur für die Verwendung von Datenbrillen und Datenhandschuhen zur Produktentwicklung im Cyberspace verkaufen. Wie Frederick Brooks festgestellt hat, bedarf es einiger Zeit, um den Erfolg eines solchen Werkzeugmachers zu beurteilen, nämlich so lange, bis die Anwender dieser Werkzeuge Erfolg gehabt haben oder gescheitert sind. Wenn sich bei den ersten Anwendern herausgestellt hat, daß die VR-Konstruktionswerkzeuge einen Wettbewerbsvorteil bedeuten, wird die Cyber-CAD-Revolution in großem Maßstab stattfinden. Dann wird sich die große Zahl der CAD-Software-Anwender des neuen Mediums bedienen, dann wird die Massenproduktion anlaufen, und die Kosten der weiterführenden Technologien werden fallen.

Ende 1989 waren VPL und Autodesk nicht mehr allein auf dem Markt. In Seattle hatte ein ehemaliger Forscher der US Air Force eine halb wissenschaftliche, halb kommerzielle Institution gegründet, das

«HIT-Lab». Träger war ein Forschungs- und Entwicklungskonsortium, zu dessen Gründungsmitgliedern Digital Equipment Corporation, Port of Seattle, Sun Microsystems und US West Communications gehörten. Die neue Gesellschaft war zwar plötzlich auf der kommerziellen Cyberspace-Szene erschienen, kam aber keineswegs aus dem Nichts. Ein Aspekt von entscheidender Bedeutung, der den meisten technologischen Revolutionen auf dem Gebiet der Computer und Elektronik eigen ist, hatte Eingang gefunden in die VR-Geschichte: der Technologie-Transfer. Wenn die Militärtechnologien ein bestimmtes Alter erreichen, lösen sie manchmal stürmische zivile Entwicklungen aus. Nach dem Ende des Raumfahrtbooms beispielsweise standen plötzlich viele hochqualifizierte Elektronikingenieure zur Verfügung und waren wesentlich verantwortlich für die Revolution auf dem Gebiet der Unterhaltungselektronik, die kurz darauf einsetzte. Solche Transfers lassen sich nicht nur darauf zurückführen, daß viele Daten, die bislang der Geheimhaltung unterlagen, freigegeben werden und daß die Hardware-Anbieter neue, nichtmilitärische Märkte für ihre Produkte finden müssen. Ein wichtiges Element des Technologie-Transfers ist auch der Umstand, daß sich leitende Mitglieder der militärischen Projekte für zivile Anwendungsmöglichkeiten zu interessieren beginnen. Die Gründung des HIT-Lab und die Person seines Gründers sorgten dafür, daß die Resultate einer VR-Forschungsrichtung der Öffentlichkeit zugänglich wurden, die dem Zugriff der zivilen Forschung jahrzehntelang entzogen waren.

Wirklichkeit auf unserer Netzhaut

Es wird still im Operationssaal. In die Vene am Arm des Patienten wird ein Katheter eingeführt. An seinem Ende befindet sich ein mikromechanisches Gerät, das einen TV-Scanner und einen Drucksensor enthält. Der Chefchirurg setzt einen Spezialhelm auf. Katheter und Helm-Display werden eingeschaltet. Ein grüner Lichtschein fällt in die Augen des Chirurgen. Augenblicklich wird er visuell in den Körper seines Patienten versetzt, denn der Helm spielt ihm die Bilder und Geräusche zu, die die Sonde am Ende des Katheters empfängt.

Auf seiner phantastischen Reise im Innern dieses Menschen erblickt er eine völlig neue Welt in dem Blutgefäß. Er «steuert» die Kathetersonde und nimmt Kurs auf das Herz, während er das Glucksen des Blutes in der Umgebung einer schadhaften Herzklappe vernimmt. Als er sich dieser Klappe nähert, streckt er seine Hand aus, um die Funktionsstörung der Herzklappe per Fernsteuerung mit einer Miniaturnähmaschine zu beseitigen. Auf der anderen Seite des Herzens setzt der Chirurg seine Reise in der Aorta fort. Mit einer Laserkanone zerstört er einen anderen Feind – Fettgewebe, das die Aorta blockiert.

Thomas A. Furness
«Fantastic Voyage», 1986

«Klammern Sie sich nicht an die Idee des Bildschirms. Schirme könnten rascher in Vergessenheit geraten, als Sie glauben», erklärte mir Thomas A. Furness, bis vor kurzem Direktor des VR-Forschungsprogramms der US Air Force, an einem regnerischen Winternachmittag in Seattle. Wir saßen in seinem Büro im Human Interface Technology Laboratory (HIT-Lab) und blickten durch den streifigen Regen auf ein Ziegelgebäude des Campus der University of Washington. Was von dem Institut bisher zu sehen ist, mutet bescheiden an, doch was Furness in seinem Kopf mit sich herumträgt, ist ein Aktivposten, den kein anderes VR-Institut auf der Welt aufzuweisen hat. Frederick Brooks beschäftigt sich sicherlich schon genauso lange mit VR, doch Furness hatte weit mehr Mittel zur Verfügung und weiß, was die VR-Technologie zu leisten vermag, wenn die Kosten keine Rolle spielen. Darüber hinaus unterhält Furness Beziehungen zu einem Netz von Zulieferern, die er aus seiner Zeit bei der Air Force kennt – High-Tech-Firmen, viele von ihnen kleine Werkstätten, die seit Jahren verschiedene Bausteine für Wirklichkeitsmaschinen herstellen.

Ich fragte Furness nach den Schwierigkeiten bei der Wirklichkeitsdarstellung auf HMDs. Es gebe, soweit ich wisse, kein brauchbares Verfahren zur Darstellung eines Bildes auf einem CRT- oder LCD-Schirm – auch nicht mittels der teuren Glasfasertechnik, die die US Air Force verwende –, das mit den Fähigkeiten unseres visuellen Systems zu vergleichen sei.

«Ein Laser-Mikroscanner wird eines Tages die simulierten Wirklichkeiten direkt auf die Netzhaut projizieren. Das ist nur eine Frage der Zeit», erklärte er mir mit der ihm eigenen Überzeugungskraft, so daß ich nicht umhinkonnte, es ihm abzunehmen. Er fügte hinzu: «Die Leute, die für uns daran arbeiten, glauben, daß sich eine Auflösung von achttausend mal sechstausend Bildzeilen erreichen läßt.» Seine Stimme und der ruhige Blick seiner blauen Augen hatten mich schon halb davon überzeugt, daß er nicht phantasierte, nicht spekulierte, sondern eine schlichte Tatsache feststellte – nur ein paar Jahre, bevor sie Wirklichkeit würde.

Ich verbrachte eine Woche am «HIT-Lab». Während dieser Zeit in Seattle unterhielt ich mich oft mit Furness. Und im folgenden Jahr habe ich ihn noch auf verschiedenen VR-Konferenzen im ganzen Land getroffen. Ich denke, daß ich seine Glaubwürdigkeit inzwischen recht gut einschätzen kann, und deshalb kann ich mir kaum vorstellen, daß seine Ziele für die künftige Entwicklung der VR-Technologie nicht realistisch sein sollten, mögen sie auch noch so unglaublich klingen. Wenn es wirklich möglich sein sollte, ungefährliche Laserstrahlen mit einer entsprechend hohen Rate direkt auf die Netzhaut zu richten, und zwar in einer genauestens kontrollierten Weise, die auf die Bewegungen der Augäpfel synchron und in Echtzeit abgestimmt ist, wie Furness felsenfest zu glauben scheint, dann wird das in der Tat einen ungeheuren Fortschritt für die Wirklichkeitsnähe des virtuellen Displays bedeuten.

Zwei Probleme, die alle bislang gebauten Displays zeigten, betrafen das Auflösungsvermögen und den Umfang des Gesichtsfeldes der künstlichen Sichtsysteme (im Gegensatz zu dem der biologischen). Für das menschliche Sichtsystem sind selbst die Bildpunkte des modernsten Grafikbildschirms viel grobkörniger als die Realität. Und solange der Wirklichkeitsausschnitt, den wir sehen, einen Rand oder eine Grenze besitzt, entspricht auch das Gesichtsfeld nicht unserer realen Sehweise. Wenn wir uns an die Äußerung von Alvy Ray Smith zum Verhältnis von grafischer Datenverarbeitung und menschlichem Sehvermögen erinnern, so wäre das Äquivalent von 80 Millionen Polygonen pro Sekunde überall dort, wo wir sehen können, erforderlich, um das menschliche Vermögen zur 3D-Sichtmodellierung zu erreichen. Ein stereoskopischer Laser-Mikroscanner, ein phantastisches, aber bislang hypothetisches Instrument zur direkten Reizung der Lichtrezeptoren im menschlichen Auge, könnte die Wirklichkeitsnähe des Cyberspace erheblich steigern – was allerdings auch eine beträchtliche Verstärkung der Rechenleistung voraussetzen würde. Das Grundelement der Mensch-Maschine-Schnittstelle wäre dann eine Lichtsinneszelle der Netzhaut, entweder ein Stäbchen oder ein Zapfen, und nicht mehr ein Bildpunkt. Vielleicht könnte eine hochvernetzte parallele Computerarchitektur der Zukunft jedem Stäbchen und jedem Zapfen eines Augapfels einen eigenen Rechner zuordnen: Dann wäre im Prinzip die totale Kontrolle der visuellen Umwelt möglich.

Aus eigener Erfahrung kann ich feststellen, daß Furness anderen Persönlichkeiten und anderen Lebensweisen gegenüber sehr tolerant zu sein scheint. Er besitzt offenbar großes Geschick darin, begabte Leute für seine Projekte zu gewinnen. Den größten Teil seines Lebens hat er mit Männern zusammengearbeitet, die US-Air-Force-Uniformen trugen. Und das hat sich erst vor kurzem geändert. Als ich mit meinem Batikhemd und meinen handbemalten Schuhen in sein Büro kam, hat er mit keiner Wimper gezuckt. Jedenfalls habe ich es nicht bemerkt. Er kommt gut mit Jaron Lanier zurecht, der militärische Gelder jeder Art verweigert, und scheint auch zu allen anderen Schlüsselfiguren der VR-Szene gute Beziehungen zu unterhalten – eine soziale Landschaft, die so dicht bewachsen ist mit zwischenmenschlichen Komplikationen und Empfindlichkeiten wie jeder andere Lebensbereich, in dem eine Gruppe hochintelligenter Fachleute tätig ist. Wenn hier überhaupt jemand als sozialer Katalysator wirken kann, wenn jemand aus dem Kreis dieser überzeugten Individualisten und Einzelgänger genügend Achtung genießt, um als Führerfigur mit Integrationsfähigkeit fungieren zu können, dann Thomas Furness.

Bevor ich sah, wie gründlich die Japaner ihre VR-Strategie geplant haben, hatte ich der Frage, ob es sich lohne, für eine solche Außenseitertechnologie einen breitangelegten Forschungsansatz ins Leben zu rufen, keine große Bedeutung beigemessen. Doch die Verbindung zwischen Wissenschaft, Wirtschaft und Regierung, die hier vorübergehend zustande kam, war so eindrucksvoll, daß sie eine gute Voraussetzung für eine funktionelle «Wirklichkeitsindustrie» wäre, wenn jemand in den Vereinigten Staaten die Absicht hätte, die Entwicklung dieser Technologie mit allen Mitteln voranzutreiben. Wie das ohne einen Krieg, den traditionellen Mittelbeschaffungsmechanismus der Computerwissenschaft, möglich sein soll, ist die große Frage. Denn weder die amerikanische Regierung noch die großen amerikanischen Wirtschaftsunternehmen sind bereit, viel Geld oder Vertrauen in die langfristige Grundlagenforschung zu investieren. Von allen Betroffenen hat wahrscheinlich am ehesten Furness eine klare Vorstellung von dem, was möglich ist und was zu geschehen hat. Und er hat den festen Willen, die Forschung auf den Weg zu bringen, den sie seiner Meinung nach einschlagen muß.

Kurioserweise war Thomas Furness einer der ersten Menschen, denen ich virtuell begegnet bin – in dem textorientierten Cyberspace des weltweiten Datenübertragungsnetzes. Ich hatte mich mit ihm in Verbindung gesetzt, weil ich eine Übereinstimmung zwischen meinen Interessen und den Erfordernissen der in der Entstehung begriffenen VR-Disziplin zu sehen meinte. Als ich zum erstenmal im Sommer und Herbst 1989 durch die Vereinigten Staaten reiste, erkannte ich, daß die einzelnen Forscher alle sehr eifrig an ihren Teilen des Puzzles arbeiteten, daß sie aber über ihrer Arbeit nicht dazu kamen, all die relevanten Forschungsresultate zu verfolgen, die sich plötzlich in ganz unerwarteten, vorher kaum beachteten Bereichen zu zeigen begannen. Es war ganz anders als in einer jener hochspezialisierten Disziplinen, wo alle neuen Entwicklungen rasch jedermann zur Verfügung stehen, der sie kennen muß. Eine Neuerung im Bereich der Algorithmen, der Chip-Miniaturisierung, der Bewegungssensoren, der Computerarchitektur, der Human-Factors-Forschung, der wirtschaftlichen Anwendung kann die Voraussetzungen für alle Beteiligten verändern.

Ende 1989 – ich war seit einem Jahr mit den Vorarbeiten zu dem vorliegenden Buch beschäftigt und hatte noch ein weiteres Jahr vor mir – sah ich eine Möglichkeit, mehr Forschungsresultate auf meinen Schreibtisch zu holen, als ich es ohne fremde Hilfe in zehn Jahren vermocht hätte. Zugleich bot sich die Chance, Optikspezialisten in Utrecht mit 3D-Kameratechnikern in Tokio und Informatiker in Chapel Hill mit Fachärzten in Palo Alto in Kontakt zu bringen. Dasselbe Computersystem, das durch Telefonleitungen und Modems verbunden war und mir ermöglichte, Kontakt zu Furness an der University of Washington aufzunehmen, indem ich ihm einen «elektronischen Brief» schickte, ließ sich auch dazu nutzen, jene interdisziplinäre Kommunikation herzustellen, die erforderlich war, um Geräte wie zum Beispiel den Laser-Mikroscanner herzustellen. Mir wurde klar, daß ich nur den richtigen Sponsor brauchte, um ein perfektes neues Medium auf meinem Schreibtisch zu haben. In Zusammenarbeit mit einer geeigneten VR-Forschungsinstitution konnte ich auf dem «UseNet» eine News-Gruppe für virtuelle Welten ins Leben rufen und dieser techno-anarchischen Gemeinschaft, die sicherlich schneller wächst als alle vergleichbaren Gruppen, getrost den Rest überlassen.

Die meisten Menschen wissen nichts vom UseNet, weil es ein informelles Kommunikationsmedium ist, das sich wildwuchernd und aus eigener Kraft, gewissermaßen als Basisbewegung, im offiziellen weltweiten Datenübertragungsnetz ausgebreitet hat. Anwender werden eher davon Kenntnis haben als andere Leute, obwohl UseNet die gleichen Leitungen benutzt wie die Fernsprechteilnehmer. Wenn Sie Ihren Telefonhörer abnehmen, sind Sie sich wahrscheinlich nicht bewußt, daß die gleichen Leitungen, die Ihre Stimme überall dorthin tragen, wohin Sie sich ein Telefongespräch leisten können, auch für die Datenübertragung zwischen Computer und Computer sorgt. Es ist ein echter Cyberspace, der nur einer Subkultur bekannt ist und der so rasch wächst, daß er sich durchaus zu einem spontanen, von der Basis ausgehenden, überraschend gut funktionierenden und anarchischen Massenmedium der Zukunft entwickeln könnte. Wenn Milliarden privater Teilnehmer Ende der neunziger Jahre durch Telekommunikationsleitungen mit großer Bandbreite vernetzt sein werden, dann wird der größte aller Cyberspaces zur Kolonisation offenstehen. Das Datenübertragungsnetz, das sich während der letzten zehn Jahre sozusagen im Wildwuchs entwickelt hat und das den Anwendern heute gestattet, ihren Brieffreunden weltweit schriftliche Nachrichten auf die Computerschirme zu zaubern, mag heute noch reichlich primitiv erscheinen, doch die computervermittelte Nachrichtenübertragung über große geographische Entfernung ist ein sozialer Mechanismus von erheblicher Durchschlagskraft und möglicherweise der Vorläufer eines Hybridmediums der Zukunft, in dem sich neben alphanumerischen Nachrichten auch Telepräsenz übertragen läßt.

Das UseNet ist ein Zusammenschluß von Teilnetzen. Diese bestehen aus Hunderttausenden von Host-Computern (Wirtsrechnern), die in der Größe von Amateur-Mailboxen in den Zimmern von High-School-Schülern bis zum Internet selbst reichen (dem modernen Nachfahren des ARPA-Netzes). UseNet erreicht weltweit und ständig ungefähr fünf Millionen Empfänger/Sender. Täglich kommen neue hinzu. Die einzelnen Teilnehmer – Studenten, Wissenschaftler und Ingenieure von Helsinki bis Austin – sind über ihre eigenen Arbeitsplatzrechner mit Zentralrechnern verbunden, die als lokale Knotenpunkte dienen. Lokale Knotenpunkte sind Rechner, die routinemäßig zur Datenfernübertragung per Modem dienen. Dort benutzt man die Programme eines größeren Rechners dazu, wissenschaftliche Arbeiten zu verfassen, Dokumente aufzusetzen, Forschungsarbeiten durchzuführen, Geschäftsberichte zu schreiben oder neue Computerprogramme zu entwerfen. Dazu gehören viele Zehntausende von Forschungscomputern an Universitäten, Rechner privater Unternehmen, Computer staatlicher Stellen und PCs, die an einen dieser Knotenpunkte angeschlossen sind.

Mein lokaler Knotenpunkt, das Whole Earth Lectronic Link (WELL), umfaßt mehrere tausend Mitglieder, die sich des Netzes bedienen können, indem sie sich über ihre PCs und Modems in das System von WELL einloggen (als ich es das letztemal überprüfte, umfaßte es 64 Modems). Das WELL-Modem stellt ferner viermal in der Stunde automatisch eine Verbindung zum Modem beim weit größeren Computersystem von Apple Computer her, 65 Kilometer entfernt. Dann werden für jeden Benutzer, der seine elektronische Post unter der Heimatadresse von WELL erhält, die Nachrichten in einem Datenpaket verschickt. Wenn WELL elektronische Post versenden will, nimmt das Apple-System, das seinerseits auf andere Weise mit Hunderten von Internet-Stellen verbunden ist, diese Daten auf.

Die Internet-Knotenpunkte tauschen ihre Nachrichten weltweit nicht über Fernsprechleitungen, sondern über Telekommunikationsleitungen mit sehr hoher Datenübertragungsrate aus. Knotenpunkte, die dem Internet nicht angeschlossen sind, befinden sich in der Regel nur einen Katzensprung von einem Knotenpunkt entfernt, der mit dem Internet in Verbindung steht. Es kann eine halbe Stunde dauern, bevor man die zuständige Mailbox des WELL erreicht, doch sobald eine Nachricht zu irgendeinem mit dem Internet verknüpften Knotenpunkt gelangt ist, ist sie fast augenblicklich an jedem Punkt in der Internet-Welt, für den sie bestimmt ist.

Auf der ganzen Welt stehen Menschen miteinander in Verbindung, indem sie Wörter in einen Computer eintippen und diese dann als Daten über das Fernsprechnetz verschicken. Den Zusammenschluß dieser Netze, zu denen auch UseNet gehört, bezeichnet man manchmal als «Worldnet» (Weltnetz). Leser von William Gibson sehen im Worldnet häufig den Keim der «Matrix», wie er sie in seinen «Cyberpunk-Büchern», einer besonderen Sparte der Science-fiction, beschreibt. («Matrix» ist auch der Name eines seriösen, tatsächlich existierenden Verzeichnisses der weltweit vorhandenen Datenübertragungsnetze.) UseNet selbst ist einfach ein Forum, das sich dieses globalen Zusammenschlusses der Netze bedient. Es ist ein eigenständiges, voll funktionsfähiges Cyberspace-Universum, das in 24 Stunden ungefähr 12 Megabyte (etwa 12 Millionen Wörter) rund um die Welt befördert – Programme, neugierige Fragen, wissenschaftliche Berichte, Zeitschriftenartikel, Liebesbriefe und Äußerungen höchster Abneigung. Die Zahl der beteiligten Menschen und Rechner und die Zahl der ausgetauschten Nachrichten wachsen täglich. Eines Tages, wenn die VR-Technologie wesentlich weitergediehen ist, wird das heutige prähistorische textorientierte Worldnet die Infrastruktur für eine echte Cyberspace-Übertragung liefern. Während wir heute noch Informationen mittels unserer Tastaturen austauschen, werden wir eines Tages in eine dreidimensionale Welt eintauchen, in der wir uns unbeschränkt bewegen können.

Das UseNet ist anarchisch, weil der Mechanismus, der den Weg der Nachrichten bestimmt, in diesen verschlüsselt ist. Jeder Knotenpunkt steht in Verbindung oder tauscht Daten mit einem oder vielen anderen lokalen Knotenpunkten aus. Doch da alle lokalen Knotenpunkte auf eine oder mehrere Weisen weltweit miteinander verbunden sind, stehen einer Information stets viele Wege offen, zu ihrem Bestimmungsort zu gelangen. Es ist fast unmöglich, das ganze Netz stillzulegen. Wenn man bestimmte Knotenpunkte entfernt, nehmen die Daten einfach einen anderen Weg. Jeder Computer, der in das Netz einbezogen wird, erhält und verwendet eine bestimmte Standard-Software, um elektronische Nachrichten eines bestimmten Formates zu senden und zu empfangen. Es gibt mehr oder minder verbindliche Regeln zur Zusammenstellung und Verbreitung von News-Gruppen, und viele Entscheidungen werden per Abstimmung getroffen. Die weltweite asynchrone Korrespondenz, die im Grunde ein ausuferndes elektronisches

Gespräch ist, stellt UseNet dadurch her, daß es öffentliche Diskussions-foren, die sogenannten «News-Gruppen», anbietet, in denen private elektronische Informationen per Modem von einem Computer zum anderen geschickt werden.

Heute verwendet man spezielle Schnittstellen, sogenannte «News-reader», um aus der täglichen Informationsflut eine einigermaßen überschaubare Datenmenge auszufiltern. Wenn ich meinen PC über die Fernsprechleitung mit meinem lokalen Knotenpunkt, dem WELL, verbinde, benutze ich einen der Newsreader von WELL, um einen be-stimmten Ausschnitt aller elektronischen Nachrichten zu erhalten, die von UseNet an WELL gelangt sind. Sie sind nach Stichwörtern geord-net, so daß ich sie bequem durchsehen kann. Auf diese Weise kann ich jede Nachricht auf meinem Bildschirm empfangen, die irgendein Teil-nehmer auf der Erde an eine News-Gruppe geschickt hat – gleichgültig ob es dabei um Rock-'n'-Roll-Bands, pakistanische oder schottische Kultur, den genetischen Code des Menschen oder irgendein anderes Thema geht. Doch das geschieht nur, wenn ich beschließe, diese Nach-richten durchzusehen. Wenn ich mich dafür entscheide, eine News-Gruppe zum Thema VR-Forschung zu «abonnieren», kann ich alle neuen Nachrichten, die zu diesem Thema eingegangen sind, auf Befehl abrufen. Hätte ich die Absicht, auf irgendeine Nachricht mit einem öffentlichen oder privaten elektronischen Brief zu antworten, dann könnte ich mich mit Hilfe eines einfachen Befehls in das Gespräch ein-schalten.

Das neue Kommunikationsmedium, in dem auch eine eingehende Diskussion über die eigenen sozialen und technischen Aspekte geführt wird, eignet sich in vorzüglicher Weise für die Anwendung in jenem umfassenden und strengen Regeln unterworfenen Gespräch, das wir Wissenschaft nennen. Forscher können elektronische Kopien ihres neuesten Vorabdrucks Monate bevor er in wissenschaftlichen Zeit-schriften erscheint, auf die zwei Dutzend oder dreitausend Schreib-tische ihrer wichtigsten Fachkollegen verteilen. Das geschieht seit Jah-ren, von der Öffentlichkeit mehr oder minder unbemerkt.

Ich dachte, man könnte eine wissenschaftliche News-Gruppe zur Erörterung der Forschungs- und Entwicklungsergebnisse auf dem Ge-biet der Virtuellen Realität gründen, weniger offiziell, häufiger stattfin-dend, mehr Mitglieder umfassend als die unüberschaubare Fülle der fachwissenschaftlichen Organisationen, Tagungen, Konferenzen und

Zeitschriften, die als Kommunikationsforen für die VR-relevanten Einzeldisziplinen dienen. In jeder Forschungsstätte, die ich im Laufe meiner VR-Recherchen aufgesucht habe, habe ich zumindest einen der Mitarbeiter im Labor gesehen, der mit Hilfe eines Arbeitsplatzrechners «Neuigkeiten las» – wie die Benutzung des UseNet von den Teilnehmern genannt wird. Es könnte, überlegte ich, zu einem interdisziplinären Kommunikationskanal werden, der ohne jede Zeitverzögerung arbeitet.

Für den Fall, daß sich eine bekannte Institution bereit erklären würde, eine News-Gruppe zum Thema VR unter ihre Schirmherrschaft zu nehmen, war ich bereit, sie zu «moderieren» – eintreffende Nachrichten zu sichten, bevor ich sie weitergeben würde, um die Belastung nützlicher Diskussionen durch überflüssiges Kibitzen zu verhindern, mit dem in einem so offenen System immer zu rechnen ist. So hoffte ich, eine weltweite, sich selbst fortzeugende Suche nach Forschungsmaterialien für mein Buch in die Wege leiten zu können. Gleichzeitig konnte es mir damit möglicherweise gelingen, einen nützlichen wissenschaftlichen Nachrichtenkanal für alle in diesem Bereich tätigen Wissenschaftler und Techniker einzurichten. Thomas Furness, den ich bis dahin nur dem Namen nach kannte, schien der ideale Schirmherr für ein solches Unternehmen zu sein. Robert Jacobson, ein Freund, den ich über WELL kennengelernt hatte, arbeitete seit kurzem beim HIT-Lab. Er besorgte mir Furness' elektronische Adresse, und ich schickte diesem meinen Vorschlag. Am nächsten Morgen erhielt ich Antwort. Furness gefiel die Idee, denn eines der Ziele, die er mit dem HIT-Lab verfolgte, bestand darin, vorliegende Resultate möglichst vielen VR-Forschern zugänglich zu machen. Die Förderung einer weltweiten News-Gruppe wäre ein erster Schritt. Eine Online-Bibliographie, die von Interessenten über das Datenübertragungsnetz benutzt werden konnte, erschien ihm als weiterer Schritt in die richtige Richtung.

Furness schlug ein Telefongespräch vor, das dann auch stattfand. Wir gründeten die News-Gruppe. Ich nannte sie «Wissenschaft virtuelle Welten». Es dauerte eine Zeitlang, bis das Unternehmen in Schwung kam, doch als weltweit immer mehr Teilnehmer begannen, sich an dem Gespräch zu beteiligen, waren diese Anfangsschwierigkeiten rasch überwunden. Die Funktion des Moderators gab ich an einen Mitarbeiter von HIT-Lab ab, als ich meine Recherchen beendet hatte und mit der Niederschrift des Buches begann. Aber immer noch sehe ich fast stündlich in die News-Gruppe hinein, um festzustellen, was weltweit auf dem Gebiet der VR geschieht oder geschehen würde, wenn es nach dem Willen und den Phantasien der Beteiligten ginge.

Furness selbst hatte den Schritt aus der militärischen Forschung in die akademische Welt ein paar Monate bevor wir uns trafen getan. Mit dreiundzwanzig, auf dem Höhepunkt des Vietnamkriegs, war er in die Air Force eingetreten. Zwar hatte er sie 1971 verlassen, aber seine Arbeit noch fast zwei Jahrzehnte im selben Air-Force-Labor fortgesetzt. «Das einzige, was sich verändert hat, war meine Uniform», scherzt er heute. Jetzt ist er sechsundvierzig, Professor und High-Tech-Unternehmer auf dem zivilen Sektor. Als ich ihn Anfang 1990 in Seattle besuchte, kannten wir uns schon durch die elektronische Korrespondenz und die Telefongespräche, die wir wegen des News-Gruppen-Projektes geführt hatten. Wir unterhielten uns an einer Reihe aufeinanderfolgender Tage in seinem neuen Büro, in einer Lichtung zwischen Kartonstapeln, in denen sich die wohl reichhaltigste Datensammlung über HMDs befand. Der Absender auf diesen Kartons war der Luftwaffenstützpunkt Wright-Patterson, Dayton, Ohio.

Auch Furness ist felsenfest davon überzeugt, daß VR eine bahnbrechende Technologie ist, potentiell in der Lage, die Welt so gründlich zu verändern wie die Glühbirne oder der Transistor. Wenn irgend jemand eine Vorstellung davon hat, was sich unter Einsatz aller technischen Mittel und ohne Rücksicht auf die Kosten mittels VR leisten läßt, dann sicherlich Furness. Er beschäftigt sich nun seit fast einem Vierteljahrhundert mit HMD-erzeugten Wirklichkeiten und hat dabei auf Mittel zurückgreifen können, die von ganz anderer Größenordnung waren als bei der NASA oder der UNC. Für jeden in der VR-Szene ist Furness seit langem ein Begriff, doch da seine wichtigsten Arbeiten als Gründer, Direktor und Leiter der Abteilung für visuelle Systeme am Armstrong Aerospace Medical Research Lab des Luftwaffenstützpunktes Wright-Patterson der Geheimhaltung unterlagen, blieben seine Studien Teil eines eigenständigen, isolierten Forschungsgebietes. Bei der US Air Force und ihren Zulieferern heißt der Bereich, der wesentlich auf Furness' Arbeiten zurückgeht, jetzt «Visionics». Er ist inzwischen so bedeutend geworden, daß eigene Konferenzen für die Anbieter und Subunternehmer abgehalten werden.

Wir können das Zitat am Anfang dieses Kapitels, Ausschnitt aus einem Artikel, den Furness selbst geschrieben hat, als ernsthaften Ausblick auf die Dinge betrachten, die sich mit dieser Technologie eines Tages möglicherweise bewerkstelligen lassen. Vergleichen wir es mit den Beschreibungen des folgenden Szenarios, das ein anderer Autor etwa zur gleichen Zeit in der Zeitschrift *Air & Space* veröffentlicht hat:

Als der junge Kampfpilot 1989 in seine F-16C kletterte, schloß er einfach seinen Helm an und klappte sein Visier herunter, um das Super-Cockpit-System zu aktivieren. Die virtuelle Welt, die er vor Augen hatte, war eine exakte Kopie der Außenwelt. Die markanten Merkmale des Geländes wurden dreidimensional von den beiden winzigen Kathodenstrahlröhren wiedergegeben, die die Bilder in seiner persönlichen Sichtentfernung zeigten...

Sobald er sich in der Luft befand, war alles, was außerhalb seiner Kabine lag, von einer dichten Wolkendecke umhüllt. Doch im Inneren seines Helmes «sah» der Pilot den Horizont und das Gelände ohne jede Beeinträchtigung, als wäre es ein wolkenfreier Tag. Die Kompaßmarkierungen wurden als breites Zahlenband auf der Horizontlinie abgebildet, während die Projektion seines Flugkurses wie eine glänzende Autobahn ins Unendliche führte.

Ein schwacher Warnlaut über und hinter dem Piloten teilte ihm mit, daß sein «Feind»... sich näherte...

Der Pilot warf einen Blick auf das Waffensystem, das er zu aktivieren wünschte, und hob seine linke Hand. Winzige Geräte in den Fingerspitzen seiner feuerhemmenden Handschuhe sandten Signale aus, die von angeschlossenen Geräten registriert wurden. Als er einen Phantomknopf auf dem virtuellen Display «drückte», erfolgten ein bestätigendes Klicken und ein leichter Druck auf seiner Fingerspitze, so daß er wußte, die Wahl war erfolgt. Hätte ihn jemand beobachtet, so hätte dieser Betrachter den Eindruck gewonnen, der Pilot stochere in der Luft herum.»

Das «Super-Cockpit-Programm» ist kein erdachtes Szenario, sondern der neueste Name eines seit geraumer Zeit laufenden Forschungsprogrammes, das die US Air Force finanziert. Es wurde nicht ins Leben gerufen, um Chirurgen mikro-telerobotische Abenteuer zu ermöglichen oder die theoretischen Fähigkeiten von Pharmakologen zu verbessern, sondern um die Überlebensrate von Kampfpiloten zu erhöhen, die hochtechnisierte Fluggeräte bedienen. Erinnern wir uns daran, daß

Flugsimulatoren entscheidend zur Entstehung der VR-Technologie beigetragen haben und daß sie noch heute an den Fortschritten der auf Computeranimation beruhenden Simulationen beteiligt sind. Wenn das Leben eines Menschen, militärisches Gerät im Wert von hundert Millionen Dollar und möglicherweise sogar der Ausgang eines Krieges auf dem Spiel stehen, dann kann von «reiner» Forschung natürlich keine Rede sein. Das Super-Cockpit wurde in zwanzig Jahren Air-Force-Forschung entwickelt, weil ein leistungsfähiges virtuelles Sicht-system die brauchbarste Wirklichkeitsdarstellung für einen Menschen ist. Geeignet für den Piloten, der eine große Menge hochexplosiver Stoffe mit Überschallgeschwindigkeit durch die Luft lenkt und anhand seines Radars in Sekundenbruchteilen über Leben und Tod entscheidet. Dabei muß er auf zwanzig oder dreißig Instrumentenanzeigen von lebenswichtiger Bedeutung achten, die Kontrollen im Auge behalten, die ihn über den Zustand des Systems unterrichten, und auf die Befehls-übermittlungen lauschen – und das alles gleichzeitig.

Furness versucht die Entwicklung einer Bildschirmtechnik zu fördern, die es noch gar nicht gibt und die sich für einen Nichttechniker wie mich und sicherlich auch Millionen anderer Menschen, die nicht möch-ten, daß ihnen Laserkanonen direkt in die Augen strahlen, ziemlich furchterregend anhört. Trotzdem würde ich sie wohl ausprobieren, wenn es Thomas Furness zuerst täte.

«Sehen Sie sich das an!» sagte er bei unserem Gespräch in seinem Seattler Büro. Vorsichtig griff er in einen der wenigen Umzugskartons, die er schon geöffnet hatte. Eine sehr sorgfältig ausgepolsterte Schach-tel enthielt etwas, das wie ein verspiegeltes Reagenzglas aussah. Er reichte mir den Gegenstand – ein Beweis großen Vertrauens, wie mir klarwurde, als ich erkannte, worum es sich handelte. Der Glaszylinder war ein paar Zentimeter lang und im Durchmesser etwas größer als ein Markstück. Man bekommt nicht jeden Tag eine handgefertigte Katho-denstrahlröhre zu Gesicht.

«Ihr normaler Fernsehschirm hat ein paar hundert Bildzeilen, dieser Miniatur-CRT dagegen *zweitausend* Zeilen. Es ist zwar nur ein Schwarzweißgerät, aber Sie wären überrascht, welche Einzelheiten er zeigt», erklärte er, während ich das winzige, kostbare Gebilde in der Hand wog.

«Er dürfte gegenwärtig die obere Grenze dessen darstellen, was wir mit Miniatur-Kathodenstrahlröhren erreichen können», fügte er hinzu.

Furness begann 1966 mit der Arbeit an visuellen Displays für militärische Zwecke, als man sich bei der Air Force darüber klarwurde, daß das größte Problem in der Pilotenausbildung mit der Instrumentierung der modernen Avionik, der elektronischen Luftnavigation, zu tun hatte. Die vielen Meßgeräte, Schalter und Anzeigen, die nicht nur Geschwindigkeit, Position und Öldruck betrafen, sondern auch die Radar-Ortung des Feindes, die elektronischen Abwehrmaßnahmen und Waffensysteme, wurden zu kompliziert, um noch von Menschen kontrolliert und bedient werden zu können. Ein F-15-Pilot muß eine so große Fingerfertigkeit bei der Bedienung der neun Druckschalter an seinem Steuerknüppel entwickeln, daß man die Bewältigung dieser Aufgabe als «Pikkoloflöte spielen» bezeichnet. Die Piloten hatten jetzt nicht nur mit der Schwerkraft und dem Feind zu kämpfen, sondern auch mit der wachsenden Kompliziertheit ihres eigenen Flugzeugs. Furness erkannte, daß diese Männer bereits in einer künstlichen Wirklichkeit operierten, obwohl die älteren Piloten, die für die Vergabe der Forschungsmittel verantwortlich waren, noch immer hartnäckig an den altmodischen «Dampfanzeigen» festzuhalten schienen, mit deren Hilfe sie die Wahrnehmungs- und Urteilsfähigkeit der Piloten schulten.

Wie andere, die sich Ivan Sutherlands Traum zu eigen gemacht hatten, suchte Furness in seiner Human-Factors-Forschung nach einer neuen Technologie, die weit besser in der Lage sein sollte, das Wahrnehmungssystem des Piloten mit den Sichtanzeigen des Flugzeugs zu koppeln. 1982 stellten Furness und seine Kollegen, vor allem Dean Kocian, das erste funktionsfähige Modell des Visually Coupled Airborne Systems Simulator (VCASS) fertig. Als Furness 1989 in seinem VR-Kurs, an dem ich vorübergehend teilnahm, eine Diareihe über dieses Projekt zeigte, sprach er genau die Worte aus, die fast jeder von uns im Kopf hatte, als er die Bilder des ersten VCASS-Prototyps projizierte: «Natürlich hat jeder ihn Darth-Vader-Helm genannt.» In der Tat sah der riesige schwarze Helm ohne Augenlöcher aus wie ein Requisit aus einem George-Lucas-Film.

Im Inneren des Helms erlebten die Piloten die Simulation eines echten Flugs. Dabei sahen sie nicht durch reale Windschutzscheiben, sondern erblickten eine synthetische «3D-Karte» des Geländes, über das sie hinwegflogen. Es wurde durch winzige CRTs und Spiegel in ihr

Gesichtsfeld projiziert. Die Landschaft unter ihnen hatte zwar Zeichentrickcharakter, doch waren ihre Merkmale recht real. Sie orientierten sich an einem detaillierten digitalen Modell von Karten des Verteidigungsministeriums (einer «gespeicherten Gelände-Datenbasis») und wurden synchron zu den Signalen eines Echtzeit-Radars dargeboten. Forward-Looking-Infrared-Systeme (FLIR) – Vorausblickende Infrotsysteme – lieferten selbst bei Nacht ein erkennbares Abbild der Umgebung. Ganz gleich, wohin der Pilot seinen Kopf drehte, die Positionssensoren von VCASS stellten die Avionik-Systeme so ein, daß sie die Wolkendecke und die Nachtdunkelheit – die beiden traditionellen Widersacher des Flugzeugführers – in der betreffenden Richtung durchdrangen. Die Reichweiten der Flugabwehrraketen, die auf der Karte verzeichnet waren oder deren radargesteuerte Zielvorrichtung von der Avionik des Flugzeugs erfaßt wurde, zeigten sich als große rote Blasen oder «Todeszonen». Nach den Abbildungen, die Furness noch besitzt, mußte der VCASS-Operator das Gefühl gehabt haben, sich in dem lebensgroßen Videospiel eines Luftkampfes zu befinden. Die voraussichtlichen Flugwege nach der jeweiligen Kurs- und Geschwindigkeitsbestimmung waren als Tunnel im Himmel erkennbar. Alle Grafiken wurden mit Hilfe der Optik und der CRTs im HMD stereoskopisch und in Echtzeit dargestellt.

Der Pilot trug also ein dreidimensionales Instrumentenfeld am Körper, statt auf ein Armaturenbrett zu blicken – eine völlige Abkehr von der Technik, die zur Zeit der Seidenschals und der offenen Cockpits üblich war. Die Wahrnehmungsfähigkeit der Piloten für diese ganz neuartigen Instrumente – ihre instinktiven Reaktionen – waren ein entscheidender Grund für die Entwicklung dieser Technologie. Zunächst einmal testeten Furness und seine Kollegen die Ausrüstung so lange, bis sie sicher waren, daß sie funktionierte. Dann ließen sie sie von einigen kampferprobten Piloten bedienen, um festzustellen, ob diese sie billigten oder nicht. Wenn erfahrene Piloten mit der Ausrüstung zufrieden waren, bestand Aussicht, daß das Programm auch weiterhin finanziert wurde, obwohl einsatzfähige Systeme sicherlich noch lange nicht zu erwarten waren. Konnten sich die erfahrenen Piloten hingegen überhaupt nicht mit VCASS anfreunden, dann war das Programm gestorben.

Furness berichtete: «Diese ersten Piloten waren ziemlich skeptisch, bevor sie die Helme aufgesetzt hatten, doch sobald sie die Geländekarte eingeschaltet hatten, meinten sie: ‹He, das ist stark!› Und wenn wir sie starteten und durch die Simulation fliegen ließen, sagten sie: ‹Das ist *wirklich* stark.› Dann tippten wir ihnen auf die Schulter und fragten sie, ob sie noch eine Runde drehen wollten.»

Den Piloten gefiel das Sichtsimulator-System VCASS also, und sie mochten es noch mehr, als Augen-Tracker und Sprachsteuerungssysteme hinzukamen. Wenn die Radarsysteme ein Ziel ausmachten, tauchte im Gesichtsfeld des Piloten ein Symbol auf, auf das sich seine Wahrnehmungsmechanismen ganz von allein einstellten. Der Pilot brauchte das Ziel nur anzusehen, die Informationen auszuwerten, die in seiner Form, Farbe, Position und Geschwindigkeit verschlüsselt waren, und ein Codewort auszusprechen – «Peng» zum Beispiel –, um das Waffensystem auszulösen. So bot er sein Nervensystem direkt gegen den Feind auf, ohne daß er Anzeigen lesen oder «Pikkoloflöte spielen» mußte. Von der Überforderung befreit, ein Ein-Mann-Orchester sein zu müssen, kann der Pilot, der infolge der einwirkenden Beschleunigungskräfte während eines Überschallkampfes zeitweise halb bewußtlos ist, seine ganze Aufmerksamkeit auf die Dinge richten, die Menschen am besten können – Muster entdecken, Bewertungen vornehmen, geringfügige Kontextveränderungen wahrnehmen. Die Piloten waren begeistert von der «Guck-und-schieß-Version» des VCASS. Man bewilligte die Mittel für die nächsten Entwicklungsstadien. 1986 erhielt das Projekt den Namen Super-Cockpit-Programm. Man entwickelte neue Helme, die mit Hilfe von halbverspiegelten Glasscheiben in dem echten Cockpit virtuelle Bedienungsflächen schufen, hochauflösende visuelle Bildschirme, die auf der teuren, aber sehr genauen Glasfasertechnik beruhten, und dreidimensionale akustische Systeme. Hinzu kam ein Handschuh, der mit piezoelektrischen, vibrotaktilen Auslösern ausgestattet war – winzigen Kristallen, die auf Druck hin einen elektrischen Strom erzeugen. Der erste Prototyp eines taktilen Handschuhs war also mehr oder minder ein Abzugshebel.

Dr. Furness (er promovierte in Ingenieurwissenschaft und angewandter Naturwissenschaft an der University of Southampton in England) hat die Anwendungsmöglichkeiten der VR-Technologie niemals nur auf militärischem Gebiet gesehen. Ihm war klar, daß Wirklichkeitssimulatoren ebensowenig nur für militärische Zwecke in Frage kamen, wie ENIAC, der erste elektronische Digitalrechner, nur für die ballistischen Berechnungen eingesetzt werden konnte, für die ihn die

US Army gedacht hatte. Die zivile wie die militärische Anwendung verlangt das, was er einen «Generator virtueller Welten» nennt. Dieses System empfängt und verarbeitet die Information, die notwendig ist, um eine virtuelle Welt zu erzeugen und sie dem menschlichen Operator darzubieten. In einem Flugzeug sind die Eingaben für den Generator der virtuellen Welt die digitalen Daten über das Gelände, die Informationen des Radargerätes und der Infrarotsensoren und die Daten, die die Augen- und Kopf-Tracker des Piloten übermitteln. In einem nichtmilitärischen System sind die Augen- und Kopf-Tracker noch wichtiger, weil der Operator beweglicher als ein Pilot ist, der in einer bestimmten Haltung in seinem Sitz fixiert ist. Sowohl in militärischen als auch in zivilen Systemen muß der Generator der virtuellen Welt die Signale erzeugen, die erforderlich sind, um den Piloten oder Operator die visuellen, akustischen und taktilen Displays darzubieten.

Die zweite große Kategorie von VR-Systemen, für die Furness sowohl militärische wie zivile Anwendungsmöglichkeiten sah, nennt er «Mindware»-Systeme, die VR gleichermaßen nützlich machen für Kampfpiloten wie Querschnittsgelähmte, für Pharmakologen wie Architekten. Furness hat wie Frederick Brooks stets an die Nützlichkeit «treibender Probleme» geglaubt – die praktischen Anwendungen, die der Forschung ein klares Ziel vorgeben und die wirtschaftliche Entwicklung ankurbeln.

«1986 und 1987 bekam ich Anrufe von Leuten, die von meinen Forschungsarbeiten gelesen hatten und wissen wollten, ob sie virtuelle Umgebungen auf Probleme in ihren eigenen Bereichen anwenden konnten», erinnerte sich Furness 1990. «Leute, die mit hirngelähmten Patienten arbeiteten, fragten, ob zungengesteuerte VR-Systeme das gefangene Denken dieser armen Menschen aus ihren funktionsunfähigen Körpern befreien könnte. Feuerwehrleute hofften, man könnte mit einem HMD einen Feuerwehr-Roboter durch ein brennendes Gebäude steuern, die Anästhesisten suchten nach besseren Verfahren, die Lebenszeichen all der Apparate darzustellen, die sie kontrollieren müssen – auf diese Weise könnte der Operationssaal Ähnlichkeit mit dem Cockpit eines Düsenjägers bekommen.»

Im Sommer 1989 gelangte Furness zu der Überzeugung, daß die Technologie zu wichtig sei, um sie auf militärische Anwendungsmöglichkeiten zu beschränken. Deshalb begann er, seine Unterlagen einzupacken, bevor ich die Möglichkeit hatte, ihn in Wright-Patterson aufzusuchen. Es hieß allgemein, er gehe irgendwo in die VR-Wirtschaft. Schließlich stellte sich heraus, daß er sich nach Seattle begeben hatte. Gemeinsam hatten der Staat Washington und die University of Washington das Washington Technology Center gegründet, eine Mischinstitution, die gemeinsame Projekte von akademischer Forschung und den Entwicklungsabteilungen großer Wirtschaftsunternehmen fördern sollte – eine Pacific-Northwest-Version jener Form von Partnerschaft, die Silicon Valley so erfolgreich machte. Im November 1989 gab das Washington Technology Center bekannt, daß unter seiner Schirmherrschaft ein neues Institut gegründet worden sei, das Human Interface Technology Laboratory (HITL). Gründungsdirektor war Dr. Thomas A. Furness. Er bekam einen Haushalt, einige Gebäude, eine Professur und den Auftrag, in Absprache mit örtlichen Industrieunternehmen geeignete Mindware zu entwickeln. Zunächst stellte Furness einige interessante Leute ein, zum Beispiel William und Meredith Bricken sowie Robert Jacobson, den ich aus den informationspolitischen Diskussionen bei WELL kannte.

Als Furness mich erstmals über sein Programm für HITL unterrichtete, wurde mir klar, warum er auf meinen Vorschlag, eine UseNet-News-Gruppe ins Leben zu rufen, so bereitwillig eingegangen war.

«Wir möchten eine landesweite Datenbank mit Forschungsergebnissen zur Ergonomik, Technologie und Anwendung von virtuellen Schnittstellen einrichten», schrieb er in seiner ersten Aktennotiz für die Mitarbeiter seines neuen Instituts. Wenn Furness einmal seine Umzugskartons ausgepackt hat, wird er über eines der umfangreichsten Archive der Human-Factors-Aspekte virtueller Systeme verfügen. Bei der Air Force hatte er unter anderem eine Datenbank über Human Factors eingerichtet. Für HITL plante Furness eine Bibliographie, eine Zentralbibliothek für schriftliche Forschungsberichte, die er gesammelt hatte, und eine computerisierte Datenbasis – alle öffentlich zugänglich.

Der News-Gruppen-Vorschlag paßte also genau in Furness' Konzept, HITL zu einer zentralen Informationsstelle über VR-Forschung zu machen und die Entstehung einer wissenschaftlichen VR-Disziplin zu fördern. Zu diesem Zweck möchte er als nächstes die Instrumente entwickeln, die man braucht, um den wichtigsten, aber bislang nicht zu quantifizierenden Aspekt der VR zu messen, die Wirklichkeitsnähe virtueller Welten. Wie kann man Realität messen?

Zunächst einmal wollte man am HITL ein vielseitiges Betriebssystem für einen Generator virtueller Welten entwickeln, wobei dieses Systemprogramm für möglichst viele verschiedene Rechnertypen geeignet sein sollte. Wenn diese Software allgemein und unentgeltlich zur Verfügung stünde, würde das, so hoffte man, ein Anreiz für neue Entwicklungen in der VR-Wissenschaft und -Wirtschaft sein. Gleichzeitig wollte man im HITL bessere Positionssensoren, leistungsfähigere und billigere Augen-Tracker, einen Laser-Mikroscanner und Mindware für Behinderte entwickeln. Ob bei der Air Force oder in der zivilen Forschung – Furness denkt stets in großen Maßstäben.

«Wir haben eine Menge schwieriger Probleme zu lösen», räumt er ein. «Wir verstehen die Human-Factors-Dimensionen des virtuellen Raums noch nicht. Wir können noch nicht messen, wie real eine virtuelle Welt erscheint. Von den teureren militärischen Systemen abgesehen, besitzen die virtuellen Displays noch nicht genügend Auflösung, um Weitwinkelbilder darzustellen. Die Positionssensoren müssen verbessert werden. Die Leistung heutiger Grafik-Workstations reicht noch nicht aus. Die Kopfarmatur ist zu schwer. Es sind zu viele Kabel nötig. Es gibt keine allgemein verwendete Software-Architektur, kein Programminstrumentarium, auf das sich die künftige Entwicklung und Anwendung virtueller Welten stützen könnte. Das ganze System ist viel zu teuer. Uns fehlen interdisziplinäre Diskussionsformen für die VR-Forschung.» Bedenkt man, daß sein Human-Interface-Institut noch nicht einmal über die nötige Rechnerausstattung verfügte, so zählte er die Probleme eigentlich recht unbekümmert auf. Tatsächlich wurde ich in der Woche, während der ich am Institut war, Zeuge eines enttäuschenden Rückschlags. Die Vertreter von NeXT, dem Computerunternehmen, das Steve Jobs nach Apple gegründet hatte, erklärten Furness und seinen Mitarbeitern, sie könnten dem Institut nicht ein halbes Dutzend ihrer neuesten Workstations schenken, nur weil VR das interessanteste Forschungsgebiet in der Computerwelt sei. Einen Teil der Woche, die ich in Seattle weilte, verbrachte ich damit, in irgendeiner Ecke zu warten, während die HITL-Leute Konferenzen abhielten und ihre Situation erörterten: Sie hatten ein Anfangsbudget, große Pläne, aber bislang noch keine festen Zusagen für längerfristige Forschungsmittel.

Man hatte die Absicht, ein Konsortium aus Firmen zu gründen, die Gelder und Rechenanlagen zur Verfügung stellen und dafür als erste von den erzielten Forschungsergebnissen in Kenntnis gesetzt werden sollten. HITL wollte sich auch um gesonderte Mindware-Projekte bestimmter Konsortiumsmitglieder kümmern. Wie Furness auf der Konferenz in Santa Barbara nachdrücklich betonte, ist er leidenschaftlich bemüht, «Schwerter in Pflugscharen umzuschmieden». Deshalb bestand eine seiner ersten Maßnahmen darin, Suzanne Weghorst einzustellen, eine biomedizinische Systemanalytikerin, die an Prototypen für virtuelle Prothesen arbeitet. Das Projekt hieß anfangs «Advanced Adaptive Aids», und die ersten Produkte waren für den virtuellen Unterricht von körperbehinderten wie lernbehinderten Menschen bestimmt. Furness bemühte sich eine Zeitlang um Unterstützung in Washington und vermochte auch den damaligen Erziehungsminister Lauro Cavazos für seine Pläne zu begeistern. «Er ist wirklich fasziniert von den Möglichkeiten», erklärte Furness dem Zeitungsjournalisten Denise Caruso. Die Geldmittel mußten allerdings aus anderen Quellen kommen.

Im Laufe des Jahres 1990 gewannen Furness und Jacobson neue Mitglieder für das Konsortium und bekamen auch die dringend benötigten Rechenanlagen. William Bricken entwarf die Grundzüge des Software-Systems, das er in Angriff nehmen wollte, sobald die Hardware eintraf – den Entwurf eines Betriebssystems für virtuelle Welten, eines Systemprogramms, das jeden Rechner mit ausreichender Leistung in eine Wirklichkeitsmaschine verwandelte. Ein Jahr nach meinem Besuch hatte es den Anschein, als könne das HIT-Lab seine Arbeit endlich wie geplant aufnehmen. Zum Konsortium gehören jetzt US West, eine der regionalen Bell Operating Companies, Port of Seattle, Alias, Digital Equipment Company (DEC) und VPL Research. Bricken hat die Protokolle für VEOS, Virtual Environment Operating System, abgeschlossen, das das HIT-Lab zur Sache der VR-Forschung beisteuern möchte. Es hat einen Plan zur Entwicklung des Laser-Mikroscanners beim National Institute of Standards and Technology eingereicht, und Jacobson erklärt: «Wir haben an der Universität zwei geniale Burschen in den Bereichen Halbleiterchemie und Mikrosensoren gewonnen, die uns geholfen haben, den Plan für einen Prototyp zu entwickeln.»

HITL scheint auch allmählich in die geplante Rolle als Informationszentrum für den VR-Bereich hineinzuwachsen. Die News-Gruppe virtuelle Welten weitet sich unaufhaltsam aus: Die Mitglieder tragen immer umfassendere Theorien zur Datenstruktur des Cyberspace vor, unterbreiten Pläne zum Bau billiger Systeme, berichten über neue Programme, beschreiben optische Erfindungen und spekulieren darüber, wie sich ihre großartigen Pläne verwirklichen lassen. Als ich das letzte

Mal hineinsah, erbat NSF einen Vorschlag von HITL für eine Konferenz über die Virtualitätswissenschaft, und Furness verständigte sich mit Robert Prior vom MIT über die Herausgabe einer VR-Zeitschrift, die den vorläufigen Titel *Presence* erhielt. Herausgeber sollten Furness und Durlach vom MIT sein. DEC erklärte sich bereit, die von Bricken gewünschte Rechenleistung in Form vernetzter Hochleistungs-Workstations zu liefern. Alles lief nach Plan. Ich werde in zwei Jahren noch einmal nachfragen, denn so lange wird es mindestens dauern, bis das HITL seine Hardware-, Software- und Mindware-Systeme gebaut, überprüft, auf die Probleme der Konsortiumsmitglieder angewendet und Aufschluß über ihre Wirksamkeit gewonnen haben wird. Trotzdem wird das HITL schon in einigen Monaten zu sehr eindrucksvollen Vorführungen in der Lage sein. Der Umstand, daß VR-Ausrüstungen bisher nur in sehr begrenztem Maße zur Verfügung standen, hat den großen Vorteil, daß nur eine kleine Zahl von Menschen die sehr primitiven frühen Versionen gesehen hat. Während jetzt einerseits die Preise fallen, so daß mehr Menschen den Cyberspace erleben können, wächst andererseits die Wirklichkeitsnähe der VR-Welten mit jedem Monat.

Es gibt viele Kräfte, die in den neunziger Jahren die Entwicklung einer Wirklichkeitsindustrie vorantreiben werden. In den Randgebieten sind es die Kleinunternehmer, die «Heimwerker», von denen noch in einem späteren Kapitel die Rede sein wird. Am anderen Ende des Größenspektrums befinden sich die riesigen Unternehmen der Computer- und Nachrichtenbranche. Sie kümmern sich nicht sonderlich um die Phänomene in den Randgebieten, bevor diese nicht einträgliche Gewinne versprechen, doch wenn dieser Zeitpunkt gekommen ist, können die Großunternehmen erhebliche Mittel für die Verwirklichung neuer technischer Ziele freisetzen. Ich konnte feststellen, daß ganz neue, mit großem Kostenaufwand errichtete Institute schon seit einigen Jahren an der Entwicklung der VR-Technologien arbeiten. Es mögen mittlerweile Dutzende, vielleicht sogar schon Hunderte sein. Immer neue Konsortien bilden sich. Staatliche Stellen und große Wirtschaftsunternehmen denken ernsthaft darüber nach, welche Bedeutung die VR-Forschung für die Unternehmenspolitik der neunziger Jahre haben könnte. Ich habe mit eigenen Augen gesehen, wie eindrucksvoll die frühen Stadien dieser konzertierten VR-Forschungs- und Entwicklungsarbeiten sind. Überraschend war, *wo* ich sie gesehen habe.

High-Tech-Spielzeug und Industriepolitik

Nach landläufiger Vorstellung ist der Computer eine mathematische
Maschine, entworfen, um numerische Berechnungen auszuführen.
Doch in Wirklichkeit ist er eine Sprachmaschine. Seine fundamentale
Stärke liegt in der Fähigkeit, sprachliche Zeichen zu manipulieren –
Symbole, denen man Bedeutung zugewiesen hat.

TERRY WINOGRAD
Scientific American, 1984

Durch ein riesiges Fenster, das mein Blickfeld vollständig ausfüllte, sah
ich eine Stadt aus der Vogelperspektive oder, makaber ausgedrückt,
aus der Perspektive eines Bomberpiloten. Ich konnte die Landschaft
überfliegen oder schwebend innehalten. Besonders interessant war,
daß sich das Bild, je nachdem, wie ich es ins Auge faßte, entsprechend
meinem Betrachtungswinkel veränderte. Stets traten die Einzelheiten
im Zentrum meiner Blickrichtung deutlich hervor, während sie zu den
Rändern hin immer verschwommener wurden. Ich konnte den Kopf
oder die Augäpfel von einem Teil der Stadt zum anderen bewegen. Es
war ein Forschungsgerät ganz im Sinne der Richtlinien, die Negroponte und Bolt in den siebziger Jahren entwickelt hatten – der Versuch,
die Fähigkeiten der Rechensysteme den Wahrnehmungsfähigkeiten des
Menschen anzupassen. Das menschliche Gesichtsfeld ist im Zentrum
scharf und an den Rändern verschwommen – obwohl Wahrnehmungspsychologen gerade entdecken, daß die Dinge nicht ganz so einfach
liegen. Die Wissenschaftler, die mir diese zweidimensionale Version
eines Systems vorführten, das eines Tages dreidimensional werden soll,
berichteten mir, sie hätten die Absicht, in diesen nagelneuen Prototyp,
der sich in einem brandneuen Labor befindet, ein Spracherkennungs-
modul einzubauen. Durch eine Kombination von Augenbewegungen
und gesprochenen Befehlen sei es dann möglich, die Einzelheiten der
virtuellen Welt festzuhalten, zu markieren oder nach Belieben in ihrer
Größe zu verändern.

Der zehntausend Dollar teure Blick-Tracker und der Millionen-Dollar-Projektor, die solche Erlebnisse ermöglichten, waren nicht die einzigen technischen Wunderwerke, die mir die Forscher zeigten. Ein Stück den Gang hinunter waren die Anfänge von Kraft-Rückkopplungsgeräten zu bewundern, Datenhandschuhe und Videobrillen zur Steuerung von Telerobotern und die eindrucksvollste Sammlung von Hochleistungsrechnern, die ich seit Chapel Hill zu Gesicht bekommen hatte. Die vermutlich interessanteste Zielsetzung dieses Laboratoriums ist der Plan, am Ende des ersten Jahrzehnts des nächsten Jahrhunderts komplette Populationen in den Cyberspace zu implementieren. Eine ähnliche Stimmung muß in den frühen Tagen des amerikanischen Raumfahrtprogramms geherrscht haben, als man sich vorgenommen hatte, im Laufe von zehn Jahren die ersten Menschen auf den Mond zu befördern und sie wieder unversehrt zurückzubringen.

Das weltweit bestausgestattete VR-Forschungslabor hat sich auch eines der ehrgeizigsten Ziele gesetzt. Das Internationale Institut für Telekommunikationsforschung (nach der englischen Übersetzung ATR abgekürzt) hat die Absicht, für das Leben im 21. Jahrhundert Cyberspace-Kommunikationssysteme zu entwickeln, die sich als Massenmedien nutzen lassen. Diese Organisation, 1986 gegründet und großzügig mit Mitteln ausgestattet, beschäftigt Hunderte von Wissenschaftlern und Technikern und will das, was man dort «Kommunikation mit realistischen Sinneswahrnehmungen» nennt, in die Telekommunikationstechnologie des Zeitraums 2000 bis 2010 integrieren. Und das ist beileibe kein bloßes Szenario, kein hypothetischer Entwurf. Der Zufall führte mich im März 1990 in die zentrale Forschungs- und Entwicklungseinrichtung des ATR.

Warum könnten Menschen das Bedürfnis haben, sich in eine simulierte Wirklichkeit zu versetzen, um Nachrichten auszutauschen? Warum sollte jemand heute größere Geldbeträge investieren, um in zwanzig Jahren das Nachrichtenwesen und die Virtuelle Realität miteinander zu vereinigen? Die Antwort ist weniger in dem zu suchen, was der heutige Stand der VR-Technik möglich macht, als vielmehr in dem, was der heutige Stand der Nachrichtentechnik *nicht* zuläßt – das feine, komplexe Zusammenspiel nonverbaler Kommunikationsformen wie Körperhaltung, Gestik, Mienenspiel und Blickrichtung, die unsere älteste und vielseitigste Nachrichtentechnik charakterisieren: die direkte Kommunikation von Angesicht zu Angesicht.

Ich begriff den tieferen Sinn dieser Antwort, als ich zum erstenmal einen Cyberspace mit einem anderen Menschen teilte. Ich hatte das Gefühl, daß sich hier ein Kommunikationsmedium im Embryonalstadium befand, das eines Tages so bedeutsam wie die Sprache und das Alphabet sein könnte. Schon wenige Minuten in dem Fünfhunderttausend-Dollar-Projekt von VPL, der (immer noch sehr groben, comicartigen) «Reality Built for Two», vermitteln den Eindruck, man habe es mit einer Art «Modelliermasse» für die Kommunikation der Zukunft zu tun, aus der unsere Nachkommen heute kaum vorstellbare Formen des Tanzes und der visuellen Kommunikation, des Gesprächs und multimedialer Kunst, wissenschaftlicher und intellektueller Höchstleistungen gewinnen könnten. Heute, in der Steinzeit der Virtuellen Realität, lassen sich die Individuen in gemeinsamen Cyberspaces an der Art erkennen, wie sie sich bewegen, selbst wenn sie sich als Androiden, Teekannen, Schmetterlinge oder Schalentiere ausgeben. Es ist nicht ohne Komik und zugleich ein interessantes linguistisches Experiment, mit einem Hummer Walzer im Cyberspace zu tanzen.

Wenn wir ernsthaft nach dem Sinn menschlicher Existenz fragen, scheinen unsere Kommunikationsfähigkeiten entscheidend mit der Antwort zu tun zu haben. Denn eine Sache, die wir bei der Entwicklung der mechanischen Intelligenz gelernt haben, ist die Erkenntnis, daß die federlosen, binokularen Zweifüßer ihre ökologische Nische dazu nutzen, Sprachen zu erfinden, zu verwenden und zu verwandeln, wie Korallenkolonien ihre Nische dazu nutzen, Riffe zu bauen. Wir sind das Geschöpf, das kommuniziert und über Kommunikation nachdenkt: *Homo sapiens fiberopticus*. Der Hang des Menschen, neue Kommunikationsinstrumente zu entwickeln und zu nutzen und sich in diesem Prozeß selbst umzugestalten, ist der Punkt, in dem sich die Telekommunikationsforschung mit der Virtuellen Realität trifft.

Wenn die besondere Fähigkeit des Menschen darin liegt, Bedeutungsmuster in Lichtstrahlen und modulierten Schallwellen zu verschlüsseln und wieder zu entschlüsseln, und wenn er in der Hand-Augen-Hirn-Koordination brilliert, während es Computern immer besser gelingt, dreidimensionale Simulationen herzustellen und Billiarden von Signalen in lebendige Räume rund um die Welt zu schicken, dann hat die globale Kommunikation im Cyberspace vielleicht die Möglichkeit, sich trotz aller High-Tech-Attribute zu einer letztlich *menschlichen* Umgebung zu entwickeln. Wenn es unser evolutionäres Schicksal ist, in

Datenanzüge gewandete Symbioten unserer eigenen Werkzeuge zu werden, dann gehören multimediale Kommunikationsspiele noch zu den eher harmlosen Möglichkeiten künftigen Zeitvertreibs. Mitte des 20. Jahrhunderts lieferte der Schriftsteller Hermann Hesse in seinem Roman «Das Glasperlenspiel» eine romantisierte Beschreibung einer solchen künftigen Metasprache. Hesses Standpunkt war der eines Mandarins, einer intellektuellen Elite, die ihre Zeit damit verbringt, gedankliche Begriffe wie Perlen auf einem Spielbrett aufzureihen. Ihre Vorgänger gibt es bereits, und sie haben einen unstillbaren Hunger nach Übertragungskanälen – die Kommunikations- und Computer-Freaks des Worldnet, die ihre Personae durch den blinden Cyberspace des engen Kommunikationskanals hetzen, den die textorientierte Datenübertragung bietet.

Skeptischer beurteilt E. M. Forster eine ähnliche Möglichkeit in seiner Novelle «Die Maschine versagt», die Anfang des 20. Jahrhunderts entstand. In Forsters Welt besuchen die Menschen wunderbar illustrierte Vorträge, die sie einander den ganzen Tag lang halten, ohne ihre Studierstuben je zu verlassen oder sich zu fragen, was wohl geschieht, wenn die Maschine zum Stillstand kommt. In Aldous Huxleys «Schöner neuer Welt» gibt es die «Feelies», Erlebnisse als Fertigprodukte, die listig eine technologisch hochentwickelte Diktatur anstelle wirklicher Freiheit bietet.

Die VR-Technologie, die sich heute noch in ihren primitiven Frühstadien befindet, wird zu technischer Reife gelangen, sobald die hochleistungsfähigen Kommunikationskanäle, die gegenwärtig erst im Versuchsstadium sind, weltweit zum Einsatz kommen. Die Telefongesellschaften haben keinen Zweifel daran, daß wir die nie dagewesene Steigerung der Kapazität heute existierender Datenübertragungsleitungen schon nutzen werden. Stimme und Ton in Hi-Fi-Qualität, bewegte Videobilder, Texte in Bibliotheksstärke – das alles wird man mit den Glasfaserkabeln des Jahres 2010 übertragen können. Auf welche Weise werden normale Menschen solche rasanten Datenübertragungskanäle mit extremer Kapazität verwenden, abgesehen davon, daß sie sich den Weg zu ihrer Videothek ersparen? Was für einen Sinn hat es, eine derartige Kapazität in das Nachrichtennetz einzubauen, wenn die Menschen keine Möglichkeit haben, sie zu nutzen? Die VR als Kommunikationsmedium wäre eine mögliche Antwort auf diese Frage: Nichts verschlingt Rechenleistung und Leitungsbandbreiten so heißhungrig wie eine Wirklichkeitsmaschine. Milliarden vernetzter Maschinen dieser Art würden einen neuen weltweiten Wirtschaftszweig sprießen lassen. Ein Investor, der erkannt hat, welche Entwicklung die Kommunikationstechnologien nehmen, und der über genügend Kapital und ausreichend Puste verfügt, könnte heute damit beginnen, für die zu erwartende Annäherung von VR und Nachrichtenwesen Pläne zu schmieden, mit der Aussicht auf höchst ungewöhnliche Gewinne. Wieviel ist die Einbeziehung der menschlichen Spezies wert, legt man die heutigen Bedingungen zugrunde?

Die bisherige Entwicklung der Kommunikationsindustrie spricht entschieden für die Annahme, daß die Zukunft solche hohen Gewinne bereithält: Kommunikationstechniken und kulturelle Entwicklungen sind ihrer Natur nach miteinander verzahnt und regen sich wechselseitig zu immer neuen Revolutionen an. Technologien, die es erleichtern, neue Technologien zu schaffen, sind einem Entwicklungsprozeß unterworfen, der sich selbst beschleunigt. Und die Auswirkungen sind nicht auf die technische Seite beschränkt. Wenn die Öffentlichkeit ein neues Kommunikationsmedium übernimmt, verändern sich Lebensstile, öffentliche Wahrnehmungsweisen und die Grenzen dessen, was möglich oder erlaubt ist. Neue Technologien schaffen nicht nur die Voraussetzung für wieder neue Technologien, sondern auch neue kulturelle Institutionen. Das Radio wird durch Autokinos ersetzt, die wiederum den Videotheken Platz machen müssen. Sogar eine einfache begrenzte Nachrichtentechnik wie die Telegrafie ermöglichte die Entstehung multinationaler Unternehmen (Edison, Carnegie, Sears und Sarnoff, die Gründerväter der amerikanischen Elektrizitätsversorgung, der Stahlindustrie, der Einzelhandelsketten und des Radio- und Fernsehsektors, waren alle als junge Männer Telegrafisten). Die ganze bewegte Geschichte des 20. Jahrhunderts ist geprägt von der Innovationskraft der sich rasant entwickelnden Kommunikationstechnologie. Es besteht kein Grund zu der Annahme, daß dieser fortwährende und kaum vorhersagbare Prozeß technischer und kultureller Veränderung in den nächsten zehn bis zwanzig Jahren zum Stillstand kommen wird.

Wenn jemand einige 10 Millionen Dollar zur Verfügung hat, erstklassige Wissenschaftler kennt, Zugang zu den Weltmärkten hat und bereit ist, sich auf einen ehrgeizigen Zehnjahresplan einzulassen, dann könnte ein televirtuelles Nachrichtennetz in zwanzig Jahren die Welt umspannen. Sollte dieses unrealistisch erscheinende Szenario Wirklichkeit werden, dann könnte die Kommunikationstechnologie im 21. Jahrhundert auf einer völlig neuen Ebene der «Wirklichkeit» eine radikal veränderte Definition geben – so wie Telefon und Fernsehen im 20. Jahrhundert den alten Vorstellungen von Zeit, Raum und menschlichen Möglichkeiten eine neue Bedeutung verliehen haben. Darin liegt die große Chance, aber auch das Risiko. Umwälzende Neuerungen sind für die einen gut und für die anderen schlecht. Das Vermögen machen diejenigen, die die neuen Möglichkeiten frühzeitig erkennen. Neue Nachrichten- und Kommunikationstechnologien bringen neue Regierungssysteme, neue soziale Institutionen, neue wirtschaftliche Möglichkeiten, aber auch neue Geisteskrankheiten. Einige der Hauptbeteiligten an diesem globalen Spiel werden feststellen, daß sie nicht flexibel genug auf die Veränderungen reagieren, und werden eine Bruchlandung machen. Viele Leute und Organisationen, die bislang kaum oder noch gar nicht beteiligt sind, werden in das neue, kommunikationsorientierte Weltspiel hineingezogen werden. Sie werden feststellen, daß sie in der Lage sind, sich dem veränderten Weltbild anzupassen, das das Spiel im 21. Jahrhundert von ihnen verlangt, so daß sie am Ende große Gewinne einstreichen oder sogar selbst die Regeln diktieren können.

Ein Mitspieler – richtiger: eine Gruppe von Unternehmen – hat sich schon kräftig engagiert. Das Internationale Institut für Telekommunikationsforschung (ATR) verfügt über einen Jahreshaushalt von ungefähr 50 Millionen Dollar, und zwei seiner vier Institute sind vorwiegend mit der Grundlagenforschung und der technischen Anwendung auf das televirtuelle Nachrichtenwesen beschäftigt. Laut Daniel Lee vom KI-Department hat man dem Projekt «Kommunikation mit realistischen Sinneswahrnehmungen» 5,3 Millionen Dollar pro Jahr auf zehn Jahre garantiert. Mit diesen Geldern sollen die grundlegenden Technologien für das VR-Nachrichtenwesen der Zukunft entwickelt werden. Das Labor für Systemforschung begann seine Arbeit im Frühjahr 1989. Als ich ihm ein Jahr später einen Besuch abstattete, waren die Mitarbeiter immer noch damit beschäftigt, Supercomputer zu installieren und Projektionssysteme im Wert von Millionen Dollar zu montieren. Mehr als 150 Fernsprech- und Computerunternehmen unterstützen das Konsortium, von dem ATR unterhalten wird, mit Geld und Wissenschaftlern. Es war eine ernüchternde Erfahrung, als ich nach meinem ersten VR-Erlebnis mit anderen Personen bei VPL (wo meine körperlose Hand in einem Cyberspace von Lanier schwebte und mit einem Partner tanzte, der einen Datenanzug trug und in der virtuellen Welt als roter Hummer auftrat) das blitzende neue Forschungsinstitut betrat, in dem eine große Zahl von Ingenieuren damit beschäftigt war, VR-Nachrichtentechniken für die große Masse zu entwickeln.

In dem Jahr, bevor ich auf ATR stieß, hatte ich in ganz Nordamerika viele Forschungsleiter gefragt, ob sie nicht der Meinung seien, daß die Möglichkeiten der Virtuellen Realität zu weitreichend und zu schwerwiegend seien, als daß man sie einem Unternehmen oder auch nur einem Land überlassen könnte. Die Direktoren, die die Frage verstanden, zeigten sich skeptisch. Sie konnten sich nicht vorstellen, daß es etwas Wichtigeres gibt als Marktvorteile. ATR war in dieser Hinsicht eine angenehme Überraschung. In einer Zeit, in der die Frage einer weltweiten Kooperation bei der Entwicklung neuer Informationstechnologien an wirtschaftlichem Konkurrenzdenken und nationalen Interessen scheitert, war es ermutigend, den Vertretern einer Organisation zu begegnen, die sich mit ihren Grundsätzen einer globalen Zusammenarbeit in Fragen der Forschung und Entwicklung verpflichtet hat. Zu den Zielsetzungen von ATR gehört es, sich um eine verstärkte internationale Beteiligung an ihren Forschungsarbeiten zu bemühen. Einer der vier «Leitsätze» von ATR ist die Erklärung, «seinen Teil zur Entwicklung einer internationalen Gesellschaft beizutragen». Die Vertreter dieser Organisation denken nicht nur in großen Maßstäben, sie denken auch kooperativ – oder zumindest behaupten sie es. Das allein war schon interessant genug. Aber ich hielt mich an Lenin: Vertrauen ist gut, Kontrolle ist besser. Die Grundsätze von ATR klangen so gut, daß ich die Sache unbedingt mit eigenen Augen sehen mußte.

Ich habe die neuen Forschungseinrichtungen der Organisation besucht, ihre Prototypen ausprobiert und ihre Sammlung von hochleistungsfähigen Wirklichkeitsmaschinen in Augenschein genommen. Obwohl das ganze chromblitzende Ambiente im Vergleich zu Unternehmen wie VPL und Autodesk hochprofessionell wirkte, sind die ATR-Forschungsleiter, die ich getroffen habe, keinesfalls die smarten Manager, die man unter solchen Umständen erwarten würde. Sie sind qualifizierte Wissenschaftler und Ingenieure, die eine klare Vorstellung von dem haben, was sie erreichen wollen. Ihre verantwortlichen Wissenschaftler haben schon vorher seit Jahren an Teilen von VR-Systemen gearbeitet. Das Unternehmen erklärt in der Tat öffentlich, daß

ATR sich rückhaltlos verpflichtet, «seinen Teil zur Entwicklung einer künftigen internationalen Gesellschaft beizutragen». Am größten ATR-Institut arbeiten Forscher aus den USA, Großbritannien, Deutschland, Frankreich, Japan, Schweden und Argentinien. Einer der beiden ATR-Mitarbeiter, die mich vor Ort betreuten, war Daniel Lee aus Palo Alto, der bei einem der Anteilseigner von ATR, Yokogawa-Hewlett-Packard, angestellt ist. Gleichgültig, ob ATR mit seinen kühnen Plänen Erfolg hat oder Schiffbruch erleidet, man ist sich dort sicher, daß die Produkte der Sponsorenunternehmen eine neue Art von globaler Telekommunikationsgemeinschaft ins Leben rufen werden.

Wenn ich Landsleuten von ATR erzähle, berichte ich ihnen alle diese Dinge, bevor ich erwähne, daß die meisten Anteilseigner und Wissenschaftler von ATR Japaner sind und das Hauptinstitut das Kernstück einer neuen «Wissenschaftsstadt» ist, die gegenwärtig vor den Toren Kiotos entsteht. Der wichtigste Sponsor von ATR ist die Nippon Telephone and Telegraph (NTT), die größte Fernsprechgesellschaft Japans. Andere wichtige Geldgeber sind unter anderem die Nippon Electric Company (NEC), Toshiba und Hitachi. Manchmal kann ich dann förmlich sehen, wie sich die Einstellung meiner Zuhörer verändert. Die meisten Amerikaner, die man in den neunziger Jahren darüber informiert, welche industriellen Möglichkeiten in der Virtuellen Realität schlummern, sehen in dem großangelegten japanischen Bemühen, televirtuelle Nachrichtentechnologien zu entwickeln, eine wirtschaftliche Bedrohung erster Ordnung. Aus der Sicht der Amerikaner, die all die technologischen Erfolge der Japaner mitansehen mußten, ist das wohl ein legitimer und ernsthafter Grund zur Sorge. Ein anderer und letztlich weit wichtigerer Anlaß zur Besorgnis ist die Frage, ob es *irgendwo* Menschen gibt, denen bewußt ist, daß die zu erwartende Verwandlung des Realitätsbegriffes auch alle unsere Vorstellungen von Absatz und Märkten umstoßen, unser Verständnis von Wohlstand verändern und die Machtverhältnisse in völlig unerwarteter Weise umstrukturieren könnte. So viel Weitsicht bin ich zu beiden Seiten des Pazifiks kaum begegnet.

ATR ist das Kernstück der Wissenschaftsstadt Kansai. Kansai ist der Name jener Ebene, die tausend Jahre lang von den großen Städten des alten Japans beherrscht wurde, bevor aus dem aufstrebenden Edo Tokio wurde. Doch Tokio hat die Grenzen der Zentralisierung erreicht. Es hat einfach keinen Platz mehr, sich auszudehnen, und das wirtschaftliche Überleben Japans hängt davon ab, ob es seine derzeitige technologische Wachstumsrate beibehalten kann. Die Wissenschaftsstadt Kansai ist ein staatliches Projekt. Dort entsteht eine neue Stadt auf einem Terrain, das an die Städte Kioto, Osaka und Nara grenzt und eine Reihe von Forschungskomplexen umschließt, die die Technologien des 21. Jahrhunderts ausbrüten.

Das ATR-Labor für Systemforschung liegt etwas außerhalb des modernen Ballungsgebietes Takanohara. An den riesigen noch unbebauten Grundstücken und den gewaltigen Baugeräten erkannte ich, daß ich die Außenbezirke der neuen Wissenschaftsstadt erreicht hatte, die sich noch größtenteils im Planungsstadium befindet. Wo einst Institute für Biotechnologie und Robotik stehen sollen, befinden sich gegenwärtig noch Felder oder Baugruben. Ein Ziegelbau, der aus der Entfernung eher wie einer der grauen Marmormonolithe aus dem Washingtoner Regierungsviertel aussieht, entpuppte sich als das Labor für Systemforschung von ATR – ein großer Bau auf einem weitläufigen Grundstück. Die Expansion scheint von vornherein eingeplant zu sein. Der ATR-Sitz gehört offensichtlich zu den wichtigsten Objekten der neuen Stadt, worin sich die Überzeugung der japanischen Planer spiegelt, daß die Informationstechnologien im kommenden Jahrhundert sowohl global als auch auf Unternehmensebene die technische Vorhut bilden werden.

Ich versuchte mich an die Größe des Xerox Palo Alto Research Center (PARC) in Palo Alto zu erinnern, um eine Vorstellung von den Ausmaßen der Forschungszentren zu gewinnen, die ich hier besuchte. PARC ist drei Stockwerke hoch und hat etwa die Größe von einem halben Wohnblock. Es ist rechteckig und terrassenförmig im «Neo-Maya-Stil» von Silicon Valley, wie ich ihn nenne, in den Coyote Hill hineingebaut. ATR ist etwa anderthalbmal so groß wie PARC, etwas traditioneller in seinem äußeren architektonischen Erscheinungsbild, im Inneren ähnlich, aber modernistischer als PARC. Bei ATR prägen Edelstahl und blaugraue Fliesen das Erscheinungsbild, während der kreative Individualismus der amerikanischen Computerszene (Rock 'n' Roll aus offenen Bürotüren, exotische Poster an den Wänden, Fahrräder in Laboratorien) hier kaum in Erscheinung tritt. Wie PARC besteht auch ATR aus mehreren zusammenhängenden Laboratorien, die sich in verschiedenen Stockwerken und Flügeln des gleichen Gebäudes befinden. Es gibt zwei internationale Konferenzsäle mit der Möglichkeit, die Hilfe englischer und japanischer Simultan-Dolmetscher in Anspruch zu nehmen.

Die verschiedenen Labors bei ATR beschäftigen sich mit Gebieten wie intelligenten Nachrichtensystemen, Übersetzungstelefonen, den Wahrnehmungsmechanismen des Menschen, optischen und funktechnischen Übertragungssystemen und Telekommunikationsgeräten der Zukunft. Mit anderen Worten, hier soll die nächste Generation der technischen Infrastruktur für das Weltgehirn hergestellt werden. Von Mikroschaltkreisen bis zu weltumspannenden Datennetzen. Im VR-Labor scheint man sich die Massenproduktion der «drahtlosen VR» zum Ziel gesetzt zu haben – dreidimensionale Animation ohne *head-mounted displays*, verknüpft mit Bewegungseingabe, die mit Hilfe von Kameras und bildinterpretierender Software aus der Distanz erfaßt wird, so daß man auf Datenhandschuhe und -anzüge verzichten kann, die Körperhaltung, Bewegung und Blickrichtung abtasten. Bei ATR möchte man ein computerisiertes Kommunikationsterminal entwickeln, das den Benutzer beobachtet, seine Aufmerksamkeitsausrichtung registriert und entsprechend reagiert. Wie es in der ATR-Broschüre heißt, entstehen hier die Voraussetzungen für eine «wirklichkeitsgetreue visuelle Kommunikation, die mit Hilfe der Computeranimation einen den besonderen Bedingungen des jeweils zur Lösung anstehenden Problems angepaßten virtuellen Konferenzraum erzeugt».

Der Gedanke eines Medienraums, eines intelligenten Theaters oder einer dialogfähigen Umgebung ist nicht neu. ATR scheint dort weitermachen zu wollen, wo Myron Krueger und das Media Lab aufgehört haben.

Obwohl man der japanischen Forschung und Entwicklung häufig den Vorwurf macht, sie beschränke sich auf bloße Nachahmung, liegt die Ironie darin, daß sie VR-Forschungsrichtungen wiederentdeckt hat, die vor Jahrzehnten von den amerikanischen Pionieren abgesteckt, aber dann nicht weiterverfolgt wurden. Das Schicksal scheint der amerikanischen Industrie eine Lektion in Sachen Wirtschaft wieder und wieder zu präsentieren: daß Innovation auf den High-Tech-Märkten nicht genug ist. Prototypen müssen perfektioniert werden, bevor man sie produzieren und vermarkten kann. Neben den individuellen Begabungen braucht man viel Technik und Forschungsplanung – und ein Management, das von dem Nutzen solcher Bemühungen überzeugt ist –, um einen neuen Denkverstärker auf den Markt zu bringen. In den

Zeiten, als die technischen Revolutionen noch alle zehn Jahre stattfanden, statt wie heute im halbjährlichen Rhythmus aufzutreten, war es
leichter, revolutionäre Technologien zu entwickeln. Um heute wirtschaftlich attraktive Systeme anzubieten, die die modernsten Produkte
ausbooten, muß man einen hohen wissenschaftlichen und technischen
Aufwand betreiben und braucht dazu ein großes Unternehmen mit
einem fähigen Management.

Soweit ich gesehen habe, übertrifft ATR die anderen VR-For-
schungsinstitute bislang nur durch die Reichweite seiner Pläne, aber ich
habe die Größe seiner Labors erblickt und die Bereiche in Augenschein
genommen, die für die beabsichtigten Prototypen der Medienraum-
Systeme vorgesehen sind. Als ich die Organisation besuchte, befand sie
sich im fünften Forschungsjahr ihres Zehnjahresplans. Die Grundla-
genforschung war abgeschlossen, doch mit den Plänen, die über ältere
Studien hinausgingen, befand man sich erst am Anfang der Prototypen-
Tests. Bislang gibt es bei ATR nur erste und vereinzelte Prototypen von
Wirklichkeitssystemen. Noch immer ist man damit beschäftigt, die
Hardware für die wichtigsten Forschungsbereiche zu montieren, in denen man bereits über die Arbeiten von Krueger und Bolt hinausgelangt.
Unter den Grafikrechnern von ATR befindet sich die erste Connection
Machine in Japan, dazu gibt es Räume, die vollgestopft sind mit Grafik-Workstations für 50 000 Dollar und den noch kostspieligeren Gra-
fik-Supercomputern von Stellar and Stardent, die auf vielfältige Weise
vernetzt sind. Als ich dort war, schloß man gerade einen hochauflösenden Projektor im Wert von einer Million Dollar an. Wenn ich bedenke,
daß die Mittel für zehn Jahre garantiert und einige der besten Köpfe aus
der japanischen Forschung beteiligt sind, kann man meiner Meinung
nach nicht ausschließen, daß ATR mit seiner technischen Entwicklungsarbeit der Japan Inc. weltweit eine Führungsrolle auf dem Gebiet
der Televirtualität verschaffen wird.

Eines der vier ATR-Labors, das Labor für Akustik- und Wahrnehmungsforschung, versucht grundlegende wissenschaftliche Daten über
die Wahrnehmungs- und Erkenntnismechanismen des Menschen zu
gewinnen. Während die vorangehenden Kommunikationsrevolutio-
nen ihre Wurzel in der Elektronik hatten, geht dieses Labor von der
Voraussetzung aus, daß künftige Fortschritte auf einem besseren Verständnis der menschlichen Wahrnehmungsprozesse und der maschinellen Informationsverarbeitung beruhen werden. Dort hat man sich

das Ziel gesetzt, «Fortschritte auf dem Gebiet der visuellen Muster- und Spracherkennung zu erzielen und leistungsfähige wie benutzerfreundliche Mensch-Maschine-Schnittstellen zu entwickeln».

Das Labor für Akustik und Wahrnehmungsforschung ist der Wirklichkeit gewordene Traum eines jeden VR-Ingenieurs. Ingenieure und Programmierer können digitale Systeme konstruieren, doch das Grundwissen zur Entwicklung solcher eng mit dem menschlichen Gehirn zusammenwirkenden Systeme kann nur ein sehr speziell arbeitendes psychologisches Forschungslabor zur Verfügung stellen. Und da die Qualität der Technik zur Unterstützung menschlicher Fähigkeiten von neuen Erkenntnissen über die menschliche Natur abhängt, sind wir bestrebt, genauer in Erfahrung zu bringen, wie der menschliche Geist die Welt konstruiert, wie wir unsere Nachrichten verschlüsseln und entschlüsseln, wie wir die Karten für unsere physischen und kognitiven Prozesse entwerfen und nach Bedarf verändern. Ich kann nur unterstreichen, was Nat Durlach zu mir sagte: «Je eingehender man sich mit der Frage beschäftigt, wieweit menschliche Sinneswahrnehmungen an virtuellen Umgebungen beteiligt werden können, desto deutlicher erkennt man, daß es im Grunde genommen um die Frage geht, was der Mensch aus sich machen kann.» Vielleicht verspüren wir den Wunsch, uns zu verändern, wenn wir feststellen, daß sich mit den richtigen Maschinen die Hindernisse überwinden lassen, die einer erheblichen Steigerung unserer Funktionen im Wege stehen. Das Experiment Mensch weist noch einige störende Fehler auf, einige von ihnen vielleicht sogar verhängnisvoll, die irgendwie – und zwar möglichst bald – beseitigt werden müssen. Uns selbst zu verändern, damit wir besser zu unseren Maschinen passen, wird uns vielleicht nicht so schrecklich erscheinen, wenn wir uns klarmachen, wie gräßlich die Alternativen sind. Möglicherweise werden wir aber auch entschieden ablehnen, uns zu verändern, wenn wir deutlicher erkennen, was für Menschen die Virtuelle Realität hervorbringt. Wie dem auch sei, die breitangelegte VR-Forschung hat die Arbeit der kognitiven Psychologen und Philosophen bereits auf das engste mit den Produkten der Hardware-Bastler und Software-Designer verzahnt. Obwohl es in keinem Forschungsprogramm ausdrücklich geschrieben steht, scheint der ganze Aufwand an Edelstahlkonstruktionen und Siliziumapparaten der fundamentalen VR-Forschung im Grunde genommen auf die Frage hinauszulaufen, wie die menschliche Natur beschaffen ist oder was wir aus ihr zu machen gedenken.

Im Projekt «Kommunikation mit realistischen Sinneswahrnehmungen» findet das eigentliche VR-Geschehen statt. Die Montage von Elementen, die andere Laboratorien zur Verfügung gestellt haben, zu einem experimentellen Medienraum ist eines der laufenden Projekte. Der Großteil der VR-Bemühungen konzentriert sich auf die weiterführenden Technologien für «virtuelle Sitzungsräume», die die Technik der Videokonferenz mit der Technik der Telepräsenz verbinden könnten. Entscheidend für dieses Projekt sind ein 3D-Display (vorzugsweise eines, das keine spezielle Kopfarmatur benötigt), Augen-Tracker, die den Teilnehmern solcher virtuellen Sitzungen erlauben würden, in Blickkontakt zu bleiben, ein System zur Bewegungserfassung (wiederum nach Möglichkeit eines, das nicht auf Datenhandschuhe oder andere hinderliche Ausrüstungsgegenstände angewiesen ist) und ein Display mit großem Gesichtsfeld, welches das Gefühl einer totalen oder teilweisen Immersion im virtuellen Sitzungsraum hervorrufen kann. Der Wunsch der ATR-Forscher, auf die das Gesicht verbergenden Datenbrillen zu verzichten, entspringt ihrer Auffassung, das Gesicht sei ein Kommunikationsorgan. Jedes nonverbale Element menschlicher Kommunikation – Gesichtsausdruck, Körpersprache, Handbewegung, Blickkontakt – bildet die Grundlage für eines oder mehrere der Projekte, die die weiterführende Technologie für die «Kommunikation mit realistischen Sinneswahrnehmungen» schaffen sollen.

Telefone und computervermittelte Datenübertragungstechniken vernachlässigen die Feinheiten des nonverbalen Kontextes, den Körpersprache und kleine, rasche Veränderungen des Mienenspiels transportieren. Videokonferenzen verbrauchen einen Großteil der Leitungsbandbreite. Eine Möglichkeit zur Lösung dieser Probleme besteht darin, den Computer zu lehren, wie Ihr Gesicht aussieht und wie es sich bewegt, und dann das Computermodell Ihrer Gesichtsdynamik den Kommunikationspartnern zu senden, die es in den Speichermedien ihrer Computer ablegen. Nicolas Negroponte und Richard Bolt haben als erste den Plan entwickelt, Gesichtspräsenz mit Hilfe computerisierter Basisdaten zu übertragen. Doch ihr System verlangte von jedem Teilnehmer, eine Maske der anderen im eigenen Kommunikationsraum vorrätig zu haben. Bilder der Gesichtsbewegungen wurden dann auf die Masken projiziert, so daß eine preiswerte und relativ wirklichkeitsgetreue dreidimensionale Simulation eines «Talking Head» hervorgerufen wurde. Das ATR-Projekt verlagert das MIT-Arrangement in eine virtuelle Dimension: Die Gesichtsmaske ist hier ausschließlich im Rechner mit Hilfe von digitalen Systemen für Formerfassung und Gesichtsmodellierung generiert worden. Wenn man mit seinen Kollegen am NTT-«RealityPhone» telefoniert, dessen Vermarktung für das Jahr 2007 geplant ist, würden ihnen die Grafik-Chips in ihren lokalen Workstations ein Bild des eigenen Gesichts präsentieren, das sich entsprechend der eigenen Gesichtsmimik, synchron zum Sprechvorgang, künstlich bewegt. In der Vorführung, der ich beiwohnte, wurde ein Videobild genommen und so aufgerastert, daß es einer topographischen Geländekarte ähnelte. Anschließend kreierte man ein synthetisches Bild, das so aussah wie eine erkennbare, wenn auch deutlich künstliche Nachbildung des Gesichts von dem Modell.

Die Frage nach verwertbaren Ergebnissen ist von großer Bedeutung in jedem Forschungsprogramm, vor allem in einem, das so ehrgeizig ist, daß es seine Ziele unter Umständen verfehlen wird. Eine formerfassende Kamera würde sich beispielsweise ganz allgemein hervorragend als Werkzeug zur Erzeugung virtueller Realitäten eignen. Heute können optische Scanner jedes grafische Muster und jeden Text auf einem flachen zweidimensionalen Medium in eine digitale Datei verwandeln, die sich in einem Computer verarbeiten oder über Fernsprechleitungen übertragen läßt. Ich kann demnach eine Fotografie scannen und sie mittels Telefon und Modem in alle Welt schicken. Auch existente dreidimensionale Objekte können mittels der Lasertechnik digitalisiert werden. Seit 1988 bietet Cyberware Laboratory aus Pacific Grove einen 3D-Laser-Scanner für rund 50000 Dollar an. Ein mit niedriger Leistung arbeitender Laser projiziert eine Lichtebene auf das zu digitalisierende Objekt. Aus der Stellung von zwei Spiegeln ergibt sich die Kontur von beiden Seiten. In wenigen Sekunden tastet der Strahl auf diese Weise die Konturen des dreidimensionalen Objektes ab. Ein Programm wertet die geometrischen Daten aus und liefert ein komplettes 3D-Drahtgerüst auf einem hochauflösenden Farbbildschirm der angeschlossenen Grafik-Workstation. Mit hochperfektionierten Versionen der Systeme, die gegenwärtig bei ATR zur Übermittlung von Gesichtsinformationen entwickelt werden, könnte es möglich sein, neben der stationären Form von Objekten auch die Art ihrer Bewegung im dreidimensionalen Raum festzuhalten – eine Möglichkeit, die zu einem weiteren erstaunlichen Resultat führen könnte: sprachgesteuerten Geräten zur dreidimensionalen Wirklichkeitsmodellierung.

Das Aufkommen der Computergrafik in den sechziger Jahren und deren direkte Manipulation über Schnittstellen in den siebziger Jahren bedeutete, daß wir uns unserer hochentwickelten visuellen Fähigkeiten bedienen konnten, um die Operationen des Computers zu verfolgen und auf der Basis des Gesehenen mit dem Computer zu kommunizieren. In den neunziger Jahren versuchen Forscher bei ATR und anderswo Computer mit vergleichbaren Fähigkeiten auszustatten: Bei ATR gibt es einige Prototypen, die den Benutzer ansehen und dabei feststellen, wohin er blickt, indem sie seinen Augen- und Kopfbewegungen folgen. Ich habe mich in verschiedenen experimentellen Stationen als Testperson im Schnittpunkt von Video- und Infrarotkameras befunden, die mit bildverarbeitender Software in Grafik-Workstations verbunden waren. Die Arbeiten zur Erkennung von Mimik und Gestik, die gegenwärtig bei ATR durchgeführt werden, gehen auf eine lange Tradition von Versuchen zurück, Roboter zu bauen, die sich während eines Bewegungsablaufes selbständig visuell in der Umgebung orientieren können. ATR erforscht gleichzeitig menschliche und elektronische Sichtsysteme. Es ist nicht sonderlich schwer, Licht in elektronische Signale zu verwandeln und einen Computer mit diesen Signalen zu füttern. Die Schwierigkeit liegt darin, ein Computerprogramm zu schreiben, das ein Gesicht von einem anderen oder auch nur von einer Bratpfanne unterscheiden kann.

Eine Stärke der Computer liegt darin, daß sie umfangreiche Rechnungen sehr rasch ausführen können. Wenn Wahrnehmungspsychologen herausfinden können, wie das visuelle Verarbeitungssystem des Menschen Bilder analysiert, kann man sich bei der Auswahl der möglichen Verfahren darauf beschränken, bildanalysierende Software zu entwickeln. Ränder scheinen beispielsweise eine besondere Rolle im visuellen System des Menschen zu spielen. Unser lichtempfindliches Sehsystem ist offenbar besonders befähigt, Ränder zu entdecken – eine Technik, die sich zumindest teilweise in einem Computerprogramm nachahmen läßt: Man muß ausrechnen, wie sich jeder Bildpunkt in bezug auf die benachbarten Bildpunkte verändert, und wenn lineare Anordnungen von Bildpunkten alle an oder aus sind, muß man überprüfen, ob sie einen Rand bilden. Man kann das digitalisierte Gesamtbild analysieren, indem man Anordnungen von Bildelementen mit Hilfe komplexer mathematischer Methoden vergleicht und auf diese Weise Ränder entdeckt. Diese setzt man zu Strukturen zusammen und

vergleicht sie mit einer Datenbank, in der zuvor erkannte Objekte gespeichert sind. Das Labor für Menschliche Schnittstellen von NTT,
einem der Sponsoren von ATR, hat bereits eine Kamera entwickelt, die
Nummernschilder von Autos erkennen kann. An bestimmten Test-
strecken sind schon die Prototypen dieses Geschwindigkeitskontroll-
roboters installiert. Wenn das Radar ein Fahrzeug mit überhöhter
Geschwindigkeit erfaßt, registriert eine Videokamera das Nummernschild, und die bildverarbeitende Software gibt die Nummer an die
Datenbank der Kraftfahrzeug-Erfassungsstelle weiter. Eines nicht
mehr allzu fernen Tages werden Geschwindigkeitssünder einen Zu-
kunftsschock erleiden – dann nämlich, wenn sie die Robo-Tickets in
der Post finden.

Nun sind Polizeiroboter zur Geschwindigkeitskontrolle nicht unbedingt das Forschungsziel von ATR. Die Ingenieure dort glauben, man
könne ein Sichterkennungssystem konstruieren, das nicht nur den Datenhandschuh ersetzen, sondern auch zum Verständnis menschlicher
Gestik beitragen kann. Wie andere Forschungsrichtungen, die im Zusammenhang mit VR durchgeführt werden, gelangt man auch hier zur
zentralen Frage nach dem Wesen menschlicher Kommunikation. Welche Rolle spielt beispielsweise die Gestik im Gespräch? Selbst wenn die
visuelle Wiedergabe unseres Gesprächspartners eine computergenerierte Zeichentrickfigur ist, wie es beispielsweise die formerfassende
Kamera liefert, wie es Krueger in «VIDEOPLACE» intelligent zusam-
mengebracht hat oder wie es der violette Hummer war, dem ich bei
VPL begegnet bin, so sind die Bewegungen der Menschen im Raum
doch ein wesentlicher Beitrag zum Kommunikationsakt. Aus diesem
Grund sind die automatischen Bildsysteme von ATR sowohl Forschungsinstrumente für die Psychologen, die die Grundbedingungen
menschlicher Kommunikation untersuchen, als auch Prototypen für
handschuhlosen Bewegungsinput durch Gestik. Diese Wissenschaftler
konzentrieren ihre Bemühungen auf die bahnbrechenden Entwicklungen von Mensch-Maschine-Schnittstellen, die einige Amerikaner
zwanzig Jahre zuvor auf der anderen Seite der Erdkugel geplant und
vorangetrieben haben, ohne indessen irgend jemanden in Amerika
dazu bringen zu können, diese Techniken wirtschaftlich zu nutzen.

Bei seinen frühen Versuchen am MIT, Prototypen sehr stark visuell
orientierter, auf den Menschen ausgerichteter Computerschnittstellen
zu entwickeln, verwendete Richard Bolt auch Augen-Tracking-Sy-

steme. Ein Computer, der genau bestimmen könnte, wohin der Benutzer blickt, hätte zwei entscheidende Vorteile für televirtuelle Kommunikationssysteme. Erstens ist Blickkontakt ein wichtiger Teil der «Absichtsübertragung», die ATR in seinen elektronischen Kommunikationssystemen zu realisieren trachtet. Es spielt keine Rolle, ob Ihr Gesprächspartner wie ein Hummer oder Android aussieht, solange er – synchron mit der wirklichen Person, die er repräsentiert – Blickkontakt mit Ihnen hält (oder vermeidet). Von gleicher Bedeutung für die Entwicklung solcher Schnittstellen ist der genaue Ort, an dem Sie Ihren Blick fixieren, weil er ein wichtiger Hinweis für die Ausrichtung Ihrer Aufmerksamkeit ist. Eine intelligente Datenbank würde Ihnen die Möglichkeit geben, Merkmale der visuellen Landschaft einfach dadurch zu erweitern, daß Sie sie ansehen. Ganz zu schweigen von den Vorteilen, die ein Augen-Tracking-System für die Kommunikation eines Menschen bedeuten würde, dessen Beweglichkeit auf seine Augäpfel beschränkt ist. Im Fall der VR ist ein Computer, der weiß, wohin Sie blicken, viel besser in der Lage, Ihnen die Illusion zu verschaffen, Sie befänden sich in einer simulierten Welt. Und im Falle der japanischen Sprache, die extrem kontextabhängig ist, muß man wissen, wohin die Gesprächspartner blicken und was für einen Ausdruck ihre Gesichter zeigen.

Als Richard Bolt 1984 erklärte, warum es wichtig ist, die Augen des Anwenders zu beobachten, wies er darauf hin, daß die nonverbale Aufmerksamkeitslenkung von entscheidender Bedeutung für das frühe Lernen ist: «Wenn das System die Augen beobachtet, eröffnet es unter anderem einen neuen Kanal, mit dessen Hilfe wir feststellen können, wohin der Anwender seine Aufmerksamkeit richtet. Ähnliche Vorteile haben Kinder, wenn sie entdecken, wie nützlich es für sie ist, festzustellen, wohin die Eltern *blicken*: Sie verstehen dann nämlich, was zwischen ihnen und ihren Eltern geschieht, und dadurch wiederum, was in der Welt um sie her vorgeht.»

Kobayashi, Tomono und M. Iida hatten einen Augenbewegungsdetektor entwickelt, der mit Hilfe einer Brille und winziger Infrarotlicht emittierender Dioden Blickfixpunkte ermittelt. Winzige Unterschiede in der Brechung des unsichtbaren Infrarotlichtes, das von der Oberfläche des Auges reflektiert wird, lassen sich durch verschiedene Hard- und Software-Vorrichtungen in relativ zuverlässige Anhaltspunkte für die Blickrichtung übersetzen, vor allem wenn man sie in Verbindung mit magnetischen 3D-Kopf-Trackern wie dem Polhemus einsetzt. Kobayashi und seine Kollegen hatten ferner für ein elektronisches Kamerasystem eine Software entwickelt, die aus dem digitalen Bild charakteristische Punkte extrahieren konnte, wodurch sich die Blickrichtung und Gesichtsposition des Benutzers verfolgen ließ. Selbst ein relativ unintelligentes Mustererkennungsprogramm kann die beiden völlig unveränderlichen Kreise Ihrer Pupillen auf einem Videobild verfolgen. In einigen Fällen lieferte Infrarotlicht, das von den Augäpfeln reflektiert wurde, die charakteristischen Punkte. In anderen Fällen geschah das durch kleine Plättchen aus reflektierendem Material, die man in der Nähe der Augen an der Stirn befestigte. Die «Vorbereitungen» für den Umgang mit diesem System sind denkbar einfach: nicht schlimmer, als würde man Ihnen winzige Briefmarken auf die Schläfen kleben. Man vergißt rasch, daß sie dort sind, und sie lassen sich leicht entfernen, wenn das Experiment abgeschlossen ist. Veränderungen der Winkel und der absoluten Position zwischen den Bezugspunkten korrelieren mit den Augenbewegungen. Das Signal des Blickdetektors dient als Input für den Computer, der unterschiedlich auf Veränderungen der Augenstellungen reagieren kann.

Zwar war wiederum keines der wissenschaftlichen Prinzipien, die diesen Augen-Tracker-Techniken zugrunde lagen, von ATR entwickelt worden, doch bedeutete die Art, wie die Forscher dort elektronische Kameras ohne Linsen (CCD) verwendeten und wie sie die Frage angingen, wodurch Virtuelle Realität wirklichkeitsgetreu erscheint, eine vielversprechende neue Richtung für die VR-Forschung. Wie sich jedes japanische Institut, das ich besucht habe, mit großem Nutzen des Data-Glove von VPL bediente, könnten Wissenschaftler und Techniker in aller Welt beachtliche Erfolge in vielen Teilbereichen der VR-Forschung erzielen, wenn ihnen erschwingliche, exakte und nichthinderliche Augen-Tracking-Systeme zur Verfügung stünden. Das Augen-Tracking ist schon seit Jahrzehnten im Gespräch. Doch kostengünstige und anwenderfreundliche Systeme gibt es kaum. Jeder diesbezügliche Fortschritt würde die VR-Forschung überall in der Welt erheblich voranbringen – vor allem natürlich in Japan.

Wie jedes VR-Institut, das etwas auf sich hält, gibt es auch bei ATR Prototypen eines Datenhandschuhs und eines HMD. Das System, das ich ausprobierte, ähnelte dem Gerät zum Molekular-Docking, das ich in North Carolina verwendet hatte. Ich stand vor einem großen Bildschirm, der fast zwei Meter im Quadrat maß, trug einen DataGlove und eine elektronische «PLZT-Verschlußblendenbrille». Wie die Moleküle im UNC-Labor umgaben mich die Blöcke auf dem ATR-Schirm nicht, sondern schwebten im Raum vor mir. Mit Hilfe des Handschuhs konnte ich hineingreifen, einen Block fassen, ihn bewegen und loslassen. Das ATR-Display erlaubte eine Wechselwirkung fester Gegenstände aus der «Echtwelt» mit Objekten in der virtuellen Welt. Mit Hilfe des Gerätes, eines Prototyps zur Untersuchung telerobotischer Operationen, konnte ich virtuelle Blöcke auf reale stapeln (was umgekehrt natürlich nicht möglich war). Schon in wenigen Jahren könnte ein System wie dieses Spezialisten in vollautomatisierten Roboterfabriken (wie es sie in Japan schon gibt) dazu anleiten, die halbautonomen Operationen von Robotern in Fertigungshallen zu steuern.

Dabei vernachlässigt ATR ebensowenig wie die NASA und die UNC die akustischen und gesprochenen Aspekte der Wirklichkeit. Nehmen wir an, Sie benutzen ein hyperrealistisches VR-System der Zukunft und sind zu faul, mit Hilfe einer Handbewegung die Veränderung eines städtischen Menschengewimmels in ein Wüstenpanorama zu veranlassen. Sie sind allenfalls bereit zu sagen: «Lösche die Stadt, schaffe eine Wüste!» Einheiten, die in der Lage sind, gesprochene Wörter in Computerbefehle zu übersetzen, brauchten lange für ihre Entwicklung, scheinen jetzt aber mit den anderen Elementen der VR-Computerschnittstellen verzahnt zu werden. Das Problem lag dabei niemals in der Erfindungskraft, sondern in den technischen Möglichkeiten: auf dem Gebiet, das man als «Erkennung zusammenhängender Rede» bezeichnet. Wenn Ihre Phantasie ausreicht, sich einen virtuellen Raum vorzustellen, ist es kein großer Schritt mehr, sich den virtuellen Raum dergestalt auszumalen, daß er sich auf sprachliche Befehle hin verändert. Die Integration von Spracherkennung, Augen-Tracking und gestischer Kommunikation ist ebenfalls ein Traum, der auf die Architecture Machine Group (Arch-Mac) zurückgeht, die in den siebziger Jahren am MIT arbeitete. Teure und sehr leistungsfähige Spracherkennungseinheiten wurden Ende der achtziger Jahre in das VR-System der NASA eingebaut. Die Technologie, die ATR in den neunziger Jahren zur Verfügung steht, ist jedoch noch ein bißchen leistungsfähiger als die Systeme, mit deren Hilfe Chris Schmandt und Eric Hulteen Anfang der siebziger Jahre ihr «Leg-das-dahin» der

Architecture Machine Group entwickelten, und als die Geräte, die die NASA ein paar Jahre zuvor verwendete.

Ausgehend von ihren Arbeiten über die Wahrnehmungselemente der VR – die Besonderheiten von 3D-Simulationen, die ein Präsenzgefühl hervorzurufen vermögen – haben sich die ATR-Ingenieure dem Versuch zugewandt, riesige «intelligente» Video-Projektionswände zu entwickeln. Wie bei den Omnimax- und Imax-Theatern und den frühen Prototypen von Krueger und Heilig verzichtet man hier auf HMDs und geht den entgegengesetzten Weg: Statt winzige Displays direkt vor den Augen zu installieren, setzt man den Benutzer vor eine riesige Bildwand. Worin liegt der Unterschied dieser VR-Displays? Stereoskopische 3D-Animationen lassen sich mit Hilfe von elektronischen Verschlußblenden-Brillen und Kopf-Tracking-Systemen erzeugen. 3D-Animationen ohne spezielle Brillen sind durch bikonvexe Projektionswände möglich, wie man sie bei NTT entwickelt hat. Man kann ein Stereo-3D-Bild ohne HMD hervorrufen, wenn man den Benutzer davorsetzt oder auf andere Weise dafür sorgt, daß er sich nicht umherbewegt. Die Kopfarmaturen und die spezielle Weitwinkel-Optik, die in diesen Sichtgeräten verwendet wird, haben die Aufgabe, ein weites Blickfeld zu präsentieren. Wenn man auf einen Fernsehschirm von durchschnittlicher Größe aus durchschnittlicher Entfernung blickt, so umfaßt das Bild etwa sechs Grad unseres Gesichtsfeldes. Ein HMD sorgt für ungefähr 120 Grad des Blickfeldes; dieser Unterschied scheint auszureichen, um dem Benutzer das Gefühl der Immersion in eine virtuelle Welt zu vermitteln.

Wenn man versucht, mit Hilfe optischer Systeme einen stereoskopischen Video-Bildschirm so zu erweitern, daß er das Blickfeld des Benutzers ausfüllt, verändern die einzelnen Lichtelemente auf dem Schirm, die allgegenwärtigen Bildpunkte, nicht ihre relative Größe zueinander. Die «Körnung» des Bildes wird gröber. Abhilfe können nur Wiedergabegeräte schaffen, die die Bilder durch sehr viel mehr Bildpunkte pro Zentimeter darstellen. Hochauflösende Displays markieren den Frontverlauf einer weiteren konvergenten Technologieschlacht, in der es um scharfzeichnende Fernsehgeräte geht. Früher oder später werden hochauflösende Miniaturschirme zu erschwinglichen Preisen verfügbar sein. Gegenwärtig ist ein großer Bildschirm besser geeignet, ein Bild zu projizieren, das über eine hinreichende Auflösung verfügt und dennoch das Blickfeld des Benutzers ausfüllt. Bei ATR hat man sich dazu entschlossen, einen sehr großen Projektionsschirm zu benutzen, der sich in einem Abstand von etwa anderthalb Metern vor dem Benutzer befindet. Der Kompromiß, den man zwischen Blickfeld und Scharfzeichnung eingehen muß, wird dadurch wettgemacht, daß man nur im Blickzentrum des Benutzers ein scharfes Bild projiziert, während es in konzentrischen Kreisen zur Peripherie des Blickfelds hin an Schärfe verliert. Wir sind daran gewöhnt, diese Unterschiede nicht zur Kenntnis zu nehmen, doch genau so sehen wir die Welt: scharf in der Mitte und immer verschwommener zu den Rändern hin.

Das Projektionssystem, das ATR damals gerade montierte, um diesen Effekt hervorzurufen, kostete eine Million Dollar. Der Projektor, der Augen-Tracker, der Kopf-Tracker und andere Teilsysteme waren soeben installiert und einzeln getestet worden, als ich ankam. Sie waren aber noch nicht miteinander verbunden. Ich saß auf einem Stuhl vor dem großen Bildschirm, und die ATR-Mitarbeiter ahmten das Augen-Tracking nach, indem sie den Projektor von Hand in grober Übereinstimmung mit meinen Kopfbewegungen verschoben. Ich hatte ein Bild Kiotos aus der Vogelperspektive vor Augen: Wohin ich auch blickte, in der Mitte meines Blickfeldes waren die Einzelheiten scharf und zu den Rändern hin verschwommen. Wenn es den ATR-Gesellschaften jemals gelingt, einen preiswerten Tele-Augen-Tracker herzustellen, der mehrere Anwender gleichzeitig erfaßt, könnten Leute wie Krueger und Heilig endlich die dialogfähigen Theater bauen, von denen sie seit Jahren träumen.

Auf dem Tisch hinter dem Weitwinkelbildschirm erblickte ich ein Gerät, welches das Interesse der ATR-Forscher an den multimodalen Aspekten des Präsenzgefühls dokumentierte. Wenn Sie einen Joystick oder einen Handgriff sehen, der mit einer Vielzahl winziger Motoren und Gelenke verbunden ist, können Sie mit einiger Sicherheit davon ausgehen, daß Sie es mit einem kraftreflektierenden Rückkopplungsexperiment (künstliche Berührung) zu tun haben. Das System bei ATR unterschied sich von den elektromechanischen Versionen, die ich andernorts erblickt hatte, insofern, als die Ultraschallmotoren keine magnetischen Felder erzeugten, die sich mit magnetischen Handpositionssensoren koppeln ließen. Der kraftreflektierende Joystick von ATR wies drei Freiheitsgrade auf. Als nächstes beabsichtigte man, einen Kraftsensor am Ende des ferngesteuerten Roboterarms anzubringen, so daß der Anwender die Kanten eines fernen Objektes fühlen kann.

Ich fragte die ATR-Leute, ob sie in ihren Experimenten auch die Ober-flächenbeschaffenheit und jene Art von Kraft-Feedback berücksichti-gen, die man an der UNC beim Molekular-Docking verwendet.

«Ja», erwiderte Dan Lee, «und nicht nur die Erkennung von Ober-flächenbeschaffenheit, sondern auch andere Aspekte des Tastsinns, wie das Gefühl, das man hat, wenn man ein virtuelles Objekt durch-dringt oder Magnete in Magnetfeldern manipuliert.»

«Visuell, intelligent und persönlich»

Spektakuläre Prototypen sind eine Sache, perfekte Workstations, die ihren Anwendern höchste technische Lust verschaffen, eine ganz andere. Seit ich mich Anfang der achtziger Jahre das erste Mal bei PARC an einen «Alto» gesetzt hatte, waren mir noch nie so viele Intelligenzverstärker auf einem Haufen begegnet wie bei Nippon Telephone and Telegraph. Am liebsten hätte ich sie alle mit nach Hause genommen. Die NTT-Leute ließen mich mit einer Vorrichtung beginnen, die heute nicht mehr als ein hübsches Spielzeug zu sein scheint, morgen jedoch ein Schlüsselelement der virtuellen Datennetze sein könnte. Dabei war mein Wunsch, das Gerät in meinem Koffer verschwinden zu lassen, in diesem Fall noch relativ gebremst. Yoshinobu Tonomura setzte mich vor den Prototyp einer Art Cyberspace-Fernsprecher. In das Gerät war eine kleine Stereokamera eingebaut, die ein 3D-Videobild meines Gesichtes und Oberkörpers an den Empfänger übermittelte. Auf meinem Bildschirm sah ich eine winzige, aber erstaunlich erscheinungsgetreue 3D-Echtzeit-Wiedergabe der Person am anderen Ende der Leitung. Der Ingenieur, der die Vorführung leitete, betätigte einen Schalter, und nun erblickte ich eine Miniausgabe meiner selbst, die in der Luft zwischen mir und dem Bildschirm schwebte und sich bewegte, wenn ich mich bewegte. Am bemerkenswertesten war der Umstand, daß ich weder Datenhandschuhe noch eine Datenbrille aufsetzen mußte. Es war ein kleiner Apparat, mochte aber ein großer Schritt in Richtung «drahtloser VR» sein – eines Cyberspace, in dem die Teilnehmer Blickkontakt halten, sich ihrer Körpersprache bedienen und ihr Mienenspiel übermitteln können. Sobald diese Apparate auf den Markt kommen und es ein Netz gibt, das die entsprechenden Datenmengen bewältigen kann, werde ich wahrscheinlich zu den ersten Anwendern gehören.

Nach der linsenlosen 3D-Vorführung zeigten mir die NTT-Leute etwas, das ich schon heute verwenden könnte, wenn ich ein paar Kollegen hätte, die genauso ausgerüstet wären. Stolz führte mir Hiroshi Ishii seine eigene «Teamworkstation» vor. Eine kleine Anzahl von Multimedia-Workstations im Prototyp-Stadium, die ihn mit anderen Forschern im Labor verbanden. Dank dieser Sonderausrüstung vermochten die Entwicklungsingenieure eine «computergestützte Kooperation» zu praktizieren, und Ishii sprach zuversichtlich von dem Tag, da man die Technik der Teamworkstations mit den Telepräsenztechnologien vereinigen würde, um virtuelle Arbeitsgruppen im Cyberspace zu schaffen. Es machte mir großes Vergnügen, Hiroshi Ishii nach meiner Rückkehr in die Vereinigten Staaten per Datenfernübertragung mit Douglas Engelbart bekannt zu machen. Videokameras, Sprachübertragung, grafische Datenverarbeitung und verschiedene Kombinationen dieser Techniken, dazu eine Tastatur, eine Maus, ein bleistiftartiges Zeichengerät und ein Bildschirm, der beträchtlich größer war als der heutiger PCs, statteten Ishii mit einer hochleistungsfähigen, modernen Version jenes Kooperationssystems aus, das bei ARC Ende der sechziger Jahre vorgestellt worden war. Ich wäre nicht überrascht, ein solches System in einigen Jahren auf meinem Schreibtisch vorzufinden. 1983 machte ich meine erste Bekanntschaft mit einem «Alto», und sieben Jahre später hatte ich einen beträchtlich leistungsfähigeren Macintosh auf meinem Arbeitsplatz stehen.

Ich hatte zunächst kaum eine Vorstellung, was in Sachen VR in Japan vor sich ging. Die japanischen Anstrengungen auf dem Gebiet der VR waren kaum erkennbar, wenn man nicht Japanisch lesen konnte. In den Jahresberichten der Society for Information Display und anderen Fachzeitschriften waren englische Übersetzungen von Artikeln einiger NTT- und ATR-Forscher erschienen. Die Titel dieser Berichte ließen darauf schließen, daß man sich in Japan mit der VR-Materie beschäftigte: «Aufnahme- und Wiedergabetechnik farbiger stereoskopischer Videobilder ohne Spezialbrille», «3D-TV-Display mit Kopf-Trakking», «Ein virtueller gemeinsamer Raum auf Breitband-ISDN».

Im Gegensatz zu der uneinheitlichen Situation in den Vereinigten Staaten (manche würden sie «chaotisch» nennen) scheint es bei den Verantwortlichen in der japanischen Fernseh-, Fernsprech-, Computer- und Elektronikindustrie die Bereitschaft zu geben, sich an einer gemeinsamen nationalen Telekommunikationsstrategie zu beteiligen. Die japanischen Planer gehen davon aus, daß der größte Teil ihrer Nation über Breitband-Informationskanäle an eine sehr viel leistungsfähigere Kommunikationsinfrastruktur angeschlossen sein wird als diejenige, die wir heute kennen. Während gegenwärtig die großen Nachrichtengesellschaften in Amerika technoreligiöse Kriege über inkompatible technische Normen führen, die amerikanischen Politiker ihre Energie in erster Linie auf die eminent wichtige Frage richten, ob diese neuen Datennetze das amerikanische Heim mit Pornographie verseuchen, während amerikanische Zeitungen die Fernsehsender daran zu hindern suchen, ihnen das Geschäft durch die Informationsverarbeitung via Kabel streitig zu machen, während sich amerikanische Fernsprech- und Unterhaltungsgesellschaften fragen, ob sie sich mit den neuen Technologien einlassen oder sie bekriegen sollen, während das US-Verteidigungsministerium vielversprechenden technischen Projekten die Forschungsmittel entzieht, um sie in politisch kluge, aber technisch triviale Vorhaben zu stecken, und amerikanische Innovatoren im Sumpf der Rechtsprechung und Bürokratie steckenbleiben, wenn sie versuchen, den Stand der Technik voranzutreiben, hat sich die japanische Führung einem gemeinsamen Ziel verschrieben – dem «Breitband-ISDN». Die Japaner haben eine klare Vorstellung von den Mikrochips, die sie herstellen müssen, der Glasfaser-Infrastruktur, die sie schaffen müssen, der Computerarchitektur, die sie konstruieren, und der VR-Technik, die sie entwickeln müssen.

Obwohl man sich noch ziemlich uneinig ist, wie man diese Kanäle von der Hard- und Software her verwirklichen will, ist der Grundgedanke des Integrated Services Digital Network (ISDN – zu deutsch: dienstintegrierendes Digitalnetz) denkbar einfach: Signale aller Art – Texte in Bibliotheksumfang, Orchesterstücke, Slapsticks – lassen sich heute alle digitalisieren und in Form von Bits mit hoher Geschwindigkeit durch sehr weitläufige Datennetze schicken, wo sie mit Hilfe immer «intelligenterer» PCs, die als Informations-, Unterhaltungs-, Kommunikations- und Unterrichtszentren fungieren, entschlüsselt und wiedergegeben werden. Die Chips, die man Ende der neunziger Jahre für normale Fernsehgeräte verwenden wird, werden zu höherer Rechenleistung fähig sein als die Großrechner der achtziger Jahre. Etliche amerikanische Unternehmen experimentieren mit verschiedenen ISDN-Versionen. Internationale Normierungsinstitutionen suchen nach Wegen, im weltweiten Wildwuchs der konkurrierenden technischen Normen zu vermitteln. Japans größtes Fernsprechunternehmen hat sich zu einer speziellen Hard- und Software-Kombination entschieden, mit deren Hilfe sich in jedem einzelnen der Millionen Knoten 600 Millionen Informationsbits pro Sekunde übertragen lassen (man könnte eine Enzyklopädie oder ein halbstündiges Video in etwa vier Sekunden hindurchschicken). Wenn man an einer bestimmten Anzahl von Knoten eine Wirklichkeitsmaschine installiert und die richtige Art von datenerfassender Kleidung hat, kann man virtuelle Realitäten über das ISDN schicken. Das ist NTTs Beitrag zur VR-Forschung.

Nippon Telephone and Telegraph, das die Entwicklung dieser Informationshochgeschwindigkeitsstraße mit erheblichem Aufwand betreibt, hatte durch Mittelsleute höflich mitteilen lassen, daß sich einige der leitenden Forschungsingenieure sehr geehrt fühlen würden, wenn ich ihnen berichten würde, was ich über den weltweiten Stand der VR-Forschung wisse. Auf meinen Vortrag sollte ein kurzes Gespräch folgen, in dem sie mir, mein Einverständnis vorausgesetzt, die restlichen Würmer aus der Nase ziehen wollten. Anschließend seien sie bereit, mir ihre VR-Schätze zu zeigen.

Der Handel «Hier Vortrag, dort Einblick in die japanische VR-Forschung» erschien mir als faires Geschäft und als höchst anregendes geistiges Erlebnis obendrein: Durch eine Reihe von Zufällen, mit denen ich nichts zu tun hatte, bekam ich Gelegenheit, fast zwei Stunden lang die Zukunft der Virtuellen Realität mit Managern und Forschungsingenieuren zu erörtern, die verantwortlich an dem japanischen Versuch mitwirkten, weltweit die Weichen für die Telekommunikation der Zukunft zu stellen. Wie konnte ich eine Gelegenheit wie diese am besten nutzen? Was wußte ich, was sie interessieren konnte? Welche Auffassungen und Ansichten zu VR und Telekommunikation sollte ich ihnen vermitteln? Glücklicherweise bekam ich zur rechten Zeit die richtige Hilfe, um eine Antwort auf diese Fragen zu finden.

Ich fuhr zur NTT-Niederlassung mit einer Limousine, die mir *Asahi Shimbun*, Japans wichtigste Tageszeitung, zur Verfügung gestellt hatte. Mich begleiteten Katsura Hattori, ein Wissenschaftsjournalist dieser Zeitung, und Akihiko Okada, ein Fotograf, der häufig mit Hattori zusammenarbeitet.

Genaugenommen hielt ich mich in Japan nicht geschäftlich auf, wollte aber ein Geschäft abwickeln. Ich wollte Informationen von ihnen, sie wollten Informationen von mir. Darum geht es in der Wissenschaft und im Journalismus. Obwohl ich weder Wissenschaftler noch Journalist im engeren Sinne des Wortes bin, machte mich diese Reise doch zu einer Art Kurier, einem Überbringer von Ideen, die ich auf Konferenzen in Texas oder Kiushu gehört hatte, Kopien aus sehr speziellen Zeitschriften und elektronischen Nachrichten von Menschen, die Zehntausende von Kilometern voneinander entfernt lebten, sich aber alle den gleichen Forschungszielen verschrieben hatten. Die japanischen Ingenieure und Manager hatten Gelegenheit, mit den Informationen, die sie lieferten, auch eine ideelle Botschaft zu verknüpfen, und das gleiche hatte ich im Sinn. Sie brauchten mich sicherlich nicht, um von mir zu hören, was an der UNC geschah oder was auf der Konferenz von Santa Barbara besprochen worden war. Diese Leute legten die Hände nicht in den Schoß und hatten keine Angst vor Reisen. Was sie in ihren üblichen Forschungsüberblicken nicht bekamen, was ich ihnen aber bieten konnte, war etwas anderes: entschiedene Urteile über das Ausmaß der gesellschaftlichen Veränderungen, die die Televirtualität hervorrufen könnte, und konkrete Vorschläge hinsichtlich der Maßnahmen, die angesichts der zu erwartenden Umwälzungen ergriffen werden konnten.

Menschen, wie ich sie bei NTT und ATR getroffen habe, setzen sich sehr intensiv mit dem 21. Jahrhundert auseinander. Bereits 1990 arbeiteten sie die Details eines Entwurfs für eine kommunikationsorientierte Zukunft aus, an dem sich die Forschungsarbeiten des nächsten Jahrzehnts orientieren sollten. Das war keine theoretische Fingerübung, denn unter den beteiligten Wissenschaftlern und Technikern war ein großer Teil der Forschungselite der wichtigsten japanischen Nachrichtengesellschaften vertreten. So ganz konnte ich nicht begreifen, wie ich an diesen Ort gekommen war, um diesen Leuten einen Vortrag über den menschlichen Aspekt eines technologischen Zukunftsentwurfes zu halten – auch eine der vielen Tätigkeiten, von denen ich nie gedacht hätte, daß mich mein Interesse an VR mit ihnen in Berührung bringen würde.

Zunächst berichtete ich den NTT-Forschern alles, was ich ihnen in einer Stunde über den Stand der weltweiten VR-Forschung erzählen konnte – was für ein Gefühl es ist, mit den Molekülen in Chapel Hill in direkten Kontakt zu kommen, von den winzigen, hochauflösenden CRTs, die ich bei Tom Furness in seinem Büro in Seattle gesehen hatte, und ein paar der obligatorischen Jaron-Lanier-Geschichten. Nachdem ich das Gebiet so abgesteckt hatte, wie es sich mir darstellte, trug ich die Auffassung vor, das Terrain, auf dem die televirtuellen Kommunikationsforscher arbeiten, sei zu groß und zu wichtig für einzelne Unternehmen, Industrien oder Nationen. Deshalb sei es an der Zeit, neue, globale Kommunikationskanäle und -mechanismen zu schaffen, um eine Zusammenarbeit über diese antiquierten Grenzen hinweg zu ermöglichen, bevor der Eigenimpuls der neuen Technologien so groß werde, daß er sich allen Einflußmöglichkeiten entzöge. Ich sprach über die wissenschaftlichen und technischen Grundlagen der Virtuellen Realität, begann mit Engelbart, Licklider und McLuhan und gelangte schließlich zu Fred Brooks, Myron Krueger und Scott Fisher. In dem Konferenzraum befanden sich ein Dutzend Ingenieure und Wissenschaftler, ein paar leitende Ingenieure, denen die verschiedenen Forschungsabteilungen unterstanden, und Hiroshi Yasuda, der Direktor des Labors für visuelle Medien. Dr. Yasuda und einige seiner Kollegen sprachen fließend Englisch, so daß wir keinen Dolmetscher brauchten.

Nachdem ich ungefähr zwei Stunden geredet hatte, empfand ich es als Erleichterung, in ein Labor zu gehen, mich hinzusetzen und meine Hände auf ein Vorführsystem zu legen. Wie bei meiner ersten Bekanntschaft mit dem Cyberspace bei der NASA, mehr als ein Jahr bevor ich NTT besuchte, machte mich auch die erste Vorführung im Labor für Visuelle Medien von NTT zum Proselyten. An einem Schreibtisch sitzend sah ich, wie eine junge Frau dort auf einem Dreißig-Zentimeter-Farbmonitor die Hand über die Bildschirmgrenze hinaus in den Raum meiner Hand entgegenstreckte. Es war ein Flüssigkristall-Display (LCD), wie sie andere japanische Hersteller für die Miniaturisierung ihrer Taschenfernsehgeräte herstellen. Ich hatte keine Spezialbrille aufgesetzt. Bei der NASA war ich mit ihrem HMD herumgetapst, hatte den Zustand ihrer primitiven Prototypenwelt gesehen und mir ausgemalt, wie sie nach einem Jahrzehnt konzertierter Forschungs- und Entwicklungsarbeit aussehen könnte. Bei NTT erlebte ich, welche Anstrengungen das Unternehmen für die Display-Komponenten der drahtlosen VR aufwandte, und erkannte, daß selbst das leichteste und bequemste HMD nur ein vorübergehendes Artefakt des gegenwärtigen Entwicklungsstandes wäre, was Myron Krueger bereits in den siebziger Jahren behauptet hat. Wie künftige Generationen der bewegungserfassenden Kameras, die ich bei ATR gesehen habe, oder weiterentwickelte Versionen von Kruegers VIDEODESK eines Tages Datenhandschuhe und -anzüge unnötig werden lassen könnten, so könnten künftige Entwicklungsstufen des stereoskopischen Sichtsystems bei NTT HMDs überflüssig machen.

Das 3D-Display von NTT verbindet eine alte optische Technik – das autostereoskopische System mit bikonvexen Linsen – und die moderne Technik von Flüssigkristall-Anzeigen und Kopf-Tracking-Systemen miteinander. Die bikonvexe Linse ist der optische Stereotrick, der dem Bild einen Tiefeneindruck verleiht. *Autostereoskopisch* bedeutet, daß der Stereo-Effekt erzielt wird, ohne daß der Betrachter eine Spezialbrille aufsetzen muß. Auf der Bildschirmkonsole befand sich außerdem eine CCD-Stereokamera (eine weitere Technik, in der die Japaner führend sind), die auf mich gerichtet war, so daß ich hin- und herschalten konnte zwischen den Bildern der aufgezeichneten Vorführung und einem 3D-Bild meiner selbst, das ein 3D-Bild meiner selbst betrachtete. Ich streckte die Hand aus und berührte jemanden – mich selbst. Meine Hand fuhr durch ein winziges, geisterhaftes Bild ihrer selbst. Die Figur kam aus dem Bildschirm heraus und schwebte im Raum. Wenn ich meinen Kopf horizontal bewegte, fuhren schwarze Streifen durch das Bild, aber es bewahrte seinen dreidimensionalen Charakter. Allerdings umgab es mich nicht. Ich blickte vielmehr durch ein kleines Fenster auf eine andere dreidimensionale Welt.

Der Leser mag sich fragen, was für ein Interesse eine Fernsprechgesellschaft daran hat, die visuelle Wahrnehmung dreidimensionaler Bilder des Menschen zu simulieren. Die Antwort liegt in einem weiteren Schlagwort, das einen ganzen Bereich künftiger Technologien zusammenfaßt: «Visuelles Denken.» Visuelle Kommunikation umfaßt alles, von der Kalligraphie bis zur Bewegung, von Bildern bis zum Mienenspiel, zu visuellen Modellen und zur Körpersprache. Das Ausmaß unserer Konfrontation mit Bildern ist seit der Einführung der elektronischen Medien ungeheuer angewachsen. In diesem Augenblick nehmen die visuellen Systeme von Milliarden Menschen weltweit Informationen von Fotos, Videos, Filmen, Symbolen, Pixeln, Zeichen, Logos und Piktogrammen, von Plakatwänden, Zeitschriften, Zeitungen, Kinobildwänden, Fernsehbildschirmen, Graffiti und Computerterminals auf. Trotz des unablässigen Ansturms visueller Symbole sind nur wenige Mitglieder der amerikanischen High-viz-Kultur (also einer extrem visuell orientierten Kultur) nach eigener Einschätzung dazu in der Lage, sich visuell auszudrücken oder mit Hilfe von Bildern zu kommunizieren.

Dafür nehmen wir die Hilfe von Fachleuten in Anspruch. Wenn man bedenkt, daß allem Anschein nach das binokulare Sehen seit Millionen Jahren zu den Fähigkeiten unserer Art gehört, die ihr Überleben gesichert haben, muß es doch merkwürdig erscheinen, daß visuelle Kommunikation außerhalb von Werbeagenturen und Kunsthochschulen kein allgemeines Verständigungsmittel darstellt. Schließlich sind die Augäpfel der Berührungspunkt unseres Gehirns mit der sichtbaren Welt. Woraus folgt, daß der in letzter Zeit erfolgte steile Anstieg optischen Inputs eine noch nie dagewesene Wirkung auf unser Denken und Fühlen haben muß. Einige Japaner glauben, daß sich hier ein Ansatzpunkt für die japanische Technologie ergibt. Man hofft, daß neue Computerschnittstellen und Kommunikationsmedien sich mit den besonderen Fähigkeiten jener Geistesverfassung verknüpfen lassen, die sich einstellt, wenn man die japanische Schriftsprache beherrscht.

Die japanische Schrift beruht auf Ideogrammen, die aus dem Chinesischen kommen, Kandschi genannt werden und sowohl ihren Bildcharakter als auch ihren semantischen Inhalt bewahrt haben. Deshalb spielen visuelle Aspekte in dieser Sprache eine große Rolle. Wenn man auf bestimmte Kandschi aufmerksam gemacht wird, dann springen einem Menschen und Bäume, Rinder und Flüsse, Naturkräfte und menschliche Tätigkeiten förmlich ins Auge. Um sich mit Hilfe der Kandschi auszudrücken, braucht man ein bestimmtes Training im visuellen Denken. Amerikanische Kinder lernen 26 Buchstaben, die sie gewöhnlich mit Bleistift schreiben. Japanische Kinder lernen, Hunderte von Ideogrammen zu malen. Zumindest ein namhafter japanischer Wissenschaftler hat die These geäußert, japanische Leser würden, da ihr bildhaftes Denken durch die Kandschi angeregt werde, einen anderen Teil des Gehirns benutzen als Leser alphabetischer Sprachen.

Die Aufgabe des Labors für Visuelle Wahrnehmung, das einen großen Teil der Niederlassungen in Yokosuka einzunehmen scheint, liegt darin, elektronische Sicht- und Animationstechniken zu entwickeln, die im Dienste von vier Zielsetzungen stehen: Fern-Identifizierung von Menschen und Erkennen ihrer Absichten anhand ihres Mienenspiels, Umgebungsinterpretation durch Erkennen von Objekten und Erfassung assoziierter Objekte, Synthese wirklichkeitsgetreuer Bilder von Menschen und ihrer Umgebung in Echtzeit, Entwicklung neuer Bildverarbeitungstechniken auf der Grundlage neuer Erkenntnisse über die visuelle Wahrnehmung des Menschen.

CCD-Kameras können detaillierte stereoskopische Bilder erfassen und sie in digitaler Form an speziell konstruierte Signalprozessoren weitergeben, deren Software Merkmale und Muster erfassen kann. Die Prototypen der formerfassenden Kameras, die ich bei ATR gesehen habe, gehören in diesen Bereich. Die NTT-Forscher konzentrieren sich auf ein Mustererkennungssystem, mit dessen Hilfe künftige Computer Veränderungen des Mienenspiels, besonders der Augen und Lippen, entdecken und diese Veränderungen in Echtzeit übermitteln sollen. Diese Daten werden zu einem synthetischen Kopfbild zusammengesetzt, das sich synchron mit dem fernen Gesicht des Anwenders bewegt. Parallel dazu ist man bemüht, ein automatisches Lippenlesesystem zu konstruieren, das dem visuellen Bild gesprochene Sprache entnehmen kann – ein Projekt, das zugleich als Mensch-Maschine-Schnittstelle und als eine Form der Mensch-Mensch-Kommunikation gedacht ist. Der «Kopflese-Prototyp» war mit einer hochleistungsfähigen Grafik-Workstation verbunden. Bei der Vorführung sah ich, wie der Programmierer seinen Kopf bewegte und sprach, während eine Comic-Version seines Gesichtes auf dem Bildschirm die Kopf- und Lippenbewegungen reproduzierte. Das Comic-Bild ist Gegenstand verschiedener Forschungsarbeiten, in denen es darum geht, künstliche Bilder aus gespeicherten Daten und aus Kamera-Inputs zu konstruieren und darzubieten. Die Kamera gibt ihre visuelle Information an einen Prozessor weiter, der das Standardmodell eines Gesichtes herstellt und alles andere mit Hilfe spezieller Algorithmen leistet – von den Bewegungen des synthetischen Haares bis zu den Phänomenen, die sich aus bestimmten Lippenkonfigurationen mit einer gewissen Wahrscheinlichkeit ableiten lassen. Neuronale Netze, die «lernen», wie man ein bestimmtes Muster erkennt, sollen zur Entwicklung von Computern verwendet werden, die ihre rechtmäßigen Anwender buchstäblich erkennen. All das gehört zu «Vi&P» (visuell, intelligent und persönlich), wie der Schlüsselbegriff der NTT-Technologie lautet.

Die Infrastruktur des Cyberspace wird weit mehr umfassen als nur Leitungen mit sehr hoher Datenübertragungsrate und leistungsfähige Wirklichkeitssimulatoren. Die Objekte der virtuellen Welten – gleichgültig ob sie aus grafischen Modellen geschaffen werden, die in riesigen grafischen Datenbanken gespeichert sind, oder aus digitalisiertem Kamera-Input modelliert werden – müssen in irgendeiner Weise gespeichert und abgerufen werden. Eine der frühen Anwendungen der VR-Schnittstellen bei NTT bietet die Möglichkeit, mit Hilfe von gesprochenen Befehlen und VR-Navigation durch grafische 3D-Datenbanken zu fliegen. Das bahnbrechende System zur räumlichen Datenverwaltung von MIT hat bei der US Navy Anwendung gefunden, so daß mehr als ein Jahrzehnt niemand außerhalb dieses militärischen Verbandes etwas darüber sagen konnte. Es hat den Anschein, als sei NTT daran interessiert, diese lange vernachlässigte Anwendungsmöglichkeit der MIT-Vorführungen aufzugreifen. In den herkömmlichen textorientierten Datenbanken kann der Anwender Informationen über Objekte in der Datenbank bekommen, indem er Anfragen in Form von Kommandofolgen stellt, die auf Aussagen hinauslaufen wie «Zeige mir alle Meyer» oder «Berechne den neuesten Stand der Gesamtausgaben in der Schmidt-Datei». Eine «symbolische» Suche dieser Art verlangt häufig spezielle logische Sprachen, obwohl ein anderer Trend in diesem Bereich zu «Anfragen in natürlicher Sprache» geht. In einer bildorientierten Datenbank werden jedoch neue Formen der Bildspeicherung, der Datenbankbefragung und der Navigation im Informationsraum erforderlich sein. Ein System, das ein rasches Durchblättern erlaubt, ist besonders wichtig, wenn man diese Bilderräume für kreatives Denken verwenden will, wie die NTT-Ingenieure erkannt zu haben scheinen, denn sie schrieben im Jahresbericht 1989 des Labors für visuelle Medien:

«Man hat für die Bildarchive eine neue Navigationsarchitektur und einen neuen Kern vorgeschlagen. Sie organisieren die Bild-Datenbank dergestalt, daß ein Umfeld zum raschen Durchblättern entsteht, in dem wir eine Vielzahl visueller Objekte eingehend betrachten und untersuchen können. Beim Durchblättern können visuell assoziierte Objekte ohne symbolische Anfrageprozeduren lokalisiert werden, so daß wir unerwartet aufschlußreiche Informationen ausfindig machen können. Es ist sehr wichtig, aber schwierig, visuelle Objekte automatisch zu organisieren. Ein Verfahren, bei dem der Computer Bilder von Objekten abruft, die eingegebenen Schlüsselworten entsprechen, befindet sich im Versuchsstadium.»

Die VR-Forschung bei NTT kommt erst jetzt richtig in Schwung. Die autostereoskopischen Bildschirme können erst dann ein erhöhtes Präsenzgefühl vermitteln, wenn es gelungen ist, die LCD-Technologie zu verbessern, und es hat in der Tat den Anschein, als mache diese weiterführende Technik Fortschritte. Ein wandgroßer Bildschirm ist in Vorbereitung, bei dem man neue hochauflösende LCD-Bildschirme und LCD-Projektoren verwendet. Größere, kleinere und höherauflösende LC-Displays werden mit Sicherheit kommen, denn ihre Entwicklung wird von den gewaltigen finanziellen Mitteln vorangetrieben, die auf dem Sektor der Unterhaltungselektronik im Spiel sind. Allerdings müssen noch schwierige Probleme in Jahren methodischer Arbeit gelöst werden, bevor man die Software-Werkzeuge entwickeln kann, mit denen sich die Vi&P-Ziele erreichen lassen. Was ich in Yokosuka erblickt habe, sah eher nach einer kühnen und durchdachten Inangriffnahme genau bekannter Probleme aus. Es wird noch einige Jahre dauern, bevor man entscheiden kann, ob dieser Plan Erfolg hat. Die lippenlesende und das Mienenspiel nachbildende Software arbeitet gegenwärtig nur mit einer Genauigkeit von ungefähr 70 Prozent. Die synthetischen Bilder befinden sich noch im Comic-Stadium und müssen erheblich weiterentwickelt werden, bevor sie lebensechte Abbilder und damit brauchbare Medien zur Vermittlung von Absichten werden können. Auch die formerfassenden Kameras und Programme müssen noch verbessert werden. Nicht alle diese Fortschritte sind mit der gleichen Sicherheit zu erwarten, mit der sich die Verbesserung des Preis-Leistungs-Verhältnisses der Computer-Speicherchips für die Zukunft vorhersagen läßt. Es ist nicht klar, ob die noch anstehenden Probleme gelöst werden können, selbst wenn man ihnen genügend Geld und Aufmerksamkeit widmet. Das Wahrnehmungs- und Erkenntnissystem des Menschen hat sich bislang bei allen Versuchen, seine Funktionen digital zu imitieren, als weit überlegen erwiesen.

Geht man davon aus, daß sich in allen Bereichen der weiterführenden Technologien während der nächsten zwei Jahrzehnte erhebliche Verbesserungen erzielen lassen, von bahnbrechenden Revolutionen einmal ganz abgesehen; geht man weiter davon aus, daß die kognitiv-wahrnehmungsorientierte Forschung, die Hardware-Konstruktion und die spezielle Software-Entwicklung bei NTT und verwandten Unternehmen auch in Zukunft so koordiniert verläuft, so ist nicht auszuschließen, daß wir in zwanzig Jahren mit unseren VR-Telefonen von NTT die neuen Sprachen erschaffen, von denen Myron Krueger geträumt hat.

Über Telepräsenz als Nachrichtenmedium läßt sich lang und ausführlich spekulieren, doch mit der Funktion als Kernstück von Nachrichtensystemen sind die Möglichkeiten von VR noch lange nicht erschöpft. Wenn ATR sich auf die «Kommunikation mit realistischen Sinneswahrnehmungen» konzentriert, so geht es von der Voraussetzung aus, daß die Menschen eines Tages im Cyberspace miteinander kommunizieren werden. Die «visuellen, intelligenten und persönlichen» Workstations der Zukunft werden den Menschen neue Möglichkeiten eröffnen, sich mit ihren kybernetischen Assistenten und mit anderen Menschen in Form persönlicher informationssuchender Programme zu verständigen. Doch es bleibt noch eine weitere Möglichkeit. Wie Marvin Minsky schon vor einem Jahrzehnt erkannt hat und wie Science-fiction-Autoren sogar lange vor ihm vermutet haben, könnte die Telepräsenz einen neuen Bereich der Mensch-*Roboter*-Kommunikation eröffnen. Solche Mensch-Roboter-Schnittstellen bezeichnen die amerikanischen Forscher als «Teleoperatoren», während dieser Bereich in Japan «Tele-Existenz» genannt wird. In jedem Fall beruht diese Technologie darauf, daß der Mensch mit den Augen einer Maschine in die Welt blickt und dieses mechanische Gerät mit Hilfe natürlicher Bewegungen dazu veranlaßt, auf die physische Welt einzuwirken. Hier eine Möglichkeit, wie Sie sich den Unterschied zwischen VR und dem Prinzip des Teleoperators vergegenwärtigen können: In der Virtuellen Realität können Sie das Gebäude, in dem Sie sich befinden, ohne unangenehme Folgen demolieren. Wenn Sie das gleiche mit einem Teleoperator machen, ist das Gebäude möglicherweise nicht mehr da, nachdem Sie die Datenbrille abgelegt haben.

Außerhalb des Körpers

Ein Mensch trägt eine bequeme Jacke, die mit Sensoren und muskelartigen Motoren ausgekleidet ist. Jede Bewegung der Arme, Hände und Finger wird an einem anderen Ort von mobilen, mechanischen Händen reproduziert. Diese Hände sind leicht, geschickt und stark und besitzen ihre eigenen Sensoren, mit deren Hilfe der Operator sieht und fühlt, was geschieht. Wenn Sie ein solches Gerät benutzen, können Sie in einem anderen Zimmer, einer anderen Stadt oder einem anderen Land «arbeiten». Ihre «Telepräsenz» kann über die Kraft eines Riesen oder die Geschicklichkeit eines Chirurgen verfügen. Hitze oder Schmerz werden in aussagefähige, aber erträgliche Empfindungen «übersetzt». So werden gefährliche Arbeiten sicher und bequem. Mit den primitiven Geräten zur Handhabung radioaktiven Materials haben wir erst einen kleinen Anfang in diese Richtung gemacht. Doch sobald wir die ungeschickten Apparate verbessern – das Kernstück dieses Vorschlags –, werden wir eine Vielzahl von Vorteilen gewinnen.

MARVIN MINSKY
«Toward a Remotely-Manned Energy
and Production Economy», 1969

Zum erstenmal in meinem Leben nahm mein Bewußtsein einen plötzlichen Ortswechsel vor: aus meinem Kopf und Körper zu einem Punkt, der etwa sechs Meter entfernt lag. Die Welt, die sich meinen Blicken darbot, hatte Tiefen, Schatten und Aufhellungen, so daß sie dreidimensional wirkte, auch wenn es eine schwarzweiße Welt war. Ein paar vorsichtige Kopfbewegungen überzeugten mich davon, daß auch die Gesetze der Binokularität und Bewegungsparallaxe in ihr galten. Die Bedingungen der Hand-Augen-Koordination waren leicht verändert. Doch nach einem Augenblick der Orientierungslosigkeit und nach ein paar Sekunden Übung konnte ich einen Bleistift aufheben und durch einen Reifen führen, der ein paar Meter entfernt war, obwohl meine Finger sich auf eine Art bewegen mußten, die zunächst fremdartig erschien. Ich drehte Nacken und Schultern. Sechs Meter von meinem Körper entfernt veränderte sich der Anblick, den mir die Welt bot, in Übereinstimmung mit meinen physischen Bewegungen. Ich begann mich an die seltsame Empfindung zu gewöhnen, die hervorgerufen wird, wenn sich der eigene Blickpunkt auf eine Maschine verlagert – bis ich meinen Kopf wandte und mich selbst anblickte, da merkte ich, wie seltsam es ist, an zwei Orten zugleich zu sein. Einen Roboter, der mit Kameras, Mikrofonen und mechanischen Manipulatoren ausgestattet ist, mit den eigenen Augen, Ohren und Händen zu steuern – das stellte ich mir interessant und unterhaltsam vor. Ich hatte aber nicht damit gerechnet, daß es auch ein bißchen unheimlich ist. Bevor man diese Art der Erfahrung macht, ist einem nicht klar, daß Telepräsenz eine Art Außer-Körper-Erfahrung ist. Es kam mir ein wenig wie die Vorstufe einer Mensch-Silizium-Symbiose vor. Telepräsenz ist die Bezeichnung für ein Konzept, einen Apparat und ein Erlebnis. Es könnte auch zu der Bezeichnung für die Veränderung werden, die unsere Vorstellung von dem, was es heißt, Mensch zu sein, eines Tages durch VR erfahren könnte.

Telepräsenz ist ein anderer Aspekt der VR-Geschichte, dessen Ursprung sich bis zum MIT zurückverfolgen läßt, diesem Zentrum historischer Pioniertaten auf dem Computersektor. Das Artificial Intelligence Laboratory, seit dreißig Jahren unter der Leitung von Marvin Minsky, hat nicht nur die Informatik beeinflußt, sondern auch die Psychologie, vor allem die kognitive Psychologie. Marvin Minsky denkt gern in großem Maßstab. Von ihm und dem heute in Stanford lehrenden John McCarthy heißt es, sie hätten den Ausdruck «Künstliche Intelligenz» geprägt und in den fünfziger Jahren jene kühne Teildisziplin der Informatik begründet, die man heute als KI bezeichnet. Minsky hat sich in seinen Zukunftsentwürfen nie mit den Hindernissen abgegeben, sondern immer nur mit den Möglichkeiten beschäftigt. Er schaute sich die relativ kümmerlichen Computer der fünfziger Jahre an und setzte sich hin, um herauszufinden, wie sie das menschliche Denken nachahmen könnten, eine Aufgabe, die er heute, dreißig Jahre später, immer noch mit engelbartscher Zähigkeit zu lösen versucht, nachdem er nicht unwesentlich dazu beigetragen hat, daß sich die Vorstellung verbreitet hat, es sei möglich, denkende Maschinen zu bauen.

Minsky hat auch als einer der ersten Wissenschaftler in diesem Bereich auf einen anderen, möglicherweise sehr nützlichen Aspekt dialogfähiger Simulationen, HMDs und Computeranimationen hingewiesen: ihre Verwendung als Systeme zur natürlichen Steuerung von Robotern durch Menschen. Von Anfang an erkannte Minsky die Doppelnatur dieser Möglichkeit: Der Mensch wäre nicht nur in der Lage, seine hochentwickelten Wahrnehmungs- und Erkenntnisfähigkeiten zur Steuerung eines Teleroboters zu verwenden, sondern geriete auch in einen ganz besonderen Bewußtseinszustand, ausgelöst durch die Erfahrung, an einem anderen Ort gegenwärtig zu sein. Zugleich war Minsky bewußt, daß diese Technologie, so sehr sie auch Zukunftsmusik war und in das Reich der Science-fiction zu gehören schien, doch höchst pragmatische und möglicherweise sehr tiefgreifende Auswirkungen auf die Weltwirtschaft und den Alltag der Menschen hätte.

Minsky prägte 1979 den Begriff «Telepräsenz» in einer kühnen programmatischen Schrift:

> Wir können viele die Energieversorgung, Gesundheit, Produktivität und Umwelt betreffenden Probleme lösen, indem wir die Technik der Fernsteuerung verbessern. Damit werden wir die Sicherheit der Kernenergie vergrößern, den Bergbau fördern, Produktivität steigern, das Transportwesen wirtschaftlicher machen, neue Industrien und Märkte ins Leben rufen können. Durch die Entwicklung «mechanischer Hände», die vielseitig und wirtschaftlich genug sind, können wir eine neue Welt erschaffen, die gesund, sicher und ausreichend mit Energie versorgt ist...
>
> Dazu müssen wir unsere «Telepräsenz-Instrumente» – so möchte ich sie nennen – verbessern, damit wir mit ihnen fühlen und arbeiten können wie mit unseren eigenen Händen! Das könnte zwanzig Jahre dauern und eine Milliarde Dollar kosten, aber es wird sich hundertfach auszahlen. Three Mile Island hat gezeigt, auf welchem absurd primitiven Stand sich die gegenwärtige Nukleartechnik befindet. Wir müssen immer noch warten, bis Menschen hineingehen und nachsehen können – um dabei in ein paar Minuten die Strahlendosis eines ganzen Jahres aufzunehmen. Lächerlich! Mit besseren Telepräsenz-Werkzeugen könnten wir die Sache rasch inspizieren und reparieren und dadurch die Verluste möglicherweise von einer Milliarde auf ein paar Millionen verringern.

Allerdings verschwieg Minsky nicht, daß eines der Ziele der KI, der Einsatz von Maschinenintelligenz, um das Echtzeit-Verhalten von Robotern in komplexen Situationen autonom zu steuern, noch weit in der Zukunft lag. Wir haben weder die Rechenkapazität noch die kognitionswissenschaftlichen Theorien, noch die Algorithmen zur Echtzeit-

Steuerung autonomer Roboter. Aber wir haben Fernmanipulatoren, die menschliches Verhalten an unzugänglichen Orten wie Großfeuern und Kernreaktoren nachahmen können, und wir haben grobe Mittel, um die Manipulatoren durch menschliche Bewegungen zu steuern. Minsky hatte erkannt, daß es zur Verwirklichung seiner Pläne entscheidend darauf ankam, eine Möglichkeit zu finden, die menschlichen Wahrnehmungen und Reaktionen eng mit dem Verhalten halbautonomer Teleroboter zu verknüpfen.

Dank seines technischen Wissens war Minsky in der Lage zu erkennen, daß ferngesteuerte Roboter die Möglichkeit hatten, konkrete Aufgaben zu lösen, die weder Menschen noch Roboter allein sicher oder wirtschaftlich bewältigen können. Zwar hat Minsky der Telepräsenz ihren Namen gegeben, doch hat er nicht behauptet, die Idee erfunden zu haben, eine Ehre, die die meisten Science-fiction-Experten Robert Heinlein zuschreiben. Der hat 1940 in seinem Roman «Waldo & Magic Inc.» (deutsch «Die Zeit der Hexenmeister») ein ziemlich schwächliches Wesen der Zukunft beschrieben, das die Fähigkeit hat, seine Hände in Teleoperationsgeräte zu stecken und die Bewegungen sehr starker mechanischer Puppen, der «Waldoes», zu steuern. In den Anmerkungen zu seinem Telepräsenz-Vorschlag hat Minsky Heinleins Beitrag zu seinem Entwurf der künftigen Technologie nicht vergessen: «Dieser Vorschlag ist zwei Freunden gewidmet. Der verstorbene Ray Goertz hat 1954 den ersten elektrischen kraftreflektierenden Teleoperator entwickelt. Meine erste Vorstellung von einer auf Teleoperatoren beruhenden Wirtschaft entwickelte ich bei der Lektüre des Romans ‹Waldo›, den Robert A. Heinlein 1940 geschrieben hat. Das erste Gerät dieser Art wurde 1947 gebaut. Vierzig Jahre nachdem Heinlein ‹Waldo› geschrieben hat, hat er mir geholfen, dieses Papier zu überarbeiten.»

Für heutige Science-fiction-Autoren wäre es eine faszinierende Aufgabe, sich auszumalen, wie die Welt aussähe, wenn irgend jemand in der US-Regierung Minskys «20-Jahre-und-eine-Milliarde-Dollar-Projekt» ernst genommen hätte. Das Forschungsgebiet der Teleoperatoren und der menschlichen Schnittstellen für Teleoperatoren – die äußeren und inneren Aspekte der Telepräsenz – hat sich erst vor kurzem mit der Entwicklung der stereoskopischen HMDs vereinigt. Die ersten Teleoperatoren waren die teuren mechanischen Hände, die man für die Hantierung mit radioaktiven Materialien entwickelt hatte. Damals steckten Wissenschaftler und Kernkrafttechniker ihre Hände in ein exoskelettales Steuergerät, das ihre Handbewegungen an einen Roboterarm in einem abgeschirmten Raum übertrug. Eines dieser ursprünglich für den Umgang mit radioaktiven Materialien entwickelten Geräte, der Argonne Remote Manipulator (der uns bereits bekannte ARM), gelangte Jahrzehnte später – als die Elektronenrechner so leistungsfähig geworden waren, daß sie eine direkte Kraftrückkopplung ermöglichten – in das UNC-Labor in Chapel Hill, North Carolina. Heute verwenden Pharmakologen den ARM, um die richtige Position zum Andocken von 3D-Molekularmodellen zu finden – eine Verbindung von einer Simulation (das Verhalten der Moleküle, das für den Fall ihrer Annäherung vorhergesagt wird) und einer Telepräsenz (die Übersetzung der Molekularkräfte in den mechanischen Widerstand des ARM).

1954 entwickelte Ralph Mosher bei General Electrics den «Hardyman», ein schweres, kompliziertes Exoskelett, das den Arm des Anwenders umschloß und ihn in die Lage versetzte, einen Roboterarm durch natürliche Bewegungen fernzusteuern. 1958 baute die Philco Corporation ein visuelles Telepräsenz-System, indem sie ein CRT vor den Augen des Anwenders anbrachte und den Blickwinkel einer an einem anderen Ort befindlichen Kamera durch die Kopfbewegungen des Anwenders steuerte. Doch dann ging es nur noch langsam vorwärts. Auf dem faszinierenden, aber doch nur wenigen Eingeweihten zugänglichen Gebiet der Teleoperatoren gab es über Jahre kaum Fortschritte, Jahre, in denen man sich mit den menschlichen Aspekten beschäftigte – ein etwas trockenes, aber sehr wichtiges Forschungsgebiet, das einige Kognitionspsychologen «Tastenanschlag-Zählen» nennen – und in denen man die mechanischen Elemente immer wieder verbesserte, während die weiterführenden Technologien der Telepräsenz-Steuersysteme heranreiften. Diese Stagnation gehört der Vergangenheit an, davon überzeugten mich der Prototyp des Teleoperators zur Feuerbekämpfung, den ich dieses Jahr in England gesehen habe, das lebensgroße, mit scharfer Munition arbeitende Modell eines auf dem Prinzip der Teleoperation beruhenden Geschützwagens, das ich ein paar Monate zuvor in Hawaii inspizierte, die telerobotischen Geräte für Behinderte, die man mir in Tsukuba und London zeigte, die Mikrotelepräsenz-Forschung bei IBM, die es Menschen ermöglicht, die Oberfläche von Molekülen mit ihren Fingerspitzen zu fühlen, und andere Telerobotik-Telepräsenz-Projekte, die rund um die Welt wie Pilze aus dem Boden schießen.

Als ich zum erstenmal von den japanischen «Wissenschaftsstädten» hörte – etwa dem berühmten Komplex in Tsukuba und dem neuen, der in Kansai entsteht –, hatte ich ganz bestimmte Vorstellungen von dem, was mich dort erwartete. Ich malte mir postmoderne, hochaufragende Institutsgebäude aus, umgeben (wie ich dachte) von Zen-Steingärten, bevölkert mit emsigen Technikern in engen Overalls, beaufsichtigt von Wissenschaftlern in weißen Kitteln. Als ich nach anderthalbstündiger Fahrt von Tokio mit dem Auto in Tsukuba eintraf, fühlte ich mich eher an die halbverlassenen Industrieanlagen erinnert, die es in den fünfziger Jahren in den Außenbezirken von Phoenix, Arizona, gab. Zwar sieht man hier und da schicke Institutsgebäude im Stil von PARC, aber sie sind noch immer von riesigen, leeren Grundstücken umgeben. Der Ort hat etwas Geisterhaftes, als warte er auf etwas, was noch nicht da ist, oder als werde er von etwas heimgesucht, was einst da war – vielleicht ist er auch, wie so oft in Japan, im Bann sowohl der Vergangenheit als auch der Zukunft.

1990 ähnelte Tsukuba eher einer Ansammlung von Enklaven, die nach dem Willen ihrer Planer im Laufe der nächsten Jahrzehnte aufeinander zuwachsen sollen, als der geschmackvoll entworfenen, dichtbebauten Stätte der Effizienz, die ich mir vorgestellt hatte. An der «Allee der Wissenschaft» sah man im Wechsel große Apartmenthäuser aus pastellfarbenen Ziegeln und Beton, die fünf bis zehn Stockwerke hoch waren und wie moderne Studentenwohnheime aussahen, unbebaute Grundstücke und die Gewerbeansiedlungen, die sich an allen Ausfallstraßen finden. Es war ein warmer Morgen, als wir eintrafen, und über den Brüstungen fast aller Balkons der Apartmenthäuser hingen helle Futons zum Lüften.

MITI ist eine eigene Welt. Es ist eine jener Organisationen, die es in den Vereinigten Staaten nicht geben könnte, mag man das nun bedauern oder begrüßen. Das Ministerium für Internationalen Handel und Industrie kann die einflußreichsten Vertreter der japanischen Industrie, Wissenschaft und Regierung in einem Zimmer versammeln, den Plan verkünden, eine neue Technologie aus der Taufe zu heben oder eine Reihe ineinandergreifender Technologien für ein bestimmtes nationales Ziel zu entwickeln, und dann dafür sorgen, daß die Versammelten alle ihre Kräfte für diese Sachen einsetzen. Ganz so läuft es sicherlich nicht ab. Verantwortlich sind eher eine Reihe gemeinsamer Wertvorstellungen bei den Führern vieler einander überschneidender Hierarchien aus Finanz, Staat, Industrie und Wissenschaft. Wer sich, wie das wohl viele Amerikaner tun, das MITI als eine Technologiediktatur vorstellt, denkt nicht japanisch genug. MITI hat die Mittel und das Ansehen, viele selbständige und miteinander konkurrierende Kräfte auf ein gemeinsames Ziel zu verpflichten. Darin liegt seine eigentliche Macht.

Manchmal kann der chaotische Markt, auf dem sich die konkurrenzbesessenen Wirtschaftsgiganten im freien Spiel der Kräfte messen, zu erstaunlichen Ergebnissen führen. Es hat sich gezeigt, daß sich Zusammenarbeit nicht von oben verordnen läßt. In den zentral gelenkten Volkswirtschaften der Sowjetunion und der osteuropäischen Länder scheiterte der Versuch, die Entwicklung der neuen High-Tech-Industrien durch erzwungene Zusammenarbeit voranzutreiben. MITI versucht keineswegs, die mächtigen Akteure zu einer solchen Kooperation zu zwingen, sondern sorgt dafür, daß es für diese Akteure attraktiv, einträglich und logisch ist, auf das gleiche Ziel hinzuarbeiten. MITIs Strategie, leistungsfähige und autonome Industrieunternehmen auf allseits profitable Ziele zu verpflichten, hat sich für die weltwirtschaftliche Situation Japans auf dem Gebiet der Unterhaltungselektronik, der Mikroelektronik und der Autos nicht schlecht bewährt. Weniger Erfolg hatte die Strategie im Falle der «fünften Generation», einer Reihe von KI-Projekten, in denen es um Workstations ging, die Sprache verstehen und «Wissen verarbeiten» sollten. Anfang der achtziger Jahre nahm man die Arbeit auf, um der japanischen Computerindustrie Mitte der neunziger Jahre eine Vormachtstellung in der Welt zu verschaffen. Die Projekte verfehlten ihre Ziele im vorgegebenen zeitlichen Rahmen, weil es nicht gelang, die grundlegenden wissenschaftlichen Probleme zu lösen, obwohl man mit den weiterführenden Technologien so rasch vorankam, wie man sich vorgenommen hatte. Tatsächlich sind viele MITI-Projekte fehlgeschlagen. Entscheidend sind aber diejenigen, die den gewünschten Erfolg gebracht oder zu Resultaten geführt haben, mit denen sich die Entwicklung anderer Technologien beschleunigen ließ.

MITI unterstützt auch Institute für die Grundlagenforschung der Robotik. Wieder sah ich vor meinem geistigen Auge eine Legion disziplinierter Forscher, die methodisch die Grundlagen für die künftigen

Industrien Japans legten. Dr. Susumu Tachi, der gar nicht daran denkt, einen weißen Kittel zu tragen, arbeitet seit mehr als fünfzehn Jahren auf dem Gebiet der Telerobotik und hat sich ganz der Aufgabe gewidmet, die Kybernetik in den Dienst von Behinderten zu stellen, was natürlich nicht ausschließt, daß viele seiner Kollegen damit beschäftigt sind, die Grundlagen für die industrielle Zukunft Japans zu legen. Ende der siebziger und Anfang der achtziger Jahre hat Tachi an kleinen Robotern gearbeitet, die als «künstliche Blindenhunde» dienen sollten. Frederick Brooks würde solche Roboterhunde für Blinde als ein ausgezeichnetes «treibendes Problem» für die Robotik und die Regelungstheorie bezeichnen. Vergessen wir nicht, daß Tachis Teleoperator kein autonomer Roboter ist, sondern eine intelligente Prothese, die der Kontrolle eines Menschen unterstellt ist. Der Roboter braucht nicht die ganze Elektronik und Software mit sich herumzuschleppen, die erforderlich ist, um die Wahrnehmungs- und Erkenntnisfunktionen auszuüben, die Menschen so hervorragend bewältigen, ohne einen bewußten Gedanken daran zu verschwenden – wenn sie beispielsweise Muster erkennen, Hindernissen ausweichen, Urteile fällen und so fort. Insofern war es vernünftig, daß sich Tachi und seine Kollegen mit der «Tele-Existenz» zu beschäftigen begannen, das heißt mit der Frage, wie man dem Anwender das realistische Gefühl geben kann, sich an einem anderen Ort zu befinden, so daß er einen dort befindlichen Roboter aus der Ferne bedienen kann.

Diese enge Beziehung zwischen Menschen und einem partiell intelligenten, mobilen Roboter scheint ein Beispiel für jene Mensch-Computer-Symbiose zu sein, die J. C. A. Licklider 1960 vorhergesagt hat, wenn auch von etwas anderer Art, als sie bei ARPA begonnen wurde. Die Form der Denkverstärkung, die Licklider und seine ARPA-Forscher anstrebten, galt in einer Zeit, als die großen Investitionen auf dem Gebiet der Künstlichen Intelligenz gemacht wurden, als technologischer Nebenschauplatz. Die KI-Forscher wollten über die menschlichen Fähigkeiten hinausgelangen und Maschinen bauen, die denken konnten. Ein Teil der Bestrebungen, die den KI-Zielsetzungen galt, zweigte schon bald auf das Gebiet der Robotik ab. (Ein entscheidender Aspekt, der die Robotik von der reinen KI unterscheidet, ist die technische Disziplin der «Regelungstheorie», die für die Informationsübertragung in technischen Systemen sorgt, so daß diese auf die Welt einwirken können. Im interdisziplinären VR-Treibhaus werden heute Regelungstheorien mit Hypothesen über virtuelle Welten gekreuzt.)

Das Konzept der Fern-Präsenz, das die menschliche Intelligenz mit weniger intelligenten, aber äußerst reaktionsfähigen Robotern verbindet, ist ein Mittelding zwischen Intelligenzverstärkung und Künstlicher Intelligenz. Man war sich damals dieser Möglichkeit durchaus bewußt, obwohl sie im Grunde genommen eine Zukunftsspekulation war. Zwanzig Jahre nachdem Licklider die Entwicklung von Computern als Intelligenzverstärker entscheidend geprägt hatte, unterbreitete sein MIT-Kollege vom KI-Institut, Marvin Minsky, der US-Regierung den Vorschlag, ein zehnjähriges Forschungs- und Entwicklungsprogramm im Bereich der Telepräsenz zu finanzieren. Nachdem Minskys Vorschlag zehn Jahre lang in den Vereinigten Staaten weitgehend unbeachtet geblieben ist, von einigen besonderen militärischen Anwendungen abgesehen, scheint MITI hochqualifizierte Forscher und Großunternehmen für ein interdisziplinäres Telepräsenz-Forschungsprogramm zu rekrutieren.

Einflußreiche Helfer gewinnen, Heerscharen von Forschern finanzieren und große Ideen verkünden kann ein erfolgreiches Rezept sein, ohne indessen den Erfolg auch zu garantieren. Es ist viel leichter, sich vorzustellen, wie sich ein künstlicher Arm in Reaktion auf winzige Bewegungen der Fingerspitzen bewegen könnte, oder über die Möglichkeiten des Einsatzes von Teleoperatoren in Kernreaktoren zu sinnieren, als Maschinen zu bauen, die man sich dann tatsächlich an Kopf und Arme anschließen mag. Die Hindernisse, die den Fortgang der Teleoperator-Forschung hemmen, sind Lücken in unserem Wissen über den psychologischen Aspekt der Telepräsenz und technische Probleme, die den Bau von Kanälen für die Informationsübertragung zwischen Menschen und Maschinen betreffen. Der menschliche Teil einer Teleoperator-Partnerschaft liefert den kognitiv-wahrnehmungsorientierten Sachverstand. Der mechanische Teil der Partnerschaft vermittelt dem menschlichen Operator das Präsenzgefühl. Eine Reihe von Telesensoren erlauben dem Menschen, Umgebungen zu erkunden und zu verändern, die seinem Körper unzuträglich sind. Die Verbindung des menschlichen und des mechanischen Systems ist deshalb so schwierig, weil die Schnittstelle unterschiedliche Kommunikationsarten in Einklang bringen muß. Für den Menschen ist die Schnittstelle gelungen, wenn sie ihm die richtige Art von *Erfahrung* vermittelt. Eine Teleoperator-Schnittstelle muß im Menschen ein Präsenzgefühl hervorrufen, das er als wirklichkeitsnah genug empfindet, um den Roboter in Echtwelt-

Aufgaben erfolgreich steuern zu können – ohne seinen, des Menschen, restlichen sensorischen Input zu verzerren oder die Simulator-Krankheit hervorzurufen. Das Präsenzgefühl, die *Conditio sine qua non* der Virtuellen Realität, ist auch ein Kernbereich der Teleoperatorforschung.

Zwei Wochen bevor ich Japan besuchte, traf ich Dr. Tachi in Santa Barbara. Er ist ein ruhiger Mann, höflich und etwas formell. Wir besuchten beide eine einwöchige Konferenz über «Human Interfaces for Virtual Environments and Teleoperators» (Menschliche Schnittstellen für virtuelle Umgebungen und Teleoperatoren). Tachi hatte während seines Referates in Santa Barbara Dias von seiner Versuchsanlage vorgeführt. Als ich die Anlage persönlich in Augenschein nahm, war der Roboter kleiner und der Raum größer, als ich mir anhand der gezeigten Dias ausgemalt hatte. Der Raum enthielt Vorrichtungen zur Installation und Verlagerung schwerer Maschinen, mit Schienen im Betonfußboden und riesigen Stahlringen, die in die sechs Meter hohe Decke eingelassen waren. In einer Ecke stand ein dreirädriges Roboterfahrzeug mit zwei binokularen Linsen im Fahrersitz. Mir wurde wieder einmal klar, an was für merkwürdige Orte mich dieses Projekt schon geführt hatte – vor allem als ich einen Metallstuhl erblickte, der an einer auffälligen Stelle installiert war. Mir dämmerte, daß ich dort Platz nehmen und mich dem Gerät anvertrauen mußte, bevor ich das Labor wieder verlassen durfte.

Der Roboter selbst sah wie das untere Stück eines großen Lichtmastes oder Feuerhydranten aus: Sein Rumpf bestand aus einem roten Metallzylinder von ungefähr zwanzig Zentimeter Durchmesser. Nach oben hin nahm der Torso menschenähnliche Züge an, mit einem Arm, einem Zweifinger-Greifer dort, wo sich bei einem Menschen die Hand befunden hätte, einem Hals, der im richtigen Abstand hinter und unter den visuellen Sensoren angebracht war und der sich bewegte wie ein menschlicher Hals, sowie einer Zwillingsvideokamera, die dort montiert war, wo beim Menschen die Augen sind. Der Roboter sah wie eine Maschine aus. Die Menschenähnlichkeit resultierte nicht aus der Anordnung der mechanischen Teile, sondern aus der Art, wie sich das Ding *bewegte*, wenn ein Mensch es dirigierte. Es war ein merkwürdiges Gefühl, weil ich mir sehr bewußt war, daß ich ein Stück Hardware beobachtete. Unheimlich an diesen geölten Gelenken aus Edelstahl, Elektromotoren und Kabelbündeln war, daß sie sich in einer Weise bewegten, wie ich sie von Menschen her kannte, nicht aber von Maschinen.

Der menschliche Operator sitzt in einer Steuerstation, die ein bißchen furchterregend aussieht. Noch etwas furchterregender ist es, sie zu bedienen. Man setzte mich in ein Gebilde, das eine unangenehme Ähnlichkeit mit einem primitiven Zahnarztstuhl hatte. Das Display befindet sich in einer Kopfarmatur, ist aber von der Art des «Damoklesschwertes», das die Kopfbewegungen mit einem mechanischen Gerät, einem Goniometer, verfolgt und nicht mit einem magnetischen Sensor wie der Polhemus. Neben allen anderen mechanischen Verbindungen ist am HMD noch ein langer Arm mit einem Gegengewicht angebracht. Das sperrige HMD saß ziemlich eng an meinem Kopf. Das Okular wurde mit einem Kinnriemen gesichert. Als ich mich hingesetzt hatte und der Helm befestigt war, streckte ich meine rechte Hand aus, und das Arm-Hand-Steuergerät wurde mir auf eine Weise an Handgelenk und Vorderarm befestigt, die beunruhigend an Handschellen erinnerte. Nun war ich blind für die Welt um mich her und konnte meinen Hals und Arm bewegen, sonst aber nichts. Wenn ich meine Hand, meinen Arm oder meine Finger rührte, wurden diese Bewegungen fast gleichzeitig vom Roboter am anderen Ende des Raumes reproduziert. Ich konnte meine Bewegungen nicht in jede Dimension, an die ich gewöhnt war, übertragen. Der Arm hat sieben Freiheitsgrade, der Hals drei. Doch die Einschränkungen beschäftigten meine Aufmerksamkeit lange nicht so sehr wie die Möglichkeiten. Die Fähigkeit, mit meinem Roboterkörper einen Stab aufzuheben und ihn durch einen Ring zu führen, der fast vier Meter entfernt war, und dabei das Gefühl zu haben, als täte ich es selbst, war weit beeindruckender als der Umstand, daß ich den Stab nicht durch den Reifen werfen konnte.

Als der Apparat eingeschaltet wurde, erblickte ich die Welt durch die Augen des Roboters. Sie sah aus, wie sie aussehen mußte, wenn man sie von einem Blickpunkt vier Meter links von meinem Körper betrachtete, wo sich der Roboter befand. Ich streckte meinen Arm aus, reckte den Hals, öffnete meinen Greifer und hob einen kleinen Stock auf. Ich brauchte fünf Sekunden, um herauszufinden, wie man den Stab durch Ringe von fünf Zentimeter Durchmesser steckte, die in verschiedenen Abständen angebracht waren. Ungefähr zehn Sekunden dauerte es, bis ich mich ganz an die Steuerung des Roboters gewöhnt hatte. Doch jedesmal wenn ich den mechanischen Apparat hinter mir knirschen und klappern hörte, suchten mich Schreckensbilder von wildgewordenen Teilen heim, die meinen Kopf gegen die Wand schlugen. Wenn ich den Steuerhebel anzog, der aussah wie eine Fahrradhandbremse, öffnete sich der Robotergreifer und ließ den Stab fallen. Um ihn wieder aufzuheben und nicht abermals fallen zu lassen, mußte ich mir einprägen, genau das Gegenteil dessen zu tun, was ich mein ganzes Leben hindurch getan hatte. Beim Teleoperator galt es, die Hand, die den Steuerhebel umklammert, einmal zu schließen, um den Greifer zu öffnen, und zweimal zu schließen, um den Greifer zufassen zu lassen. Auch dieses seltsame Verfahren erschien mir nach ein paar Versuchen fast natürlich. Ich beobachtete, daß ich mich an die neue Prozedur gewöhnte, könnte aber nicht sagen, wie ich das tat. «Vielleicht ist es für einen Menschen mit der richtigen Einstellung sehr leicht, sich einer Maschine anzupassen», schrieb ich in mein Notizbuch, sobald sie mich losgebunden hatten.

Der seltsamste Augenblick kam, als Tachi mich aufforderte, nach rechts zu blicken. Ich sah einen Burschen in dunkelblauem Anzug und hellblauen Schuhen, der zurückgelehnt in einem Zahnarztstuhl saß. Er blickte nach rechts, so daß ich die kahle Stelle an seinem Hinterkopf wahrnehmen konnte. Er sah aus wie ich, und auf einer theoretischen Ebene begriff ich, daß er tatsächlich ich war, doch ich wußte, wer ich bin, und ich war *hier*. Er dagegen war *dort*. Es bedarf keines hohen Maßes an sensorischer Wirklichkeitstreue, um ein Gefühl der Telepräsenz hervorzurufen. Der Umstand, daß das Goniometer und der Steuercomputer für eine sehr enge Kopplung zwischen meinen Bewegungen und denen des Computers sorgten, war wichtiger als hochauflösende Video- und 3D-Audiogeräte. Es war ein Außer-Körper-Erlebnis, daran gab es keinen Zweifel.

Von ferngesteuerten Maschinengewehren bis hin zu Systemen, die vollständig gelähmte Patienten aus dem Gefängnis ihres Körpers befreien, zeigt die Teleoperator-Technologie die ganze Palette möglicher Anwendungen für VR-Schnittstellen, und dabei auch die dunklen wie die erfreulicheren Seiten der menschlichen Natur.

Tachis Arbeit gehört zu den vielen Konvergenzen von Bedürfnissen und Technologien, die gegenwärtig im Cyberspace zusammenzulaufen scheinen. In den siebziger Jahren hat Tachi ein anderes MITI-Projekt, den Roboter-Blindenhund, in die Wege geleitet. Wie der Name besagt, ging es bei den konzertierten Bemühungen um die grundlegenden Technologien zur Erhöhung der Mobilität von Sehbehinderten. Die Situation glich der vieler Robotikprojekte: Der Roboter-Blindenhund,

MELDOG (Mechanical Engineering Laboratory Dog) genannt, machte beträchtliche Fortschritte in Richtung auf das gestellte Ziel, zeigte aber gleichzeitig sehr deutlich, wie groß die Probleme sind, die noch zu lösen sind, bevor die im Labor entwickelten Prototypen blinden Menschen in der ungeordneten, chaotischen und komplexen Welt außerhalb der Laboratorien wirkliche Hilfe bieten können. Zwei dieser Probleme – sensorische Schnittstellen, die dem Menschen mit Hilfe maschinell erfaßter Daten ein Gefühl der Präsenz vermitteln können, und Methoden, mit deren Hilfe der Mensch die Kontrolle über ferne Roboter behalten kann – führten Tachi auf das Gebiet der *Tele-Existenz*, das nach seiner Überzeugung beide Aspekte der Teleoperation umfaßt, den der Schnittstellen und den der Kontrolle.

«Bei der Entwicklung wirksamer Fortbewegungshilfen für Blinde», erläuterte Tachi, «wurde uns klar, daß man vorher feststellen muß, welche und wie viele Informationen notwendig oder hinreichend sind, um Menschen Mobilität zu verleihen.» Um also eine Maschine zu bauen, die Menschen bei ihrer Fortbewegung half, mußte man möglichst genau in Erfahrung bringen, wie Menschen sich in ihrer Umgebung orientieren. Dieses allgemeine Problem hängt eng mit der Frage zusammen, welche Wahrnehmungsaspekte zu beachten sind, wenn man einen menschenähnlichen Körper durch den dreidimensionalen Raum bewegen will, eine Forschungsrichtung, die direkt zur Virtuellen Realität führt: Von Datenhandschuhen über formerfassende Kameras bis hin zu interaktiven Umwelten – stets ging es in einem Bereich der VR-Forschung um die Konstruktion von Maschinen, die in der Lage sind, menschliche Bewegungen, Gesten und Äußerungen festzuhalten und zu übermitteln. Wenn wir die Körpersprache übertragen wollen, müssen wir zuerst feststellen, wie wir unsere Körpermodelle im Cyberspace steuern. Mit Hilfe dieser Erkenntnisse können wir dann menschenähnliche und reaktionsfähige Modelle bauen. Zum Zweck der Unterhaltung und der Intelligenzverstärkung muß man virtuellen Puppen Beweglichkeit verleihen können. Von noch größerer Bedeutung ist diese Beweglichkeit jedoch für die Menschen, die keine andere Art der Mobilität kennenlernen können. In der realen Welt ist ihr Körper ans Bett oder den Rollstuhl gefesselt, in der virtuellen Welt können die gleichen Menschen fliegen, gleiten und, in Verbindung mit Teleoperatoren, in einer Weise auf die Welt einwirken, die ihnen anders nie möglich wäre. Die Schlüsselprobleme, die es in jedem dieser verschiedenen Bereiche zu lösen gilt, bestimmten, obschon in einfacherer Form, auch das Projekt der mechanischen Blindenhunde.

Tachi konzentrierte sich zunächst auf drei konkrete Aspekte: die Informationsströme, die die Sensoren abgeben, die Computerprogramme, die die Input-Daten mit inneren Karten der Umwelt vergleichen, und die Output-Systeme, die erforderlich sind, damit ein halbautomatischer Roboter dem menschlichen Operator ein räumliches Orientierungsgefühl vermittelt. Wenn ein Roboter als Blindenhund fungieren soll, muß er wissen, wo er sich befindet, und muß diese Erkenntnis dem menschlichen Operator so übermitteln, daß dieser synchron auf sie zurückgreifen kann, während er versucht, sich durch seine Umgebung zu bewegen. Die gleichen Probleme der Informationsverarbeitung und Steuerungstheorie, die es im Rahmen von MELDOG zu lösen galt, lassen sich auch, wie sich später herausstellte, auf andere Gebiete der VR und der Telerobotik anwenden. Dies ist eine der Arten, wie Konvergenz die technische Entwicklung beschleunigen kann: Die Entwicklungsingenieure zahlreicher Bereiche können den Fortschritt in vielen einander verwandten Disziplinen vorantreiben. Wenn es sich um Entwicklungen wie die Differentialrechnung, die Druckerpresse oder den PC handelt, dann beeinflussen solche Erfindungen das Geschehen in fast jeder anderen Disziplin. Im Zeitalter der VR wird jeder Bereich die Entwicklung in jedem anderen mit schwindelerregendem Tempo vorwärtsbringen.

Die Phase, die oft nach der technologischen Konvergenz folgt, nennt man Hybridisierung. Wenn sich die unterschiedlichen Interessen in einem gemeinsamen Punkt getroffen haben, entwickelt sich oft eine Fülle interdisziplinärer Ansätze. Wie die Bastler stereoskopischer Apparate und Programmierer von dreidimensionalen Computergrafiken gemeinsam mit Robotikern und Psychologen die ersten Cyberspace-Systeme gebaut haben, bemerken Telerobotiker, die mit Hilfe menschlicher Schnittstellen auf die physische Welt einwirken möchten, daß sie vor den gleichen technischen Problemen stehen wie die Konstrukteure virtueller Welten, denen es um die Interaktion des menschlichen Apparates mit einem vollständig im Computer enthaltenen Kosmos geht. Sowohl die zu Spezialisten auf dem Gebiet der Teleoperation gewandelten Ingenieure als auch die zu VR-Schöpfern gewordenen Programmierer von Computergrafiken stellen fest, daß sie teilweise die gleichen Probleme haben wie die Systemprogrammierer, die sich mit kognitiver

Psychologie auseinandersetzen, um die nächste Generation von Computerschnittstellen zu entwickeln. Die Konferenz von Santa Barbara, auf der ich Dr. Tachi traf, war symptomatisch, nicht ursächlich für diese vielfältige Konvergenz, obwohl die Entscheidungen, die auf wissenschaftlichen und technischen Konferenzen getroffen, und die persönlichen Beziehungen, die dort geknüpft werden, sich sicherlich auf das künftige Schicksal dieser Konvergenzen auswirken.

Der zweite Weg, der vom Roboter-Blindenhund zum Teleoperator führte, war laut Tachi die Notwendigkeit, eine optimale Methode zur Kodierung und Übermittlung der gesammelten Information an den menschlichen Operator zu finden. MELDOG bewegte sich durch eine streng kontrollierte Umgebung mit Hilfe einer Karte in seinem Computer und einem ultraschallvermittelten Gefühl für den Ort, an dem es sich befand. Ein Blinder hat natürlich keine Verwendung für ein Sichtgerät, und akustische Ausgabegeräte sind nur von begrenztem Nutzen, vor allem an lauten, öffentlichen Orten. Tachi und seine Mitarbeiter vermittelten dem menschlichen Operator die Informationen, die MELDOG lieferte, «elektrokutan» – eine Methode der taktilen Kommunikation, bei der man dem Operator mit Hilfe externer Elektroden auf seiner Haut schwache Stromstöße versetzt. Der Operator fühlt ein leichtes Kribbeln auf der Oberfläche seines Armes oder Beines, unterschiedliche Spannungen und Frequenzen rufen unterschiedliche Arten von Kribbeln hervor, die der Operator zu unterscheiden lernt. Die Verwendung von elektrokutanem Feedback durch Tachi und andere Prothesenkonstrukteure ist Teil einer weiteren technischen Konvergenz, die zu höchst merkwürdigen Koalitionen führt: Rückkopplungsmechanismen für Sehbehinderte, Roboterhandschuhe für Kampfpiloten, die ein Gefühl vollständiger manueller Präsenz vermitteln, Apparate zur wissenschaftlichen Visualisierung, mit deren Hilfe Wissenschaftler Moleküle mit ihren Fingern abtasten können, Prototypen für Fernsehgeräte der Zukunft. Sie alle können von den neuen Erkenntnissen und neuen Technologien profitieren, die die taktile Dimension der VR betreffen.

Die Tele-Existenz gehört zu einem breitangelegten Projekt, in dem es um die Fortentwicklung der Robotertechnologie geht. 1983 hatte Japan es in Zusammenarbeit mit Forschern aus anderen Nationen in Angriff genommen – «im Rahmen der internationalen Zusammenarbeit, die auf den Gipfeln von Versailles und Williamsburg beschlossen wurde», wie mir Tachi, der liebenswürdige Herr in den Vierzigern, ins Gedächtnis rief. Er erwähnte die Teleoperationsarbeit in Deutschland und im Naval Ocean Systems Laboratory (NOSC) in den USA. Nachdem er betont hatte, daß er sehr gute Beziehungen zu den NOSC-Forschern habe, fügte er hinzu: «Die MITI-Forschung dient nur friedlichen Zwecken und beschäftigt sich nicht mit Waffen.» Als ich ein paar Wochen später die Hände auf das Teleoperator-Maschinengewehr in der Hochsicherheitseinrichtung von NOSC auf Hawaii bediente, erinnerte ich mich an den Ausdruck auf Tachis Gesicht, als er vom NOSC sprach. Die bisherige Arbeit von Tachi dokumentiert es zur Genüge: Zwar respektiert er seine Kollegen in der militärischen Forschung, doch seine eigene Arbeit dient rein altruistischen, keinen tödlichen Zwecken.

Im größeren Rahmen des JUPITER-Projektes («JUvenescent PIoneering TEchnology for Robot») erweiterte Tachi die Zielsetzung seiner Arbeit: Er beschäftigt sich jetzt nicht nur mit Systemen für Körperbehinderte, sondern auch mit Steuerungssystemen für eine Vielzahl von Telerobotern, die dem Menschen die Möglichkeit geben, in gefährliche und weit entfernte Gegenden hineinzuwirken, und die menschliche Wahrnehmung in bislang unsichtbare Regionen tragen. Tachis Arbeiten sind ein Versuch, die folgende Frage zu beantworten: «Wenn eine staatliche Stelle bereit wäre, für die Umsetzung von Minskys programmatischem Telepräsenz-Papier ausreichend Geld zur Verfügung zu stellen, was für Forschungsarbeiten würden dann in Angriff genommen, was für Erkenntnisse würden die Forscher gewinnen wollen, und was für technische Ziele würden sie sich bei ihrer Arbeit setzen?» Einer der interessanten Aspekte an Tachis Arbeit ist der Umstand, daß seine Projekte Gelegenheit bieten, konkrete Apparate zu testen, die konstruiert worden sind, um bestimmte Arbeiten in der physischen Welt zu verrichten, und daß sie gleichzeitig exakte psycho-physiologische Messungen geliefert haben, die uns helfen, die menschliche Seite der Tele-Existenz besser zu verstehen. Das System, das ich ausprobiert habe, ist zugleich ein Prototyp und ein Prüfstand zur Untersuchung künftiger Prototypen. Der Raumsensor von Polhemus Navigation Systems bietet hinsichtlich der Ortsveränderung eine Erfassungsrate von maximal 60 Hertz (Schwingungen pro Sekunde), während das Tsukuba-Gerät Position und Geschwindigkeit in einem Bereich von 500 bis 1000 Hertz messen kann.

Die Entwicklung des halbautomatischen Roboters, der mir mein Außer-Körper-Erlebnis verschafft hatte, war die erste Phase eines Projektes zum Bau solcher Steuerungssysteme für Spezialroboter, die in anderen Bereichen des MITI-Robotikprogramms entwickelt wurden. Diese ersten Prototypen hatte man als reine Laborgeräte geplant und konstruiert. Einer der Gründe, die Experimentalsysteme zu bauen, war der Wunsch, die Merkmale von stereoskopischen Sichtsystemen und die Reaktionen der menschlichen Wahrnehmungsfähigkeiten systematisch zu untersuchen und dann die Wirkung des Telepräsenz-Erlebnisses dadurch zu erhöhen, daß man die Sichtgeräte und die anderen Rückkopplungsmechanismen entsprechend justierte. Eines der ersten Ergebnisse dieser Forschungsphase war die Erkenntnis, daß das Phänomen der binokularen Konvergenz, das sich durch den Einsatz optischer Systeme verstärken läßt, ein Schlüsselelement für die dreidimensionale Wahrnehmung des Menschen ist. Die Systeme der nächsten Generation in Tsukuba werden optische Geräte enthalten, die das Empfinden binokularer Konvergenz verstärken, das sich einstellt, wenn beide Augen das Objekt aus leicht voneinander abweichenden Positionen fixieren.

«Unser nächstes Ziel ist die Konstruktion einer lebensgroßen, mobilen Version des anthropomorphen Teleroboters», sagte Tachi. «Zu unseren längerfristigen Zielen gehört die Erweiterung der menschlichen Fähigkeiten mit Hilfe von Mikrorobotern, Riesenrobotern und sonstigen Robotern sowie mit geeigneten Ausgabegeräten, die Menschen mit Informationen aus dem Infrarot- und Mikrowellenbereich versorgen können.» Insofern ist Tachi auch ein Kollege von Psychologen wie Nathaniel Durlach vom MIT, der VR-Geräte für psychologische Untersuchungen einsetzt, um herauszufinden, wie sich der Mensch mit Hilfe seiner Sinnesorgane ein Modell von der Welt erschafft. Durlach, der in Cambridge (Massachusetts) mit der Untersuchung von Fledermäusen begann, benutzt heute die gleiche Ausrüstung und beschäftigt sich mit den gleichen Forschungsproblemen wie Tachi, der in Tsukuba einst damit begann, Roboter-Blindenhunde zu entwickeln. Beide interessieren sie sich beispielsweise für die Ursachen der Simulator-Krankheit – die Übelkeit und das Schwindelgefühl, das sich bei längerer Benutzung eines Simulators einstellen kann, wenn es diesem entweder zu gut oder nicht gut genug gelingt, ein Präsenzgefühl zu vermitteln. Anhand der Ergebnisse von JUPITER und anderer Forschungsarbeiten ist Tachi zu der Auffassung gelangt, man müsse dafür sorgen, daß die Gegenstände die Größe und die scheinbare Entfernung aufweisen, die sie in der realen Welt besitzen, um der Simulator-Krankheit vorzubeugen. «Wenn es einem gelingt, die visuellen Parameter denen der realen Welt anzugleichen, können Menschen das System zwei bis drei Stunden benutzen, ohne unter der Bewegungs- oder Reisekrankheit zu leiden», behauptete er, als wir uns unterhielten.

Wenn man erforscht, wie behinderte Menschen sich besser bewegen und auf die Welt einwirken können, so gelangt man fast zwangsläufig zu der Frage, wie sich die Leistungsfähigkeit Nichtbehinderter steigern läßt. Der menschliche Körper hat seine Grenzen: Wir können kaum unser eigenes Gewicht heben, wir reagieren empfindlich auf Wärme, Kälte und Strahlung, wir bewegen uns nicht sehr schnell, und wir sehen nicht gut genug, um mikrochirurgische Operationen ohne Vergrößerungsgeräte durchzuführen. Tachis Versuchsapparate sind ein Schritt auf dem Weg zu jenen Systemen, die uns eines Tages ermöglichen, einen leichten Anzug anzulegen und einen Teleroboter in einem Kernreaktor zu steuern, ein zwei Tonnen schweres Bauteil aufzuheben und es zu ersetzen. In der nächsten Entwicklungsphase in Tsukuba soll ein Prüfstand für die Steuergeräte entwickelt werden, die die Fähigkeit zum Heben und Greifen verbessern. Die Idee, mit Hilfe am Körper befestigter Geräte sehr leistungsfähige oder resistente Roboter zu steuern, ist ein alter Traum, der jetzt dank neuer technischer Voraussetzungen wieder zum Leben erwacht. Tachi verschweigt nicht, daß er den Experimenten viel verdankt, die General Electrics Ende der sechziger Jahre mit dem Hardyman-Exoskelett durchgeführt hat. In unserem Gespräch machte er deutlich, daß es vor zwanzig Jahren weit gefährlicher war, ein Exoskelett anzulegen, weil damals eine höhere Wahrscheinlichkeit für physiologisch nachteilige Funktionsstörungen bestand. Außerdem war der Raum in der Maschine sehr knapp, weil man in der beweglichen Konstruktion Computer, Steuergeräte, Kabel und Energiequellen anbringen mußte. Durch die Miniaturisierung lassen sich heute erheblich mehr Komponenten in einem pseudomenschlichen Ellenbogengelenk unterbringen. Steven Jacobson von der University of Utah, der das Konstruktionsteam des Utah-Arms geleitet hat, ist seit vielen Jahren entscheidend an der Entwicklung der technischen Voraussetzungen für die Konstruktion von Prothesen beteiligt.

Bevor wir Tokio verließen, verabschiedeten wir uns von Tachi und fuhren zu einem anderen Gebäudekomplex, der zur Universität von Tsukuba gehört. Auf Tachis Empfehlung hin suchten wir Hiroo Iwata auf, einen etwas jüngeren Kollegen von ihm, der sich im Maschinenbau-Institut der Universität mit VR-Technologien beschäftigt. Iwata ist bemüht, Tastempfindungen hervorzurufen, die visuellen Modellen virtueller Objekte entsprechen – ein Forschungsgegenstand, der mich später nach Cambridge in Massachusetts, nach London und nach Südwestfrankreich führen sollte. Anders als bei vielen anderen Projekten zum taktilen Feedback, die ich andernorts zu Gesicht bekam, scheinen Iwatas Forschungsmittel begrenzt zu sein. Deshalb ist eines seiner Ziele, relativ kostengünstige Input-Geräte zu konstruieren.

Die große Farbgrafik-Workstation in Iwatas ziemlich kleinem Labor war mit einem TITAN-Grafik-Supercomputer verbunden, der 32 Millionen Operationen pro Sekunde ausführte – eine hinreichende Rechenleistung, um eine farbige, schattierte und hochauflösende Animation zu liefern. Hinsichtlich seiner Rechenkapazität war dieses System weit leistungsfähiger als das, welches ich bei VPL gesehen hatte, wenn auch weniger stark als das parallelverarbeitende System an der UNC. Iwata und seine Mitarbeiter haben einen kompakten Manipulator mit neun Freiheitsgraden als taktiles Eingabegerät für Desktop-Operationen entwickelt. Es sieht aus wie ein kleines Montagegerüst mit sehr beweglichen, leichten Metallgelenken, Wellen und Zahnrädern, ist etwa dreißig Zentimeter hoch und beansprucht so viel Platz wie ein Schuhkarton. Ich setzte mich auf einen Stuhl und steckte meine Hand in das Gerät. Mit Daumen, Zeigefinger und Handfläche konnte ich verschiedene Hebel bedienen, indem ich meinen Zugriff partiell verstärkte oder lockerte, während mein Handgelenk einen kugelförmigen Bewegungsspielraum von ungefähr dreißig Zentimetern Durchmesser hatte. Von meinem Platz auf dem Stuhl blickte ich über einen schräg gestellten Spiegel auf den Schirm, der einen Großteil meines Gesichtsfeldes ausfüllte, mir aber nicht ein Gefühl völliger Immersion in die virtuelle Welt vermittelte.

Auf dem Schirm lag eine rote Kugel auf einem blauen Tisch. Eine deutlich erkennbare Hand, die mir inzwischen vertraute Persona des Operators im Cyberspace, schwebte über der Kugel. Ich bewegte meine Hand in dem Metallapparat und fühlte, wie er nachgab, während ich beobachtete, wie meine Pseudohand sich der Pseudokugel näherte. Als die virtuellen Finger der Hand auf dem Bildschirm die Oberfläche der virtuellen Kugel berührten, begannen die Motoren und Sensoren im Manipulator auf die gleiche Weise Widerstand zu leisten, wie es eine echte massive Kugel getan hätte, wenn ich versucht hätte, sie zu ergreifen. Die Sinneswahrnehmung war nicht sehr stark, aber sie war spürbar – ein Effekt, der zeigte, daß das System noch in den Kinderschuhen steckte, noch nicht ganz ausgereift war. Wenn es Iwata oder anderen gelingt, dieses angedeutete Gefühl einer Berührung mit einem festen Körper zu verbessern, ist möglicherweise der Tag nicht mehr fern, an dem CAD-Konstrukteure nicht nur ihren Kopf in ihre Entwürfe stecken, sondern auch mit ihren Händen hineingreifen und die entworfenen Gegenstände ertasten können. Großes Interesse an den unmittelbaren Anwendungsmöglichkeiten eines solchen Systems zeigen japanische Kamerahersteller – die Fähigkeit, zu simulieren, wie eine Kamera in der Hand liegt, wäre eine gewaltige Erleichterung für die Designer, denn sie sind heute auf Modelle angewiesen, deren Herstellung und Veränderung Stunden, wenn nicht Tage dauert. Nach Iwatas Auffassung wird sich dieser Prototyp letztlich in einen mit Mikromechanismen ausgekleideten Handschuh verwandeln lassen.

Auf der Rückfahrt nach Tokio unterhielten Hattori und ich uns über die positiven Aussichten der neuen Technologie – die Möglichkeit etwa, daß gelähmte Menschen ihre Wahrnehmungen eines Tages frei im Cyberspace umherschweifen lassen können –, aber auch über die Gefahren, die die neue Technologie heraufbeschwört – so die Entwicklung von Schnittstellen für ungeheuer leistungsfähige Maschinen. Wenn wir zum gegenwärtigen Zeitpunkt eines nicht gebrauchen können, dann sind es Hochleistungsmaschinen, die die Welt nachhaltig umgestalten können, bevor wir wissen, wie wir die Welt gestalten wollen. Für Diagnostiker oder Chirurgen, die sich mit ihrem Blick, ihrer manuellen Geschicklichkeit und einem Mikroskalpell direkt in eine Arterie oder eine Hornhaut versetzen können, sind Teleoperatoren eine wunderbare Hilfe, um menschliches Leid zu lindern und Leben zu retten. Für die Menschen dagegen, die Regenwälder in Furnierhölzer verwandeln, sind halbautomatische Riesenbulldozer ideale Geräte, um aus der Biosphäre noch rascher Dollars zu machen. Die Angehörigen vom Bombenentschärfern und Feuerwehrleuten, die täglich ihr Leben und ihre Gesundheit aufs Spiel setzen, werden Roboter, die sich anstelle dieser Männer in die Gefahr begeben, sicherlich mit größter Dankbarkeit begrüßen, aber genauso kommen Leute, die die eigenen

Knochen gern schonen, sich aber nichts dabei denken, wenn sie die Körper anderer Menschen mit ihren Schrapnells zerfetzen, schwimmende, mit Maschinengewehren bestückte Teleoperatoren sicherlich sehr gelegen. Ob die VR ein Segen oder ein Schrecken für die Menschheit wird, hängt, wie so oft bei neuen Technologien, davon ab, wer was mit ihr macht.

Geräte für die Feuerwehr, Roboter-Maschinengewehre und mikrochirurgische Hilfen sind praktische Anwendungsgebiete der Virtuellen Realität, in der es aber keineswegs nur um Leben und Tod gehen wird. Unterhaltung und Ausbildung, zwei Tätigkeitsbereiche, die miteinander verwandt zu sein scheinen, werden gegenwärtig intensiv von einflußreichen japanischen Unternehmen untersucht. Nintendo entwickelt Systeme für Mattels PowerGlove. Fujitsu, eines jener nur in Japan existierenden Riesenunternehmen, das vom Mikrochip bis zum Großrechner, von KI bis zur Unterhaltungselektronik alles produziert, scheint sich ernsthaft mit den Möglichkeiten zu beschäftigen, die der Cyberspace für den Bereich von Unterhaltung und Ausbildung bietet. Am Tag nach meinem Aufenthalt in Tsukuba stattete ich Fujitsus riesigem Forschungs- und Entwicklungsinstitut in Kawasaki, einem Vorort von Tokio, einen sehr interessanten Besuch ab. Einiges von dem, was man für die Zukunft der Unterhaltung und Ausbildung bei Fujitsu plant, knüpft vielleicht an die ältesten historischen Wurzeln des Cyberspace an. Die neue Technologie mag zwar modern und spektakulär sein, ist aber möglicherweise nur eine späte Manifestation einer sehr alten, fast vergessenen, zu ihrer Zeit aber höchst bedeutsamen kulturellen Tradition.

Der Ursprung des Schauspiels und die Zukunft der Unterhaltung

Während man den Film benutzt, um dem Publikum eine Wirklichkeit zu zeigen, verwendet man den Cyberspace, um dem Anwender einen virtuellen Körper und eine Rolle zuzuweisen. Druckmedien und Radio erzählen, Bühne und Film zeigen, der Cyberspace verkörpert... Dramatiker und Filmregisseure versuchen, die Idee einer Erfahrung plastisch zu machen, der Schöpfer virtueller Welten versucht, die Erfahrung selbst zu vermitteln. Ein VR-Schöpfer erschafft eine Welt, in der das Publikum agieren kann. Das Publikum stellt sich also nicht nur vor, es erlebe eine interessante Wirklichkeit, sondern es kann sie direkt erfahren... Der VR-Schöpfer darf allerdings nicht hoffen, eine bestimmte Wirklichkeit zu vermitteln, sondern kann nur die Voraussetzungen dafür schaffen, daß bestimmte Arten von Wirklichkeit entstehen. Der Filmregisseur sagt: «Seht her, was ich euch zeige.» Der VR-Schöpfer sagt: «Hier, ich helfe euch beim Entdecken.»

RANDAL WALSER
«Elements of a Cyberspace Playhouse», 1990

Computer sind Theater. Die interaktive Technologie bietet wie das Drama eine Plattform zur Darstellung kohärenter Wirklichkeiten, in denen Akteure Handlungen von kognitivem, emotionalem und künstlerischem Wert vornehmen... Zweitausend Jahre Theorie und Praxis des Schauspiels haben zu einem Ergebnis geführt, das bemerkenswerte Ähnlichkeit mit der noch jungen Disziplin der Konstruktion von Mensch-Computer-Interaktionen aufweist, nämlich die Schaffung künstlicher Wirklichkeiten, die die Möglichkeit zu kognitiv, emotional und ästhetisch erweitertem Handeln bieten.

BRENDA LAUREL
«Computer as Theater», 1991

Ein junger Mann mit EyePhones geht durch sein Wohnzimmer. Die Hände hat er nach vorn gestreckt, als umklammere er etwas. Im VR-Land hält er, wie eine Denkblase über dem Kopf des jungen Mannes erläutert, ein Zauberschwert in den Händen. Am Horizont sieht man rauchende Vulkane. In mittlerer VR-Entfernung ragt die riesige Gestalt von Godzilla drohend auf. Das Ganze war ein handgemaltes Bild auf einem großen Zeichenkarton von bester Qualität und stand auf einer Staffelei. Das Bild, so erklärte man mir, illustriere Fujitsus Plan für den ersten Schritt in die Zukunft der Unterhaltung. Ich saß in einem Konferenzzimmer im obersten Stockwerk des riesigen Entwicklungs- und Forschungsinstitutes von Fujitsu in Kawasaki als Gast des Chefingenieurs (und Nutznießer eines glücklichen Umstandes). Sie zeigten mir keine Apparate und Geräte, boten mir aber Schautafeln, Folien auf dem Overhead-Projektor, Videobänder und engagierte Ausführungen von Projektleitern. Die Referate ließen keinen Zweifel daran, daß Fujitsu ernsthafte Absichten im VR-Geschäft hat. Hier ging es nicht um schlecht ausgestattete Nebenprojekte oder um eine Handvoll Enthusiasten, denen man in einer riesigen Firma eine kleine Spielecke eingerichtet hatte. Das waren die leitenden Forschungsdirektoren der einzigen Gesellschaft, die IBM auf dem Gebiet der Großrechner schlagen kann – keine Aufgabe für ein wirtschaftliches Leichtgewicht.

Ein Vorteil einer Firma von der Größe und dem Zuschnitt Fujitsus ist die Möglichkeit, alle Teile aus der eigenen Produktion zu beziehen. In einigen der vielen Labors werden experimentelle HMDs hergestellt. In anderen Grafikchips und 3D-Rendering-Software. Das Ganze folgt einem übergreifenden Plan zur Entwicklung eines VR-Labors. Während sie der Vollendung ihres VR-Prüfstandes entgegensahen, beschrieben Fujitsus VR-Forschungsdirektor und seine Kollegen, wo sich das Unternehmen im Cyberspace-Markt von morgen eine Nische zu erobern gedenkt. In gewissem Sinne erinnert die Art, wie hier der Chefingenieur und der leitende Direktor eines Großunternehmens das Szenario von einem Vorstoß in den Cyberspace entwarfen, an den Plan, den John Walker 1988 vorgelegt hat. Ein entscheidender Unterschied ist, daß Autodesk ungefähr 100 Millionen Dollar, Fujitsu dagegen viele Milliarden Dollar Jahresumsatz hat. Zwar war der Entwurf eines häuslichen VR-Theaters, den ich in Kawasaki erblickte, nur die Darstellung eines Zeichners, der festgehalten hatte, was sich ein Forschungsteam zum Ziel gesetzt hatte, doch darf man nicht vergessen, daß diese Forscher in der Lage sind, ihre Entwürfe in eine weltumspannende Wirklichkeit zu verwandeln.

Die Zeichnung vom Cyberspace als häuslicher Unterhaltung gehörte zu einer Präsentation, auf der mir die Mitarbeiter von Fujitsu im Laufe eines Nachmittags ihre Pläne erläuterten. Fujitsus Forschungsdirektoren haben eine sehr klare Vorstellung von der Zukunft der Virtuellen

Realität. Bei ATR sieht man sie ganz im Zeichen der televirtuellen Kommunikation. Die Forscher von NTT wollen eine «visuelle, intelligente und persönliche» Mensch-Computer-Schnittstelle entwickeln. In Tsukuba, Manchester und im US Naval Ocean Systems Center auf Oahu ging es um Anwendungen im Bereich der Teleoperatoren. Fujitsu dagegen möchte sich mit VR-Systemen eine Position auf dem Unterhaltungsmarkt erobern. VR als Theater und nicht nur Mikroskop, Kommunikationsmedium oder Steuersystem für Roboter. CAD, Unterhaltung und Ausbildung sind die drei Märkte, denen sich Fujitsu zuzuwenden gedenkt.

Wenn die ganze Welt eine Bühne ist, wie Shakespeare sagt, wenn dieser Welt bevorsteht, zu einem elektronischen Medienraum verkabelt zu werden, wie McLuhan prophezeit, und wenn die VR-Datennetze der Zukunft jeden einzelnen in die Lage versetzen, an jedem beliebigen Ort jede beliebige Rolle in jedem Cyberspace zu spielen, den er erschaffen oder sich leisten kann, wie manche VR-Forscher meinen, was werden die Leute dann für ihre Unterhaltung tun? Und in welcher Weise könnte das globale Unterhaltungsgeschäft das Gesicht einer künftigen VR-Gesellschaft prägen? Der Unterhaltungssektor wird zu einer ernsthaften Angelegenheit, wenn man bedenkt, daß die beiden größten Anwendergruppen der neuen Informations- und Kommunikationstechnologien in den neunziger Jahren die internationale Finanzwelt und die weltweite Unterhaltungsindustrie sein werden – Geld und Spaß als Antriebskräfte der Weltwirtschaft. Einerseits die elektronischen Manöver auf den jederzeit jedem zugänglichen Weltmärkten, die durch die Verflechtung der Datennetze zustande kommen, und andererseits die Filme, Videos, Compact Discs, sprechenden Spielzeuge, Nachrichtensendungen, Videospiele und Vergnügungsparks, die heute die Unterhaltungsindustrie ausmachen – das werden die entscheidenden Antriebskräfte der Informationstechnologien von morgen sein.

Wenn Ihnen die Vorstellung eines «NTT-VR-Telefons» merkwürdig erscheint, was halten Sie dann von «Fujitsu-Phantasy-Worlds» oder «Fujitsu-Disney-Cyberpark»? Würde es Sie überraschen, wenn die Lehrmittelindustrie der Zukunft vom MIT und – Nintendo revolutioniert würde? Obwohl die drei obengenannten Produkte bislang nur in meiner Phantasie existieren und es meines Wissens noch keinerlei Verbindung zwischen den betreffenden Unternehmen gibt, so läßt der weltweite Trend zu Partnerschaften zwischen Medienkonglomeraten und Forschungseinrichtungen ähnliche Szenarios durchaus möglich erscheinen. Der ebenso unwahrscheinlich klingenden, aber tatsächlich existierenden Partnerschaft zwischen Nintendo und Media Lab werden wir erneut auf dem Gebiet der «VR-Edutainment»* begegnen, einer sehr wichtigen Verwandten der Cyberspace-Unterhaltung.

So typisch amerikanisch Disney ist, so typisch japanisch ist Fujitsu. Ob die beiden Unternehmen sich dessen bewußt sind oder nicht, sie bewegen sich in ganz ähnliche Richtungen. Fujitsu und Disney scheinen aus verschiedenen Richtungen einen gemeinsamen Bereich im VR-Unterhaltungsgeschäft des 21. Jahrhunderts anzusteuern: häusliche Unterhaltung und Vergnügungsparks. Wenn Sie für einen Augenblick unsere moderne Technik vergessen und zurückdenken an Brot und Spiele, Kasperletheater und Rummelplätze, so ist die massenhafte Vermarktung vorfabrizierter Erlebnisse und Vergnügungen in virtuellen Räumen eine alte Tradition der vorelektronischen Unterhaltungsindustrie. Das weltweit viele Milliarden Dollar umsetzende Vergnügungsgeschäft hat so stark auf die neuen elektronischen Medien gesetzt, daß wir seine primitiven Ursprünge schon fast vergessen haben. Tatsächlich hat es sich aber aus Zirkussen, Karnevalsvergnügungen, Achterbahnen und Schaubuden zu jenen Phantasiereichen entwickelt, die man heute überall inmitten riesiger Parkplätze findet. Die Erschaffung von Phantasiewelten ist mittlerweile ein Geschäft für Supermanager wie Michael Eisner von Disney. Die Zeiten von P. T. Barnum oder Samuel Goldwyn sind vorbei. Diese und ähnliche Gedanken gingen mir durch den Kopf, als ich zum erstenmal das Matterhorn bemerkte, das zwischen ein paar Gebäuden in Anaheim hervorragte.

Nachdem ich am 7. Juni 1989, dem «VR-Tag», die erste Präsentation von Autodesk gesehen und darauf das Kongreßzentrum von Anaheim verlassen hatte – wo Timothy Leary in Realität und Virtualität vor einer ziemlich betroffenen, verwirrten, aber auch begeisterten Versammlung von CAD-Spezialisten den Beginn eines neuen psycho-anarchischen Zeitalters proklamiert hatte –, marschierte ich mit einem weiteren Mitglied aus der Schar der Cybernauten über einen Parkplatz von der Größe der Sahara hinüber zum Disneyland, um dem Vorbild aller virtuellen Unterhaltungswelten meine Reverenz zu erweisen.

---

* *Edutainment:* ein Kunstwort, gebildet aus *education* (Erziehung, Ausbildung) und *entertainment*; *Anm. d. Übers.*

Brenda Laurel, die die Entwicklung der VR-Technologie genauso interessiert verfolgt wie ich, war mit derselben Maschine von San Francisco nach Anaheim geflogen. Wie Scott Fisher, Jaron Lanier, Michael Naimark und andere Infonauten, die sich in letzter Zeit als einflußreiche Figuren in der VR-Welt profiliert haben, lernte ich auch Brenda Laurel im Atari Research Laboratory während seiner kurzen Blütezeit Anfang der achtziger Jahre kennen. Wir haben später wiederholt zusammengearbeitet und wurden Freunde. Heute befaßt sie sich intensiv mit der Entwicklung der VR-Technologie, und ich bin immer wieder bemüht, ihre Meinung kennenzulernen, weil sie zu wissen scheint, in welche Richtung sich die elektronische Unterhaltungsindustrie entwickelt, eine Richtung, die sie griffig als «Erlebnisse in der ersten Person» bezeichnet. Nach der VR-Präsentation von Autodesk beschlossen Brenda und ich, der Konferenz für ein paar Stunden den Rücken zu kehren und uns eine Erste-Person-VR-Welt der feinsten Sorte zu gönnen.

Wir konnten uns der bruchlosen Surrealität der Situation nicht entziehen: Eben noch hatten wir *head-mounted* Prototypen virtueller Realitäten aufgehabt, jetzt gingen wir durch Anaheim, das selbst ein völlig künstliches Gebilde ist, und waren auf dem Weg zur Geburtsstätte aller großräumigen VR-Umgebungen – würdiger hätten wir das Datum nicht begehen können. Wie sich später herausstellte, war Anaheim nur die erste Etappe auf meiner Cyberspace-Odyssee. Vor dem Atomic Age Motel waren Gärtner mit Motorsägen damit beschäftigt, immergrüne Büsche in botanische Mickeys und Minnies zu verwandeln. An diesem Juni-Mittag schien die Sonne mit geradezu überirdischer Heftigkeit. Anaheim im Sommer ist nichts für Geschöpfe, die sich fortbewegen, ohne mit einer Klimaanlage ausgerüstet zu sein.

Die «Star-Tours-Fahrt» im Disneyland ist die zweidimensionale Simulation einer wilden Jagd durch den Weltraum und durch verschiedene futuristische Architekturen mit schwindelerregender Geschwindigkeit. Die lange Schlange vor Star-Tours endet vor einem Gebilde, das wie ein sehr moderner U-Bahn-Wagen aussieht. Die Menschen verlassen die Kabine auf der anderen Seite. Das erhöht die Spannung, weil man sieht, wie die Leute die geheimnisvolle Kammer betreten, genau zwei Minuten später wie aus einem Munde aufschreien und dann verschwinden. Im Inneren befinden sich eine wandgroße, hochauflösende Bildwand und ein paar Dutzend bequeme Sitze mit sehr stabilen

Sicherheitsgurten. Das Ganze ist eine Disney-gerechte futuristische Nachahmung eines Raumschiffs aus dem Krieg der Sterne. Das Lautsprechersystem hat eine stupende Wirkung: Es ist sehr laut und umgibt das Publikum von allen Seiten. Der verblüffendste VR-Effekt aber ist unsichtbar und unhörbar – eine bewegliche Plattform, die den ganzen Raum mehr als einen Meter hoch in die eine oder andere Richtung kippt und dabei dem Besucher das Gefühl, er falle in die auf die Bildwand projizierten interstellaren Räume, so wirklichkeitsgetreu vermittelt, daß man draußen stehen und genau vorhersagen kann, wann der synchrone, unwillkürliche Aufschrei der Passagiere erfolgt.

Kein Zweifel, man braucht keine stereoskopischen, dreidimensionalen Animationen, um Menschen eine Simulation erschreckend echt vorzugaukeln. Eine hochauflösende Grafik auf einer großen Bildwand in einem kleinen Raum, dazu ein synchronisierter Ton, der die Betrachter von allen Seiten umgibt, und eine bewegliche Plattform reichen völlig aus, um einen erhöhten Bewußtseinszustand zu erzeugen, ähnlich dem Adrenalinrausch, der sich beim Wellenreiten, bei Wildwasser-Floßfahrten, Autorennen oder beim Skifahren einstellt. Star-Tours ist eine Achterbahn ohne echte Todesangst – die zwar unwahrscheinliche, aber doch stets bestehende Möglichkeit, daß ein Wagen infolge eines mechanischen Defektes ins Leere schießt. Obwohl Brenda und ich wußten, daß der echte Raum nur um einen knappen Meter kippt und schlingert, rief die absolute Synchronizität der Bewegung und die verblüffende Illusion, aus dem Sichtfenster eines Raumfahrzeuges zu blicken, auch bei uns unwillkürliche Aufschreie und ebenso unwillkürliche Adrenalinreaktionen hervor. Dabei handelte es sich jedoch um eine Erfahrung, die keinen Ansatz von Interaktivität aufwies. Wir nahmen lediglich an einer Fahrt teil. Ich weiß nicht, ob mein strapaziertes Herz mit der zusätzlichen Belastung fertiggeworden wäre, wenn ich das Raumschiff selbst durch all die Fährnisse hätte steuern müssen, die das programmierte Abenteuer uns präsentierte. Später wurde mir klar, daß das Erlebnis ein unmittelbarer Test für eine von Brendas Lieblingshypothesen über die Architektur von virtuellen Realitäten war: *Mimesis* – der Begriff, mit dem Aristoteles die emotionale Reaktion bezeichnete, auf der die bewegende Wirkung der Tragödie beruht – ist der Grund dafür, daß unser Magen einen Satz macht, wenn das kleine Raumfahrzeug aus der Schleuse des Mutterschiffes «fällt». Jaron Lanier würde behaupten, unsere kognitiven Systeme versuchten, die Lükken zwischen der Simulation und der Wirklichkeit zu füllen. Brenda Laurel dagegen vertritt die Auffassung, unser Herz, unsere Hormone, unsere Instinktsysteme würden in den Dienst eines gutgemachten Dramas gestellt.

Noch betäubt von diesem Erlebnis, mußten wir eine kurze surreale Strecke durch das magische Reich aus eigener Kraft zurücklegen, um uns der Schlange vor «Captain Eo» anschließen zu können. «Captain Eo» findet in einem Vorführraum statt, der einige hundert Zuschauer faßt. Disneyland in Anaheim und Tokio und Disneyworld in Orlando sind die einzigen Orte auf der Welt, wo man diesen fünfzehnminütigen Film der großen Namen und des großen finanziellen Aufwandes sehen kann. Lucasfilm, Francis Coppola, die Zeichentrickspezialisten aus der Disney-Phantasiefabrik und Michael Jackson haben sich zusammengefunden, um einen dreidimensionalen Videoclip zu produzieren, der den neuesten Stand der Technik verkörpert und dem Zuschauer die Illusion vermittelt, er könne die Hand ausstrecken und die ulkigen kleinen Geschöpfe ergreifen, die fünfunddreißig Zentimeter vor seinem Gesicht tanzen. Wegwerfbrillen aus Pappe – ähnlich den Rotgrün-Brillen, die man bei den ersten 3D-Filmen bekam – werden am Eingang verteilt.

Ein paar Minuten bevor wir den Zuschauersaal betraten, waren wir im halbprivaten «Vorführraum» von Autodesk gewesen, wo einer ausgewählten Schar von Insidern ein zehnminütiger Flug durch den Cyberspace gewährt wurde. Stundenlang hatten wir beobachtet, wie die Leute in den Vorführraum kamen, den DataGlove und den «Gesichtschlucker» anlegten und durch eine computergenerierte Büroeinrichtung flogen, indem sie mit den Fingern zeigten und den Kopf drehten. Wenn sie wieder auftauchten, hatten sie alle den gleichen ekstatisch-geistesabwesenden Ausdruck in den Augen. Timothy Leary stand in einer Ecke, hob die Augenbrauen und grinste jedesmal, wenn ein Ingenieur, Architekt oder Geschäftsmann das HMD abnahm und der erste Anblick in der wirklichen Welt Timothy Leary war.

Nach diesen Erfahrungen mit einem VR-Schlüsselerlebnis waren Brenda Laurel und ich reif für jene Gemütsverfassung, die das unmittelbare Zusammentreffen mit dem Disney-Cyberspace hervorruft. Wenn man sich vorstellt, daß man «Star-Tours» und «Captain Eo» zu einem dreidimensionalen Cyberspace-Unterhaltungsgerät mit beweglicher Plattform integriert, so gelangt man direkt zum Konzept eines «VR-Disneyland». Allerdings müßten an einem Ort, wo der finanzielle Rahmen von dem Prinzip bestimmt wird, die Besucher möglichst schnell durch eine Reihe simulierter Erlebnisse zu schleusen, die HMDs sehr leicht, sehr strapazierfähig und sehr preiswert sein. Die Reaktionen auf virtuelle Realitäten, die nur mit großem finanziellem und architektonischem Aufwand erzeugt werden können – durch riesige hochauflösende Bildwände, kompakte Tonsysteme und bewegliche Plattformen –, gehören offenbar einer anderen Kategorie an als der Versuch, aus den derzeitigen Fernsehgeräten, Videospielen und Fernsprechleitungen die VR-Datennetze der Zukunft zu entwickeln. Zwischen öffentlichen VR-Räumen und persönlichen VR-Räumen, wie sie Myron Krueger, Randal Walser und andere vorgedacht haben, könnte eine Grenze verlaufen, die eines Tages möglicherweise zwei völlig verschiedene VR-Ansätze voneinander trennt.

Der Markt für persönliche Unterhaltungselektronik – von Videospielen bis zu Videorekordern, von Walk- und Watchman bis zu Heim-Videokameras – wird von japanischen Gesellschaften beherrscht. Als ich erfuhr, daß Fujitsu VR-Forschung betreibt und finanziert, rief ich Yasunori Kanda an, den Chefingenieur der Forschungs- und Entwicklungsabteilung von Fujitsu, der auf der Hypernetz-Konferenz, die ich ein paar Tage zuvor mit meiner Rede eröffnet hatte, ebenfalls gesprochen hatte, und traf eine Verabredung zu einem Besuch der Forschungslabors, die etwa eine Autostunde von Tokio entfernt liegen.

Fujitsu ist ein vertikales Unternehmen des Info-Zeitalters, das von Mikroschaltkreisen bis hin zu Nachrichtensatelliten alles herstellt. Es bietet Produkte und Dienstleistungen im Bereich der Informationsverarbeitung, der Telekommunikation und der Elektronikgeräte an. 1988 hatte das Unternehmen einen Umsatz von 15,2 Milliarden Dollar. Ein hübsches Sümmchen. Der Chefingenieur der Forschungs- und Entwicklungsabteilung berichtete mir gleich zu Anfang unserer Unterhaltung, Japan sei das einzige Land, in dem IBM nicht den größten Marktanteil habe. Es gibt zwei Fujitsus. Die Einrichtung, die ich besuchte, eines von zwei großen Forschungs- und Entwicklungslabors, befand sich in Kawasaki, einer Vorstadt von Tokio und Yokohama. Anders als bei ATR oder NTT liegt diese Zukunftsfabrik nicht in hügeliger Landschaft oder einer der neuen Wissenschaftsstädte, sondern in einem Stadtviertel, das von Leichtindustrie und Wohngebieten geprägt ist.

Fujitsu-Mikroschaltkreise, die mit Hilfe der Miniaturisierungstech-

nik von Fujitsu hergestellt werden, sind Bestandteil der Fujitsu-Super-
computer, die über Fujitsu-Datennetze mit den häuslichen Fujitsu-
Multimedia-Systemen verbunden sind. Dabei handelt es sich um PCs
von Fujitsu, die durch Video- und Tonsysteme ergänzt werden. Würde
man die amerikanischen Unternehmen Intel (Mikrochips), DEC (Computer) und eines der Bell-Unternehmen (Telekommunikation) zusammenfassen, so müßte man noch Hughes Aerospace hinzufügen, um die
techno-industrielle Bandbreite von Fujitsu zu erzielen.

Ich hatte den Eindruck, daß das Fujitsu-Labor in Kawasaki etwa
anderthalbmal so groß wie PARC war: ein moderner Bau, sechs
Stockwerke hoch, nüchtern und weiß, ebeno neu wie ATR. Dem For-
schungs- und Entwicklungslabor ist eine Fertigungsabteilung angeglie-
dert, die etwa halb so groß ist und die Teile für die Experimentalsysteme
der verschiedenen Forschungsabteilungen herstellt. Die Produktions-
stätten des Unternehmens befinden sich woanders. Dr. Kanda, der
Chefingenieur der Entwicklungsabteilung von Fujitsu, wird in ganz Japan verehrt, weil er das schwierigste Hindernis auf dem Weg Japans ins
digitale Zeitalter ausgeräumt hat: Er hat ein Textverarbeitungssystem
erfunden, das Dateien in Kandschi erstellen kann – den japanischen
Schriftzeichen, die man aus dem Chinesischen übernommen hat –,
ohne dazu viertausend Tasten zu benötigen. Man darf nicht unter-
schätzen, welche Bedeutung es für dieses Land hat, daß eine Möglichkeit gefunden wurde, die alte Sprache mit einer modernen Tastatur
zu verwenden. Diese Software war eine wichtige Brücke zwischen den
Methoden japanischer Verständigung und modernen Computerschnittstellen.

Wie Dr. Kanda erklärte, haben die von den chinesischen Schriftzeichen abgeleiteten Kandschi neben den abstrakten Bedeutungsebenen,
die hinzugekommen sind, immer noch eine bildhafte Bedeutung. Ein
Schriftzeichen steht für ein bestimmtes Phonem, und dies kann Teil des
Wortes Computer oder Kommode sein, doch die visuelle Darstellung
des Schriftzeichens kann noch immer eine ferne bildhafte Erinnerung
an einen Felsen oder einen Menschen enthalten. Auf der ikonischen
Ebene ist das englische Alphabet bedeutungslos. Das heißt, japanische
und englische Leser benutzen unterschiedliche Teile ihres Gehirns,
wenn sie einen Text lesen. Zum Lesen japanischer Schriftzeichen ist ein
höheres Maß an visuellem Denken erforderlich als zur Aufnahme englischer Buchstaben, die neben ihrer eindeutigen symbolischen Ver-

schlüsselung keinerlei Bedeutungsebenen aufweisen. Mir leuchtete ein, daß dies ein Grund für den Stellenwert sein könnte, den die visuelle Kommunikation bei ATR und NTT hat.

Verglichen mit den Prototypen, die ich in anderen japanischen Einrichtungen getestet, und mit den im Bau befindlichen Laboratorien, die ich in den Vereinigten Staaten besucht hatte, war der interessanteste Aspekt an der VR-Forschung von Fujitsu im März 1990 nicht das, was sie mir zeigen konnten, nicht die Ausrüstung, die sie zusammengetragen hatten, sondern das, was sie planten, und die Art, wie sie es planten. Soweit ich weiß, sind die VR-Projekte bei AT&T, IBM und DEC noch immer relativ begrenzte Bemühungen, betrieben von ein paar Enthusiasten in einigen abgelegenen Labors, obschon das DEC-Projekt im Augenblick an Bedeutung zu gewinnen scheint. An der UNC und bei der NASA wird hervorragende Arbeit geleistet, doch die amerikanische Regierung nimmt kaum Notiz davon. Bei ATR, NTT, MITI und Fujitsu gehört die VR-Forschung jedoch zu den Plänen, die die japanische Industrie auf höchster Ebene für die Zukunft der Computerschnittstellen, der Telekommunikationsmedien und der Unterhaltungsindustrie hegt. Der entscheidende Unterschied zwischen der VR in Japan und in den Vereinigten Staaten liegt, soweit ich das sehen kann, darin, daß die VR ein wichtiger Bestandteil der japanischen Industriepolitik ist, während es in den Vereinigten Staaten überhaupt keine Industriepolitik gibt.

Ein Entwicklungsgebiet, das auf den ersten Blick wenig mit VR zu tun zu haben schien, war das Projekt «Neuro-Schlagzeuger», das mit Hilfe neuronaler Netze einen künstlichen «Partner» für einen menschlichen Schlagzeuger herzustellen sucht. Als spätere Präsentationen zeigten, wie neurale Netze als Grundlage von «Weltmodellen» und «Anwendermodellen» für geplante VR-Unterhaltungssysteme von Fujitsu dienen, wurde mir die unmittelbare Beziehung zwischen Neuro-Schlagzeugern und VR-Phantasiesystemen klar. Ein neuronales Netz ist eine Art Computerprogramm, das seine Fertigkeiten bei der Lösung einer bestimmten Aufgabe dadurch vervollkommnet, daß es in einer Reihe von Versuchen die eigene Leistung an spezifisch menschlichen Kriterien überprüft und auf diese Weise durch Versuch und Irrtum «lernt», die Aufgabe zu lösen – wobei der Lernprozeß begrenzt, aber sehr effektiv ist.

Die Software der neuronalen Netze ist eine weitere Technik, die ursprünglich ein Nebenprodukt der KI-Forschung war, heute aber von großem Nutzen für die Entwicklung persönlicher VR-Systeme zu sein scheint. Diese Programme arbeiten nicht wie «regelorientierte» KI-Systeme, in denen regelähnliche Informationsblöcke («Türme ziehen in gerader Linie», «Zwei plus zwei gleich vier») menschliche Denkprozesse simulieren. Sie sind vielmehr so organisiert, daß sie sich selbst modifizieren. Auf ähnliche Weise verarbeiten einige «neuronale Netze» im menschlichen Gehirn ihre Informationen. Neuronale Netze in Gehirnen und Computern sind nicht von Haus aus mit bestimmten Regeln ausgestattet, sondern mit einer Struktur gewichteter Beziehungen zwischen Input- und Output-Variablen. Nach einer Reihe von Eingaben läßt sich die Gewichtung der Beziehungen entsprechend verändern. Auf diese Weise kann das System «lernen», eine menschliche Stimme nachzuahmen oder mathematische Aufgaben zu lösen. Neuronale Netze werden in bestimmter Weise «trainiert», Rechenoperationen auszuführen, die für normale Computerprogramme häufig schwierig oder unlösbar sind. Das gilt in besonderem Maße für Mustererkennung und andere Versuche, die Wahrnehmungs- und Erkenntnisfähigkeiten des Menschen nachzuahmen.

Die Leute von Fujitsu hatten ihre Gründe, mir ein neuronales Netz zu zeigen, obwohl sie doch wußten, daß ich mich für VR interessierte. Die «reaktionsfähigen Umgebungen», die Myron Krueger vor zwanzig Jahren als einer der Pioniere auf diesem Gebiet entwickelte, die Phantasien für alle Sinneserfahrungen des Menschen, die Aldous Huxley prophezeite und Morton Heilig patentieren ließ, die «Wissensagenten», an denen Negropontes Kollegen seit zehn Jahren im Media Lab von MIT arbeiten, und die «visuellen, intelligenten und persönlichen» Schnittstellen, die gegenwärtig bei NTT konstruiert werden – sie alle lassen darauf schließen, daß die persönlichen Informationssysteme der Zukunft sehr genau auf die besonderen Wahrnehmungs-, Intelligenz- und Körpermerkmale des einzelnen Anwenders abgestimmt sein werden. Möglicherweise wird der Cyberspace nicht nur ein leerer Raum sein, sondern lernen können, was Sie von ihm brauchen und welche Art der Kommunikation Ihnen am liebsten ist. Um Computern die Möglichkeit zu geben, mit uns zu kommunizieren, statten manche Entwicklungsingenieure von Anwender-Schnittstellen Computersysteme mit kleinen «Persönlichkeitsblöcken» aus, die unsere Eigenarten und Vorlieben in begrenzten, aber wichtigen Bereichen erkennen können. Das ist ein weiterer wichtiger Schnittpunkt: Die künstlichen Persönlichkeiten, die Schnittstellen-Konstrukteure als «Wissensagenten» der Anwender planen, und die künstlichen Persönlichkeiten, die Anbieter von Unterhaltungselektronik für ihre VR-Phantasien entwickeln wollen, treffen sich auf dem allgemeinen Gebiet der reaktionsfähigen Umgebungen.

Statt den Versuch zu unternehmen, eine Anwender-Schnittstelle zu entwickeln, die sich universell nutzen läßt – vielleicht eine unlösbare Aufgabe –, sollte man sich wohl lieber mit dem Gedanken befassen, Schnittstellen zu bauen, die lernen können, sich der Denkweise und den Vorlieben des einzelnen Anwenders anzupassen. Dank der Fortschritte im Bereich der weiterführenden Technologien scheinen sich jetzt auch andere Aspekte jener frühen Entwürfe verwirklichen zu lassen. So ist es nicht überraschend, daß alte Träume zu neuem Leben erwachen. Die «Erlebnisse in der ersten Person», die Brenda Laurel und ihre Infonautenkollegen bei Atari Anfang der achtziger Jahre bauen wollten, waren ursprünglich als dreidimensionale Animationswelten mit künstlichen Personen geplant, die auf jeden menschlichen Anwender ganz individuell wie improvisierende Schauspieler reagieren sollten. Damals spielten neuronale Netze noch keine Rolle. Doch heute, da dies der Fall ist, wird deutlich, daß ausgeprägt persönliche Schnittstellen ein System voraussetzen, das durch Versuch und Anpassung intuitiv lernen kann, und zwar auf die gleiche Weise, wie nach neuestem Erkenntnisstand neurale Netze ihre erstaunlichen Leistungen vollbringen.

Musik ist eine Mischung aus mathematischen Beziehungen und ästhetischen Gesichtspunkten, Vorhersagbarkeit und Intuition und deshalb ein sehr geeignetes Instrument, um die Wechselbeziehung zwischen Mensch und Computer zu untersuchen. Zwar lassen sich Töne leicht synthetisch erzeugen und Tonfolgen sehr genau aufzeichnen, doch haben Computer große Schwierigkeiten mit den verschwommenen Geschmacksurteilen, mit denen Menschen auf Harmonie und Rhythmus reagieren. Die Forscher von Fujitsu möchten herausfinden, ob Computer lernen können, ästhetische Partner zu sein: Kann ein menschlicher Musiker ein ansprechendes improvisiertes Duett mit einem Computer spielen? Fujitsu orientiert sich an längst bekannten Ideen, nimmt die Technologien der nächsten Generationen hinzu und hofft so, die Träume der Cyber-Propheten von gestern Wirklichkeit werden zu lassen. Myron Kruegers Arbeit ist von grundsätzlicher Bedeutung, aber seine Experimente beruhten auf viel früheren Computergenerationen. Im Media Lab und in anderen Instituten ist die musikalische Partnerschaft ein Gegenstand ständiger Forschungsarbeit.

Fujitsus Neuro-Schlagzeuger ist ein synthetischer Partner, der mit Hilfe neuraler Netzwerk-Software Anweisungen von einem menschlichen Schlagzeuger entgegennimmt. Der Input ist ein Rhythmusmuster, das dieser menschliche Schlagzeuger spielt. Der Output ist ein Rhythmusmuster, mit dem der Neuro-Schlagzeuger antwortet. Der menschliche Schlagzeuger kann die Gewichtung des Netzes modifizieren, indem er eine Auswahl unter den vom Computer angebotenen Ausgaben trifft. Der Schlagzeuger gibt ein Motiv vor, der Computer antwortet mit einem anderen Motiv, der Schlagzeuger nimmt das Motiv des Computers auf und spielt es so, wie er es persönlich getan hätte. Dann spielt der menschliche Schlagzeuger ein anderes Motiv, und der Neuro-Schlagzeuger versucht eine Antwort, die sich an dem orientiert, was er bis dahin «gelernt» hat.

Als ich dem Neuro-Schlagzeuger zuhörte, wie er einen, fünf, zwanzig und vierzig seiner Lernversuche durchspielte, hatte ich den Eindruck, mitzuerleben, wie ein Baby in zehn Minuten sprechen lernt. Der Neuro-Schlagzeuger ist ein gelehriger Schüler. Die rhythmischen Vorlieben eines individuellen Menschen stellten eine Sprache dar, die dieser Silizium-Novize sprechen lernte. Die Maschine und der Mensch unterhielten sich, und anhand dieser Unterhaltung begann die Maschine, sich nach der Geistesverfassung des Menschen umzugestalten. Wenn sich ein anderer menschlicher Schlagzeuger einen maschinellen Partner erschaffen wollte, müßte er ein neues Netz trainieren.

Der Neuro-Schlagzeuger ist Teil eines Produktes, das Fujitsu kürzlich auf den Markt gebracht hat. Es hat in japanischen und amerikanischen Multimedia-Kreisen großes Aufsehen erregt: Die «fmTOWNS»-Maschine ist ein PC mit den modernsten und leistungsfähigsten Prozessoren, speziellen Ton- und Videochips und einem eingebauten Laufwerk für Bildplatten, mit dem sich ganze Enzyklopädien und Videotheken einlesen lassen. Offenbar ist fmTOWNS der Grundbaustein der persönlichen, interaktiven Phantasiesysteme, die Fujitsu zu bauen beabsichtigt – der erste Teil eines komplexeren, leistungsfähigen Systems, das sich noch in der Entwicklung befindet.

Sehr aufmerksam wurde ich, als ein weiterer Technokrat in dreiteili-

gem Anzug an den Overhead-Projektor trat und eine Folie mit zwei
Zitaten auflegte, beide bekannt, aber sehr überraschend in ihrer Ge-
genüberstellung. Im üblichen Stil der Macintosh-Grafik stand da zu
lesen:

> Der Bildschirm ist ein Fenster, durch das man eine virtuelle Welt
> sieht. Wir müssen nun dafür sorgen, daß die Welt real aussieht, real
> agiert, real klingt und sich real anfühlt. [Sutherland, '65]

> See me, feel me, touch me, heal me. [The Who, '69]

Das ließ mich aufmerken. Mr. Murakami schien das gleiche zu denken,
was mir nach den ersten Gesprächen mit VR-Enthusiasten durch den
Kopf gegangen war. Nur bin ich ein Autor, und Mr. Murakami ist ein
leitender Forschungsdirektor bei Fujitsu. Mr. Murakami behauptete,
es sei jetzt möglich, mit der Schaffung jener Zauberfenster zu beginnen,
die Ivan Sutherland beschrieben hat, und jenes Massen-Unterhaltungs-
medium aus der Taufe zu heben, von dem The Who gesungen haben.
Aldous Huxley wurde zwar nicht erwähnt, aber zweifellos bedeutete
Mr. Murakamis Erklärung auch, daß jetzt das Zeitalter der «Feelies»
anbrach. Im Hinblick auf die weiterführenden Technologien teilte ich
seine Meinung, daß der Zeitpunkt gekommen sei, mit den Forschungs-
und Entwicklungsarbeiten zu beginnen, die in zwanzig Jahren möglicherweise zu virtuellen Erlebnissen unter Beteiligung aller Sinneserfahrungen führen werden. Der Unterschied zwischen Dr. Murakami
und den einstigen Arbeiten im Atari Research Laboratory war der Umstand, daß das Mutterunternehmen Atari aus dem Nichts entstanden
war und daß der Gründer und Inhaber es an Warners verkauft hatte,
einen Giganten in der Unterhaltungsindustrie, dessen Manager von
den plötzlich fließenden Gewinnen in der Videospielbranche beeindruckt waren (Pac-Man brachte in einem Jahr mehr ein als Hollywood
und Las Vegas zusammen), aber auf dem Gebiet der technologischen
Forschung und Entwicklung keine Erfahrung besaßen. Fujitsu dagegen
ist schon lange in diesem Geschäft, und wenn man dort entscheidet, auf
einen bestimmten Forschungsbereich zu setzen, dann bleibt man in der
Regel auch die fünf, zehn oder zwanzig Jahre, die die Entwicklungsarbeit braucht, bei dieser Entscheidung. Wer zweifelt, möge sich bei IBM
nach Fujitsu und dem Markt für Supercomputer erkundigen.

Bei Fujitsu geht man von drei VR-Ebenen aus: der *Geräte*-Ebene, der *System*-Ebene und der Ebene von *Kunst und Anwendung*. Auf der Geräte-Ebene sind Datenhandschuhe, HMDs, Datenanzüge und andere Input-Apparate angesiedelt. Wenn es in Zukunft gelingt, marktfähige Augen-Tracking- und handschuhlose Technologien zur Bewegungserfassung zu entwickeln, werden sie dieser Kategorie zuzurechnen sein. Die Hardware-Systeme, die den Menschen und den Computer verbinden, werden gesteuert und vermittelt durch ein Software-System, das nach dem Modell von Fujitsu Computergrafik, Sprach- und Bewegungserfassung, Weltmodellierung und Anwendermodellierung umfaßt. Die höchste Ebene besteht in der Anwendung eines solchen Systems auf die Steuerung von Telerobotern, auf Kommunikationssysteme und auf die Ausbildung von Menschen in verschiedenen Fertigkeiten. Die andere Hälfte der höchsten Ebene ist der «künstlerische» Bereich. Künstliche Dramen in der ersten Person – Fernsehserien und Action-Filme, in die sich der Anwender hineinbegeben und an denen er teilnehmen kann – scheinen der wichtigste Aspekt von Fujitsus Forschung in diesem Bereich zu sein.

Man glaubt bei Fujitsu, es sei durchaus der Mühe wert, sich mit VR-Kunst zu beschäftigen. Die drei Anwendungsgebiete, auf die sich die Firma konzentriert, sind Unterhaltung (auf dem Schaubild hieß dies «computergestützte Geräte für viel Spaß [sic!]»), CAD und Ausbildung. Auf jedem dieser Gebiete sind menschliche Aspekte entscheidend beteiligt, auf die sich Fujitsu jetzt konzentriert, in seinen eigenen Labors ebenso wie in den Forschungsarbeiten, die es an der Carnegie-Mallon University in Pittsburgh und andernorts fördert. Das VR-System ist als ausbaufähige Sammlung von ineinandergreifenden Elementen konzipiert, die sich aus der Konvergenz verschiedener Forschungsansätze ergeben werden. EyePhone, DataGlove und fmTOWNS bilden die Teile des gegenwärtigen Entwicklungssystems, die der Anwender sieht, gewissermaßen die «Vorderseite». Zum «Hintergrund», den leistungsfähigen Rechnern und Programmen, die hinter den Kulissen arbeiten, um die Wirklichkeitsebene der virtuellen Welt aufrechtzuerhalten, gehören eine «PixelMachine», ein Grafik-Supercomputer, der für rasche 3D-Modelle optimiert ist, eine Sun-Workstation, ein neuronales Netz, an das der DataGlove angeschlossen ist und dem die Erfassung von Bewegungen beigebracht werden kann, ein Echtzeit-Rendering-System und ein System zur Weltmodellierung. Der Anwender legt den Handschuh an und wiederholt bestimmte Schlüsselbewegungen, bis sie die neuronal vernetzte Schnittstelle mit bestimmten Befehlen verknüpft. Wenn Sie sich lieber in die Nase zwicken möchten, als mit dem Finger ein Signal zu geben, um zu fliegen, kann man der Schnittstelle beibringen, darauf zu reagieren.

Der fmTOWNS-Rechner scheint das persönliche Tor zu weit größeren virtuellen Welten zu bilden, deren Software und Dienstleistungspotentiale Fujitsu in Zukunft zu entwickeln gedenkt. Vor allem im System-Hintergrund ergeben sich einige wichtige treibende Probleme. Die Pixel-Maschine sorgt für eine Echtzeit-Wiedergabe. Doch die Einzelheiten im Erscheinungsbild und Verhalten der virtuellen Welt werden durch ein weltmodellierendes System vermittelt, das über einen «Neuro-Simulator» ebenfalls mit dem Anwender verbunden ist. Zum Weltmodell der Zukunft wird das heutige Standardmodell der virtuellen Umgebung und der in ihr enthaltenen unbelebten Gegenstände gehören. Das Modell für die künstlichen Personen in der virtuellen Welt wird aus regelorientierten und neural vernetzten Verhaltensmodellen bestehen. Zum Hintergrund wird auch ein System gehören, das man «Szenario-Steuerung» nennt. Mit anderen Worten, die Leute von Fujitsu wollen eine Welt entwickeln, in der man umhergehen kann, die angemessen auf einen reagiert und in der man eine bestimmte narrative Struktur erleben kann.

Zu den Projekten, mit denen Fujitsu nach Murakamis Darstellung den Teenager-Markt des nächsten Jahrhunderts weltweit zu erobern plant, gehört auch die comicartige Skizze des jungen Mannes, den ich zu Beginn dieses Kapitels beschrieben habe. Dieser hypothetische Konsument künftiger VR-Unterhaltung mochte etwa zwölf Jahre alt sein, trug ein futuristisches HMD und ein Paar ebenso futuristischer Datenhandschuhe. Diese VR-Accessoires waren mit einem vertraut aussehenden Fernsehapparat verbunden, bei dem unter dem Bildschirm zwei schwarze Kästen angebracht waren. Eine Denkblase über dem Kopf des jungen Mannes zeigte ihn in einer unwirtlichen Urlandschaft. Dem in eine Rüstung gewandeten Helden näherte sich Godzilla mit drohenden Lauten und Gebärden. In seinen Händen hielt der Anwender-Spieler-Darsteller-Held des Dramas ein funkelndes Schwert. Voraussichtlich wird das Godzilla-Modul des Weltmodells bluten und sterben können, wenn es an der richtigen Stelle getroffen wird, und Feuer speien, wenn sich das Darsteller-Modell eine Blöße gibt. Wahrschein-

lich wird das Szenario-Modul lernen können, daß dieser Anwender
mehr Godzillas zum Bekämpfen als Jungfrauen zum Erretten haben
oder daß er lieber den Weltraum erforschen möchte, als mythische Vi-
deo-Geschöpfe zu erschlagen. Möglicherweise läßt sich diese Welt
durch ein zusätzliches Nintendo-Bildungsmodul in ein geometrisches
Puzzle oder eine historische Simulation mit Bildungsgehalt verwandeln, den sich der Anwender im Zuge seiner virtuellen Forschungsrei-
sen aneignet.

Der Versuch, die «Persönlichkeiten» künstlicher Akteure im Cyberspace zu entwerfen, findet an der Carnegie-Mallon University (CMU)
statt, die seit langem eine Hochburg der KI- und Robotikforschung ist.
Verantwortlicher Leiter des Programms ist Joseph Bates, der sich dabei
weitgehend auf Brenda Laurels Ideen und seine eigenen früheren KI-
Arbeiten stützt. Brenda Laurel ist an dem Projekt beteiligt. Bates kann
Strukturen der Wissensdarstellung in LIPS konstruieren, und Laurel
kennt die Regeln der dramatischen Interaktion. Das CMU-Projekt
heißt «OZ-Projekt». Finanziert wird es vor allem von Fujitsus For-
schungs- und Entwicklungsabteilung. Ich stand in elektronischem
Briefwechsel mit Bates, was dem gegenwärtigen Entwicklungsstand
des Projektes durchaus angemessen ist, denn es läßt sich derzeit nur als
Text auf einem Bildschirm demonstrieren. Während andere Forscher
wie Zeltzer am MIT inhaltliche Fragen außer acht lassen und sich ganz
auf die Gestalt virtueller Personen konzentrieren, verwendet Bates
einen ausschließlich text- und inhaltsorientierten Prototyp. Dabei
gehen Bates, Laurel und ihre CMU-Kollegen davon aus, daß sich die
«Intelligenz» des von ihnen entwickelten Systems eines Tages mit ani-
mierten 3D-Akteuren verbinden läßt. Wie diese Akteure handeln und
reagieren können, läßt sich im Text leicht darstellen und testen. Jeder,
der einmal ein rein textorientiertes Adventure-Game gespielt hat, kann
bestätigen, daß sich ein hohes Maß an Mimesis durch die Interaktion
mit einer gut konstruierten Geschichte hervorrufen läßt, selbst wenn
sie nur in Form von Wörtern auf einem Bildschirm vorliegt.

Tatsächlich scheint schon eine Art textorientiertes Cyberspace-Phä-
nomen das gesamte Internet erobert zu haben. Da die Internet-Knoten
durch Leitungen mit sehr hoher Datenübertragungsrate verbunden
sind, stehen den Anwendern, die über die richtigen Paßwörter verfügen, Tausende von Computern in der ganzen Welt zur Verfügung.
Wenn ich die Erlaubnis habe, mit Hilfe eines Computers in Oslo ein

kleines Weltmodell zu konstruieren, kann ich mich auf einem Internet-Knoten in Kalifornien einloggen, über meine Tastatur das geeignete Zauberwort eingeben und die etwas unheimliche Gewißheit haben, daß eine Lampe auf einem Computer in Schweden blinkt, wo mein Befehl einen Disketten-Zugriff ausgelöst hat. Da bestimmte Bereiche des Computerspeichers für eine Art dreidimensionales Puzzle reserviert werden können, voller Räume, Schätze, Kobolde und Schwerter, konstruieren Computeranwender Adventure-Games im Inneren ihrer geliebten Maschinen. Im Zeitalter des Internet sind die neuesten VR-Abenteuerspielplätze die sogenannten MUDs. MUD steht für «multiuser dimension». Ein Spieler loggt sich über Paketvermittlung auf einen Computer ein und erreicht von diesem aus mit Hilfe der richtigen technischen Voraussetzungen und Paßwörter einen Computer, der eine MUD enthält.

Wenn man eine MUD erreicht hat, muß man sich zunächst eine Verkörperung, eine Person erschaffen. Gewöhnlich wird man in einer Begrüßungsnachricht darüber unterrichtet, wie das zu geschehen hat. Es gibt Gastrollen für diejenigen, die durch das Datennetz streifen und sich hier und da MUDs ansehen. Es gibt öffentliche MUDs, die jedem zugänglich sind, der ein Modem hat und das Paßwort kennt, und es gibt sehr private MUDs, bei denen der Zauberer entscheiden muß, wer Zutritt hat und wer nicht. Man kann ausführliche Beschreibungen bekommen, die die Sitten und Regeln, Mächte und Ordnungen, Topographien und Mythologien der verschiedenen MUDs erklären. Viele MUDs entstehen in Eigenkonstruktion. Die Neulinge lernen allmählich, wie sie die Fähigkeit erwerben können, neue Räume in die MUD zu bauen. «Zauberer», manchmal auch «Flickschuster» genannt, sind die Verwalter des Systems, die die den MUDs zugrundeliegenden Programme kontrollieren. «Robots», häufig als «Bots» bezeichnet, sind Hilfsprogramme, die bestimmte Funktionen für eine MUD übernehmen. MUDs werden in Newsgroups, Mailgroups, Zeitschriften und auf Tagungen diskutiert. Wenn es eines Tages möglich sein wird, mit Hilfe von Datenbrillen, Datenhandschuhen und Kommunikationsprotokollen direkt in eine grafische MUD hineinzuspringen, wird es eine Population von Tausenden höchst bewanderter Architekten-Spieler geben. Während Anwender, die Rechenzeit zur Verfügung haben, im Internet ihre Cyberspaces ganz pragmatisch konstruieren und Forscher an der CMU und am Media Lab nach Möglichkeiten suchen, mit künstlichen Personen zu interagieren, scheint Fujitsu abzuwarten, bis Forschungsergebnisse vorliegen, die sich wirtschaftlich nutzen lassen.

Fujitsu selbst verfügt über «Habitat», eine Art MUD, in der die Teilnehmer Comic-Darstellungen ihrer selbst über Textbefehle in Echtzeit steuern und miteinander interagieren. Es scheint klar, daß man bei Fujitsu vorhat, die Telekommunikations-, Immersions- und Spieltechnologien eines schönen Tages zu vereinigen. Gegenwärtig werden in Kawasaki die Hardware- und Software-Prototypen für einen phantasieorientierten Cyberspace zu einem Prüfstand für die verschiedenen Teile des künstlichen Wirklichkeitssystems zusammengefügt. Dabei geht man offenbar von der Voraussetzung aus, daß die Hardware- und Software-Systeme, sobald sie funktionieren, in der Lage sein werden, die Erkenntnisse zu integrieren, die Bates, Laurel und andere in ihren Arbeiten zur computerorientierten Dramentheorie gewonnen haben. Ein brauchbarer Test für diese Dramentheorien wäre der Versuch, die dramatische Infrastruktur einer computergestützten Phantasiewelt im Eigenbauverfahren zu konstruieren. An der CMU sind einfache Systeme bereits in der Erprobungsphase, während man dabei ist, immer intelligentere Generationen zu entwickeln. Es wird Monate dauern, bis man Prototypen hat, Jahre, bis man entdeckt hat, wie man sie zum Funktionieren bringt, und noch mehr Jahre, um sie mit den Input- und Output-Geräten zusammenzuschließen. Bedenkt man, wie lange es gedauert hat, bis man ein brauchbares 3D-Kino entwickelt hatte, dann gehört das Konzept von 3D-Filmen, die in Echtzeit auf die Handlungen des Anwenders reagieren, nicht in die Kategorie der Dinge, mit denen wir noch in diesem oder im nächsten Jahr rechnen können. Wenn wir uns alle in sieben, siebzehn oder siebenundzwanzig Jahren im Land von Cyber-Oz treffen, werden wir wissen, ob es Fujitsu, Disney oder einem völlig neuen Unternehmen gelungen ist, die interaktiven Phantasien im Cyberspace zu verwirklichen. Doch dann wird es keine Rolle mehr spielen, weil wir dann schon alle in anderen Welten weilen werden, verschlungen von einer Mischung aus Mimesis und Mesmerismus.

Vielleicht müssen wir darüber nachdenken, wohin das alles führt, bevor wir feststellen, daß uns der wirtschaftliche Eigenimpuls der neuen Technologie längst mit sich fortgerissen hat, so wie wir von der Lawine des privaten Kabelfernsehens überrollt worden sind.

Die Zukunft der VR-Arbeiten in Japan – von Tele-Mikrorobotern bis zu Aristoteles auf Chips – wird möglicherweise tiefgreifende Auswirkungen auf die Entwicklung der VR-Industrie in aller Welt haben. Wenn VR-Geräte und VR-Datennetze eines Tages in großem Maßstab zur Verfügung stehen, könnte der Cyberspace mehr sein als nur ein neues Spielzeug für diejenigen, die sich die jeweils modernsten High-Tech-Errungenschaften leisten können. Doch der Rest der Welt täte gut daran, den japanischen Anbietern von virtuellen Konsumrealitäten die gleichen Fragen zu stellen, die ich ihnen vorgelegt habe: Wird die Virtuelle Realität das sein, was man im Bereich der Telekommunikation ein offenes System nennt? Werden Bürger und Konkurrenzunternehmen in der Lage sein, Realitäten über das Datennetz anzubieten, Objekte, Welten und Standpunkte auszutauschen, zu kaufen und zu verkaufen? Mit anderen Worten: Werden wir einen VR-Markt haben? Oder wird ein De-facto-Monopol entstehen, weil es nur bestimmte Geräte auf dem Markt gibt, so daß jedermann gezwungen sein wird, Virtuelle Realitäten der Marke Sony oder Fujitsu zu kaufen?

Die wunderbaren Illusionen, die ich in Mountain View, Tsukuba und Chapel Hill sah und hörte, waren noch nicht die ganze Wahrheit über Virtuelle Realität. Sehen ist glauben, und wenn man etwas hört, das mit dem Gesehenen synchron ist, so ist die Wirkung noch überzeugender, aber etwas mit den eigenen Händen zu fühlen bringt eine tiefe, instinktive Art des *Wissens*, das normalerweise nur mit «beinharten» Wirklichkeiten einhergeht. Eine Ahnung von kraftreflektierender Rückkopplung bekam ich an der UNC und in Dr. Iwatas Labor in Tsukuba vermittelt. In Cambridge (Massachusetts) erlebte ich jedoch die Textur, die Oberflächenbeschaffenheit, der Dinge als täuschend echte Illusion. In Cranfield (England) probierte ich die Vorstufe eines Gerätes aus, das dem Anwender das Gefühl vermittelt, er habe etwas ergriffen, und ihm den Anblick bietet, den er von seinem Standpunkt erwarten kann. Und in dem französischen Grenoble spielte ich eine virtuelle Violine mit einem virtuellen Bogen. Ich habe erlebt, wie sich die Dinge anfühlen, die erst noch kommen sollen.

Wie sich Dinge anfühlen

Der Tastsinn ist der älteste und der vordringlichste unserer Sinne. Wenn ein Säbelzahntiger einem die Pranke auf die Schulter legt, muß man es sofort wissen. Jede erste Berührung oder Veränderung der Berührung (etwa von sanft zu stechend) löst fieberhafte Aktivität im Gehirn aus... Wenn wir etwas absichtlich berühren, den Menschen, den wir lieben, den Kotflügel eines neuen Autos, die Zunge eines Pinguins – aktivieren wir ein komplexes Netz von Berührungsrezeptoren. Wir veranlassen sie, Impulse auszusenden, wenn wir ihnen eine Empfindung darbieten, diese verändern, sie durch eine andere ersetzen. Das Gehirn liest die Impulse und Impulspausen wie Morsezeichen und registriert *glatt, rauh, kalt*...

Die Forschungsergebnisse lassen darauf schließen, daß es zwar vier Hauptarten von Rezeptoren gibt, daß aber innerhalb dieser Kategorien sehr viele verschiedene Rezeptoren angesiedelt sind und mit ihnen ein breites Spektrum von Reaktionen. Schließlich umfaßt unsere Palette von Tastempfindungen ja auch weit mehr als nur Hitze, Kälte, Schmerz und Druck. Viele Berührungsrezeptoren verbinden sich und rufen in solchen Kombinationen Empfindungen hervor, die wir beispielsweise ein Streicheln nennen. Man denke an all die Schattierungen des Schmerzes, der Reizung, des Brennens, Spielarten wie Reiben, Klapsen, Schlagen, Liebkosen, Massieren, das Prickeln, Quetschen, Ziehen, Streifen, Kratzen, Schlagen, Fummeln, Küssen, Stupsen. Das Einkreiden der Hände, bevor man an einem Stufenbarren turnt. Der Sprung in einen eiskalten Teich an einem Sommertag, wenn Luft- und Körpertemperatur gleich sind ... Der Griff mit verbundenen Augen in einen Topf mit Gelee, der zu den Initiationen eines Schülerclubs gehört. Das Gefühl, wenn man den Fuß aus Schlamm zieht. Das Reiben von nassem Sand zwischen den Zehen. Das Gefühl von Bisquits zwischen den Fingern. Die fast orgiastische Lust, der Schauer, der Schmerz und die Erleichterung, wenn uns jemand den Rücken kratzt...

DIANE ACKERMAN
«Die schöne Macht der Sinne», 1991

«Wie fühlt es sich an?» Margaret Minsky saß vor ihrer Workstation in der Schlangengrube. Ich hockte neben ihr, meine Hand auf einem kleinen Joystick, der aussah wie das Steuergerät für ein Videospiel. Stellen Sie sich ein Eßstäbchen aus Metall mit einem Pingpongball obendrauf oder den Schalthebel eines Autos vor. Das untere Ende des Eßstäbchens ragt aus einem metallenen Schuhkarton hervor, und der Schuhkarton ist in den Computer gesteckt. Wie der ARM leistet auch dieses Gerät Widerstand. Ich bewegte den Joystick nach allen Seiten. Ich konnte ihn nach vorn, nach hinten, zur Seite führen. Der Stab ließ sich leicht in bestimmte Richtungen drücken und leistete, in andere Richtungen gedrängt, heftigen Widerstand, der aber häufig jäh nachließ, als sei ein Hindernis aus dem Weg geglitten.

«Glatte, harte Brocken aus ziemlich leichtem Material in loser Anordnung», berichtete ich.

«Das ist virtuelles Eis in einem virtuellen Kübel.» Sie veränderte einen Schieberegler auf dem Bildschirm: «Und dies ist virtuelles Eis und Sirup.» Ich spürte den Sirup sofort an den Händen. Ich werde dieses Erlebnis stets als einen besonders finsteren Augenblick meiner persönlichen VR-Geschichte in Erinnerung behalten.

Ich rührte mit dem Joystick in der virtuellen Substanz herum und hatte plötzlich das Gefühl, nicht nur eine Vielzahl glatter, unregelmäßiger und fester Gegenstände in einem Behälter zu bewegen, sondern auch noch den Widerstand einer zähflüssigen Masse zu überwinden. Es war schwer vorstellbar, daß die unsichtbare Substanz am anderen Ende des Joysticks nicht Eis in Sirup war. Am Rand meines Bewußtseins beschäftigte mich immer wieder die Frage, wo genau sich das Ende des Joysticks befand. Wenn ich meine Aufmerksamkeit dem Schuhkarton-Teil des Gerätes zuwandte, hatte ich in der Tat das Gefühl, es befände sich direkt unter dem Schaft des Joysticks ein Kübel mit Eiswürfeln. Bei dem Versuch, den Schaft zu bewegen, widersetzte sich der Joystick und verrutschte mit genau dem richtigen Kraftaufwand, mit genau der richtigen Beziehung zu meinen Bewegungen, um mir den Eindruck zu vermitteln, ich würde den echten Gegenstand durch eine echte Substanz führen.

«Dies ist Sandpapier», erklärte Minsky und holte ein Stück schwarzweißer Textur auf ihren Bildschirm, das in der Tat wie die Großaufnahme von einem Stück Sandpapier aussah. Ich rückte meinen Stuhl näher an ihren Monitor heran. Sie schob mir den Joystick zu. Als ich diesen nach vorn drückte, bewegte sich ein Cursor über die Textur auf dem Bildschirm. Gleichzeitig übertrug sich vom Joystick auf meine Fingerspitzen und mein Handgelenk ein Muster leicht vibrierender Mikrokräfte, die mir den verblüffend wirklichkeitsgetreuen Eindruck vermittelten, der Joystick sei ein Bleistift, dessen Ende über ein Stück Sandpapier kratze. Ich konnte das Sandpapier am Ende des Joysticks fühlen, wie man richtiges Sandpapier am anderen Ende eines echten Bleistifts oder eine Schraube am Ende eines Schraubenziehers spüren kann.

«Wo befindet sich ein virtuelles Objekt im echten Raum?» ist eine fast philosophische Frage, die sinnverwirrend konkret wird, wenn man tatsächlich etwas mit seiner Hand ergreift. Die Frage nach dem Ort des virtuellen Objektes stellte sich deutlicher. Ich konnte auf den Bildschirm sehen und beobachten, wie sich der Cursor über die zweidimensionale Schwarzweiß-Simulation von Sandpapier bewegte. Wenn ich den Cursor ins Auge faßte, verlagerte sich der scheinbare Aufenthaltsort des virtuellen Sandpapiers auf die Oberfläche des Bildschirms. Wandte ich meine visuelle Aufmerksamkeit wieder dem Schuhkarton zu, so gelangte ich erneut zu der Überzeugung, das Ende des Joysticks befinde sich dort im Kasten, nicht beim Cursor auf dem Bildschirm. Doch wenn ich mit meinem virtuellen Bleistift abermals über das Muster auf dem Bildschirm kratzte, wanderte der Ursprung des Reizes zurück auf den Bildschirm. Im Cyberspace verlieren Lokalisierungen ihre Beständigkeit. In gewisser Weise erschütterten haptische Illusionen, wie sie Margaret Minsky vorführte, meinen Wirklichkeitssinn weit mehr als die comicartigen visuellen Welten, die ich zuvor erforscht hatte. Das Empfinden, einen festen Gegenstand mit einer erkennbaren Textur zu berühren, dazu der Anblick eines ziemlich primitiven zweidimensionalen Schwarzweiß-Bildes auf einem flachen Bildschirm sprach jenen Teil meines Wahrnehmungs- und Erkenntnisapparates an, der bis zu diesem Augenblick von der Voraussetzung ausgegangen war, daß ich gut daran täte, das, was ich mit meinen Fingerspitzen fühle, auch tatsächlich zu glauben.

Minsky zeigte mir, wie man verschiedene Parameter in den Textur-Simulationsmodellen des Computers und damit das Erscheinungsbild der Testbilder auf dem Bildschirm modifizieren konnte. Gleichzeitig beeinflußte ich damit die Art und Weise, wie der Joystick reagierte, wenn ich versuchte, den Cursor über das Testbild zu bewegen. Es gab das Sandpapier in verschiedenen Stufen. Außerdem konnte man auch eine schattierte Schwarzweiß-Darstellung glänzender, dicht gepackter Metallröhren auf den Schirm rufen. Ich hatte das Gefühl, mit dem Bleistift über eine Reihe polierter Metallröhren zu fahren, die wie Orgelpfeifen angeordnet waren. Es gab sogar eine fraktale Option: Ich konnte die Parameter so wählen, daß ein unregelmäßiges Muster auf dem Schirm auftauchte, das wie die Großaufnahme eines Stücks Granit aussah. Das mathematische Modell natürlicher Unregelmäßigkeit fühlte sich so lebensecht an, daß es fast gespenstisch anmutete – ich hätte schwören können, daß ich versuchte, meinen Namen auf einen Felsen zu schreiben. Minsky lächelte. Sie wußte, daß die Vorführung ein idealer Auftakt war. Wenn man virtuelle Eiswürfel und Sirup eigenhändig umgerührt und seinen Namen auf simulierten Stein geschrieben hat, empfindet man den theoretischen Teil der Präsentation nicht mehr so theoretisch und gewinnt ihm viel mehr Interesse ab.

«Schlangengrube» ist die inoffizielle Bezeichnung für das Computergrafik-Labor im Keller des Media Lab von MIT in Cambridge (Massachusetts), dem Ort, wo das «Vorführen oder Verrecken» zum Motto der Informatik wurde. Drei Meter lange grüne Stoffschlangen, das moderne Totem des Labors, waren mit Bündeln von Datenkabeln verschlungen, die schmucklos unter der Decke verliefen. Ich hielt eine Hand auf dem Joystick, während wir uns unterhielten, und wies den Computer mit der anderen Hand an, meine Empfindungen von Sandpapier zu Sirup zu verändern und das Ganze wieder zurückzunehmen. Taktiles Männchenmalen. Während ich versuchte, meinen Namen auf ein Stück virtuelles Glas zu schreiben, stellte ich fest, daß von der Art, wie diese Frau ihre Ideen über simulierte Texturen auf der Ebene sinnlicher Erfahrung verwirklicht hatte, eine fast hypnotische Wirkung ausgeht.

Bei meinem Besuch in Chapel Hill hatte ich sie um ein paar Wochen verfehlt. Margaret Minsky war nach Cambridge zurückgekehrt, um ihre Dissertation über die Forschungsarbeiten, die sie an der UNC durchgeführt hatte, abzuschließen. Jaron Lanier hatte mir Jahre zuvor berichtet, sie habe als eine der ersten seinen Versuch unterstützt, eine visuelle Programmiersprache mit Hilfe eines Datenhandschuhs zu entwickeln. Ich hatte ihre Präsentation auf der SIGGRAPH 1989 gesehen, unter anderem auch das Video einer außerordentlich realistischen architektonischen Begehung von Sitterson Hall, die ich an der UNC selbst ausprobiert hatte. Deshalb schickte ich ihr einen elektronischen Brief, bevor ich zu meiner Rundreise aufbrach, und sie antwortete mir, ich solle bei ihr vorbeischauen und «virtuelles Sandpapier» ausprobieren. Ich hatte nach der kurzen Demonstration keinerlei Zweifel, daß sie an einer wichtigen Sache arbeitete. Das Problem, wie man die Joystick-Technologie so weiterentwickelt, daß man virtuelle Welten in geeigneter Weise mit den Händen ertasten kann, ist eine schwierige technische Aufgabe. Doch die Technik beruht auf exakter Wissenschaft, und gelegentlich veranlassen die Wissenschaftler die Techniker, schwierige Probleme zu lösen, damit sie, die Wissenschaftler, Instrumente erhalten, mit denen sie ihr Wissen erweitern können. Margaret Minsky verwendete ein intelligent konstruiertes technisches Gerät, um die wichtigen wissenschaftlichen Probleme zu lösen, die mit der Simulation realer Tasterlebnisse verknüpft sind.

Sie hatte einige interessante Gründe, sich der VR-Forschung und der haptischen Rückkopplung zuzuwenden. Sie ist praktisch zwischen Terminals und Computer-Programmierern groß geworden, und zwar im Herzen des Informatikgeschehens, denn ihr Vater ist Marvin Minsky, ein Begründer der Informatik-Disziplin, die man als «Künstliche Intelligenz» (KI) bezeichnet. Ihre Doktorväter sind Nicholas Negroponte und Frederick Brooks, zwei führende Vertreter der zeitgenössischen Computer-Science. Margaret ist Informatikerin, gehört aber eher der Atari- als der Mainfraim-Generation an. Die treibenden Probleme, mit denen sie sich von früh an beschäftigte, sind Spiele gewesen, nicht militärische oder wirtschaftliche Anwendungsgebiete. So waren ihre ersten Mitarbeiter auf dem Gebiet der Joystick-Entwicklung auch junge Erfinder und Programmierer aus dem Cambridger Atari-Labor vom Anfang der achtziger Jahre. Und der texturerfassende Joystick, den ich wie einen Kugelschreiber in den Fingern hielt, geht im Unterschied zu den Geräten der UNC nicht auf die Telemanipulatoren zum Umgang mit radioaktiven Materialien zurück, sondern auf das kraftreflektierende Lenkrad von «Hard Drivin'», dem für Spielhallen bestimmten Autosimulator von Atari.

«Möchten Sie Hard Drivin' spielen?» fragte Margaret Minsky, nachdem sie mir ihre wichtigsten Demo-Programme vorgeführt hatte. «Das Spiel und meine Forschungsarbeiten haben ein paar Dinge gemeinsam», fügte sie hinzu, als wir das Media Lab mit ein paar Kollegen aus der Schlangengrube verließen. Atari hatte dem Bostoner Computer-Museum ein Spiel geschenkt. Nach einem Anruf von Margaret war man dort bereit, einen Teil des an jenem Tage geschlossenen Museums zu öffnen, damit wir dort unsere Studien am konkreten Objekt betreiben konnten. Auf dem Weg über den Charles River hinweg sprachen wir über die Ahnenreihe der Joysticks. Der Herbst kündigte sich bereits an. Zwar war die Luft noch dunstig und warm, aber die Blätter der Bäume färbten sich schon rot und golden. Das Bostoner Computer-

Museum liegt ganz in der Nähe des Ortes, an dem die Tea Party stattfand.

Margaret Minsky hatte bei ihrer Suche nach der virtuellen Taktilität
die Empfindung von Texturen als ihr erstes treibendes Problem auser-
koren. «Ich war nicht der Meinung, daß die Form ein guter Ausgangspunkt sei», erklärte sie. «Sie setzt sich aus Materialbeschaffenheit und
Oberflächeneigenschaften zusammen, die sich nicht leicht trennen lassen – Merkmale wie Textur, Elastizität und Viskosität.»

Ihre erste Berührung mit Widerstand leistenden Joysticks hatte Anfang der achtziger Jahre stattgefunden. Zur gleichen Zeit, da andere
Infonauten im kalifornischen Atari-Labor von den fernen neunziger
Jahren träumten, unterhielt Atari ein weiteres kleines Forschungslabor
in Cambridge (Massachusetts). Max Behensky, den Margaret vom
MIT kannte, arbeitete mit einem Zulieferer namens Doug Milliken zusammen, der einen Joystick mit zwei Freiheitsgraden baute. Über
Zahnräder waren kraftreflektierende Motoren mit dem Joystick ver-
bunden. Minsky war zugegen, als Behensky und Milliken ihr erstes
funktionierendes Modell mit einer leistungsfähigen Grafik-Worksta-
tion verbanden. «Dieses erste Modell zeigte sogleich, wie aufregend es
war, kontinuierliche Kräfte wie Trägheit oder Viskosität zu fühlen.»
Genau diese Faszination war Behenskys und Millikens Ziel. Das Atari-
Labor versuchte, einen Spielhallenautomaten zu entwickeln, der den
Leuten das Kleingeld aus der Tasche lockte, indem er ihnen in einem
Autosimulator durch ein Lenkrad, das wie ein richtiges Lenkrad rea-
gierte, ein verblüffend echtes Fahrerlebnis verschaffte. Sie brauchten
Jahre, bis sie ein Gerät entwickelt hatten, das in die Produktion gehen
konnte. Dafür erwies sich «Hard Drivin'» dann aber auch als Hit für
Atari.

Margaret Minsky und ich gingen noch ein bißchen im Bostoner
Computer-Museum umher und unterhielten uns zwischen so kyberne-
tisch antiken Exponaten wie Altairs und Altos, nachdem wir unsere
Runden im Autosimulator gedreht hatten. Ich hatte dort auf einem
Fahrersitz gesessen, der mit einem normalen Lenkrad, Gangschaltung
und Pedalen ausgerüstet war. Durch Panorama-Bildschirm und Hi-Fi-
Ton entsteht die Illusion, man blicke durch die Windschutzscheibe
eines Fahrzeugs, das sich durch eine Comic-Landschaft bewegt. Diese
Illusion an sich ist nicht überzeugender als bei anderen durchschnitt-
lichen Videospielen. Der 3D- und Immersionseffekt war nicht so stark

wie beim Sensorama-Automaten. Der Clou war das Lenkrad. Der Grund für die Beliebtheit des Spiels ist der Umstand, daß man den Asphalt der Straße fast fühlen kann, wenn man das Lenkrad bedient. Durch das kraftreflektierende Lenkrad wird mit verblüffender Wirklichkeitstreue das Gefühl modelliert und vermittelt, das man in den Händen spürt, wenn man ein echtes Auto bei verschiedenen Geschwindigkeiten über verschiedene Straßenbeläge lenkt.

Als Studentin hat Margaret Minsky im Media Lab mit anderen an Alan Cases «Vivarium» gearbeitet, einem langfristigen Forschungsprojekt, in dem es darum ging, künstliche Geschöpfe zu bauen, mit denen Kinder experimentieren konnten. Minsky wollte einen Joystick konstruieren, der den Kindern den Blickpunkt der künstlichen Geschöpfe vermitteln konnte. Deshalb bat sie ihre alten Freunde von Atari, ihr ein Gerät zu bauen, das die gleichen technischen Grundeigenschaften wie der erste Atari-Joystick aufwies. «Eine Studentin namens Megan Smith entwickelte eine Version, die Motoren und Bremsen zugleich verwendete», erinnerte sich Margaret. Mit ihr und Smith arbeitete noch ein weiterer Maschinenbaustudent zusammen, Massimo Russo. Gemeinsam konstruierten sie einen Prototyp mit drei Freiheitsgraden. Das war Ende der achtziger Jahre, und Ming Ouh-Youngs Arbeit an der UNC sprach sich herum. «Frederick Brooks war stets führend auf dem Gebiet der haptischen Forschung», sagte Margaret. «Batters und Brooks versuchten mit ihrem über zwei Freiheitsgrade verfügenden Joystick 1972 herauszufinden, ob Physikstudenten mit ihm einfache Felder spüren konnten – echte Pionierarbeit.» Und schließlich gab es dort noch den ARM. Aus diesem Grund wechselte Margaret Minsky eine Zeitlang nach Chapel Hill über und entwickelte gemeinsam mit Oliver Steele, einem Studienanfänger an der UNC, ein textur-simulierendes Programm für den Joystick mit drei Freiheitsgraden.

Wie ahmt man eine feste oder glatte Oberfläche so genau nach, daß man sie mit den Fingern spüren kann? Der Schlüssel zur 3D-Animation liegt in bestimmten Kunstgriffen, die man in jahrelangen Forschungsarbeiten zur Verbesserung der Sichtgeräte entdeckt hat – Schattierungen zur Simulation von Lichtquellen, stereoskopische Bildverarbeitung zur Simulation binokularer Parallaxe, Kopf-Tracking zur Simulation der Bewegungsparallaxe. Doch Margaret Minsky und ihre Kollegen konnten nicht wie die Schöpfer visueller Illusionen auf eine jahrzehntelange Forschung im Bereich der haptischen Simulation zurückgreifen.

Deshalb hatte sie sich in dem Projekt, das ihrer Dissertation zugrunde lag, nicht nur das Ziel gesetzt, eine Methode zur Simulation von Texturen zu entwickeln, sondern auch ein PC-gestütztes Arbeitsgerät zu konstruieren, mit dessen Hilfe Wahrnehmungspsychologen die Grundlagen haptischer Wahrnehmung untersuchen können.

Bei der Textur-Simulation machte sich das UNC-Team eine haptische Illusion zunutze, die Sie sich durch ein Gedankenexperiment vergegenwärtigen können. Sie brauchen dazu einen Bleistift und eine geriffelte Oberfläche, etwa ein Stück gewelltes Papier oder die Kante eines Kartenspiels. Führen Sie den Bleistift über die Unebenheiten, und konzentrieren Sie sich auf das Gefühl in Ihren Fingerspitzen. Nun stellen Sie sich einen stark vergrößerten, schematischen Querschnitt der geriffelten Oberfläche vor, in Form einer Reihe von «Buckeln» – «Hügeln» und «Tälern». Denken Sie jetzt an den Widerstand, den der Bleistift Ihren Bemühungen entgegenzusetzen scheint, wenn Sie ihn die Kante eines Buckels hinaufschieben – in dem Abschnitt, wo die Bleistiftspitze in Ihrem vorgestellten schematischen Diagramm den Hang erklettert. Wenn der Bleistift die Spitze einer Welle oder eines Hügels erreicht hat, tritt ein Augenblick des Gleichgewichtes ein, und dann scheint der Widerstand rasch zu schwinden, während die Bleistiftspitze in das Tal gleitet, das zwischen diesem Buckel und dem nächsten liegt.

Eine Möglichkeit der Textur-Simulation besteht also darin, daß man nachahmt, wie eine Sonde den Widerstand gegen die Fingerbewegungen verändert, während man sie über eine Oberfläche führt, die wir uns – vereinfacht – aus Hügeln und Tälern verschiedener Größe und Neigungen vorstellen können. Die Hügel und Täler lassen sich grafisch darstellen. Denken Sie sich – wiederum aus Gründen der Einfachheit – eine regelmäßige Sinuskurve, die sich auf einer Tafel vor Ihrem geistigen Auge von links nach rechts schlängelt. Nun denken Sie sich eine gerade Linie, die horizontal über den Wellenlinien verläuft, welche die Hügel darstellen. Wenn Sie von Punkten auf der horizontalen Linie gerade Linien senkrecht nach unten ziehen, so können Sie sich vorstellen, daß jede dieser senkrechten Linien die Kraft darstellt, die eine virtuelle Feder an dieser Stelle ausübt: Entweder leistet sie heftigen Widerstand (die Bleistiftspitze klettert einen Hang hinauf) oder sehr geringen Widerstand (sie gleitet in ein Tal hinab). Falls sich die Bewegung der Bleistiftspitze und die Textur im Compu-

ter modellieren lassen, könnte der Output dieses Modells die Kraft bestimmen, mit der sich winzige Motoren den Bewegungen des Joysticks
zu widersetzen hätten.

Erzeugt man mit Hilfe von Motoren Kräfte, die die Wirkung von
Federn simulieren, so liegt der Vorteil darin, daß man die Reaktion von
Federn mathematisch beschreiben kann. Jedes in Bewegung befindliche physikalische System kann sich grundsätzlich durch eine geeignete Kombination dreier idealer Objekte simulieren lassen: Federn,
Dämpfungsfaktoren und Massen. Die lokale Ortsinformation, die der
Joystick erzeugt, läßt sich deshalb zusammen mit der Information über
die Position im Weltmodell in eine Gleichung einbringen, die beim Anwender das Gefühl hervorruft, er habe es mit virtuellen Federn zu tun.

Als wir aus dem Computer-Museum wieder ins Labor zurückka-
men, gab mir Mrs. Minsky Gelegenheit, praktisch zu erproben, was sie
mir über Federn, Dämpfungsfaktoren und Massen berichtet hatte.
Abermals ergriff ich den Joystick, und diesmal vermittelte mir die Simulation das Gefühl, ich würde einen Hebel bewegen, an dem mit einer
Feder ein Gewicht verbunden war. Ganz deutlich vermeinte ich zu spüren, wie das virtuelle Gewicht durch die Luft flog. Dann stellte ich fest,
daß ich die Masse des fliegenden Gewichtes verändern und sogar aus
der Luft, durch die es flog, Wasser oder eine noch dickere Substanz
machen konnte. Durch Justierung von «Gleit» reglern auf dem Bildschirm konnte ich die kombinierte Wirkung von Federn, Dämpfungsfaktoren und Massen testen und selbst herausfinden, wie sich die Tasterlebnisse, die unterschiedliche Texturen vermitteln, durch die richtige
Mischung dieser idealisierten Kräfte täuschend ähnlich simulieren ließen. Ich spielte mit den Dämpfungskräften und spürte, wie die Spitze
der Sonde durch eine immer dickflüssiger werdende Substanz fuhr. Der
Unterschied zwischen Sirup und Eis, Ziegelsteinen auf einer glatten
und einer rauhen Schräge, einem Lasso und einer Feder, die an der
Hand des Anwenders ziehen, ist nur eine Frage des entsprechenden
«Rezeptes».

Die Simulation virtueller Federn, Dämpfungskräfte und Massen –
ein Ansatz, der parallel von einer Arbeitsgruppe in Grenoble entwickelt
wurde – mag sich als Sackgasse bei der Suche nach wirklichkeitsgetreuer haptischer Simulation oder auch als der Stein von Rosette der
haptischen Illusionen erweisen. Abgesehen von der Beziehung zwischen idealen physikalischen Kräften und den Elementen haptischer

Textur-Illusion bemerkten Minsky und ihre Kollegen noch etwas anderes: Die Forscher, die sich mit taktiler Wahrnehmung beschäftigten, hatten sie darauf aufmerksam gemacht, daß Menschen sich mit der Beschaffenheit von Gegenständen vertraut machen, indem sie mit ihren Fingerspitzen eine Reihe stereotyper Bewegungen ausführen. Wie wir den Abstand und die Position eines visuellen Reizes dadurch ermitteln, daß wir die Stellung von Kopf und Augen unbewußt verändern, um den Reiz aus verschiedenen Blickwinkeln zu sehen, bestimmen wir die taktilen Eigenschaften einer Oberfläche, indem wir mit der Hand darauf hin- und herreiben – oder indem wir mit einem Energiewandler wie einem Bleistift oder einem Joystick auf der virtuellen Oberfläche hin- und herfahren. Haptische Wahrnehmung ist wie das Sehen kein rein passiver Vorgang, sondern beruht auf aktiver Exploration.

Die taktile Komponente der haptischen Wahrnehmung – die relativ energiearme Oberflächenwahrnehmung in den Fingerspitzen – ist der Ort einer weiteren Interessenkonvergenz. Wie es Informatiker im Bereich der parallelen Rechnerarchitekturen gibt, die nach geeigneten Verarbeitungsproblemen suchen, und 3D-Grafiker, die nach einer die Ortsveränderungen erfassenden Technologie Ausschau halten, war ich mir sicher, daß es Robotiker gab, die das Problem der taktilen Wahrnehmung von der Maschinenseite her anzugehen suchten. Ein paar Monate nachdem Margaret Minsky mich mit der Fingerspitzen-Virtualität bekannt gemacht hatte, traf ich einen solchen Robotiker. M. A. Srinivasan und ich verbrachten gemeinsam fünf Tage auf einer wissenschaftlichen Tagung in Santa Barbara (Kalifornien). Zusammen mit einigen Dutzend anderen Kollegen stellten wir verblüfft fest, daß die Virtuelle Realität der Ort war, an dem sich die Optik mit der Robotik traf, die kognitive Psychologie mit der Entwicklung biomechanischer Geräte, wo sich die Programmierer von Computeranimationen mit Fachleuten für Steuerungstheorie verständigten und die Bell Laboratories mit Disney und Lucasfilm zusammengingen. Srinivasan, der vom Neuman Laboratory for Biomechanics and Human Rehabilitation am MIT kam, informierte uns über die Grundsätze der taktilen Wahrnehmung.

Ich habe ein paar Kopien seiner Artikel mit nach Hause genommen und festgestellt, daß sein Papier «Tactile Sensing in Humans and Robots» (Taktile Empfindungen bei Menschen und Robotern) sehr komprimiert und weitgehend verständlich ist. Es beschreibt fast poetisch, was für ein Informationsfluß durch Oberflächenberührung ausgelöst wird: «In der taktilen Wahrnehmung des Menschen kulminiert eine Reihe von Ereignissen. Wenn die flexible Haut mit einem Objekt in Berührung kommt, paßt sich ihre Oberfläche der Oberfläche des Gegenstandes im Berührungsbereich an. Die entsprechenden Verformungen in der Haut und ihren Substraten veranlassen die darin enthaltenen mechanosensitiven Nervenendigungen, mit elektrischen Impulsen zu reagieren. Während alle diese Impulse fast identisch sind (50 bis 100 mV stark und 1 ms lang), hängt die Frequenz der Impulse (bis maximal 500/s), die von jedem Mechanorezeptor abgegeben werden, vor allem von den besonderen Druck- und Dehnungsverhältnissen in der unmittelbaren Nachbarschaft des Rezeptors ab. Da diese Druck- und Dehnungsfelder in der Haut sich direkt nach dem mechanischen Reiz an der Hautoberfläche richten, stellt die Reaktion der Rezeptorpopulation einen räumlich-zeitlichen Code für den ausgeübten Reiz dar. Dieser Code wird durch periphere Nervenfasern an das Neuronennetz im Zentralnervensystem übertragen, wo wir dank entsprechender Verarbeitungsmechanismen in der Lage sind, durch die Berührung allein auf die Oberflächeneigenschaften der Objekte im Berührungsbereich und auf die Art der Berührung zu schließen.»

Mit anderen Worten, die Drucksensoren in Ihrer Haut spielen nur einen Ton, doch jeder Sensor kann diesen einen Ton wieder und wieder spielen, sehr rasch bei starker Berührung oder weniger häufig bei leichterem Druck. (Es kann auch ein Gewöhnungsprozeß eintreten, in dessen Verlauf der Sensor seine Reaktionen einstellen wird, sofern ein Reiz lange genug anhält. Deshalb spüren Sie Ihre Schuhe zum Beispiel nicht, wenn sie nicht zu eng sind beziehungsweise wenn Sie nicht an sie denken.) Verarbeitungsmechanismen höherer Ebenen beobachten die Reizunterschiede in angrenzenden Hautbereichen und gewinnen auf diese Weise Informationen über die Bewegungen von Reizen. Ein technischer Umstand in Srinivasans Ausführungen ist von besonderer Bedeutung für die haptische Forschung. Ein Robotiker, den ich kenne und von dem ich viel halte, erklärte, als wir über taktile VR sprachen, daß jedes taktile Ausgabesystem eine Frequenz von ungefähr fünfhundert Schwingungen pro Sekunde erreichen müsse, um der taktilen Wahrnehmungsschärfe des Menschen gleichzukommen. Die Robotiker würden sich sehr freuen, wenn ihre mechanischen Hände in der Lage wären, die Oberflächenbeschaffenheit verschiedener Materialien zu ertasten. Selbst wenn man für jeden Quadratzentimeter der Haut Tausende von winzigen Vibratoren installieren könnte, von denen jeder fünfhundert Schwingungen pro Sekunde abgäbe, würden die Schwingungen und Sensordaten, die beim Wirklichkeitssimulator einträfen, sich zu einem ungeheuren Rechenproblem addieren. Als ich nach der Sensibilität der Fingerspitzen fragte – der Fähigkeit des Menschen, beispielsweise zwischen Seidenpapier und Banknoten zu unterscheiden, indem er das Papier einfach zwischen Daumen und Zeigefinger hält –, meinte mein Bekannter, daß der Mensch erstaunlich geringfügige Merkmale auf glatten Oberflächen entdecken könne. Was wir als «glatt» bezeichnen, sei eine Art biologischer Signalfilter, der auf ein Netz von außerordentlich sensiblen Rezeptoren angewandt werde.

Wir erkunden die Welt und entwickeln eine innere Datenbasis, die als Schablone für die von den peripheren Sensoren eintreffenden Impulsmuster dient. Der Ein-Aus-Kodierung der Mechanorezeptor-Signale, die durch die Tasterlebnisse auf einer seifigen Fensterscheibe oder einem Stück Baumrinde ausgelöst wird, entspricht das Wissen, das in unserer empirischen Datenbasis gespeichert ist. Wie Srinivasan mir erklärte, läßt sich aus der Art, wie unsere Mechanorezeptoren und unser zentrales Nervensystem in ihrem Zusammenwirken Eigenschaften wie beispielsweise «glitschig» auf einer Oberfläche entdecken, auf die Verbindung zwischen «Mikro-Merkmalen» der Oberfläche und gespeicherten neuralen Codes schließen. Es ist die alte Geschichte: Wer darüber nachdenkt, wie VR-Systeme funktionieren könnten, muß darüber nachdenken, wie der Mensch funktioniert: Ein kompliziertes Zusammenspiel aus Weltkenntnis und Echtzeit-Wirklichkeitserfassung erlaubt es mir, meine Augen zu schließen, meine Hand auszustrecken und festzustellen, ob der Kühler eines Automobils geputzt oder staubig ist. Ein Teil dieser Wahrnehmungsprozesse findet hier und jetzt statt, besteht aus einer genauen Analyse dessen, was die Sensoren in den Fingerspitzen im Augenblick tun. Ein anderer Teil ist abstrakt und greift zurück auf die gespeicherten Erinnerungen an frühere Begegnungen mit den Texturen der Welt.

Die Möglichkeit zur Simulation haptischer Wahrnehmung besteht durchaus, aber noch ist es zu früh, um zu sagen, ob sich schon in naher Zukunft eine einwandfrei funktionierende Technologie entwickeln wird. Vielleicht werden wir uns damit zufriedengeben müssen, Dinge aus der Entfernung durch Joysticks oder andere in der Hand zu haltende Geräte zu ertasten. Unter Umständen läßt sich das taktile Feedback auch auf den ganzen Körper ausdehnen. Mit einer eher geschmacklosen Konsequenz des taktilen Ganzkörper-Feedbacks werde ich mich in einem späteren Kapitel in dem Abschnitt «Teledildonics» beschäftigen. Es kann jedoch kein Zweifel daran bestehen, daß ein haptisches Echtzeit-Feedback, mag es auch auf ein Gerät eingeschränkt sein, das mit den Fingerspitzen oder mit der Handfläche ergriffen und gefühlt wird, in Verbindung mit einer 3D-Animation und einer angemessenen akustischen Darbietung das Wirklichkeitsgefühl verstärken kann. Als ich sah, wie sich diese Moleküle zusammenfügten, ihre Atomkräfte in meinen Fingerspitzen spürte und hörte, wie sie zusammenstießen, da weckten alle diese Eindrücke zusammen die feste Überzeugung in mir, ich hätte es mit etwas Wirklichem zu tun. An dem «etwas» hatte ich keinerlei Zweifel. Nur die Bedeutung des Wortes «wirklich» begann sich zu verändern.

Vor einem Jahr war ich noch mehr oder minder davon überzeugt, daß VR-Räume, die uns in der Hand spüren lassen, wie es ist, einen Ziegelstein aufzuheben oder eine Zitrone auszudrücken, wahrscheinlich erst in zwanzig oder dreißig Jahren möglich sein würden. Vor einem Monat sah und fühlte ich etwas, was diese Überzeugung ins Wanken brachte. Als ich den ersten Prototyp eines pneumatischen taktilen Handschuhs in der Garage des Erfinders Jim Hennequin in Cranfield, eine Autostunde südwestlich von London, anprobierte, begann ich zu ahnen, daß ein hochauflösendes taktiles Feedback wohl nicht mehr so lange auf sich warten lassen wird. Ehe wir uns versehen, könnten wir uns bereits im Zeitalter der von Aldous Huxley prophezeiten «Feelies» befinden.

Gemessen an den exoskelettalen Apparaten, die ich mir etwas ängstlich in Tsukuba an meine Hand geschnallt hatte, dem taktilen Joystick, der mir im Media Lab das Gefühl vermittelt hatte, mit einem Eßstäbchen in einem Eiskübel herumzurühren, den Fingerspitzen-Vibratoren, die ich in der TiNi-Werkstatt in Emeryville (Kalifornien) ausprobiert hatte (wovon in einem späteren Kapitel die Rede sein wird), und dem kraftreflektierenden Arm, den ich in Chapel Hill bedient hatte, sprang die Eleganz der Hennequinschen Konzeption sofort ins Auge. Ich streifte einen Handschuh über. Zwischen verschiedenen Schichten des Handschuhs befanden sich strategisch angeordnete Luftkompartimente, die rasch aufgeblasen und entleert werden konnten. Der Erfinder behauptet, die Größe, der Ort und der Druck der winzigen Luftblasen seien die entscheidenden Kriterien zur Erzeugung taktiler Illusionen. Man muß nur die Luftkompartimente im Handschuh in geeigneten Mustern mit dem richtigen Druck aufblasen, so hofft Hennequin, um in der Lage zu sein, die Tastempfindungen hervorzurufen, die beim Ergreifen eines Gegenstandes und beim Erkennen seiner Form vorliegen.

Wir müssen uns an dieser Stelle jedoch klarmachen, daß es sich nicht um jene Art von computerisierten Handschuhen handelt, die die Geschichte der VR-Entwicklung bislang bestimmt haben, mag es auch letztlich das Ziel sein, einen taktilen Handschuh mit einem bewegungserfassenden Handschuh zu kombinieren. Der DataGlove und der PowerGlove sind *Input*-Geräte, die dem Computer mitteilen, was der menschliche Operator tut. Bei den Datenhandschuhen, an deren Konstruktion Hennequin und einige andere arbeiten, handelt es sich um *Output*-Geräte, die mittels des Tastsinnes Informationen vom Computer an den Menschen übermitteln.

«Ich möchte im Computer das Gefühl speichern, das entsteht, wenn man eine Teetasse in der Hand hält, und ich möchte erreichen, daß Sie den Gegenstand als Tasse erkennen, wenn Sie den Handschuh anziehen und ich die gespeicherten Informationen abspiele», erklärte Hennequin. Ich zog den Handschuh bei unserem zweiten Treffen über, an dem Nachmittag, als alle Systeme zum erstenmal zusammengeschlossen worden waren. Ich vermute, daß es ihm in den frühen Morgenstunden gelungen war, das System funktionsfähig zu machen, so daß ich die erste Vorführung erlebte, die stattfand, nachdem sich der Erfinder selbst davon überzeugt hatte, daß er sich nicht zum Narren machen würde. Hier befand ich mich wirklich an der vordersten Front der Entwicklung – das war rohe, ungeglättete Technik. Hennequin füllte und entleerte bestimmte Luftkompartimente des Handschuhs, und ich konnte unterschiedliche Druck-Konfigurationen spüren. Bei richtiger Kombination begannen sie, sich wie Kanten oder Oberflächen anzufühlen. Die erste 3D-Computergrafik hat vielleicht einen ebenso rohen, aber auch ebenso vielversprechenden Eindruck gemacht. Manche Reize fühlten sich an, als würde etwas Weiches gegen meine Fingerspitzen drücken. Bei anderen Reizen hatte ich den Eindruck, etwas Hartes berühre meine Handfläche. Wie beim TiNi-Simulator empfindet man einige der Reize als ausgesprochen angenehm, wie eine Massage oder das Gefühl beim Kratzen einer juckenden Stelle. Bis jetzt ist noch völlig unklar, ob die vielversprechenden Anfänge dieser Methode sich auch wirklich bewähren werden. Die Zeit wird zeigen, ob es Hennequin und seinem Team gelingen wird, mit Hilfe der «Luft-Muskeln» das Tasterlebnis und das Aussehen nachzuahmen, das die physische Wirklichkeit vermittelt. Wie der «Fotorealismus» ein Ziel vieler Computergrafiker ist, so könnte der «taktile Realismus» zum allgemeinen Ziel für die Konstrukteure von Datenkleidung werden. Hennequin und sein Team hatten gerade einen allerersten Prototyp fertiggestellt, als ich sie im Sommer 1990 kennenlernte. Monate lagen vor ihnen, in denen sie das System und seine Teile verbessern und weiterentwickeln mußten. Doch gemessen an anderen, sehr viel fortgeschritteneren Anwendungen seiner Methode, die in der Werkstatt zu besichtigen waren, hat Hennequin eine reelle Chance, sein Ziel zu erreichen.

Bevor ich ihm die Kopien der Forschungsberichte aus Instituten in Kalifornien und Japan zeigte, war sich Hennequin kaum bewußt, daß seine Erfindung, wenn sie denn eines Tages so gut funktionieren sollte, wie er sich das erhofft, die Lösung für technische Probleme sein könnte, die VR-Forscher überall in der Welt seit Jahren beschäftigen – und sich anschicken, eine ganze Reihe völlig neuer gesellschaftlicher Probleme aufzuwerfen. Die gleiche Technologie, die den gefangenen Geist vollständig gelähmter Menschen befreien könnte, ließe sich auch höchst geschmacklos für «Teledildonics» oder in sehr gefährlicher Weise für Gehirnwäsche verwenden. Wie eine der Personen in William Gibsons Roman «Neuromancer» sagt: «Die Straße entdeckt eigene Anwendungsmöglichkeiten für die Technologie.» Simulierte taktile Empfindungen könnten sich tiefgreifend auf unser Körpergefühl, unsere Moralvorstellungen und unsere Kultur auswirken. Wissenschaftliche Fragen von großer Bedeutung müßten durch sorgfältige, langwierige Forschungsarbeiten beantwortet werden, bevor sich taktile Illusionen zuverlässig erzeugen lassen. Es ist schwer zu sagen, wie lange man brauchen wird, um die lange vernachlässigten Untersuchungen zur taktilen Wahrnehmung so zu beleben, daß sie brauchbare Daten für die VR-Techniker liefern. Außerdem ist der Einbau taktiler Wahrnehmungsgeräte in ein System, das nicht zu schwer sein darf, ein kompliziertes technisches Problem.

Vielleicht wird Hennequin einen wichtigen Teil dieses Puzzles liefern. Seine pneumatischen Geräte könnten den entscheidenden Durchbruch bewirken oder zumindest die Richtung angeben. Möglicherweise ist auch David Johnson von TiNi in seiner Emeryviller Werkstatt mit seiner formspeichernden Legierung auf dem richtigen Weg. Oder irgend jemand, von dem noch niemand etwas gehört hat, wird eine obskure alte Theorie ausgraben oder eine neue Technologie erfinden. Besonders im Bereich der peripheren Geräte trägt die VR-Technologie dazu bei, daß die langsam in Vergessenheit geratene Spezies der Garagen-Erfinder wieder konkurrenzfähig wird. Hennequin zum Beispiel macht den Versuch, einen Datenhandschuh für taktile Wahrnehmung zu entwickeln – und es gab schon frühere Versionen, die von VPL und Zulieferern der US Air Force gebaut wurden –, obwohl es an einer ausgereiften wissenschaftlichen Theorie der taktilen Wahrnehmung fehlt. Deshalb läßt sich durchaus denken, daß irgend jemand ein taktiles Feedback-Gerät zusammenbasteln könnte, bevor Neurophysiologen oder andere Experten auf dem Gebiet der «menschlichen Faktoren» ergründet haben, wie ein solcher Apparat funktionieren müßte!

Wie die Spezialisten für Steuerungstheorie, die Computergrafiker und die mit stereoskopischen Effekten experimentierenden Filmleute Jahrzehnte brauchten, um zu bemerken, daß sie sich von verschiedenen Ausgangspunkten her dem gleichen Ziel verschrieben hatten, wußten die vielen VR-Theoretiker in aller Welt 1990 wenig von der Existenz der anderen. Sie hatten vor Jahren damit begonnen, Puppen, Prothesen oder Musikinstrumente zu bauen, Roboter zu entwickeln oder Kunstwerke zu schaffen, die Technik der Telekommunikation weiterzuentwickeln oder die Prozesse der menschlichen Wahrnehmung zu erforschen, und nun erst dämmerte es ihnen, daß irgend jemand anders, der Zehntausende von Kilometern von ihnen entfernt lebte und in einer zuvor völlig fremden Disziplin arbeitete, genau über die Geräte oder Erkenntnisse verfügte, die sie für ihre eigene Arbeit brauchten.

Das Licht in der *Salle de manip* war gedämpft. Die Tastatur glänzte. Wie angewiesen, legte ich meine Finger in die Ringe, bewegte sie versuchsweise und sprang fast in die Höhe, obwohl ich auf das, was da kam, vorbereitet war. Der Ton einer Violinsaite, laienhaft gestrichen, erklang in einer eindrucksvollen Anordnung von Lautsprechern. Erstaunlicher noch als der Ton war das Gefühl in meinen Händen, meinen Fingerspitzen, den Knochen meines Armes. Ich hatte eine Reise von

Tagen auf mich genommen, um dieses Gerät auszuprobieren, die Tastatur für modulare Rückkopplung, eine Technologie, die virtuelle Geigen und andere virtuelle Instrumente so real macht, daß man sie fühlen kann. Als ich das erste Mal von dem Gerät hörte und mich fragte, ob sich eine fünfzehnstündige Zugreise lohne, nur um meine Finger in die Metallringe zu stecken, sah ich wenig Zusammenhang zwischen der VR-Forschung mit ihren Datenhandschuhen und -brillen und diesem Violinbogen, der wie eine Tastatur aussah. Doch ich vertraute Margaret Minsky, die mir davon erzählt hatte, und machte mich auf die Reise. In dem Augenblick, da ich den Violinbogen auf so unerwartete Weise in meinen Fingern vibrieren fühlte, wußte ich, daß die Leute hier die von den Dingen vermittelten Tasterlebnisse auf ganz andere Weise angingen. Die ACROE-Forscher suchten sich ihre treibenden Probleme in der Kunst, bedienten sich dabei aber in ihrer hochprofessionellen KI-Forschungsinstitution ganz pragmatischer technischer Methoden.

Lautsprecher und Farbmonitore säumten die Wände der *Salle de manip*, des «Manipulationsraumes». Dies war der Ort, an dem die Vorführungen stattfanden. Schallwände aus Schaumstoff an einigen Ecken zeigten an, daß man an der Akustik des Raums sehr interessiert war. Eine Grafik-Workstation von Evans and Sutherland mit einem riesigen Farbmonitor nahm den größten Teil eines Arbeitstisches ein. Doch das Glanzstück des Raums war die «Tastatur», eine herrliche elektromechanische Apparatur aus Messing und poliertem Aluminium, deren Inneres sich dem Blick dank eines durchsichtigen Gehäuses darbot. Der Apparat war das Ergebnis von zwölfjährigen Forschungsarbeiten auf dem Gebiet der «Bewegungssteuerung».

Von dem Plastikgehäuse abgesehen, sah die Tastatur für modulare Rückkopplung wie eines jener Instrumente aus, die sich in früheren Jahrhunderten aristokratische Wissenschaftler wie Newton oder Lavoisier von ihren Handwerkern aus Hartholz und Metall hatten anfertigen lassen. Die Tasten hatten die gleiche Größe wie Klaviertasten, und später, als die Forscher das periphere Gerät abnahmen und einen entsprechenden Befehl über die Computertastatur eingaben, fühlten und hörten sich die Tasten in der Tat wie Klaviertasten an. Zum französischen VR-Team, bestehend aus Claude Cadoz, Annie Luciani und Jean-Loup Florens, gehören auch künstlerische Mitarbeiter, unter anderem ein Pianist von Weltruf. Anfangs war ein zusätzliches Gerät mit zwei Fingerringen aus Edelstahl durch Klammern an zwei der Metallta-sten angebracht. Das Gerät sah aus wie ein chirurgisches Instrument. Ich führte dort Daumen und Zeigefinger ein und bewegte sie. Entspre-chend bewegten sich die Ringe. Aus den Lautsprechern kam das Ge-räusch einer ziemlich dilettantisch gestrichenen Violinsaite, und meine Hand übermittelte mir die Information, daß ich gerade einen Geigen-bogen über eine straff gespannte Saite geführt hatte. Das löste eine Re-aktion in mir aus, die selbst die lebhaftesten visuellen Illusionen nicht hatten hervorrufen können.

Es war die gleiche Art instinktiver Reaktion, die mich zuvor in Cha-pel Hill und Cambridge beim Kampf mit den Molekülen im Cyber-space und beim Umrühren des virtuellen Sirups überrascht hatte. Ich sah, daß ich einen Metallapparat hielt. Ich wußte, daß der Ton in Echtzeit künstlich durch Elektronen hervorgerufen wurde, die ir-gendwo in einem Chip herumrasten, aber ich hatte ein Gefühl, als stri-che ich eine Violinsaite an. Ich konnte den Druck des Bogens verän-dern und hören, wie sich der Ton der Geige wandelte. Ich konnte den Bogen kurz und heftig aufsetzen oder ihn langsam über die Saite zie-hen. Das häufig sehr unharmonische Feedback der virtuellen Saiten zeigte, daß ich von dieser Kunst absolut keine Ahnung hatte. Seit ich vor einem Jahr in Margaret Minskys Labor in dem Kübel mit Eiswür-feln und Sirup gerührt hatte, war mir keine so propriozeptiv unter-mauerte Illusion mehr zuteil geworden. Nun wußte ich, warum Mar-garet Minsky mir geraten hatte, Grenoble zu besuchen. Es gibt einen grundlegenden Aspekt in der Beziehung zwischen einem Musiker und einer Geige – einen Aspekt, dem trotz aller Fortschritte, die auf dem Gebiet der audiovisuellen Wiedergabe gemacht worden sind, die Mensch-Computer-Schnittstelle fehlt.

Später sollten weitere Vorführungen folgen. Nachdem ich diese ein-fache Simulation eines Streichinstrumentes erlebt hatte, waren wir alle erst einmal sehr daran interessiert, Informationen auszutauschen, be-vor wir uns wieder in die Welt der «Energiewandler für Bewegungen» und der «instrumentellen Bewegungen» stürzten. Ich hatte genügend gehört und gespürt, um zu wissen, daß diese Leute an einer zukunfts-trächtigen Sache arbeiteten. HMDs sind eine Sache, das Verständnis und die Übermittlung taktiler und propriozeptiver Wahrnehmungen eine ganz andere. Die drei Forscher jedenfalls waren ganz offenkundig überzeugt, daß ihre Sache eine Zukunft hat. Ungern verließen wir die

kühle *Salle de manip* und begaben uns in die Büros der ACROE, wo
eine weiße Tafel stand und farbige Stifte bereitlagen – Lieblingsgeräte
bei Wissenschaftlern in aller Welt. Wie in Tokio und London eilten
Angestellte umher, trugen Papiere zum Kopierer, Videos zum Rekor-
der und Dias ins nächste Fotolabor. Ich ergänzte meine tragbare VR-
Bibliothek durch einige Artikel und Dias der ACROE. ACROE war
ausgestattet mit drei hauptamtlichen Wissenschaftlern, einigen Studenten und Angestellten und einem beträchtlichen Ausmaß an Rechenkapazität. ACROE war eine von mehreren zusammenhängenden Institutionen, die in einem modernen Gebäude in einer alten Stadt an der
Rhône untergebracht waren und sich hinter einer Reihe von Abkürzun-
gen verbargen. ACROE steht für «Association pour la création et la
recherche sur les outils d'expression» (Gesellschaft zur Entwicklung
und Untersuchung künstlerischer Ausdrucksmittel). Die drei hauptamtlichen Wissenschaftler des VR-Teams sind dem französischen Kul-
tusministerium unterstellt, doch geographisch und verwaltungstech-
nisch ist ACROE mit dem Institut IMAG verknüpft, das seinerseits zu
LIFIA gehört.

LIFIA erinnerte mich an ATR, wenn es auch eine Nummer kleiner
war, aber auch in diesem Institut überschnitten sich einige Forschungsbereiche: KI, parallele Vernetzung und neuronale Netze, Mathematik
und Software-Theorie, neue Programmiersprachen, Computermodellierung physikalischer Systeme, computerisierte Sichtsysteme, Robotik
und eine Vielzahl von VR-Projekten, in denen es nicht nur um die
künstliche Erzeugung von Lauten, sondern der Instrumente selbst ging.
Diese Enklave französischer VR-Forschung befindet sich in einer
hübschen alten Stadt. Im Osten ragen die französischen Alpen auf,
während sich der Ort im Tal ausbreitet, zunehmend kosmopolitischen
Charakter annimmt, aber auch leider immer heftiger vom Smog heimgesucht wird. Das französische VR-Programm ist nicht sehr umfangreich, aber eng verbunden mit vielen anderen Forschungsprojekten, die
gerade in letzter Zeit wichtige Beiträge zur VR-Forschung leisten konnten. Das Programm der ACROE ist überdies sehr speziell. Wie sich die
UNC auf Instrumente zur Visualisierung, das Advanced Robotics Research Center auf teleoperierte Fahrzeuge und ATR auf VR als Kommunikationsmedium spezialisieren, so scheinen sich die französischen
Bemühungen auf die *Übertragung von Bewegungen* zu richten, vor allem als Mittel zur Verbindung der menschlichen Augen-Hand-Fertig-

keiten und der Vorstellungskraft mit computerisierten Rendering-Geräten. Virtuelle Orchester und mikrochirurgische Teleroboter gehören dem gleichen Komplex von Forschungsfragen an.

Wie die Wissenschaftler bei ATR betreiben die LIFIA-Leute Grundlagenforschung auf verschiedenen Gebieten, die die Wahrnehmung und Bildverarbeitung sowie die technische Anwendung dieser Erkenntnisse betreffen, zum Beispiel automatische Bilderkennung («handschuhlose VR»). Ungefähr siebzig Personen sind unmittelbar an den Forschungsarbeiten der LIFIA beteiligt, darunter zehn Mitarbeiter, die mit Verwaltungsaufgaben und technischen Arbeiten befaßt sind. Die Sammlung modernster Computer, die langfristige Finanzierung, der Denkfabrik-Charakter, die Unterbringung in einem neuen Gebäude hinter einer alten Steinmauer am Ende einer Straße mit Kopfsteinpflaster mitten in der Altstadt von Grenoble – das alles ließ darauf schließen, daß irgend jemand reichlich Geldmittel zur Verfügung stellte. Es zeigte sich, daß dieser Irgendjemand Europa ist.

Einige Mittel bezog LIFIA von verschiedenen französischen Ministerien, doch etwa siebzig Prozent der Gelder stammten aus Forschungsaufträgen, die ungefähr zur Hälfte größere Programme europäischer Zusammenarbeit betrafen. Das kontinentale Ausmaß und der breite interdisziplinäre Ansatz des LIFIA-Programms erinnerte mich an die Dinge, die ich von Jens Blauert in Santa Barbara erfahren hatte. Er hatte mir von der entstehenden deutschen Telepräsenz-Gemeinschaft berichtet, an der 37 deutsche Wissenschaftler verschiedener Disziplinen beteiligt seien «und einen Großteil ihrer Forschungstätigkeit den Grundlagen der Telepräsenz-Technologie widmen». Blauert, der in Bochum arbeitet, erklärte, bei interdisziplinären Ansätzen wie diesem sei es leichter, europäische als nationale Forschungsmittel zu bekommen. Im Sommer 1990 befand sich die Forschungsgemeinschaft, von der Blauert berichtet hatte, noch im Planungsstadium. Die Forscher hatten ihre Arbeit zwar schon separat aufgenommen, doch der Telepräsenz-Prüfstand war noch nicht so weit gediehen, daß er über ein eigenes Gebäude und ein vollständig ausgerüstetes VR-Labor verfügte.

Das VR-Programm von ACROE ist nicht sehr umfangreich, doch seine Anfänge reichen bis zum Ende der siebziger Jahre zurück, so daß seine Repräsentanten mit Krueger, Brooks, Negroponte und Furness zu den Veteranen des VR-Geschehens zu rechnen sind. Wie es in Japan eine ausgeprägte Tendenz zu geben scheint, die VR als menschliche Schnittstelle für Computer und Kommunikationsmedien zu verwenden, so legt man nach meinem Eindruck in Frankreich großen Wert darauf, die Bewegung mit den visuellen und akustischen Künsten zu verknüpfen. Wie Krueger scheint man hier von der Idee auszugehen, die Interaktion sei ein für Computer einzigartig geeignetes Ausdrucksmittel und Künstler könnten Kunstwerke schaffen, die zugleich Experimente zur Natur der Mensch-Computer-Interaktion seien.

Krueger hat sich mit den gröberen Verhaltensaspekten dieser Interaktion beschäftigt – Haltung und Bewegung der Arme, Hände und Beine. In Grenoble konzentriert man sich auf das, was ein Pianist, ein Geiger oder Maler mit Händen, Augen und Gehirn macht, um etwas Neues zu erschaffen. Damit will man zweierlei erreichen: einerseits den Handlungsspielraum des Künstlers erweitern und andererseits einen geeigneten Rahmen schaffen, um Mensch-Computer-Interaktionen umfassend zu erforschen.

ACROE hatte mit dem Bau kraftreflektierender Geräte zur Tonsynthese 1978 begonnen und war dabei von einem Prinzip ausgegangen, das sich Myron Krueger etwa zur gleichen Zeit in sehr ähnlicher Form zu eigen gemacht hatte: Es war damals bereits gelungen, mit Hilfe von Computern und elektronischen Schaltkreisen künstliche Töne zu erzeugen, die die akustischen Merkmale bekannter Instrumente aufwiesen oder auch völlig neue Klangfarben hervorbrachten. In ähnlicher Weise hatte man die visuelle Dimension erobert und immer wirklichkeitsgetreuere künstliche visuelle Objekte erzeugt. Doch wenige Menschen und nur eine Handvoll Informatiker hatten den Versuch unternommen, Instrumente zu simulieren – das Gefühl nachzuahmen, das man beim Spielen einer Geige oder eines Klaviers hat. Zwar befaßt man sich auch im Media Lab mit dem interaktiven Aspekt virtueller Musikinstrumente, doch kein Institut scheint sein Forschungsprogramm so langfristig angelegt zu haben wie ACROE.

Die Bewegung spielt, wie Krueger angemerkt hat, eine wichtige Rolle in der menschlichen Kommunikation und könnte auch ein bedeutsames Element der Mensch-Computer-Kommunikation werden. Ausgehend von der Überlegung, daß die auf Bewegung beruhende Kommunikation sich bei der Konstruktion von Mensch-Computer-Schnittstellen ganz allgemein zu einer zentralen Frage entwickeln könnte, gingen die Wissenschaftler von ACROE von Anfang an von der Überzeugung aus, daß die Entwicklung neuer künstlerischer Instrumente ein wichtiges und nützliches «treibendes Problem» für die Untersuchung der Bewegungskommunikation («communication gestuelle» heißt es bei ACROE) sei. «Uns ging es nicht nur darum, die Ergonomie der Bewegungssteuerung für die Tonsynthese zu verbessern, sondern um fundamentale neue Erkenntnisse auf dem Gebiet der synthetischen Musik. Zum Schluß wollten wir nicht nur den künstlichen Ton, sondern auch das künstliche *Musikinstrument* erzeugen», erklärte Cadoz.

Für Brooks und sein Team in Chapel Hill ging es unter anderem darum, ein Molekül zu erschaffen, das der Anwender in seiner Hand fühlen kann. Für Furness und die US Air Force war das oberste Ziel, das Überleben des Piloten und des Flugzeugs unter äußerst sinnverwirrenden Bedingungen zu sichern. Margaret Minsky wollte virtuelles Sandpapier herstellen und die taktile Wahrnehmung untersuchen. Bei ACROE bemüht man sich seit mehr als einem Jahrzehnt, virtuelle Geigen zu bauen. 1978 konstruierten Cadoz und Florens ein eindimensionales Gerät, bei dem Motoren Widerstandskraft auf eine Masse ausübten, wenn der Operator diese an einer Stange entlangschob. Er konnte den Widerstand als virtuelles Objekt mit verschiedenen Elastizitätsgraden spüren. Sie untersuchten die Wirkungsweise von Dämpfungskräften, Massen und Federn in einer Dimension und gewannen auf diese Weise eine Vorstellung von den Eigenschaften, die ein Energiewandler für Bewegungen (ein Gerät zur Umwandlung menschlicher Bewegung in Computerdaten) und ein Gerät für taktiles Feedback (ein Gerät zur taktilen Darstellung virtueller Objekte) aufweisen müssen. Die Forscher von ACROE bemühten sich um die Entwicklung eines Apparates, der in der Lage war, *instrumentelle Bewegung*, wie sie es nannten, zu simulieren. Dazu mußten sie außerordentlich kompakte Spezialmotoren konstruieren, die sehr rasch und genau reagieren und trotz ihrer Winzigkeit eine spürbare Leistung erzeugen. In diesem Sonderbereich ihrer Forschungsarbeiten entwickelten sie die patentierten «Scheibenmotoren» – einen für jede Taste, eine Taste für jeden Freiheitsgrad. Anfang der achtziger Jahre bauten sie einen Energiewandler für Bewegungen der zweiten Generation. Für mich sah er mit seinen Zahnrädern, Gegengewichten und winzigen Motoren wie eine Mischung aus Sextant und Kompaß aus.

Doch die Bewegung führte sie in viele Forschungsrichtungen. CORDIS war das Ergebnis ihrer zehnjährigen Bemühungen, für ein extrem leistungsfähiges, kraftempfindendes und kraftreflektierendes Input-Gerät eine Software-Architektur zu entwickeln, die Bewegungsausdruck mit künstlichen Tönen und Bildern verband. Wir gingen wieder in die *Salle de manip*, wo kühle Luft und eine weitere interessante Vorführung auf uns warteten. Sie zeigten mir ein bißchen von ANIMA, der grafischen Manipulationssprache, an der sie fast ebenso lange arbeiteten. Natürlich faszinierten sie die Geschichten vom VPL-Handschuh. Ihr Interesse an den feinen Bewegungen der Fingerspitzen verlangt gewiß nach äußerst empfindlichen Input-Geräten.

Als wir wieder in der kühlen Dunkelheit waren, setzte ich mich in den Vorführstuhl, den bequemen Bürostuhl, in dem man die Reproduktion der Bewegungen am besten sehen, hören und spüren kann. Ich benutzte dasselbe chirurgisch anmutende periphere Gerät, das vorhin als Geigenbogen gedient hatte, um eine komplexe Anordnung kaleidoskopischer Formen der Computergrafik in Echtzeit zu manipulieren. Diese abstrakten, aber faszinierenden Aufgaben zu meistern bereitet ein kindliches Vergnügen, vielleicht ähnlich der Faszination, die Videospiele ausüben. Wenn es Ihnen gelingt, mit Ihrer Fingerfertigkeit einer komplexen visuellen Aufgabe beizukommen, löst das bei Ihnen ein ähnliches, obschon sehr viel schwächeres Gefühl aus, wie es F-15-Piloten erleben müssen, wenn ihre Intelligenz von den Kampf-oder-Flucht-Hormonen hochgekitzelt wird. Solche Aufgaben – die Trennung lebenswichtiger Information von Hintergrundgeräusch, die intelligente Verarbeitung von Wahrnehmungen, rasche Entscheidungen auf der Basis von wechselnden, ungewissen Daten – gehören zu den Dingen, in denen der Mensch im Laufe der Evolution ein hohes Maß an Perfektion erworben hat.

Ihr Ziel, eine virtuelle Geige und einen virtuellen Bogen einem hervorragenden Geiger in die Hand zu geben, veranlaßte sie in diesem Winkel Frankreichs, weitab von den technologischen Zentren der Welt, sich mehr als zwölf Jahre lang mit einer intensiven Software- und Hardware-Entwicklung zu befassen. Ausgehend von den Erfahrungen, die sie mit dem kraftreflektierenden Feedback-Gerät aus dem Jahre 1978 und mit dem Ein-Tasten-System von 1981 gewonnen hatten, konstruierten die ACROE-Leute nach mehr als zehnjähriger Forschungsarbeit schließlich das Instrument, das ich kennengelernt hatte – eine Tastatur, bei der jede Taste einen Freiheitsgrad repräsentieren kann und über die die außerordentlich empfindlichen Finger eines Musikers Informationen mit dem Computer austauschen können.

«Die instrumentelle Bewegung muß perfekt sein», meinte Florens. Ich erinnerte mich an den schrägen Klang meines Bogenstriches. Dies war die propriozeptive Entsprechung des Fotorealismus als Ziel der Computergrafik. Die Spezialmotoren und der empfindliche Mechanismus des Energiewandlers, dazu die Software zur Erzeugung künstlicher Laute und Bilder – das alles diente bei ACROE nicht nur zur Erzeugung «virtueller Musikinstrumente», sondern war auch ein idealer Prüfstand, um das Wesen instrumenteller Bewegungen und die Bewegungsinteraktion zwischen Mensch und Computer auf höchster Ebene zu untersuchen. Warum sollen sie nur virtuelle Instrumente erzeugen, die sich genauso anhören und anfühlen wie ihre echten Vorbilder? Warum nicht virtuelle Instrumente erschaffen, die leisten können, was kein echtes Instrument vermag? Luciani und Cadoz legten ausführlich dar, daß die verallgemeinerten Abstraktionen, die sie entwickelt hatten, um Bewegungen in Bilder und Laute umzuwandeln, sich mühelos auf andere Aufgaben übertragen ließen – etwa um einen Teleroboter zu steuern oder sich einen Weg durch eine taktile virtuelle Welt zu ertasten. Die Tastatur für modulares Feedback wurde der Öffentlichkeit erstmals 1989 vorgestellt, und die Forschungsarbeiten, die sich mit den menschlichen Faktoren des Projektes beschäftigen – den sensomotorischen Fähigkeiten, die den Unterschied zwischen einem Meister und einem Stümper ausmachen –, haben noch kaum begonnen.

Die Forschung und Entwicklung Ende des 20. Jahrhunderts ist eine Mischung aus Kapitalismus, Wissenschaft und Technologie. Entdeckungen und Technologien führen zu Produkten. Die Nachfrage nach Produkten und das Geld, das diese einbringen, treiben die Forschung an, Prinzipien zu entdecken, die zu neuen Technologien und verbesserten Produkten führen. Manchmal wird die entscheidende Forschungsarbeit in riesigen, gut ausgerüsteten Laboratorien geleistet. In anderen Fällen – vor allem wenn die wissenschaftlichen und technologischen Gebiete neu und unerprobt sind und wenn es sich um völlig unbekannte Produkte handelt – wird die Pionierarbeit von kleinen Unternehmen geleistet.

Es gibt genügend Kräfte, die die Entwicklung der VR-Industrie in den neunziger Jahren vorantreiben werden. Wohin die VR uns bringen und zu was für Geschöpfen sie uns im Zuge dieser Entwicklung machen wird, ist eine sehr komplizierte Frage, ein weites Feld für Spekulationen, weil die Antworten auf diese Fragen unsere fundamentalen Eigenschaften als Menschen betreffen – von der Sexualität bis zu unserem Identitätsgefühl.

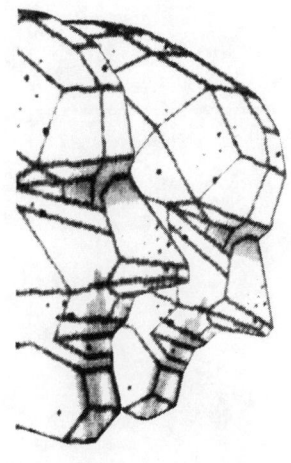

Teil 4
Virtuelle Realität
und die Zukunft

Teledildonics und darüber hinaus

Das erste ganz funktionsfähige Teledildonics-System wird ein Kommunikationsgerät sein, keine Sexmaschine. Die Menschen werden die erotische Telepräsenz-Technologie wahrscheinlich *nicht* verwenden, um sexuelle Erlebnisse mit Maschinen zu haben. In dreißig Jahren, wenn solche Geräte, tragbare und Luxus-Versionen, allgemein verfügbar sein werden, werden die meisten Leute sie benutzen, um sexuelle Erlebnisse mit anderen Menschen zu haben, über größere Entfernungen und in Kombinationen und Konfigurationen, die sich kein präkybernetischer Lüstling träumen läßt. Durch eine Verbindung von VR-Technologie und Telekommunikationsnetzen wird man in bislang ungeahnter Weise zu anderen Menschen – oder ganzen Populationen – körperlichen Kontakt aufnehmen können. So oder ähnlich sehen die Szenarien aus, die man entwirft.

Das Wort «Dildonics» wurde 1974 von dem exzentrischen Computer-Visionär Theodor Nelson (dem Erfinder von Hypertext und Konstrukteur des ältesten unvollendeten Software-Projektes der Welt namens – nomen est omen – «Xanadu») geprägt. Er bezeichnete damit eine Maschine (Patent Nr. 3 875 932), die How Wachspress, ein Computer-Freak aus San Francisco, erfunden hatte und die in der Lage war, Töne in taktile Empfindungen umzuwandeln. Der erotogene Effekt hängt davon ab, an welchen Teil seiner Anatomie der Anwender den taktilen Stimulator anschloß. VR eröffnet die Möglichkeit zu weit raffinierteren Methoden.

Versetzen Sie sich ein paar Jahrzehnte in die Zukunft: Sie ziehen sich für eine heiße Nacht in die virtuellen City an. Bevor Sie in eine bequem ausgepolsterte Kammer klettern und Ihre 3D-Brille aufsetzen, schlüpfen Sie in einen leichten (irgendwann hoffentlich auch durchsichtigen) Ganzkörperanzug, der aussieht wie ein Bodystocking, aber den intimen Sitz eines Kondoms hat. Mit Hilfe einer Technologie, die es noch nicht gibt, ist die Innenseite des Anzugs mit Feldern intelligenter Sensor-Effektoren ausgestattet – einem Netz winziger taktiler Detektoren, die mit Vibratoren verschiedener Härtegrade gekoppelt sind, mehr als hundert von ihnen pro Quadratzentimeter, die ein realistisches Gefühl taktiler Präsenz empfangen und übermitteln können, so wie visuelle und auditive Ausgabegeräte ein realistisches Gefühl visueller und auditiver Präsenz übermitteln.

Sie können mit Ihrer virtuellen Hand einen virtuellen Klotz aufheben, die Finger über seine Oberfläche gleiten lassen und mit Hilfe der Effektoren die Oberfläche und Kanten des Objektes fühlen. Die Kräfte der Effektoren entsprechen denen, auf die Sie treffen würden, wenn Sie mit einem nichtvirtuellen Gegenstand dieser besonderen Form, Schwere und Textur umgingen. Sie können mit Ihrer Wange über (virtuellen) Satin gleiten und den Unterschied spüren, wenn Ihre Wange auf (virtuelles) Fleisch trifft. Oder Sie können etwas Weiches und Biegsames sanft drücken und spüren, wie es sich unter Ihrer Berührung versteift.

Stellen Sie sich nun vor, Sie schließen Ihr gesamtes Telepräsenzsystem für Ton, Sicht und Berührung an das Telefonnetz an. Sie sehen eine lebensechte, aber völlig künstliche visuelle Wiedergabe Ihres eigenen Körpers und desjenigen Ihres Partners. Je nachdem, welche Nummer Sie wählen, welche Paßwörter Sie kennen und was Sie bereit sind zu zahlen (oder im Tausch zu geben oder zu tun), können Sie einen Partner, ein Dutzend, tausend in den verschiedensten Cyberspaces finden, die nicht weiter weg sind als eine Telefonnummer. Sie und Ihr(e) Partner können sich unabhängig im Cyberspace bewegen, Ihre virtuellen Verkörperungen können einander berühren, auch wenn Ihre physischen Leiber durch Kontinente getrennt sein mögen. Sie werden ins Ohr Ihres Partners flüstern, seinen Atem auf Ihrem Hals fühlen. Sie lassen Ihre Hand über das Schlüsselbein Ihres Partners gleiten, und in einer Entfernung von 9000 Kilometern wird eine Anordnung von Effektoren in genau der richtigen Abfolge und genau der richtigen Frequenz aktiviert, so daß die Berührung in genau der von Ihnen gewünschten Weise übermittelt wird. Wenn Ihnen der Verlauf der Begegnung nicht gefällt oder aus irgendeinem Grund Ihre Gegenwart in der echten Realität erforderlich ist, können Sie das Ganze mit einem Handgriff abschalten und Ihr virtuelles Adamskostüm ablegen.

Bevor wir uns der Frage zuwenden, ob sich der Bau und die Benutzung von Teledildonics-Technologie moralisch vertreten läßt, sollten wir zunächst fragen, wie weit der Stand heutiger Technik noch von der Verwirklichung solcher Träume entfernt ist, weil die Antwort nämlich zu lauten scheint: sehr weit. Glasfasernetze werden erforderlich sein, um die große Bandbreite zu bieten, die die taktile Telepräsenz erfordert, möglicherweise auch jene Hybridschaltung und Paketvermittlung, die die NTT in Japan als «Breitband-ISDN» installiert. Der Zufall scheint es zu wollen, daß die Welt aus anderen Gründen mit Glasfaserleitungen vernetzt wird. Die relativ rasche Übermittlung großer Datenmengen von Stadt zu Stadt, Kontinent zu Kontinent oder Hemisphäre zu Hemisphäre wird kein Problem sein. Doch bevor die Barriere der Lichtgeschwindigkeit nicht überwunden ist, schließt die physische Größe des Planeten einen wirklich gleichzeitig erlebten Cyberspace aus. Je weiter Ihr Cyberspace geographisch gestreut ist, desto größer wird die Zeitverzögerung Ihres Systems wahrscheinlich sein. Die Rechenbelastung, die durch ein solches System hervorgerufen wird, ist natürlich ein Problem, gemessen an heutigen Rechenkapazitäten sogar ein unüberwindliches Hindernis. In der Tat liegen die technischen Probleme, die erwarten lassen, daß mit Teledildonics frühestens Anfang bis Mitte des 21. Jahrhunderts zu rechnen sein wird, und nicht schon morgen oder im nächsten Jahr, in der außerordentlichen Leistungsfähigkeit der Computer, die erforderlich sind, um die ungeheuer kumulierenden Rechenaufgaben zu bewältigen, die bei der Kontrolle der unzähligen Sensoren und Effektoren anfallen. Jeder Winkel, jede Ausstülpung, jede Vertiefung und jede Ausbuchtung Ihrer Körperoberfläche wird einen eigenen Prozessor brauchen.

Auch die Energiewandler sind ein echtes Problem. Es wird Jahrzehnte dauern, bis man ein Netz aus jenen taktilen Effektoren entwickelt hat, die winzig, schnell, sicher und leistungsfähig genug sind: Die Vibratoren unserer Tage befinden sich noch im ENIAC-Stadium. Die technischen Probleme beim Bau der Energiewandler, jenem Teil des Systems, das den Menschen das Tasterlebnis des Drückens und Kratzens, Streichelns und Eindringens vermittelt, sind zwar gewaltig, aber bereits Gegenstand intensiver Bemühungen auf drei Kontinenten. Hennequin mit seinen pneumatischen Handschuhen und Johnson mit seiner formspeichernden Legierung sind nicht die einzigen. Auch die Forscher, die mir ihre Geräte bei ATR in Japan vorführten, sind sehr an der Übermittlung von Berührungserlebnissen interessiert. Einige Forscher in Italien haben vielleicht gerade einen wichtigen Fortschritt bei der Entwicklung jener Art intimer Cyber-Gewänder gemacht, die ich oben beschrieben habe. Nach dem folgenden Zitat aus einem Artikel, den Shawna Vogel 1990 unter dem Titel «Smart Skin» (Intelligente Haut) veröffentlicht hat, ist es bereits gelungen, einen sehr primitiven Prototyp eines solchen leichten Netzes aus Sensoren und Effektoren zu entwickeln:

> Ein technisch sehr ausgefeilter Versuch, dieses Ziel zu erreichen, wird gegenwärtig von dem italienischen Ingenieur Danilo de Rossi an der Universität Pisa entwickelt. Nach dem Vorbild der inneren und der äußeren Schicht der menschlichen Haut – Korium und Epidermis – hat er eine künstliche Haut konstruiert. Sein flexibles, aus mehreren Schichten bestehendes Produkt hat sogar die gleiche Dicke wie die menschliche Haut – etwa die eines Zehn-Cent-Stücks.
>
> De Rossis künstliches Korium besteht aus einem wäßrigen, leitfähigen Gel zwischen zwei Elektroden-Schichten. Diese messen den elektrischen Strom, der durch die geleeartige Schicht fließt. Wie ihr natürliches Vorbild beim Menschen registriert auch das künstliche Korium den Druck, den ein Gegenstand auf es ausübt. Da der Druck das Gel verformt, verändert sich die Spannung zwischen den Elektroden. Je stärker der Druck eines Gegenstandes ist, desto intensiver die Information. Durch Kontrolle der Spannungsveränderungen könnte ein hautverkleideter Roboter auf diese Weise zwischen einem Gummiball und einem Stein unterscheiden.
>
> Um die feineren Einzelheiten der Oberflächenstruktur zu erfassen, hat de Rossi eine epidermische Schicht sensorbestückter Plastikfolien entwickelt, die er zwischen zwei Gummihäute legt. Die Sensoren sind stecknadelkopfgroße Scheiben aus piezoelektrischen Substanzen, die eine elektrische Ladung abgeben, wenn sie Druck ausgesetzt sind. Diese Scheiben können Texturen erfassen, die so fein sind wie die Höcker auf einem Blatt mit Blindenschrift.

Es sind Forschungsarbeiten dieser Art, die zum Ausgangspunkt für VR-beflügelte Sexphantasien werden. Verkabeln Sie eine erheblich weiter entwickelte Version der «intelligenten Haut» mit hinreichend hoher Rechenkapazität, entsprechend konstruierter Software, irgendeinem Effektor-System sowie einem Breitband-Datennetz mit hoher Datenübertragungsrate – und Sie haben ein Teledildonics-System. Das Gerät, an das ich dabei denke, ist weit mehr als ein raffinierter Vibrator, aber ich glaube, man sollte den alten Namen beibehalten. Eine korrektere Bezeichnung der Technologie wäre «interaktive taktile Telepräsenz».

Viele finden den Gedanken, daß die Technik auch noch die sexuellen Lebensäußerungen annektieren könnte, abstoßend. Der Computer-Ethiker Joseph Weizenbaum, Autor des Buches «Die Macht der Computer und die Ohnmacht der Vernunft», würde diesen Gedanken sicherlich antihuman nennen. Vielleicht ist er das auch. Wir müssen über die moralischen Vorbehalte der wenigen sehr skeptischen Propheten lange und eingehend nachdenken. Andererseits gibt es keinen Zweifel daran, daß die Menschen überall in der Welt von diesen Aussichten fasziniert sind. Warum auch nicht? Zeitgenössische Philosophen haben dargelegt, daß die menschliche Kultur einem Prozeß zunehmender Mechanisierung unterworfen ist und daß die künftigen Ausdrucksformen unserer Sexualität zu einem Ort kultureller Kollisionen von ungeheuren Ausmaßen werden könnten.

Denken wir nur an ein paar der Grundeinstellungen, die sich verändern dürften, wenn Teledildonics möglich wird. Wenn eines Tages jeder so schön, so gesund, so sexy aussehen kann, so begehrenswert wie jeder andere, welche Form wird dann die neue Semiotik der Partnersuche annehmen? Was wird erotische Bedeutung besitzen? Im Bereich sexuell-kultureller Kodierung ist es höchst aufschlußreich, wie die Menschen andere Formen elektronischer Nachrichtentechnik benutzen, um sich künstliche erotische Erlebnisse zu verschaffen. Solche Hinweise könnte beispielsweise der «Telefon-Sex» liefern. Dort zahlt der Kunde für die Anzahl der Minuten, in denen er sich über sexuell besetzte Themen seiner Wahl mit einem Menschen des Geschlechtes seiner Wahl unterhält.

Die weiterreichenden sozialen Effekte des Techno-Sex könnten sich als revolutionär erweisen. Wenn uns die Technik ermöglicht, höchste sexuelle Lust oder tiefste körperliche, soziale und emotionale Vereinigung mit einem anderen Menschen zu erleben, ohne daß die geringste Angst vor Schwangerschaft oder sexuell übertragbaren Krankheiten vorhanden ist, was wird dann aus der überkommenen Moral, was wird aus den gesellschaftlichen Riten und kulturellen Codes, die nur existieren, um dieser Moral Nachdruck zu verleihen? Ist Entkörperlichung die extremste Form der sexuellen Revolution und/oder der erste Schritt zur Aufgabe unserer Körper? Immer wenn ich mir die Milliarden Erdlinge in der Zukunft vorstelle, wie sie alle an ihren häuslichen VR-Systemen hängen, kommt mir E. M. Forsters Zerrbild einer Zukunft in den Sinn, in der die Menschen Gefangene ihrer Zellen sind, fasziniert von ihren Medien und sich noch nicht einmal bewußt, daß es die Möglichkeit körperlichen Entkommens gibt. Und dann denke ich, daß wir uns davor hüten sollten, die Zukunft durch die moralische Brille der Gegenwart zu betrachten: In einer Welt, in der es zehn Milliarden Menschen geben wird, ist der Cyberspace vielleicht kein schlechter Ort, um dem größten Teil der Bevölkerung den größten Teil der Zeit über relatives Glück zu ermöglichen.

Kehren wir zu den heute kaum vorstellbaren Konsequenzen des Tele-Sex zurück. Wenn Sie Ihre Hände mit den Füßen Ihres virtuellen Widergängers verkabeln und mit Ihren Fingern den Spaziergang durch den Cyberspace absolvieren können, wie es auf primitive Weise schon mit der heutigen Technologie möglich ist, dann gibt es keinen Grund zu der Annahme, daß man eines Tages nicht in der Lage sein wird, die genitalen Effektoren mit den Handsensoren zu verkabeln, so daß man beim Händeschütteln direkten Genitalkontakt hat. Was wird aus den sozialen Berührungen werden, wenn niemand mehr weiß, wo die erogenen Zonen des anderen lokalisiert sind?

Privatsphäre, Identität und Intimität werden sich auf das engste zu einem Phänomen verbinden, für das wir heute noch keine Bezeichnung haben. In Unix-Computersystemen, wie sie etwa von den Host-Computern des WorldNet verwendet werden, lassen sich Dateien (Dokumente, Datenbanken, Grafiken, digitalisierte Töne sowie Programme) und verschiedene Kategorien von Anwendern, die Zugriff zu diesen Dateien haben, durch ein «Erlaubnissystem» zu fein verästelten Hierarchien anordnen. Man versteckt die Informationen hinter verschlüsselten Türen, die nur öffnen kann, wer den Schlüssel kennt. Die heutigen Unix-Systeme haben häufig öffentlich zugängliche Datenbereiche, in der jeder mit Zugang zum Computersystem den Schlüssel besitzt (eine Geheimkombination von Zahlen, Buchstaben und Interpunktionszeichen), um diese Dateien zu lesen und zu kopieren. Dann gibt es aber auch private Bereiche, zu denen nur eine kleine Gruppe von

Eingeweihten oder Vertrauten den Schlüssel besitzt. Wenn sich der Cyberspace eines Tages mit Parallelgeschöpfen bevölkert, wird Ihre öffentlichste Verkörperung – so wie Sie möchten, daß die Welt Sie sieht – nach Unix-Begriffen die «universell lesbare» Version sein. Wenn Sie beschließen, sich einer Gruppe von Kollegen oder Freunden anzuschließen, oder wenn Sie mit einem einzelnen Menschen oder einer Gruppe intimste Informationen austauschen möchten, werden Sie die Paßwörter bekanntgeben, die den Zugriff auf Ihre privateste Identität gestatten. Vielleicht wird es den Menschen eines Tages weniger intim erscheinen, ihre genitalen Empfindungen auszutauschen, als die Datenstrukturen ihrer innersten Selbstdarstellungen preiszugeben.

Mögliche sozialpsychologische Auswirkungen heutiger VR-Technologien hat schon vor dreißig Jahren Marshall McLuhan in seinem Buch «Die magischen Kanäle: Understanding Media» äußerst hellsichtig vorausgesehen. Seine Überlegungen scheinen auf die neunziger Jahre besser zuzutreffen als auf die Zeit, in der sie veröffentlicht wurden. Doch künftige Nutzungen des Cyberspace werden in Gebiete vordringen, die McLuhan beim besten Willen nicht erahnen konnte. Angesichts so vieler Ebenen eingeschränkten Zugriffs zu Selbstdarstellungen, die von Ebene zu Ebene möglicherweise höchst unterschiedlich ausfallen, was geschieht da mit dem Selbst, dem Ich? Wo ist die Identität angesiedelt? Was für neue Bedeutungen werden «Intimität» und «Moral» gewinnen? Und wenn unsere informationsverarbeitenden Geräte und unsere Körperempfindungen so eng «verflochten» sind, wie Theodore Nelson es ausdrücken würde, werden wir unsere Kommunikationsapparate dann als Sachen oder als Teil unserer selbst betrachten?

Ist die Neugierde in bezug auf Teledildonics befriedigt, interessiert die meisten Menschen und alle Journalisten an der Virtuellen Realität vor allem die Frage, ob die neue Technologie möglicherweise eine Form von «elektronischem LSD» werden könnte. Beginnt man sich mit der Frage auseinanderzusetzen, die Gründe zu untersuchen, die so häufig genannt werden, entrollt sich ein Faden. Folgt man ihm, so befindet man sich plötzlich auf schattigen Wegen, die tief in das kollektive Unbewußte der uralten Drogenkultur hineinführen. Wenn man dabei Ariadnes Ausdauer beweist, gelangt man schließlich nach Lascaux, dem fernen Ursprung aller VR-Technologie und aller intelligenzverstärkenden Instrumente.

«Wird Virtuelle Realität elektronisches LSD sein?» Wörtlich habe ich diese Frage bei jeder VR-Podiumsdiskussion und öffentlichen Vorführung gehört, die ich in dem Zeitraum 1989/90 besucht habe. Ich habe die Frage selbst gestellt, bevor ich noch die geringsten Erfahrungen mit dem Cyberspace gemacht hatte. Es ist eine gute Frage, aber nicht die einzige und bei weitem nicht die wichtigste. Sie scheint aber einen sehr empfindlichen kulturellen und politischen Punkt zu treffen. So fing ich an, mich zu fragen, warum ein Problem, das zwar interessant, aber doch von relativ nebensächlicher Bedeutung ist, sich immer und immer wieder in den Vordergrund drängt, obwohl es so viele andere, interessantere Fragen zu stellen gibt. Sex und Drogen mögen ja schrecklich sein, aber es gibt doch vieles mehr als nur diese beiden Punkte.

Zunächst einmal möchte ich feststellen, daß es keine unvernünftige Spekulation ist. Nur an der unverhältnismäßigen Aufmerksamkeit, die dieser Spekulation angesichts der potentiellen Auswirkungen der VR-Technologie geschenkt wird, zeigt sich, daß wir es hier mit einer unterdrückten Neurose unserer Kultur zu tun haben.

Zweifellos kann jede Technik, die sich nachhaltig auf die menschlichen Wahrnehmungen auswirkt, Trance- und Rauschzustände hervorrufen, ekstatische Verfassungen auslösen oder das Denken beeinflussen. Damit will ich jedoch nicht sagen, daß es einfach ist, ein elektronisches Eleusis oder einen digitalen Gehirnwäscher zu konstruieren. Technisch gesehen dürften wir dem Tele-Sex näher sein als dem VR-Trip. Doch ich habe das Gefühl, daß diese finsterste Spielart der vielen VR-Spekulationen die Presse auch weiterhin mit unwiderstehlicher semiotischer Kraft anziehen wird. Timothy Leary und LSD waren 1990 weniger ein Mensch und eine bewußtseinsverändernde Substanz als vielmehr stark besetzte Zeichen und Symbole für all das, wovor die amerikanische Nation in ihrem Unterbewußtsein Angst hat.

Merkwürdigerweise sprechen nur wenige Menschen von einer Perspektive, die Grund für eine viel berechtigtere Befürchtung zu geben scheint – daß die VR nämlich die Menschen so abhängig machen, ihre Energie so untergraben und sie so verdummen könnte wie das *Fernsehen*, die «Droge aus der Steckdose», die der durchschnittliche Amerikaner mehr als sieben Stunden pro Tag auf sich einwirken läßt, und zwar zum Profit derer, die es geschafft haben, sich die Kontrolle über das Medium zu sichern. Trotzdem erliegen Journalisten und Kommentatoren, ich selber nicht ausgenommen, immer wieder der Faszination des Ausdrucks «elektronisches LSD». Das ist Wortmagie.

Sicher, es wird Sex, Drugs und sogar Rock 'n' Roll in der Zukunft der VR-Technologie geben. Das gleiche ließe sich von den Printmedien sagen. Wir dürfen technisch bedingte Veränderungen in unserer Kultur nicht ignorieren, weil sie zeitgenössische Tabus unserer Gesellschaft verletzen. Andererseits darf die Beschäftigung mit ihnen auch nicht zwanghaft werden.

Nicht wenn gleichzeitig die militärische Entwicklung ferngesteuerter tödlicher Waffen mit allen Kräften vorangetrieben wird. Die Anwendung der Telerobotik auf die Waffentechnik findet seit einiger Zeit reges Interesse in vielen militärischen Bereichen. Wie verwirrend die Situation manchmal ist, zeigt der Umstand, daß die Forscher, die bemüht sind, die Telepräsenz zur Rettung von Leben einzusetzen, direkt von den Erkenntnissen profitieren, die militärische Teleoperationsforscher gewonnen haben.

Ich beschloß, auf meiner Rückreise von Japan in Honolulu haltzumachen, weil ich gern einen Blick auf den «Green Man» werfen wollte. Es hieß, er befinde sich auf der windwärts gelegenen Seite von Oahu, einen Kanonenschuß weit von einer Lagune entfernt, wo Delphine für Unterwasser-Sprengeinsätze trainiert werden. Der anthropomorphe Teleroboter der US Navy – «Green Man» genannt, obwohl er die Farbe von poliertem Aluminium und Edelstahl besitzt – befand sich leider nicht auf der Insel. Er besuchte eine Konferenz in Utah, als ich auf Hawaii war. Doch dafür konnte ich einen Jeep in Augenschein nehmen, der statt mit einem menschlichen Fahrer mit binokularen Fernsehkameras und Roboterarmen ausgestattet war. Hinter dem Roboter-Fahrer des Teleoperated Land Vehicle und mit ihm verbunden befindet sich eine große Trommel mit Glasfaserkabel, das sich beim Einsatz auf einer Länge bis zu dreihundert Kilometern entrollen kann. Am anderen Ende des Kabels ist das Steuerfahrzeug mit dem menschlichen Fahrer. Er erblickt eine Stereoversion all dessen, was der Roboter sieht, er bewegt die Roboterkameras, indem er einfach den Kopf dreht, und vermutlich betätigt er auch den Auslöser des 50-mm-Maschinengewehrs, das vor der Kabeltrommel angebracht ist.

Ich wußte, daß die Air Force führend in der Entwicklung von HMDs für Düsenjägerpiloten war und daß sich die Navy für teleoperierte

Fahrzeuge interessierte, seit sie auf die Suche nach thermonuklearen Sprengköpfen gehen mußte, die eine B-52 versehentlich verloren hatte. In Seattle hatte ich einen der Knoten von SIMNET gesehen, dem globalen Kriegsspiel-Simulator. Doch nichts ist so geeignet, einem die Bedeutung militärischer Teleoperatoren vor Augen zu führen, wie ein Maschinengewehr vom Kaliber 50 und ein Roboter-Fahrer.

Wie in vielen anderen Bereichen der Computertechnologie waren militärische Bedürfnisse und Forschungsarbeiten, die vom Verteidigungsministerium finanziert wurden, die wichtigsten Triebkräfte für die Entwicklung der Teleoperator-Technologie. Durlach vom MIT möchte herausfinden, wo die Grenzen der menschlichen Natur liegen. Tachi in Tsukuba, Leifer in Stanford, Hennequin in London versuchen Teleoperator-Systeme für Behinderte zu entwickeln. Robert Stone in Manchester ist bemüht, einen Teleoperator für die Feuerbekämpfung zu konstruieren. Doch die erste bedeutende Finanzspritze bekam die Entwicklung der Teleoperatoren, als zwei thermonuklear bestückte Raketen in einem Tiefseegraben landeten. Augenblicklich nahmen Forscher der US Navy die Arbeit an einem Sofortprogramm auf, das großzügig mit Finanzmitteln und Personal ausgestattet war. Ihre Aufgabe war es, Mittel und Wege zu finden, einen Unterwasser-Roboter in der Tiefe dazu zu bringen, ein Tau an diesen Raketen zu befestigen. Wenn man versucht, mit dem Roboterarm eines Teleoperators einen Schraubenschlüssel zu ergreifen und den Zünder eines thermonuklearen Sprengkopfes in der Tiefe des Ozeans zu entschärfen, so ist es eine große Hilfe, wenn man ein Gefühl für die Werkzeuge hat. Dieser Aktion verdankt das Naval Ocean System Center (NOSC) in Hawaii seinen Ruf als Zentrum modernster Teleoperator-Forschung.

Auf der Konferenz in Santa Barbara über menschliche Schnittstellen für Teleoperatoren hat Walter Aviles ein amüsantes Videoband vom freibeweglichen Fahrzeug des NOSC vorgeführt. Ein Maschinengewehr war nicht montiert, aber man sah den Roboter mit den binokularen Kameras im Fahrersitz. Offenbar hatte der Operator, der ein Hochleistungs-HMD im NOSC aufhatte, das Fahrzeug bis an die Grenze des NOSC-Geländes gelenkt. Eine Frau, die auf einer an das Testgebiet des Roboter-Fahrzeuges angrenzenden Straße joggte und die anscheinend nicht wußte, daß es sich um eine streng geheime Forschungseinrichtung handelt, war äußerst verblüfft, als sie den Roboter-Fahrer erblickte. Der Operator, der viele Kilometer entfernt in ein Mikrofon sprach, bat die Frau, etwas näher zu treten. Sie hielt mit Laufen inne und kam heran. Der Operator erklärte, er spreche einen Kilometer entfernt aus einem Gebäude mit ihr. Die Unbekannte blickte den Roboter an, schüttelte skeptisch den Kopf und lief weiter.

Bei meinem Besuch in Japan hatte Susumu Tachi mit großer Hochachtung vom NOSC gesprochen. Deshalb änderte ich meinen Reiseplan und legte auf dem Rückflug einen Stop von 24 Stunden in Oahu ein.

Wie gesagt: Leider war gerade zu diesem Zeitpunkt der ganze «Green Man» in Salt Lake City, wo Aviles ein wissenschaftliches Treffen mit Jacobsons Team an der University of Utah hatte – der Arbeitsgruppe, die den «Utah-Arm» entwickelt hatte, den modernsten künstlichen Arm für prothetische Zwecke. Wieder zeigt sich die schicksalhafte Verbindung zwischen Prothesen und Waffentechnik: Man kann schwache Menschen stark und starke Menschen tödlich gefährlich machen, indem man mit Hilfe der Telepräsenz den Helm eines Roboters mit den perzeptiven und kognitiven Fähigkeiten eines Menschen ausstattet. Ob der Roboter einen Dolch oder ein Skalpell führt, ist eine Frage der menschlichen Absichten, nicht der mechanischen Fähigkeiten. Der «Green Man» ist in seinen Bewegungen, wenn auch nicht in seinem Erscheinungsbild, so menschenähnlich, wie sich das beim gegenwärtigen Stand der Technik erreichen läßt. Filme, die ihn in Aktion zeigen, wirken geradezu unheimlich. Der Operator setzt sein HMD auf und trägt ein Geschirr, das die Arme, Hände und Finger als leichtes Exoskelett umschließt. Wie eine Kobra, die nach der Pfeife eines Schlangenbeschwörers tanzt, ahmt der «Green Man» fast gleichzeitig jede Bewegung des Operators mit nachtwandlerischer Sicherheit nach. Man weiß, es ist eine Maschine, doch sie bewegt sich in einer Weise, wie man sie nur von Menschen kennt. Ich habe das Labor gesehen, das HMD aufgesetzt, aber der Teleoperator war nicht da.

«Leistungsbewertung im Bereich der Telepräsenz», erklärte Hugh Spain mir, als ich ihn nach seinem Spezialgebiet fragte. «Wir wollen die Grundlagen für die künftige Konstruktion von Teleoperator-Systemen schaffen.»

«Was für Aufgaben können Ihre Systeme gegenwärtig bewältigen?» fragte ich.

«Sie können eine Zehner-Mutter auf einen Bolzen schrauben, eine Glühlampe eindrehen, ein Stück Käse von einer Mausefalle nehmen, einen Nagel mit dem Hammer einschlagen, einen Tennisball auf einem Schläger hüpfen lassen», erwiderte er. Später zeigte er mir ein Videoband, auf dem Teleoperatoren alle diese Aufgaben erledigten, die für Menschen leicht sind, für Maschinen schwer und für Teleoperatoren weder ganz leicht noch ganz schwer.

Spain, liebenswürdig und gastfreundlich, im üblichen Freizeit-Look der Hawaiianer, ging kaum auf militärische Anwendungen ein, obwohl sie nicht zu übersehen waren. Wir begaben uns in ein anderes Gebäude, wo ich ein HMD aufsetzte und einen Roboterarm bei einer der üblichen Spielbrett-Aufgaben lenkte. Spielbretter sind die Standardtests für Teleoperatoren. Eine fast identische Versuchsanordnung habe ich in der Anlage der British Atomic Energy Commission in Didcot gesehen. Auf unserem Rundgang zum Testen der teleoperierten Geräte kamen Spain und ich auch durch eine Nissenhütte, in der ich das teleoperierte Fahrzeug sah. Die Vorstellung von einem VR-Krieg gewinnt eine ganz neue Bedeutung, wenn man in die Mündung eines Maschinengewehrs auf einem Beifahrersitz blickt. Spain folgte meinem Blick.

«Halbautonome Waffen sind ein heikles politisches Thema», sagte er. Selbst mit dem vorgestellten «halb» könnte das Konzept der «autonomen Waffen» – «Robotersoldaten» – ein heißes politisches Eisen werden, wenn genügend Leute davon Wind bekämen und es auf die Tagesordnung brächten. Spain war nach meinem Eindruck ebenso aufrichtig am Fortschritt der Teleoperator-Technologie interessiert wie Tachi und andere, und seine Veröffentlichungen sind höchst seriöse Beiträge zur wissenschaftlichen Literatur. Er scheint ein außerordentlich netter Bursche zu sein. Und viele Leute, die High-Tech-Waffensysteme entwickeln, haben mir entgegengehalten, es sei eben diese technische Überlegenheit, die die Sowjetunion dazu bewogen habe, sich zu beträchtlichen Abrüstungsmaßnahmen bereit zu erklären. Trotzdem wurde mir beim Anblick dieses teleoperierten Geschützwagens ganz anders zumute.

Als ich die mit einem Teleoperator ausgestattete Version des High-Mobility Multipurpose Wheeled Vehicle betrachtete, erinnerte ich mich an eine Vorführung, die ich vor einigen Monaten gesehen hatte: SIMNET. Als ich in Seattle das HITLab besichtigte, war einer der Leute, die sich in dem gerade entstehenden Institut von Furness um eine Stellung bewarben, ein Grafikprogrammierer der Niederlassung von

Bolt, Beranek & Newman (BB & N) in Seattle. Er arbeitete für das Verteidigungsministerium an einer Sache, die «SIMNET» hieß. BB & N war an der Erfindung der ersten Computernetze beteiligt, und die Firma ist noch immer einer der wichtigsten Zulieferer von DARPA. Ich beschloß, ihnen einen Besuch abzustatten und mich mit dem Stand der militärischen Simulation vertraut zu machen. Was ich zu sehen bekam, war damals beeindruckend und offenbar nicht besonders gefährlich in seinen Konsequenzen, gewann jedoch eine völlig neue Bedeutung, als ich den Roboter-Geschützwagen bei NOSC erblickte und als ich von «Ender's game» und vom Kriegsszenario für Videospiele erfuhr.

SIMNET ist ein Projekt, das von der Defense Advanced Research Projects Agency finanziert wird und das über 200 Panzersimulatoren verfügt, die sich in Deutschland, Washington (D. C.), Fort Knox (Kentucky) und einigen anderen Orten befinden. Obwohl sie geographisch über den ganzen Erdball verteilt sind, können diese über Telekommunikationsleitungen verbundenen Simulatoren auf einem gemeinsamen virtuellen Schlachtfeld miteinander in Echtzeit interagieren. Mit Hilfe der schnellsten Datenleitungen von MILNET, der modernen militärischen Version des ursprünglichen ARPA-Netzes, kann man mit diesen Vier-Personen-Simulatoren ein ganzes Kriegsspiel im Cyberspace veranstalten. Die Panzersimulatoren sehen aus und fühlen sich an wie das Innere von M1-Panzern, und durch die Luken erblickt man, was die Panzerbesetzung von einem Schlachtfeld wahrnehmen würde, nur daß dieses Schlachtfeld eine hochauflösende Computersimulation ist. Die Bank für die Geländedaten der Simulationen zeigte, wie ich sehen konnte, die Umgebungen von Fort Knox, wo man solche Scheinschlachten gerne stattfinden läßt. Man kann sicherlich auch die Datenbank für Schlachten im Nahen Osten und andere mögliche Schauplätze des Panzerkriegs laden. Die übrigen Panzer, die während einer SIMNET-Sitzung zu sehen sind, werden in Echtzeit von anderen Panzerbesatzungen gesteuert, die vier Meter oder den halben Erdball entfernt sein können. Auch der Anblick des Schlachtfeldes verändert sich mit den Bewegungen des Panzers in Echtzeit.

Wenn eine feindliche Besatzung genau zielt und zum rechten Zeitpunkt feuert und wenn es der Panzerbesatzung, der die Rakete oder die Granate gilt, nicht gelingt auszuweichen, ist der getroffene Panzer außer Gefecht. Die anderen Teilnehmer an einer solchen Schlacht, in erster Linie Panzer vernichtende Hubschrauber und sehr schnelle

Kampfbomber, können mit Hilfe eigener Simulatoren ebenfalls teilnehmen. Bedenkt man, wie teuer die Ausbildung von Soldaten in richtigen Manövern ist und daß die Kosten für Rechnerkapazitäten stetig
zurückgehen, so ist SIMNET eine wirtschaftliche Alternative. Und wie
die VR-Piloten, die Furness' Testsystem ausprobiert haben, machte
auch den Mitgliedern der Panzerbesatzungen diese Form der Ausbildung einen Heidenspaß. Eine Besatzung kann nicht nur gegen Hunderte anderer Besatzungen in Echtzeit antreten, sondern auch gegen
«halbautomatische gegnerische Kräfte» spielen. Videospiele für echte
Soldaten.

Massenvernichtungswaffen lassen sich in der heutigen Technologie
leider häufig nicht mehr von lebensrettenden Geräten unterscheiden:
Ein ferngesteuertes Fahrzeug, das in das Gebäude eindringen und die
Bewohner retten kann, ist ebenso leicht in der Lage, sie zu töten. Die
Frage lautet nicht, ob man solche Forschungsarbeiten verhindern
kann, sondern ob sich die militärische Entwicklung der Telepräsenz
kontrollieren läßt, so wie man ja auch gewisse Anstrengungen unternimmt, die Weitergabe von Kernwaffen, die Entwicklung chemischer
und biologischer Waffen und andere potentiell gefährliche Technologien zu kontrollieren. Natürlich ist auch die Frage, wie weit man die
Kriegsführung automatisieren soll, ein politisch höchst brisantes
Thema. Es wäre schon eine merkwürdige Ironie, würde die öffentliche
Furcht vor den Möglichkeiten von Teledildonics und elektronischem
LSD die Auseinandersetzung über die VR-Technologie beherrschen,
während die Entwicklung viel gefährlicherer und viel wahrscheinliche-
rer halbautonomer Waffensysteme ohne jede Diskussion vonstatten
ginge.

Die zunehmende Verwendung von Robotern in der Fertigung
könnte die Entwicklung der Teleoperation im wirtschaftlichen Bereich
vorantreiben, wobei man möglicherweise Ergebnisse der militärischen
Forschung auf den zivilen Sektor übertragen würde. Auch in der
Wissenschaft wird die Teleoperator-Technik sicherlich sehr intensiv
ausgebaut werden, weil sensorbestückte Teleoperatoren in Umwelten
eindringen können, die für Menschen gefährlich oder unzugänglich
sind. Die «phantastischen Reisen» in der Medizin, wie sie etwa Thomas
Furness beschreibt, sind eine weitere Möglichkeit, teleoperierte Fahrzeuge zum Nutzen der Menschheit einzusetzen. Ich hörte von zwei
Gruppen – leider lernte ich sie nicht persönlich kennen –, die gegenwär-

tig an solchen Technologien arbeiten. Mit ihrer Hilfe lassen sich eines Tages vielleicht teleoperierte Mikroroboter konstruieren, die durch die menschliche Blutbahn schwimmen und im Körper chirurgische Eingriffe vornehmen können. Yotaro Hatamura und Hiroshi Miroshita berichten in ihrem Papier «Direct Coupling System Between Nanometer World and Human World» (Direktes Kopplungssystem zwischen der Nanometerwelt und der menschlichen Welt), daß sie eines der leistungsfähigsten Geräte zur Erfassung winzigster Abstände, das Raster-Elektronenmikroskop, zur Erzeugung von Stereobildern der submikroskopischen Welt verwenden, die sie außerdem mit außerordentlich empfindlichen Kraftsensoren erfassen.

Tele-Nanoroboter (die Vorsilbe «nano», milliardstel, bezeichnet Größenordnungen der molekularen Ebene, während «mikro» für die gröbere zellulare Ebene steht) könnten als Sondierungsgeräte in der Grundlagenforschung Anwendung finden. Einer Arbeitsgruppe bei IBM in Yorktown Heights ist es gelungen, ein Raster-Tunnelmikroskop mit einem Teleoperator und einer kraftreflektierenden Scheibe zu verbinden, die es dem Operator ermöglicht, die Oberfläche von Atomen mit den Fingerspitzen zu erfühlen. 1990 veröffentlichte das IBM-Team einen Bericht mit dem Titel «Toward a Tele-Nanorobotic Manipulation System with Atomic Scale Force Feedback and Motion Resolution» (Entwicklung eines tele-nanorobotischen Manipulationssystems mit Kraftrückkopplung und Bewegungsauflösung auf atomarer Ebene). Die Revolutionen, die sich aus neuen Technologien auf der Mikro- und Nano-Ebene ergeben könnten, gehören nicht mehr in den Rahmen dieses Buches. Doch wenn sich eines Tages die Mikro- und Nanorobotik richtig entfaltet, wird die Teleoperation dabei eine wichtige Rolle spielen. Hier zeichnet sich eine weitere Konvergenz ab.

Computer können ideale Werkzeuge zur Verstärkung menschlicher Fähigkeiten sein, die Computerisierung kann aber auch zu einem seelenlosen Prozeß der Entfremdung werden. Ist die Virtuelle Realität die höchste Form der Entfremdung, oder kann sie dazu dienen, einen Teil der Entfremdung wieder rückgängig zu machen, die infolge der Computerisierung bereits eingetreten ist? Nehmen wir die Fälle, in denen die *Beschaffenheit der Computer-Schnittstelle* und nicht die Verwendung des Computers selbst die Menschen der wahren Natur ihrer Arbeit entfremdet hat. Der weltweite Prozeß der Computerisierung läßt sich nicht mehr aufhalten. Doch die Art und Weise, wie wir mit der uns umgebenden Computerwelt umgehen, ist unserer Kontrolle nicht gänzlich entzogen. Die wirtschaftlichen Vorteile der Computerisierung werden dafür sorgen, daß am Arbeitsplatz ständig neue computervermittelte oder computergesteuerte Systeme eingesetzt werden. Die entfremdenden Auswirkungen der Schnittstelle – des Ortes, an dem Menschen Kontakt zu ihren Aufgaben bekommen – ist ein Bereich von menschlicher und wirtschaftlicher Bedeutung, in dem die VR-Technologie paradoxerweise dafür sorgen könnte, daß die Menschen wieder eine direktere Beziehung zu ihrer Arbeit bekommen.

Die Industrie – die Koordination von Materie, Energie und menschlicher Arbeit für die Produktion der zehntausend Erzeugnisse und Energien, die für das moderne Leben unverzichtbar zu sein scheinen – ist ein Gebiet, auf dem die VR-Technologie, auf die richtige Weise eingesetzt, große Wirkung erzielen könnte. Und in der Regel vollzieht sich die Entwicklung geeigneter Instrumente und Geräte sehr rasch, wenn sich herausstellt, daß sie sich in einem kostenaufwendigen oder unter großem Konkurrenzdruck stehenden Wirtschaftszweig als nützlich erweisen. Das Design – gewissermaßen die «Vorderseite» des Industriesystems – ist eine Disziplin, in der dreidimensionale visuelle Immersion, Telepräsenz und die Fähigkeit, mit konkreten Design-Daten umzugehen, indem man die Hand ausstreckt und virtuelle Objekte berührt, so massive Konkurrenzvorteile bringen könnten, daß die Virtuelle Realität sehr rasch als CAD-Schnittstelle eingeführt wird. Es gibt Bereiche im «Hintergrund» der Industrieproduktion – dort, wo beispielsweise der Umgang mit geschmolzenem Metall oder ätzenden Chemikalien notwendig wird –, in denen sich ähnlich wirkungsvolle Anwendungsmöglichkeiten finden lassen dürften.

Die Steuerung industrieller Prozesse steht zwar nicht im Vordergrund des Interesses, ist aber ein ökonomisch äußerst wichtiger Bereich, in dem die Einführung von Computern merkwürdige Auswirkungen hat und in dem sich eine VR-Schnittstelle sehr positiv bemerkbar machen könnte.

Prozeßsteuerung ist irgendwo zwischen Wissenschaft und Kunst angesiedelt. Es geht ihr um ein empfindliches, sehr wichtiges und häufig gefährliches Zusammenspiel von Menschen und Maschinen. Obwohl die Leute, die nicht unmittelbar mit der Prozeßsteuerung zu tun haben, sich kaum um sie kümmern, sind ihre Ergebnisse doch sehr wichtig für

viele Lebensbereiche, von den Papiermühlen, die das Zeitungspapier
für unsere Morgenblätter herstellen, bis hin zu den Erdölraffinerien,
die unsere Autos mit Brennstoff versorgen, und den Hüttenwerken, die
den Stahl für die Straßen produzieren, auf denen wir fahren, die Gebäude, die wir betreten, die Brücken, die wir überqueren. Früher oblag
die Prozeßsteuerung Fachleuten, die die Hitze der Hochöfen auf ihrem
Gesicht spürten, die Farbe der Flüssigkeiten in den Fässern betrachte-
ten, in den Papierbrei hineingriffen, eine Handvoll herausnahmen und
zwischen ihren Fingern zerdrückten. Doch in den letzten zwanzig
Jahren ist man in jedem größeren Industriezweig, in dem die Prozeßsteuerung von Bedeutung ist, zu automatischen, computergesteuerten
Systemen übergegangen. Das hat den Menschen die Möglichkeit zu
unmittelbarem sensorischem Kontakt genommen, hat sie ihrer Fähigkeit beraubt, direkt in den Prozeß einzugreifen.

Die Sozialwissenschaftlerin Shoshana Zuboff von der Harvard University untersucht in ihrem Buch «In the Age of the Smart Machine:
The Future of Work and Power», wie die Einführung von Computern
die Arbeit der Menschen in Fabriken und Büros verändert hat. Im Falle
der Prozeßsteuerung entdeckte Zuboff eine beunruhigende Art der
Entfremdung. Facharbeiter mit jahrzehntelanger Erfahrung in der
Feinabstimmung industrieller Prozesse mußten plötzlich feststellen,
daß ihre alten Fertigkeiten nutzlos waren und daß die besondere Beschaffenheit der neuen Schnittstellen mit dem Fertigungsprozeß sie
zwang, für sie ganz neue Fertigkeiten zu lernen.

In gewisser Hinsicht sieht es so aus, als seien die Sinneswahrnehmungen und die Intuition des Menschen besser geeignet, einen komplexen
Prozeß zu kontrollieren, als ein sehr abstraktes Computersystem, das
den Menschen aus der Fabrikhalle entfernt und ihn in einen Kontroll-
raum steckt, wo er nur noch Bildschirme im Auge zu behalten hat.

Wenn man diesen «informationszentrierten» Arbeitern in den chemischen Fabriken oder Stahlwerken von Jakarta oder Chicago, die aus
ihren automatisierten Fabrikhallen in Kontrollräume versetzt wurden,
wo sie nur noch mit Computern zu tun haben, die Beweglichkeit
wiedergibt und sie ihren Körper, ihre Hände, ihre Haut, das visuelle
System, die Ohren, alle Informationskanäle unserer biologischen Ver-
arbeitungssysteme benutzen läßt, so könnte das ihrem Arbeitsplatz
wieder einen humaneren Charakter geben.

Sex, Drogen, Waffensysteme, Industrie, Wissenschaft, Medizin – und was ist mit dem Geld? Natürlich hat sich in der Welt der Hochfinanz längst eine andere Form des Cyberspace eingenistet, die allerdings nichts mit *head-mounted displays* und 3 D-Visualisierung zu tun hat. Aber ich habe bereits mit Maklern, Händlern und Zukunftsforschern gesprochen, die glauben, daß man mit Hilfe von VR-Schnittstellen direkt und in Echtzeit in Finanzdaten eintauchen kann, sobald solche Systeme entwickelt sind. Die Beziehung zwischen VR und dem großen Geld bietet sich an, da die elektronische Kommunikationstechnologie das Wesen des Finanzgeschehens von Grund auf verändert hat, ohne daß es irgend jemand richtig bemerkt hat. Der Begriff der globalen Informationswirtschaft ist keine Vorhersage und kein Szenario mehr. Die meisten Wirtschaftswissenschaftler würden sicherlich die Meinung vertreten, daß sich in den letzten drei Jahrzehnten die Grundlagen des Wohlstands unmerklich, tiefgreifend und unwiderruflich verändert haben. Schuld daran ist eine zunehmende Verknüpfung zwischen finanziellen Transaktionen auf der einen Seite und den globalen Kommunikations- und Computersystemen auf der anderen Seite. Transaktions- und Darstellungssysteme stellen eine weitere Konvergenz dar – vielleicht befinden sie sich sogar auf Kollisionskurs.

Als ich mich mit Peter Schwartz über VR und die weltweiten Finanzstrukturen unterhielt, kamen wir auf den ganzen Komplex Geld, Nachrichtenwesen, Fernschreiber und automatisierte Handelssysteme zu sprechen. Wir hatten uns dieses Gespräch schon seit einiger Zeit vorgenommen. Er interessierte sich für die Dinge, die ich über VR wußte, und ich interessierte mich für seine Gedanken über die Zukunft der Weltwirtschaft. Schwartz war früher Direktor des Strategic Environment Center am damaligen Stanford Research Institute, heute unter dem Namen SAI International bekannt, das erste sehr erfolgreiche Unternehmen für Zukunftsberatung in der Geschäftswelt. Er und seine Kollegen sind darauf spezialisiert, Spitzenmanagern in der Wirtschaft die Antriebskräfte und entscheidenden Ungewißheiten in ihrem Geschäftsbereich in einem neuen Licht zu zeigen. Dazu konstruieren sie «Szenarios», strukturierte Gedankenexperimente über die Zukunft des betreffenden Wirtschaftszweiges. Nachdem Schwartz das SAI verlassen hatte, wurde er ein hochrangiger Strategieplaner für Royal Dutch Shell. Von dort ging er zum London Stock Exchange, der Londoner Börse, die damals dabei war, sich umzustellen. Bislang fand das

Geschehen in einem richtigen Börsensaal statt (in einem Raum, wo sich früher ein Restaurant befunden hatte – weshalb die Makler noch immer von perückentragenden «Kellnern» bedient wurden, als Schwartz dort anfing). 1986 kam es zu einem Ereignis, das man heute noch als «Big Bang» bezeichnet: Der Börsensaal verschwand über Nacht, und das Geschehen verlagerte sich auf die Terminals von Zehntausenden Maklern in der ganzen Welt. Aus dem London Stock Exchange wurde das International Stock Exchange. Seine Hauptaufgabe wurde die Übermittlung von Information.

«Die Bewegung der Vermögen durch das weltweite Kommunikationssystem hatte eine Art Cyberspace geschaffen», meinte Schwartz. Nicht zufällig benutzte er dieses Wort, denn er ist ein Bewunderer und Freund von William Gibson, dessen Zukunftsvisionen Schwartz «faszinierend und beunruhigend» findet.

«Eine das Vorstellungsvermögen übersteigende Zahl zeigt schon für sich genommen, wie die Welt heute funktioniert», sagte Schwartz, der sich allmählich für sein Thema erwärmte: «Die internationalen Devisengeschäfte erreichten 1986 ein Volumen von 87 Billionen Dollar. Das ist das Dreiundzwanzigfache des Bruttosozialproduktes der Vereinigten Staaten, und es ist um das Mehrfache größer als das Bruttosozialprodukt der ganzen Welt. Die Währungen werden nicht mehr von Handelsvolumina oder irgendwelchen physischen Aktivitäten bestimmt, die normalerweise mit der Wirtschaft von Industrienationen verknüpft sind. Der Handel macht nur noch ungefähr zehn Prozent dieser 87 Billionen Dollar aus. Der Rest wird durch elektronische Transaktionen erzeugt.» Peter Schwartz glaubt, das Geld sei heute eine Art Nachricht: «Geld ist eine Vereinbarung. Prinzipiell gilt diese Vereinbarung in den Köpfen aller Menschen, die eine bestimmte Währung benutzen. Internationale Währungen sind kompliziertere Vereinbarungen, die von dieser prinzipiellen gesellschaftlichen und psychologischen Vereinbarung ausgehen und sich zusätzlich nach nationalen und internationalen Regulierungen, Marktwerten und der Form der Transaktionen richten. Und diese Transaktionen werden eben mit Hilfe der modernen Telekommunikationstechnologie vollzogen, die sich ihrerseits in einem raschen Entwicklungsprozeß befindet.»

Die zunehmende Komplexität dieser weltweiten Informationswirtschaft, ihr globaler, dynamischer, abstrakter und technologieabhängiger Charakter wird, wie Schwartz meint, der Grund für die Einführung

der Virtuellen Realität sein. Schwartz kennt Engelbarts Arbeit, die
Geräte zur Intelligenzverstärkung und die Notwendigkeit, neue Methoden zur Bewältigung von Komplexität zu finden. Da er mitgehol-
fen hat, den Saal der Londoner Börse in ein Computernetz zu verwandeln, hat er großes Interesse an neuen Technologien, die noch in der
Entwicklung sind, aber eines Tages plötzliche Veränderungen bewirken könnten. «VR könnte für genau jene Art einschneidender Veränderung verantwortlich werden, die ich im Interesse meiner Kunden
und aus persönlicher Neugier vorherzusehen bemüht bin», meinte
Schwartz. «Nachdem ich auf VR gestoßen war, mit Jaron Lanier
Kontakt aufgenommen und sie selbst ausprobiert hatte, wurde mir
klar, daß sie eine Erweiterung dessen ist, was wir bereits bei der Entwicklung der PC-Industrie und der globalen Informationswirtschaft
erlebt haben. Warenhandelssysteme und Reuters haben Bildschirm-
Börsen entwickelt. Da kam mir sofort der Gedanke an ein Szenario, in
dem Bildschirm-Börsen nur der erste Schritt zum VR-Handel sind.»
Mit anderen Worten, Börsenmakler, Banker und sogar normale Bürger, die hier und da ein paar Aktien erwerben, könnten eines Tages an
einer Art weltweitem Echtzeit-Videospiel teilnehmen, das konkrete finanzielle Konsequenzen hat, so wie militärische SIMNET-Besatzun-
gen eine andere Art von Videospiel mit ebenso ernstzunehmenden
Konsequenzen spielen.

Schwartz sieht den VR-Makler der Zukunft, wie er durch Land-
schaften schwebt, die dreidimensionale Abbildungen von Marktplät-
zen sind – entwickelt auf der Grundlage von Daten, die das globale
elektronische Transaktionssystem in Echtzeit bereitstellt. Das Geschick, mit dem die Programmierer eines Unternehmens Schlüssel-
aspekte der sich verändernden wirtschaftlichen Landschaft abbilden
können, und das Geschick, mit dem die Makler diese Landschaft dazu
benutzen können, ihre Entscheidungen über die Zukunft des Marktes
zu treffen, werden von entscheidender Bedeutung für große finanzielle
Transaktionen sein. Magische Linsen – urheberrechtlich geschützte
dreidimensionale Modellierungssoftware für Finanz-Visualisierung,
die die möglichen Profite oder Gefahren beabsichtigter Geschäfte früh
sichtbar macht – werden eifersüchtig gehütete Geheimnisse sein. Das
Ergreifen des goldenen Ringes in einer Markt-Visualisierung könnte
eine Transaktion in DM oder Petro-Dollars bedeuten. Vielleicht werden die Finanzhaie der Zukunft durch Wälder streifen, eine Eidechse

fangen und sie verspeisen, was in der Wirklichkeit das alte Spiel von Fusion und Übernahme bedeutet.

Es ist noch zu früh, um zu entscheiden, ob Disney oder Penthouse, das Pentagon oder die Wallstreet, Hollywood oder Sony, Computer oder Telekommunikationsnetze oder irgendeine Koalition, die man sich heute noch gar nicht vorstellen kann, die entscheidenden Nischen in der Ökologie der heranreifenden VR-Industrie besetzen werden. Doch zweifellos ist ein Faktor, der für das Überleben in fast jedem Szenario von zunehmender Bedeutung sein wird, die Fähigkeit, zu lernen und sich anzupassen, seine Aufmerksamkeit der Umwelt und sich selbst zuzuwenden, flexibel auf komplexe und ungewisse Situationen zu reagieren. Es sei möglich, so meinte Peter Schwartz, daß die Ausbildung unter diesen Umständen zu einer Wachstumsindustrie werde. «Individuen und Nationen, die lernen, wie man lernt, werden in der ‹informationszentrierten› Welt der kommenden Jahrzehnte besser abschneiden», mutmaßte er. Wie Sexualität, Arbeit, Krieg, Unterhaltung, Wissenschaft und Wirtschaft, so könnte auch die Ausbildung in irgendeiner Weise von der VR-Forschung beeinflußt werden, wobei sie sicherlich zu den optimistischer stimmenden Bereichen möglicher Veränderung gehört.

Frederick Brooks hat sich auf den Pionier der amerikanischen Erziehungswissenschaft, John Dewey, berufen, als er das Erziehungspotential der Virtuellen Realität in den Worten «learning by doing» zusammenfaßte. Was wäre, wenn Erziehungsmikrowelten in der Art der VR-Schauspiel- oder VR-Spielhütten konstruiert werden könnten, wie sie Jaron Lanier und Randal Walser vorgeschlagen haben?

Wer sich fragt, warum Kinder Videospiele lieben und die Schule hassen, und wer sich weiterhin fragt, ob es daraus etwas zu lernen gibt, für den könnte die Zukunft der kommerziellen, elektronischen Erziehungs- und Lernindustrie sehr aufschlußreich sein. Wenn die Wiedergabemöglichkeiten der VR-Simulationen besser werden und ein begabtes Team wie Ann McCormick und Warren Robinett, die Anfang der achtziger Jahre «Rocky's Boots» und andere Lern-Software entwickelt haben, oder Brenda Laurel und Scott Fisher, die 1990 Telepresence Research gründeten, die Mittel und die Gelegenheit erhält, «Lern-Welten» zu konstruieren, könnten wir schon bald positive Ergebnisse dort sehen, wo sich bislang nur Trostlosigkeit ausbreitet. Was immer sich auch in Amerika und einigen anderen Industrieländern verbessern mag, die Schulen gehören nicht dazu. Vielleicht haben Technik und Wirtschaft dort Erfolg, wo das öffentliche Schulsystem versagt hat. Wenn Videospiele eine verborgene Infrastruktur für eine künftige VR-Lerntechnologie von Nintendo bilden oder wenn Fujitsus Pläne für VR-Lernsimulationen in Erfüllung gehen, dann könnte das Haupthindernis für eine Verbesserung des Bildungssystems in der Zukunft einfach der fehlende Zugang zu Lerntechnologien sein, die unmittelbare Erfahrungen vermitteln. Wer auf schlechte öffentliche Schulen angewiesen ist und sich keine Lerngeräte von Nintendo leisten kann, wird zu den informationstechnisch entrechteten Erdlingen des Daten-Zeitalters gehören.

Cyberspace und menschliche Natur

Mit der Virtuellen Realität stellt sich eine Reihe von Fragen über die Industrien und die wissenschaftlichen Techniken, die sie ermöglicht. Es stellen sich auch einige Fragen über den Gebrauch, den der Mensch von dieser Technologie zu machen gedenkt, insbesondere von den Technologien, die es noch nicht gibt, die sich aber schon am Horizont abzeichnen. Die VR bringt uns lebhaft zu Bewußtsein, daß unser Gesellschaftsvertrag mit unseren eigenen Werkzeugen uns an einen Punkt geführt hat, an dem wir *möglichst bald entscheiden müssen, was aus uns Menschen werden soll*, weil wir kurz davor sind, uns jedes Erlebnis verschaffen zu können, das wir uns wünschen. Die ersten Cybernauten erkannten sehr rasch, daß das Vermögen, sich beliebige Erfahrungen zu verschaffen, auch das Vermögen bedeutet, solche grundlegenden Begriffe wie Identität, Gemeinschaft und Wirklichkeit zu verändern. Die Virtuelle Realität ist eine Art neuer Vertrag zwischen Menschen und Computern, eine Vereinbarung, die uns große Macht verleihen kann, uns dabei aber auch unwiderruflich verändern könnte.

Der anstehende faustische Vertrag verlangt bestimmte Veränderungen in der Partnerschaft, die wir bisher mit unseren Maschinen geführt haben. Wir könnten entscheiden, daß es uns nichts ausmacht, ein bißchen maschinenähnlicher zu werden im Austausch für arbeitssparende Geräte, lebensrettende Apparate, attraktive Annehmlichkeiten und verführerische Unterhaltungen. Solch eine Entscheidung wäre eine radikale Veränderung, aber keine plötzliche. Schon seit einem Jahrhundert wird unser Denken, unsere Sinneserfahrung, das, was wir instinktiv als Wirklichkeit erkennen, einem ständigen Veränderungsprozeß unterzogen, so daß wir heute zu Milliarden darauf trainiert und bereit sind, eine engere Beziehung zu unseren Silizium-Partnern einzugehen als je zuvor. Billionen von Stunden haben die Menschen bislang in den virtuellen Welten von «I Love Lucy» und «Dallas», FORTRAN und Fax, Computernetzen, Nachrichtensatelliten und mobilen Telefonen verbracht. Die Veränderungen, die durch die elektronischen Medien in unserer Psyche hervorgerufen worden sind, waren vielleicht nur das Vorspiel zu noch größeren Dingen, die da kommen sollen. Diese Ver-

wandlungen scheinen entscheidend mit den Maschinen, die wir geschaffen haben, und der Art von Partnerschaft, die wir zu unseren In-
formationswerkzeugen unterhalten, zu tun zu haben.

Die Virtuelle Realität ist eine wichtige Schwelle für die Entwicklung
der Mensch-Computer-Symbiose. Doch eine Symbiose ist ein Aus-
tauschprozeß in zwei Richtungen. Wenn ein Organismus, auch ein
künstlicher, auf Kosten eines anderen existiert, ohne selbst etwas zu der
Beziehung beizusteuern, ist die Beziehung parasitär. Zwei Fragen, die
sich aus einer Untersuchung der Virtuellen Realität ergeben, sind eng
miteinander verbunden: Wie werden die VR-Werkzeuge und -Umge-
bungen unsere Art zu leben, zu denken und zu arbeiten beeinflussen?
Und wie wird der Cyberspace die Art, wie wir die Welt erfassen, unser
Selbstverständnis als fühlende, denkende und kommunizierende Wesen verwandeln?

«Elektronische Medien verändern das Verhältnis zwischen den Sinneswahrnehmungen», war ein Schlüsselsatz bei Marshall McLuhan:
Das Verhältnis und das Ausmaß des akustischen und visuellen Inputs
zum vorherrschenden Wirklichkeitsverständnis wurde durch Radio
und Telefon und dann noch einmal durch das Fernsehen verändert. So
sehen und hören wir die Welt anders und erfassen sie infolgedessen
auch anders. Drei Jahrzehnte nach Erscheinen des Buches «Understanding Media» gelten diese Effekte als erwiesen. Die VR-Erlebnisse werden uns in anderer Weise verwandeln, weil sie uns an einen Umstand
erinnern werden, den wir von Geburt an verdrängen und leugnen – daß
unser normaler Bewußtseinszustand nämlich selbst eine hyperrealistische Simulation ist. Mit Hilfe der Daten, die uns unsere Sinnesorgane
liefern, und der informationsverarbeitenden Fähigkeiten unseres Gehirns konstruieren wir in unserer Vorstellung Modelle der Welt. Gewöhnlich denken wir uns die Welt, die wir sehen, als «dort draußen»
existent, doch das, was wir sehen, ist in Wirklichkeit ein mentales Modell, eine perzeptive Simulation dessen, was nur in unserem Gehirn
vorhanden ist. In diesen Simulationsfähigkeiten bietet sich für den
menschlichen Geist und den digitalen Computer eine Möglichkeit des
Zusammenwirkens. Man gebe dem hyperrealistischen Simulator in
unserem Kopf eine Chance, sich computerisierter hyperrealistischer
Simulatoren zu bedienen – und das Ergebnis könnte gewaltig sein.

Kognitive Simulation, die Konstruktion von Vorstellungsmodellen –
das sind Bereiche, die dem Menschen besonders liegen. So gut gelingt

uns das, daß wir oft durch ein nahtloses Gewebe unbewußter Überzeugungen und unmerklich geformter Wahrnehmungen in unseren Modellen der Welt gefangen sind. Nun sind Computer modellproduzierende Werkzeuge *par excellence*, obschon sie sich erst langsam dem Punkt nähern, wo Menschen Computersimulationen mit der Wirklichkeit verwechseln könnten. Rechenkapazitäten und Ausgabetechnologien streben einem Konvergenzpunkt zu, an dem hyperrealistische Simulationen möglich werden. Dieser Punkt ist so bedeutsam, daß wir uns bereits mit ihm beschäftigen sollten, noch bevor er erreicht ist. An dem Tage, an dem Computersimulationen so realistisch werden, daß die Menschen sie nicht mehr von nichtsimulierter Wirklichkeit unterscheiden können, stehen uns tiefgreifende Veränderungen bevor.

Wir nähern uns einer Grenze, an der die quantitativen Verbesserungen an der Schnittstelle der Wirklichkeitsmaschine zu einem qualitativen Quantensprung führen werden. In den kommenden Jahren werden wir in der Lage sein, eine Kopfarmatur aufzusetzen oder in einen Medienraum zu gehen und uns mit einer interaktiven Simulation von verblüffender Wirklichkeitsnähe zu umgeben. Unsere grundlegenden Definitionen von Wirklichkeit werden in diesem Wahrnehmungsakt revidiert werden müssen. Dazu Jean Baudrillard: «Die Abstraktion betrifft heute nicht mehr Karten, Verdoppelung, den Spiegel oder den Begriff. Die Simulation fußt nicht länger auf einem Gelände, einem Referenzgebilde oder einer Substanz. Sie ist ein Produkt von Modellen eines Realen ohne Ursprung oder Realität, eines Hyperrealen. Das Gelände ist nicht vor der Karte da und überlebt sie nicht. Fortan ist die Karte vor dem Gelände da.»

Die Einführung einer technisch erzeugten Hyperrealität könnte zu jener alptraumhaften «konsensuellen Halluzination» werden, die William Gibson in seinem Roman «Neuromancer» beschreibt, aus dem das Wort *Cyberspace* stammt. Die Entwicklung könnte aber auch einen Zuwachs an menschlicher Freiheit und Macht bringen, ähnlich wie es die Druck- und Kommunikationstechnologien bewirkt haben. Was am Ende tatsächlich dabei herauskommt – Verkrüppelung oder Aufschwung –, hängt teilweise davon ab, wie die Menschen reagieren, wenn sie feststellen, daß die Wirklichkeit ein kognitiv-perzeptives Konstrukt ist. Menschen verhalten sich unterschiedlich angesichts der Erkenntnis, daß die Wirklichkeit möglicherweise eine Illusion ist, daß sie individuell und emotional an eine bestimmte Spielart der Wirklichkeit gebunden sind. Leugnung, kognitive Dissonanz, Abwehr und plötzliche Erleuchtung sind mögliche psychische Reaktionen – in der Reihenfolge ihrer Wahrscheinlichkeit – auf die Wahrheit, der wir uns im illusorischen Reich des Cyberspace stellen müssen.

Wenn Menschen und Computer tatsächlich an der Schwelle einer symbiotischen Beziehung stehen, wie es der Computerpionier J. C. R. Licklider vor mehr als dreißig Jahren prophezeit hat, sollten wir uns dann nicht die Zeit nehmen, uns zu überlegen, wo wir da hineinschliddern, bevor wir richtig drinsitzen? Wenn wir eine Möglichkeit haben zu beeinflussen, wie wir uns verändern, was für eine Veränderung sollten wir uns dann wünschen? Was für eine Veränderung sollten wir uns *nicht* wünschen? Und wie können wir die Kraft gewinnen, diese Entscheidung zu treffen? Nachdem ich mich anderthalb Jahre mit den Problemen auseinandergesetzt habe, die durch die Entwicklung der VR-Technologie aufgeworfen werden, schlage ich mich noch immer mit Fragen herum, von denen ich meinte, ich hätte sie im Philosophiekurs des College endgültig hinter mir gelassen.

Auf meinen Reisen traf ich einen Wissenschaftler, der entschlossen ist, VR als ein Instrument zu benutzen, mit dem er die Grenzen menschlicher Möglichkeiten abstecken kann, das ihm dabei hilft, zu verstehen, wozu sich Menschen in einer Welt, die zunehmend von Maschinen beherrscht wird, am besten eignen.

Der Psychologe Nathaniel Durlach gehört weder der Atari- noch der Mainfraim-Generation an. Bevor er schließlich bei der Virtuellen Realität landete, begann er mit der Untersuchung von Fledermäusen. Sein Interesse an taktiler Kommunikation führte ihn zu dem Gedanken, die menschlichen Sinneswahrnehmungen auf mechanische Energiewandler zu übertragen. Dort überschneidet sich sein Interessengebiet mit dem von Margaret Minsky, deren Labor ein paar Schritte von Durlachs Institut entfernt liegt. Wie andere Forscher, denen ich im Laufe meiner Recherchen begegnet bin und die sich plötzlich völlig unerwartet in der Welt Virtueller Realitäten wiederfanden, war auch Durlach nicht klar, daß ihn seine Arbeit eines Tages mit Robotikern zusammenführen würde, die sich diesem Gebiet aus einer ganz anderen Richtung näherten. Als Psychologe ist er nicht nur an den «menschlichen Faktoren» von VR-Systemen interessiert, sondern auch an der Aussicht, VR-Systeme als eine Art psychologisches Mikroskop zu benutzen, um die tiefsten Fragen der menschlichen Natur untersuchen zu können.

Der menschlichen Natur?

«Ja», meinte Durlach, als ich ihn bat, mir den Zusammenhang zwischen Virtueller Realität und menschlicher Natur zu erklären, «die Frage, wie man menschliche Wahrnehmungen auf virtuelle Welten übertragen kann, betrifft wirklich die Grenzen menschlicher Möglichkeiten. Wo versagt unsere Fähigkeit, uns künstlich erweiterten Sinneswahrnehmungen anzupassen? Das ist eine Frage zur menschlichen Natur, und sie läßt sich beantworten, indem man in einem sorgfältig geplanten Experiment ein geeignetes Instrument verwendet.»

Durlach ist ein liebenswürdiger Mann, ungezwungen, mit stahlgrauem Haar und ständigem Lächeln. Jedes Gespräch, das ich mit ihm führte, wurde zu einem überraschenden Streifzug durch Dutzende von Gebieten, die scheinbar gar nichts mit unserem eigentlichen Anliegen zu tun hatten, die sich dann aber doch als höchst relevant erwiesen. An dem Tag, als ich zum erstenmal sein Büro in Cambridge betrat, erzählte er mir ein bißchen über seine bisherige Arbeit und die taktile Kommunikation der Sprechakte. Am Anfang seiner Laufbahn war er reiner Mathematiker, bekam dann mit der Radarforschung und -entwicklung zu tun, die ihn ins Lincoln Laboratory führte, in dem Ivan Sutherland sein «Sketchpad» entwickelt hat. Wer sich dafür interessiert, wie Radar- und vor allen Dingen Sonargeräte funktionieren, landet unweigerlich bei den Fledermäusen. Die Beschäftigung mit dem Ortungssystem dieser Tiere brachte Durlach zu der Frage des binauralen Hörens – der Frage, wie zweiohrige Geschöpfe mit Hilfe ihrer physiologischen Ausstattung relevante Signale aus einem Durcheinander von Hintergrundgeräusch herauspicken.

«Ich beschäftigte mich zunächst mit dem Hören», erzählte Durlach mir, «und das weckte mein Interesse an Menschen, die Hörschwierigkeiten haben, dann an Menschen, die völlig taub sind, und schließlich arbeitete ich mit Taub-Blinden. Menschen, die im Alter von achtzehn Monaten jede Möglichkeit, zu sehen und zu hören, verloren haben, können die Welt nur noch über den Tastsinn aufnehmen. Alles lernen sie über den Tastsinn.» Taub-Blinde verständigen sich mit einer Vielzahl von Methoden. Doch bei dem Verfahren, an dem Durlach interessiert war, legt der «Hörer» eine Hand auf das Gesicht des Sprechers und dekodiert dessen Worte, indem er seinen Luftstrom, die Kehlkopfvibrationen, Lippenpositionen und Muskelspannungen registriert. Taub-Blinde «hören» die gesprochenen Worte anderer mit ihren Fingerspitzen. Und das führte Durlach zu einer hochinteressanten Schlußfolgerung: «Menschen sind weit lernfähiger, als wir gemeinhin annehmen.» Vielleicht können wir Ultraschall oder Radar hören, Infrarot oder Ultraviolett sehen, indem wir geeignete mechanische Energiewandler an geeignete Sinnesorgane anschließen und dann der menschlichen Lernfähigkeit den Rest überlassen.

Wenn wir Unsichtbares sehen und mit unseren Fingern hören können, was sind dann die «normalen» menschlichen Fähigkeiten? In diesem Punkt berührt sich die VR mit uralten Fragen nach der menschlichen Natur. Deshalb begann Durlach, über Virtuelle Realität und vor allem ihre Schwester, die Telerobotik, nachzudenken.

«Nehmen wir an, ich hätte einen Parallel-Roboter, der andere Wellenlängen des Lichts wahrnimmt, als ich normalerweise erfasse, und ich kann die Informationen der Roboter-Sensoren über ein HMD empfangen. Wie würde mir diese Information dargeboten? In Farben? In Tönen? Als taktiles Feedback?» Als ich an mehreren Tagen hintereinander einige Stunden mit ihm verbracht und er mir geschildert hatte, wie seine bisherige Laufbahn ausgesehen hatte, wurde mir klar, daß Durlach gerne unerwartete Fragen stellt, die ihn zu überraschenden Ergebnissen führen. «Oder nehmen wir an, ich hätte einen Parallel-Roboter, der so klein ist, daß man ihn als Mikroroboter in den Körper eines Menschen schicken kann. Oder ich hätte einen Parallel-Roboter von außerordentlicher Kraft. Da kommt es zu einer Art Verwandlung zwischen meinen menschlichen Sinneswahrnehmungen, meiner Informationsverarbeitung und meinen physischen Handlungen auf der einen Seite und der Software, den Computern und den Robotern mit übermenschlichen Sinneswahrnehmungen oder Kräften auf der anderen Seite. Welche Bezeichnung ist angebracht? Ich empfinde und wirke ein auf eine echte Welt, die feste, materielle Welt, die wir alle kennen. Aber die Art, wie ich sie wahrnehme, ist virtuell. Was für eine Art von Wirklichkeit ist es also?»

Nach Durlachs Auffassung werden die in naher Zukunft zu erwartenden VR-Systeme «ideale Systeme für die Experimentalpsychologie sein. Jede Universität, die einen Fachbereich Experimentalpsychologie hat, wird sich auch ein virtuelles Welt-System zulegen», prophezeit er. «In der Experimentalpsychologie geht es darum, die Umgebung von Menschen zu kontrollieren und zu beobachten, wie sie auf bestimmte Versuchsbedingungen reagieren. Eine virtuelle Welt könnte eine ideale

Umgebung sein, und man wird sicherlich weit mehr aufzeichnen können als nur den motorischen Input, der Datenhandschuhen und Joysticks gilt. Herzfrequenz, Pupillengröße, Veränderungen des Hautwiderstands sind Daten, die man ebenfalls heranziehen könnte. Ich glaube, ein gutes VR-System könnte ein universell anwendbares Forschungsinstrument sein.»

«Film ist Wahrheit in 24 Bildern pro Sekunde», pflegte Jean-Luc Godard zu sagen. Diese Frequenz ist die Schwelle, an der einzelne Fotos, die auf eine Bildwand projiziert werden, im Wahrnehmungssystem des Menschen zu der konsensuellen Halluzination verschmelzen, die wir als Kino kennen. Im Cyberspace nähert sich die Schnittstelle zwischen Menschen und digitalen Computern der Frequenz von 24 Bildern pro Sekunde an. Viele der Eigenschaften, die wir für spezifisch menschlich halten, lassen sich verbessern, indem wir die Art, wie wir die Welt sehen, weiterentwickeln – indem wir neue Weisen der Weltsicht finden und erfinden. Jacob Bronowski sagt in diesem Zusammenhang: «Wir können beim Menschen die besondere Bedeutung seines visuellen Apparats nicht von seiner einzigartigen Fähigkeit trennen, Vorstellungen zu entwickeln, Pläne zu machen und all die anderen Dinge zu tun, die im allgemeinen unter der Sammelbezeichnung ‹freier Wille› zusammengefaßt werden. Tatsächlich verstehen wir unter dem freien Willen natürlich die Vergegenwärtigung von Alternativen und die Entscheidung zwischen ihnen. Nach meiner Auffassung... hängt das entscheidende Problem des menschlichen Bewußtseins mit seiner Vorstellungsfähigkeit zusammen.»

Nehmen wir an, wir hätten ein Werkzeug zur Visualisierung und Modellierung, wie könnten wir es einsetzen, damit es uns hilft, Pläne zu machen, Vorstellungen zu entwickeln und in anderer Weise bewußt auf eine immer komplexer werdende Umwelt einzuwirken? Ist es denkbar, daß man ein solches Werkzeug auf die drängenden Probleme unserer Welt anwenden könnte?

Dazu schrieb Brenda Laurel 1986: «Die Wirklichkeit ist seit jeher zu klein für die menschliche Vorstellungskraft. Der Wunsch, eine interaktive Phantasie-Maschine zu konstruieren, ist nur die jüngste Manifestation des uralten Wunsches, unseren Phantasien greifbare Gestalt zu verleihen – des unstillbaren Bedürfnisses, unsere Vorstellungskraft, unser Urteilsvermögen und unsere Gedanken in Welten, Situationen und Charakteren auszuleben, die sich von denen unseres Alltags unterscheiden. Das vielleicht wichtigste Charakteristikum menschlicher Intelligenz ist die Fähigkeit, den Prozeß von Versuch und Irrtum zu verinnerlichen. Wenn ein Mensch sich überlegt, wie er auf einen Baum klettern kann, dient ihm die Vorstellung als Labor für ‹virtuelle› Experimente physikalischer, biomechanischer und physiologischer Natur. In Fragen des Rechtes, der Kunst oder der Philosophie ist die Vorstellung das Labor des Denkens.»

Wie andere Technologien ist auch der Cyberspace nicht ein Entweder-Oder, sondern ein Sowohl-Als-auch. Einige werden ihn als eine Mischung aus Unterhaltung, Flucht und Sucht benutzen, andere werden mit seiner Hilfe durch die gefährlichen und komplexen Probleme des 21. Jahrhunderts navigieren. Vielleicht wird er die Pforte zu Gibsons Matrix sein. Hoffen wir, daß der Cyberspace ein neues Labor für unser Denken sein wird – und überlegen wir, was wir tun können, um die Entwicklung in diese Richtung zu lenken.

Literatur

Kapitel 1
James J. Batter und Frederick P. Brooks, Jr., «GROPE», *IFIP Proceedings 71*, 1972, p. 759.
F. P. Brooks, Jr., «The Computer Scientist as Toolsmith: Studies in Interactive Computer Graphics», *Information Processing 77*, hg. v. B. Gilchrist, Amsterdam: North-Holland, 1977, pp. 625–634.
Ders., *The Mythical Man-Month: Essays in Software Engineering*, Reading, MA: Addison-Wesley, 1975.
Ders., «Grasping Reality Through Illusion: Interactive Graphics Serving Science», *CHI '88 Proceedings*, Reading, MA: Addison-Wesley, 1988, pp. 1–11.
F. P. Brooks, Jr., M. Ouh-Young, J. J. Batter und P. Jerome Kilpatrick, «Project GROPE – Haptic Displays for Scientific Visualization», *ACM Computer Graphics*, Band 24, Nr. 4, August 1990, pp. 177–185.
H. Fuchs, J. Poulton, J. Eyles und T. Greer, «Coarse-Grain and Fine-Grain Parallelism in the Next Generation Pixel Planes Graphics System», *Proceedings of the International Conference and Exhibition on Parallel Processing for Computer Vision and Display*, New York: Springer-Verlag, 1988.
H. Fuchs, S. M. Pizer, J. L. Creasy, J. B. Renner und J. G. Rosenman, «Interactive, Richly Cued Shaded Display of Multiple 3D Objects in Medical Images», *Proceedings SPIE's Medical Imaging II Conference*, 914(2), 1988.
William Gibson, *Neuromancer*, München: Heyne, 1987.
C. Levinthal, «Molecular Model-Building By Computer», *Scientific American*, Band 214, Nr. 6, Juni 1966, pp. 42–52.
Heinz Pagels, *The Dreams of Reason*, New York: Simon & Schuster, 1988.
Ivan Sutherland, «The Ultimate Display», *Proceedings of the IFIP Congress*, 1965, pp. 506–508.

Kapitel 2
Morton Heilig, «The Cinema of the Future», *Espacios*, Mexico City, Januar 1955.
Ders., *US Patent #2,955,156*, «Stereoscopic Television Apparatus for Individual Use», 4. Oktober 1960.
Ders., *US Patent #3,050,870*, «Sensorama Simulator», 28. August 1962.
I. Lipton, «Sensorama», *Popular Photography*, Juli 1964.
D. N. Perkins, «Pictures and the Real Thing», Project Zero, Cambridge, MA: Harvard University, 1979.
Alan Rifkin, «Mort Heilig's Feelie Machine», *L. A. Weekly*, 12.–18. März 1982, p. 10.

Kapitel 3

Susan Brennan, «Conversation as Direct Manipulation», *The Art of Human-Computer Interface Design,* hg. v. Brenda Laurel, Menlo Park, CA: Addison-Wesley, 1990.

Vannevar Bush, «As We May Think», *Atlantic,* August 1945.

Douglas Engelbart, «A Conceptual Framework for Augmenting Man's Intellect», *Vistas in Information-Handling,* Band 1, hg. v. Paul W. Howerton und David C. Weeks, Washington, D. C.: Spartan Books, 1963, pp. 1–29.

Alan Kay, «Microelectronics and the Personal Computer», *Scientific American,* Band 237, Nr. 3, September 1977, p. 230.

Ders., «User Interface: A Personal View», *The Art of Human-Computer Interface Design,* hg. v. Brenda Laurel, Menlo Park, CA: Addison-Wesley, 1990, p. 192.

J. C. R. Licklider, «Man-Computer Symbiosis», *IRE Transactions on Human Factors in Electronics,* Band HFE-1, März 1960, pp. 4–11.

Marvin Minsky, «Toward a Remotely-Manned Energy and Production Economy», Massachusetts Institute of Technology Artificial Intelligence Laboratory, A. I. Memo Nr. 544, September 1979.

Ted Nelson, *The Home Computer Revolution,* Eigenverlag, 1977, pp. 120–123.

David Canfield Smith, Charles Irby, Ralph Kimball und Eric Harslem, «The Star User Interface: An Overview», in *Office Systems Technology,* El Segundo, CA: Xerox Corporation, 1982.

Kapitel 4

R. A. Bolt, «Gaze-Orchestrated Dynamic Windows», *Computer Graphics* 15 (3), August 1981, pp. 109–119.

Ders., «‹Put That-There›: Voice and Gesture at the Graphics Interface», *Computer Graphics* 14 (3), 1980, pp. 262–270.

Steward Brand, *Media Lab: Computer, Kommunikation und neue Medien – Die Erfindung der Zukunft am MIT,* Reinbek: Rowohlt Tb, 1990.

Scott Fisher, «Viewpoint Dependent Imaging: An Interactive Stereoscopic Display», *Proceedings SPIE* 367, 1982.

C. Herot, «Spatial Management of Data», *ACM Transactions on Database Systems,* Band 5, Nr. 4, 1980.

Alan Kay, «User Interface: A Personal View», *The Art of Human-Computer Interface Design,* hg. v. Brenda Laurel, Menlo Park, CA: Addison-Wesley, 1990, p. 192.

K. C. Knowlton, «Computer Displays Optically Superimposed on Input Devices», *The Bell System Technical Journal,* Band 56, Nr. 3, März 1977, pp. 367–383.

Andrew Lippman, «Movie-Maps: An Application of the Optical Videodisc to Computer Graphics», *Computer Graphics,* Band 14, Nr. 3, 1980.

Nicholas Negroponte, *The Architecture Machine,* Cambridge: MIT Press, 1970.

Ders., «Media Room», *Proceedings of the Society for Information Display,* Band 22, Nr. 2, 1981, pp. 109–113.

F. H. Raab *et al.,* «Magnetic Position and Orientation Tracking Systems», *IEEE Transactions in Aerospace and Electronic Systems,* Band AES 15 (5), 1979.

Kapitel 5

H. Greenfield, D. Vickers, I. Sutherland, W. Kolff und K. Reemtsma, «Moving Computer Graphic Images Seen From Inside the Vascular System», *Transactions of the American Society of Artificial Internal Organs*, Band 17, 1971, pp. 381–385.

Myron Krueger, «Responsive Environments», *Proceedings of the National Computer Conference*, 1977, pp. 423–433.

Ders., Artificial Reality, Reading, MA: Addison-Wesley, 1983.

Ders., «VIDEOPLACE: A Report from the ARTIFICIAL REALITY Laboratory», *Leonardo*, Band 18, Oktober 1985.

Andrew Pollack, «What Is Artificial Reality? Wear a Computer and See», *The New York Times*, 10. April 1989, p. 1.

Ivan Sutherland, «The Ultimate Display», Proceedings of the IFIP Congress, 1965.

Ders., «A Head-Mounted Three-Dimensional Display», *Proceedings of the Fall Joint Computer Conference*, 1968, pp. 757–764.

Daniel L. Vickers, «Sorcerer's Apprentice: Head-Mounted Display and Wand», unveröffentlichte Doktorarbeit, University of Utah, 1971.

Frank Yeaple, «Live Video and Animated Graphics Are Interfaced Effortlessly», *Design News*, 18. August 1986, pp. 98–102.

Kapitel 6

S. Fisher, M. McGreevy, J. Humphries und W. Robinett, «Virtual Environment Display System», *ACM Workshop on Interactive 3D Graphics*, Chapel Hill, 23.–24. Oktober 1986.

Scott Fisher, «Telepresence Master Glove Controller for Dextrous Robotic End-Effectors», *Advances in Intelligent Robotics Systems*, hg. v. D. P. Casasent, *Proceedings of the SPIE*, 726, 1986.

Scott Fisher, «Wenn das Interface ins Virtuelle verschwindet», *Cyberspace: Ausflüge in virtuelle Wirklichkeiten*, hg. v. Manfred Waffender, Reinbek, 1991.

Ders., «Virtual Environments, Personal Simulation & Telepresence», *Multimedia Review: The Journal of Multimedia Computing*, Band 1, Nr. 2, 1990.

J. D. Foley, «Interfaces for Advanced Computing», *Scientific American*, 257 (4), Oktober 1987, pp. 126–135.

E. M. Wenzel, F. L. Wightman und S. H. Foster, «A Virtual Acoustic Display for Conveying Three-Dimensional Information», *Proceedings of the Human Factors Society*, 1988.

E. M. Wenzel, Scott H. Foster, Frederic L. Wightman und Doris J. Kistler, «Realtime Synthesis of Localized Auditory Cues», Referat auf einer Konferenz der Association for Computing Machinery, Special Interest Group, Computer Human Interface (SIGCHI), 1989.

Kapitel 7

John Barlow, «Life in the DataCloud: Scratching Your Eyes Back In», *Mondo 2000*, Sommer 1990, p. 36.

Priscilla Burgess, *MacWEEK*, 2. August 1988, p. 38.

Cover *Scientific American*, September 1984.

Steve Ditlea, «Grand Illusion», *New York*, 6. August 1990, p. 32.

James D. Foley, «Interfaces for Advanced Computing», *Scientific American*, Oktober 1987, pp. 126–135.

Howard Levine und Howard Rheingold, *The Cognitive Connection*, New York: Prentice-Hall, 1987, pp. 232–233.
Sherry Posnick-Goodwin, «Dreaming for a Living», *Peninsula*, Juli 1988, p. 58.
VPL Research, Inc., *Virtual Reality at Texpo '89*, Redwood City, 1989.

Kapitel 8
John Perry Barlow, «Being in Nothingness», *Mondo 2000*, Sommer 1990, p. 44.
Eric Gullichsen und Randal Walser, «Cyberspace: Experiential Computing», *Nexus '89 Science Fiction and Science Fact*, 1989.
Theodor Nelson, «Interactive Systems and the Design of Virtuality», *Creative Computing*, November–Dezember 1980, pp. 56–62.
John Walker, *Through the Looking Glass*, Sausalito, CA: Autodesk, Inc., 1988.
Ders., «Through the Looking Glass», *The Art of Human-Computer Interface Design*, hg. v. Brenda Laurel, Menlo Park, CA: Addison-Wesley, 1990.
Randal Walser, «Elements of a Cyberspace Playhouse», *Proceedings of National Computer Graphics Association '90*, 1990.

Kapitel 9
Thomas A. Furness, «Fantastic Voyage», *Popular Mechanics*, Dezember 1986, pp. 63–65.
Ders., «Harnessing Virtual Space», *Society for Information Display Digest*, 1988, pp. 4–7.
Ralph Norman Haber, «Flight Simulation», *Scientific American*, 255 (1), Juli 1986, pp. 96, 103.
Stephen L. Thompson, «The Big Picture», *Air & Space*, April/Mai 1987, pp. 75–83.

Kapitel 10
Richard Bolt, *The Human Interface: Where People and Computers Meet*, Belmont, CA: Lifetime Learning Publications, 1984.
E. M. Forster, «Die Maschine versagt», in: *Der ewige Augenblick*, Hamburg: Wegner, 1949.
T. Hatada, H. Sakata und H. Kusaka: «Psychological Analysis of the ‹Sensation of Reality›. Induced by a Visual Wide-field Display», SMPTE (Society of Motion Picture and Television Engineers) *Journal*, 89, 1980, pp. 560–569.
Hermann Hesse, «Lebensbeschreibung des Magister Ludi Josef Knecht», *Das Glasperlenspiel*, Frankfurt a. M.: Suhrkamp, 1972.
Alan Kay, «Computer Software», *Scientific American*, September 1984.
Yukio Kobayashi, Introduction, «Artificial Intelligence Department 1988 Special Report», Advanced Telecommunications Research Institute International, Communication System Research Laboratories, Kioto, Japan, 1989.
Myron Krueger, *Artificial Reality*, Reading, MA: Addison-Wesley, 1983, p. 3.
Howard Rheingold, *Tools for Thought*, New York: Simon & Schuster, 1985, pp. 260–261.
Ivan Sutherland, «The Ultimate Display», *Proceedings of the IFIP Congress*, 1965, pp. 506–508.
Terry Winograd, «Computer Software for Working with Languages», *Scientific American*, September 1984, p. 59.

Hiroyuki Yamaguchi, Akiro Tomono und Yukio Kobayashi, «Proposal for a Large Visual Field Display Employing Eye Movement Tracking», Kioto, Japan: ATR Communication System Research Laboratories, *Proceedings SPIE*, 1989.

Kapitel 11

Rudolf Arnheim, *Anschauliches Denken: Zur Einheit von Bild und Begriff*, Köln: DuMont, 1985.

Jacob Bronowski, *The Origins of Knowledge and Imagination*, New Haven: Yale University Press, 1978, p. 18.

Takaya Endo und Hiroshi Ishii, «NTT Human Interface Laboratories», Veröffentlichung der NTT Kanagawa, Japan, 1989.

Myron Krueger, *Artificial Reality*, Reading, MA: Addison-Wesley, 1983.

Robert H. McKim, *Thinking Visually*, Belmont, CA: Lifelong Learning Publications, 1980, p. 7.

NTT Visual Media Laboratory, Jahresbericht 1988 und 1989.

Yoshinobu Tonomura: persönliche Mitteilung an den Autor.

Kapitel 12

Robert Heinlein, *Weltraummollusken erobern die Erde*, Berlin: Gebr. Weiß, 1958.

Ders., *Die Zeit der Hexenmeister*, München: Heyne, 1970.

Larry Leifer, Machiel Van der Loos und Stefan Michalowski, «Telerobotics in Rehabilitation: Barriers to a Virtual Existence», Referat auf der Conference on Human-Machine Interfaces for Teleoperators and Virtual Environments, 4.–9. März 1990, Santa Barbara.

J. C. R. Licklider, «Man-Computer Symbiosis», *IRE Transactions on Human Factors in Electronics*, Band HFE-1, März 1960, pp. 4–11.

Marvin Minsky, «Toward a Remotely-Manned Energy and Production Economy», Massachusetts Institute of Technology Artificial Intelligence Laboratory, A. I. Memo Nr. 544, September 1979.

Robert Stone, «Human Factors Research at the U. K. National Advanced Robotics Research Centre», *The Ergonomist*, Nr. 239, Mai 1990.

Susumu Tachi, Hirohiko Arai und Taro Maeda, «Development of an Anthropomorphic Tele-existence Slave Robot», *Proceedings of the International Conference on Advanced Mechatronics*, Tsukuba, Mechanical Engineering Laboratory, MITI, Mai 1989, p. 385.

Susumu Tachi, K. Tanie, K. Komoriya und M. Kanego, «Tele-existence (I): Design and Evaluation of a Visual Display with Sensation of Presence», *Proceedings of RoManSy '84*, The Fifth CISM-IFToMM Symposium, Udine, Italien, Juni 1984, Kogan Page, London: Hermes Publishing, p. 245.

Richard Waite, «Thatcher Lends a Hand», *London Observer Sunday Supplement Magazine*, 4. März 1990, pp. 44–46.

Kapitel 13

Joseph Campbell, «Day of the Dead Lecture», *Magical Blend*, 16, 1988, pp. 58–62.

Alain Danielou, *Shiva and Dionysus: The Religion of Nature and Eros*, New York: Inner Traditions International, 1984.

Fujitsu Laboratories, *Research and Development*, Kawasaki, Japan: Fujitsu Laboratories, Ltd., 1989.

William James, *Die Vielfalt religiöser Erfahrung*, Heitersheim: Walter, 1979.

Brenda Laurel, *Computers as Theatre*, Menlo Park, CA: Addison-Wesley, 1991.

Dies., «Interface as Mimesis», *User-Centered System Design: New Perspectives on Human-Computer Interaction*, hg. v. D. A. Norman und S. Draper, Hillsdale, NJ: Lawrence Erlbaum Associates, 1986.

Koichi Murakami, «Activities on Artificial Reality in Fujitsu», persönliche Vorführung für den Autor, März 1990.

Masako Nishijima und Yuji Kijima, «Learning a Sense of Rhythm with a Neural Network: The Neuro-Drummer», *Proceedings of The First International Conference on Music Perception and Cognition*, Kioto, Japan, Oktober 1989.

Karl Schoenberger, «Nintendo Investing in Research on Children», *Los Angeles Times*, 16. Mai 1990.

David Sheff, «The Virtual Realities of Timothy Leary», *Upside*, April 1990, p. 70.

Randal Walser, «Elements of a Cyberspace Playhouse», *Proceedings of National Computer Graphics Association '90*, Anaheim, CA, März 1990.

Kapitel 14

Diane Ackerman, *Die schöne Macht der Sinne: Eine Kulturgeschichte*, München: Kindler, 1991.

James J. Batter und Frederick P. Brooks, Jr., «GROPE-1», *IFIP Proceedings 71*, 1972, p. 759.

Claude Cadoz, Jean-Loup Florens und Annie Luciani, «Responsive Input Devices and Sound Synthesis by Simulation of Instrumental Mechanism: the CORDIS System», *Computer Music Journal*, 8, 3, 1984, pp. 60–73.

Claude Cadoz, Leszek Lisowski und Jean-Loup Florens, «Modular Feedback Keyboard», *Computer Music Journal*, 14, 2, 1990, pp. 47–51.

Claude Cadoz und Christophe Ramstein, «Capture, Representation, and Composition of the Instrumental Gesture», *Proceedings of ICMC 90*, Glasgow 1990.

Frank Geldard, «Adventures in Tactile Literacy», *American Psychologist*, 12, 3. März 1957, p. 117.

B. Hannaford, «A Design Framework for Teleoperators with Kinesthetic Feedback», IEEE Transactions on Robotics and Automation, 5, 4. August 1989.

J. Huizinga, *Homo ludens: Vom Ursprung der Kultur im Spiel*, Reinbek: Rowohlt Tb, 1987.

Laboratoire d'Informatique Fondamentale et d'Intelligence Artificielle, 1990, Broschüre des Institut d'Informatique et de Mathématiques Appliquées, Grenoble.

Margaret Minsky, Ming Ouh-Young, Oliver Steele, Frederick P. Brooks, Jr. und Max Behensky, «Feeling and Seeing: Issues in Force Display», *ACM Computer Graphics*, 24, 2. März 1990, pp. 235–243.

Michael Noll, «Man-Machine Tactile Communications», *Journal of the Society for Information Display*, Juli 1972.

M. A. Srinivasan, «Tactile Sensing in Humans and Robots: Computational Theory and Algorithms», *Neuman Laboratory for Biomechanics and Human Rehabilitation, Department of Mechanical Engineering, MIT Technical Report*, Oktober 1988.

M. A. Srinivasan, J. M. Whitehouse und R. H. LaMotte, «Tactile Detection of Slip: Surface Microgeometry and Peripheral Neural Codes», *Journal of Neurophysiology*, Februar 1990.

Kapitel 15
Bruno Bettelheim, «The Importance of Play», *The Atlantic Monthly,* März 1987.
Jacob Bronowski, *The Origins of Knowledge and Imagination,* New Haven: Yale University Press, 1978, p. 18.
Richard L. Gregory, «Seeing by Exploring», *Spatial Displays and Spatial Instruments,* hg. v. Stephen R. Ellis, Mary K. Kaiser und Arthur Grunwald, 1989, NASA Konferenzbericht 10032, pp. 5 – 11.
Yotaro Hatamura und Hiroshi Miroshita, «Direct Coupling System Between Nanometer World and Human World», Department of Mechanical Engineering for Production, Universität Tokio, Japan, 1990.
R. L. Hollis, S. Salcudean und D. W. Abraham, «Toward a Tele-Nanorobotic Manipulation System with Atomic Scale Force Feedback and Motion Resolution», IBM Thomas J. Watson Research Center, Yorktown Heights, NY, 1990.
Brenda Laurel, *Computers as Theatre,* Menlo Park, CA: Addison-Wesley, 1991.
Dies., «Toward the Design of a Computer-Based Interactive Fantasy System», Ph. D.-Dissertation, Ohio State University, 1986, p. 1.
Marshall McLuhan, «The Playboy Interview», *Playboy,* März 1969.
Heinz Pagels, *The Dreams of Reason,* New York: Simon & Schuster, 1988.
Seymour Papert, *Gedankenblitze: Kinder, Computer und neues Lernen,* Reinbek: Rowohlt Tb, 1985.
Andrew Pollack, «Coming Soon: Data You Can Look Under and Walk Through», *New York Times,* 14. Oktober 1990.
John E. Pfeiffer, *The Creative Explosion: An Inquiry into the Origins of Science and Religion,* Ithaca, NY: Cornell University Press, 1982, p. 250.
Howard Rheingold, «The Ultimate Cashflow», *California Living,* 26. 9. 1976.
E. H. Spain und D. Coppock, «Toward Performance Standards for Remote Manipulation», *Proceedings of the 11th Annual Meetings of the IEEE Engineering in Biology and Medicine Society,* Seattle, WA, November 1989, Band IV, pp. 923–924.
Allucquére Rosanne Stone, persönlicher elektronischer Briefwechsel mit dem Autor.
Dies., «Sex and Death Among the Disembodied», Referat auf der Conference of the International Association for Philosophy and Literature, 1990.
J. A. Thorpe, «The New Technology of Large Simulator Networking: Implications for Mastering the Art of Warfighting», Nineth Interservice Industry Training Systems Conference, 1987.
William R. Uttal, «Teleoperators», *Scientific American,* Dezember 1989, pp. 124–129.
Shawna Vogel, «Smart Skin», *Discover,* April 1990.
Joseph Weizenbaum, *Die Macht der Computer und die Ohnmacht der Vernunft,* Frankfurt a. M.: Suhrkamp, 1985.
Shoshana Zuboff, *In the Age of the Smart Machine: The Future of Work and Power,* New York: Basic Books, 1988, pp. 71–73.

Kapitel 16
Baudrillard, Jean, *Agonie des Realen,* Berlin: Merve, 1978.
Henri Bergson, *Schöpferische Entwicklung,* Jena: Diederichs, 1912.
Jacob Bronowski, *The Origins of Knowledge and Imagination,* New Haven: Yale University Press, 1978, p. 18.

Brenda Laurel, *Computers as Theatre,* Menlo Park, CA: Addison-Wesley, 1991.

Dies., «Toward the Design of a Computer-Based Interactive Fantasy System», Ph. D.-Dissertation, Ohio State University, 1986, p. 1.

Paul C. Mangelsdorf, «The Origin of Corn», *Scientific American,* August 1986.

Marshall McLuhan, *Die magischen Kanäle: Understanding Media,* Frankfurt a. M.: Fischer Tb, 1970.

Heinz Pagels, *The Dreams of Reason,* New York: Simon & Schuster, 1988.

John E. Pfeiffer, The Creative Explosion: *An Inquiry into the Origins of Art and Religion,* Ithaca, NY: Cornell University Press, 1982, p. 205.

David Sheff, «The Virtual Realities of Timothy Leary», *Upside,* April 1990, p. 70.

Frank Waters, *Masked Gods,* New York: Ballantine, 1970, pp. 170–171.

Register

Die Reihe rororo «science» bietet Lesern, die sich für Naturwissenschaft und Technologien interessieren, aktuelle und verläßliche Informationen. Die Autoren sind Wissenschaftler und Wissenschaftsjournalisten, die ohne Formelhuberei und Fachkauderwelsch, dafür mit Sachverstand, Witz und farbiger Sprache über verschiedene Bereiche der Forschung und deren Auswirkungen auf unser Leben berichten.

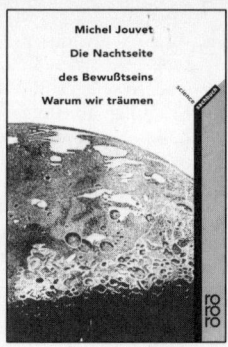

Bernhardt Borgeest
Ein Baum und sein Land
24 Symbiosen
(rororo science 9536)
Ein neuer, ungewohnter Blick auf unsere knorrigen Gesellen - der Baum ist nicht nur aus botanischer Sicht faszinierend, sondern auch als kulturhistorisches und ethnologisches Phänomen: als Symbol idealer menschlicher Eigenschaften, als Ort der Riten und des Richtens, als Nationalheiligtum und schnöder Holzlieferant ist er aus unserer Geschichte und Gesellschaft nicht wegzudenken.

Claus Emmeche
Das lebende Spiel
Wie die Natur Formen erzeugt
(rororo science 9618)

Christoph Drösser
Fuzzy Logic
Methodische Einführung in krauses Denken
(rororo science 9619)
Alle reden von Fuzzy Logic - und keiner weiß genau, was das ist.

Der Wissenschaftsjournalist Christoph Drösser lädt ein zu einer vergnüglichen Zickzackfahrt durch Fuzzyland: die Grauzonen der graduellen Übergänge, des Noch-nicht-und-nicht-Mehr.

Michel Jouvet
Die Nachtseite des Bewußtseins
Warum wir träumen
(rororo science 9621)

Robert Ornstein/Richard F. Thompson
Unser Gehirn: das lebendige Labyrinth
(rororo science 9571)
«Unter den Veröffentlichungen der letzten Jahre auf dem Gebiet der Hirnforschung erhält das Buch seinen besonderen Stellenwert durch die eindrucksvollen Zeichnungen von Macaulay, der mit ungewöhnlichen, perspektivischen Darstellungen der Gehirnstrukturen auch den vorgebildeten Leser verblüfft.»
bild der wissenschaft

science

Angelika Anders-von Ahlften/
Jürgen Altheide
Laser - das andere Licht
(rororo science 9664)
Erhältlich ab August '94.
Laser - das andere Licht: Was
ist das? Wie funktioniert es?
Was kann man damit
machen? Immer mehr
Menschen haben mit dieser
wichtigen technischen
Neuerung zu tun: in der Meß-
und Informationstechnik, in
Labors und Fabrikhallen, in
medizinischen wie in
künstlerischen Berufen.

John D. Barrow
Theorien für Alles
*Die Suche nach der
Weltformel*
(rororo science 9534)
Erhältlich ab September '94.
«Alles» ist ein großes Wort.
Gibt es eine Theorie, in der
alle Naturkräfte und -gesetze
vereinigt sind und die das
Weltgeschehen vom Anfang
bis zum Ende erklären kann?
Das ist die zentrale Frage der
Naturwissenschaft. Schon
Sokrates geriet bei diesem
Gedanken ins Schwärmen -
und Ende des 20. Jahrhun-
derts zeigen sich Wissen-
schaftler wie Stephen W.
Hawking zuversichtlich: «Es
ist möglich, daß uns eines
Tages der Durchbruch zu
einer vollständigen Theorie
des Universums gelingt.»

Adrian Desmond/James
Moore
Darwin
(rororo science 9574)
Erhältlich ab Mai '94.
Als «erste wirkliche Darwin-
Biographie» würdigte die

britische Presse dieses Werk,
das in weiten Teilen erst seit
wenigen Jahren zugängliches
Material auswertet: die
umfangreichen geheimen
Tagebücher und die 14.000
Briefe umfassende Korrespondenz. «Desmond und Moore
haben aus dieser Fundgrube
ein Darwin-Bild von bislang
nicht denkbarer Lebensnähe
rekonstruiert», schreibt Peter
Brügge in seiner *Spiegel*-
Rezension.

Gaby Miketta
Netzwerk Mensch
*Den Verbindungen von
Körper und Seele auf der
Spur*
(Rororo science 9662)
Erhältlich ab Oktober '94.
Der Mensch als Netzwerk:
Wie wir uns fühlen, wie wir
mit Belastungen fertig
werden, wie anfällig wir für
Erkrankungen sind - all das
hängt mit der stetigen
Wechselwirkung von
Nerven-, Hormon- und
Immunsystem zusammen,
dem Forschungsfeld der
neuen Wissenschaft
«Psychoneuroimmunologie».

rororo sachbuch